财政部规划教材
高等院校会计专业教材

财务管理学

（第二版）

赵旺贤 编著

中国财经出版传媒集团
中国财政经济出版社

图书在版编目（CIP）数据

财务管理学（第二版）／赵旺贤编著． －－2版．－－北京：中国财政经济出版社，2020.1（2022.8 重印）
财政部规划教材．高等院校会计专业教材
ISBN 978－7－5095－9504－6

Ⅰ．①财… Ⅱ．①赵… Ⅲ．①财务管理－高等学校－教材 Ⅳ．①F275

中国版本图书馆 CIP 数据核字（2019）第 291153 号

责任编辑：陈　冰　　　　　　特约编辑：罗伶一
封面设计：孙俪铭　　　　　　责任校对：张　凡

中国财政经济出版社 出版

URL：http://www.cfeph.cn
E－mail：cfeph@cfeph.cn

（版权所有　翻印必究）

社址：北京市海淀区阜成路甲 28 号　邮政编码：100142
营销中心电话：010－88191537
北京密兴印刷有限公司印刷　各地新华书店经销
787×1092 毫米　16 开　22.25 印张　543 000 字
2020 年 1 月第 2 版　2022 年 8 月北京第 2 次印刷
定价：48.00 元
ISBN 978－7－5095－9504－6
（图书出现印装问题，本社负责调换）
本社质量投诉电话：010－88190744
打击盗版举报热线：010－88191661　QQ：2242791300

前　言

财务管理学这门学科主要研究影响企业资金运动的因素和管理的方式方法，着重探讨组织资金运动、实现财务管理目标的方法和措施，以及评价财务状况和经济效益的方法。其研究目的就是为了增强财务决策的科学性，为企业获得较好的经济效益和健康发展服务。因此，它是一门专业性很强的经济应用学科，也称为"理财学"。

财务管理是直接对资金运动过程所进行的管理，它大量的工作是对资金运动状况和经济效益进行预测、决策、计划、控制、分析评价。一方面要运用会计所提供的信息来进行分析评价，提出加强管理的方法措施；另一方面要主动地做好预测、预算、决策工作，使资金运动按照既定的目标进行，力求使企业取得较好的经济效益。财务管理这项工作做得好坏，直接关系到企业经济效益的好坏，关系到企业的生存和发展，关系到社会发展。每一个经济管理工作人员，为了做好经济管理工作，就有必要在有一定会计知识的基础上，继续学习财务管理知识。所以，财务管理是每个经济管理工作人员必须掌握的一门专业知识。

本书以经济市场化和社会法制化为环境，以资金为中心，以获取较好经济效益为出发点，以企业健康发展为宗旨，阐述了企业在正常经营活动中的筹资、投资、资金营运、资金耗费、利润及其分配等方面的管理，旨在为从事财务管理及有关经济管理方面的工作奠定业务基础。一般来说，财务管理学科应按筹资、投资、资金营运、资金耗费、收益及其分配等财务活动过程内容及项目设章，在每章中应再按预测、决策、计划（预算）、控制、分析等环节及方法分节次。但为了便于叙述学习，本书兼顾管理环节方法和财务活动内容项目设置章节，分为：财务管理概述、财务分析、财务预测与预算、资金时间价值和风险报酬、流动资金管理、项目投资管理、证券投资管理、成本费用管理、筹资方式、资金成本和资金来源结构、利润分配管理等十一章内容。

本书继承和借鉴了许多专家学者的研究成果，同时又提出了一些合理适用的见解，如财务活动与资金运动的关系、净资产净利率因素分析、应收账款保利期和保本期、存货保险储备量、项目投资现金流量估计及有关指标计算、债券价值计算、资金成本计算、资金来源结构确定方法等。对这些方面的内容作者进行了有益的探索，财务预算的编制较为恰当适用。

本书第二版（2020年1月版）时对第一版（2016年7月版）中的部分语句文字作了修改，对财务预算中的财务费用和现金余额计算作了说明，增加了存货储存期的控制和成本费用管理。此次重印时又对第二版中的语句文字作了少许的修改。在编写中力求结构合理、层次分明、条理清晰、内容科学、方法适用、语义确切、理例结合、通俗易懂。

本书可作为高等院校会计专业、经济管理类相关专业的教材，也可作为会计和经济管理方面的在职人员为取得相关资格自学和工作参考用书。

在本书编写过程中，欧阳歆、贾银芳、肖安娜、张治刚、李元霞等老师提出了许多宝贵建议，赵良晶做了一些辅助性工作，林三洲为本书第一版的出版付出了辛勤劳动，在此表示感谢。

一个人的知识和能力总是有限的，加之本人学习研究努力程度不够，书中难免存在不足之处。此外财务管理学科应该包括哪些内容，章节排列如何体现协调性和系统性等一些基础性问题仍值得探讨，因此，恳请专家、读者不吝指教，不胜感谢！

作　者
2022年5月

目 录

第一章 财务管理概述 ……………………………………………………………（1）
  第一节 财务活动和财务关系 ……………………………………………（1）
  第二节 财务管理的内容和特点 …………………………………………（5）
  第三节 财务管理的目标 …………………………………………………（8）
  第四节 财务管理的原则 …………………………………………………（12）
  第五节 财务管理的环境 …………………………………………………（14）

第二章 财务分析 …………………………………………………………………（20）
  第一节 财务分析概述 ……………………………………………………（20）
  第二节 偿债能力分析 ……………………………………………………（26）
  第三节 获利能力和影响利润因素分析 …………………………………（34）
  第四节 营运能力和发展能力分析 ………………………………………（39）
  第五节 净资产净利率因素分析和财务状况评价 ………………………（47）

第三章 财务预测与预算 …………………………………………………………（58）
  第一节 量本利分析 ………………………………………………………（58）
  第二节 资金需求量预测 …………………………………………………（65）
  第三节 增长率与资金需求 ………………………………………………（71）
  第四节 财务预算 …………………………………………………………（77）

第四章 资金时间价值和风险报酬 ………………………………………………（94）
  第一节 资金时间价值 ……………………………………………………（94）
  第二节 风险与报酬 ………………………………………………………（107）

第五章 流动资金管理 ……………………………………………………………（118）
  第一节 现金管理 …………………………………………………………（118）
  第二节 应收账款管理 ……………………………………………………（125）
  第三节 存货管理 …………………………………………………………（132）
  第四节 营运资金政策 ……………………………………………………（145）

第六章　项目投资管理 (151)
第一节　项目投资概述 (151)
第二节　项目投资的现金流量 (154)
第三节　项目投资经济效益评价指标 (159)
第四节　项目投资方式的选择 (165)
第五节　项目投资敏感与风险分析 (173)

第七章　证券投资管理 (188)
第一节　证券投资概述 (188)
第二节　债券投资管理 (192)
第三节　股票投资管理 (198)
第四节　证券投资组合 (204)

第八章　成本费用管理 (214)
第一节　成本费用概述 (214)
第二节　成本费用计划 (220)
第三节　成本费用控制与分析 (228)
第四节　标准成本法和作业成本法 (235)

第九章　筹资方式 (247)
第一节　企业筹资概述 (247)
第二节　直接吸收资本金 (251)
第三节　发行股票 (255)
第四节　发行债券 (262)
第五节　银行借款、租赁和商业信用 (266)
第六节　认股权证和可转换债券 (274)

第十章　资金成本和资金来源结构 (282)
第一节　资金成本 (282)
第二节　经营杠杆和财务杠杆 (292)
第三节　资金来源结构 (298)
第四节　资本结构理论 (305)

第十一章　利润分配管理 (315)
第一节　利润分配一般做法 (315)
第二节　股利政策的基本理论 (321)
第三节　利润分配政策的制定 (326)
第四节　股票分割与回购 (331)

附录：资金时间价值系数表 (336)

主要参考文献 (348)

第一章 Chapter 1

财务管理概述

学习目标：
- ☐ 明确财务活动与资金运动的关系
- ☐ 明确在财务活动中发生的经济关系
- ☐ 掌握财务管理的含义、内容及特点
- ☐ 明确财务管理目标的意义，掌握财务管理目标各种观点的含义及优缺点
- ☐ 明确财务管理的原则
- ☐ 了解财务管理的环境

第一节 财务活动和财务关系

一、企业财务活动存在的客观基础

企业是以营利为目的，从事商品生产、流通或提供劳务等经营活动，实行自主经营、自负盈亏的经济单位。在经济市场化社会里，最基本或最基础的经济活动是商品生产和商品交换。商品是能够满足某种需要用来交换的劳动产品，是使用价值和价值的统一体。从事商品生产和流通企业的经营过程，既是使用价值的生产和交换过程，又是价值的实现和分配过程。所以，在商品生产和商品交换活动中，一切劳动产品即财产物资都具有一定量的价值。在较发达的商品市场上，商品的交换是以货币为媒介的，货币就成为衡量商品价值的尺度、实现商品价值的手段、分配社会物质财富的工具，因而货币实际代表着财产物资的价值量。处于社会再生产过程中的财产物资价值的货币表现，包括货币本身，通常称为资金。

企业财务是指企业为进行经营活动而发生的有关资金方面的经济事务。资金是企业进行经营活动的必要条件。企业为了进行经营活动，必须具有一定的物力、财力，就要筹集资金。企业筹集到的资金，必须把它运用到经营过程中去，使它发挥作用，产生效益，实现增值。工业企业是将资金用于购买生产资料，支付工资及费用，从而生产出产品；商业企业是将资金用于购买经营条件和再行销售的商品，支付工资及费用。因此，运用资金就要发生资金耗费。企业耗费的资金及其增值是通过商品（产品）销售实现收回的。企业收回的资金，一部分要补偿原来的经营耗费，以便继续从事经营活动；一部分在国家、企业、投资者之间

进行分配。为了使经营活动连续不断地进行，不断地产生经济效益和社会效益，企业就要不断地筹集资金、运用资金、回收资金和分配资金。企业为进行经营活动而发生的筹集、运用、回收和分配资金的活动通常称为财务活动。

以上说明，企业财务活动存在的客观基础是商品货币经济。随着经营活动的不断进行，财务活动也不断地发生。

二、企业财务活动与资金运动的关系

企业资金运动，是指资金进入和退出企业以及在企业内部循环周转。企业的资金运动主要受财务活动的影响。

（一）企业筹集资金，引起资金进入企业

企业作为独立的经营单位，在经济市场化社会里，要进行经营活动必须拥有一定数量的资金，以便购买经营活动所需的物质资料和条件，支付工资及有关费用。因此，企业应采用各种方式从有关渠道筹集资金。在现实经济生活中，企业筹资的渠道和方式主要有：直接吸收所有者投资，向社会公众和法人发行企业股票或发行企业债券，金融机构借款等。企业进行资金筹集，就使资金进入企业，一般是货币形态，这是企业资金运动的起点，也是企业开展经营活动的前提条件。

（二）企业运用与回收资金，引起资金循环

就工业企业而言，主要经营活动包括购置、生产、销售三个过程，其所筹到的资金就是在这些过程中运用、耗费、收回的。

首先，将资金用于购置过程，就是用货币资金购买添置经营用的物质资料和技术资料。一部分用于购买原材料、燃料、低值易耗品等材料用品；一部分用于购买建置房屋、机器设备等固定资产；有的企业还要购买专利权、商标权等无形资产。经过购置过程，企业的资金就从货币形态转化为材料用品、固定资产、无形资产等形态。

其次，将资金用于产品生产过程。在生产过程中，一方面要生产出新的产品，但在尚未完工之前称为在产品；另一方面要发生各种各样的耗费，如：领用材料用品，支付生产人员工资及制造费用，使用固定资产发生损耗要计提折旧等。所以，产品的生产过程，同时也是资金的耗费过程。产品生产完工验收合格后即为产成品。经过生产过程，企业的资金就从材料用品、固定资产、货币形态转化为在产品形态；随着产品生产完工，再转化为产成品（商品）形态。企业为生产一定种类和数量的产品所耗费的资金数额就是产品的制造成本。

然后，通过商品（产品）销售过程收回在经营过程中耗费的资金。在销售过程中，企业一方面要将商品发往购货单位，另一方面要按照商品价格获取销售收入，收回货币资金。经过销售过程，商品就转化成货币。商品已经发出货款尚未收到形成应收账款，收到货款后，应收账款才转化为货币资金。

在整个经营过程中，还要以货币资金支付管理费用、销售费用、财务费用，管理部门使用的固定资产也要计提折旧，企业使用了无形资产还要摊销其取得成本，这些构成期间费用，也是商品价格的组成部分，也要通过商品销售过程收回。

以上说明，随着企业经营活动的开展，就要发生资金耗费，就要进行资金的运用与回收，就会引起资金从货币形态开始，顺次经过购置、生产、销售过程，最后又回到货币形态，这个过程称为资金循环。这是企业资金运动的主要阶段。

此外，有些企业还将资金用于对外投资，从而获取一定的收益。

（三）企业分配资金，引起资金周转和退出企业

企业分配资金，是对回收资金的分配。企业通过商品销售而收回的资金，往往大于企业在经营过程中耗费的资金，这部分差额通常称为盈利。因此，企业的资金分配，包括对资金耗费的补偿和对盈利的分配。对资金耗费的补偿，是为了维持原来的经营规模对回收资金的必要扣除，随即被用于下次经营过程。随着经营活动的不断进行，资金又被不断地运用与回收，从而引起资金周而复始地不断循环，即资金周转。对盈利的分配，一部分以税金的形式上交给国家，一部分以股利的形式分派给企业所有者，一部分留给企业用于扩大经营规模。企业在经营过程中收回的资金，一部分还要用于偿还债务。交纳税金、分派股利、偿还债务，就使资金退出企业，这是企业资金运动的终点。

上述财务活动与资金运动的关系如图1-1所示。

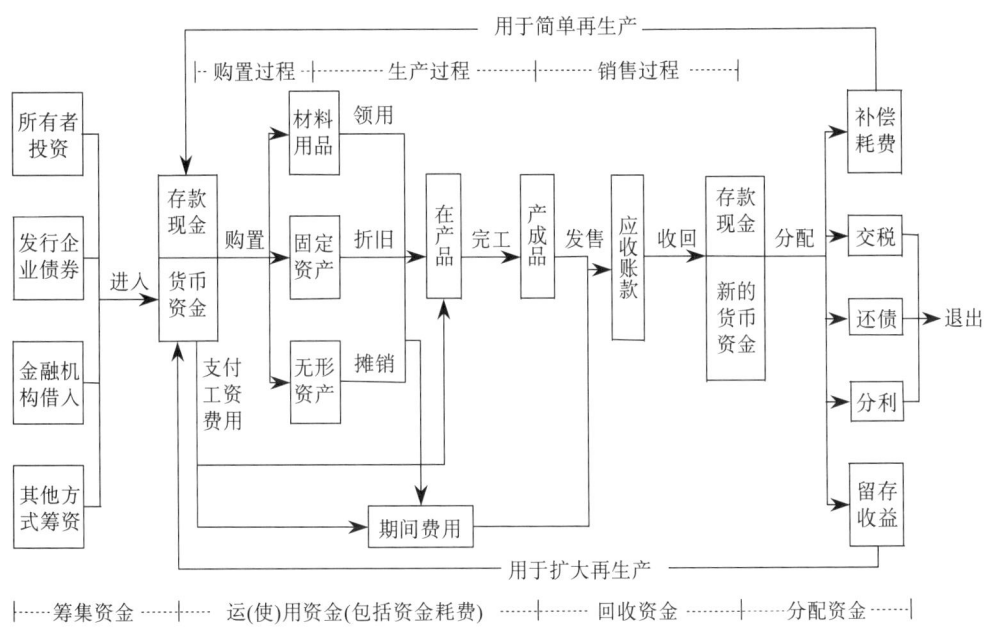

图1-1 工业企业主要财务活动与资金运动关系图

综上所述，企业的资金运动是由于人们在经营过程中筹集、运用、回收、分配资金的活动而引起的，因此，财务活动支配着资金运动，两者是主导地位与被支配地位的关系。企业必须加强对财务活动的管理，合理组织财务活动，促使资金顺利、高效运动，保障经营活动顺利进行，提高资金使用效益，使企业具有旺盛的活力。

三、企业财务关系

企业的经营活动是整个社会经济活动的组成部分，在企业财务活动中，必然要与社会中的有关单位、其他企业及企业内部各部门、员工之间发生一定的经济关系。企业在财务活动中与有关部门、单位及个人发生的经济关系通常称为财务关系，主要体现在以下几个方面：

（一）所有者与筹资者之间的财务关系

企业所有者即为企业资本金的投入者。所有者投资是企业建立的法定条件和从事经营活

动的物资基础。所有者投资兴办企业的目的之一是为了使筹资企业创造财富、实现盈利，从而获取投资报酬。筹资企业应将在经营中实现的可分配利润向所有者分配。作为一个法人的企业，既可以接受他人的所有权投资，也可以向其他企业进行所有权投资。企业的这种筹资与投资及利润分配的财务活动，体现着所有权性质的企业净资产和盈利归属关系。

（二）借贷者之间的财务关系

企业从事经营活动所需要的资金，除所有者投资外，还可以向金融机构借款，向社会公众和法人发行企业债券来筹集。企业采用信贷、发行债券方式筹集资金的前提条件是必须按期还本付息。作为一个法人的企业，也可以购买其他企业的债券进行投资活动。企业的这种借款、还款和付息的财务活动，基本是用货币资金来划转收付的，因此体现着以货币信用约束的债权债务关系。

（三）购销者之间的财务关系

企业从事经营活动，不仅要购买物质、技术资料和接受劳务，而且要销售货物和提供劳务，在商品货币经济社会里，必须按照法规正确地进行价款结算，以维护购销双方的经济利益。购销双方的价款结算，有可能采取分期或延期付款和预收货款的方式进行，以缓解资金紧张的矛盾，也有利于促进货物销售。企业的这种价款结算、赊销、赊购、预付的财务活动，体现着按值交易和以商业信用约束的债权债务关系。

（四）企业与国家税务机关的财务关系

国家是社会的管理者，为了维护社会的安定，促进国民经济发展和科学技术进步，增进社会福利，需建立一定的政权机构和事业单位来履行国家的职能，需要一定的财力保障。国家为企业的生存发展提供了法律保障和安定环境，企业应向国家税务机关依法纳税，形成国家预算收入，从经济方面保障国家职能的实现。企业的这种交纳税金的财务活动，体现着企业与国家互尽责任义务的关系。

（五）企业内部各部门之间的财务关系

在工业企业内部，一般有采购、生产、销售、管理、科研等部门，在生产部门又有车间、班组之分，有的部门又有科室、小组之分。它们都是从不同角度担负着企业任务和实现企业目标。在实行内部经济核算制和经营责任制条件下，各生产单位相互提供的产品和劳务要进行内部计价结算，各部门单位要按照资金定额或费用限额与财会部门发生资金、费用的收支结算，以便考核各单位的经济效益，分清各单位的经济责任，计算各单位的经济利益。企业的这种内部各单位资金结算的财务活动，体现着内部各单位以经济责任约束的经济利益关系。

（六）企业与员工之间的财务关系

企业进行经营活动，必须具有一定数量的员工，包括生产工人、技术人员、采购销售人员、管理服务人员。企业就应按照员工提供的劳动数量和质量或者担负的责任大小，计算支付工资、津贴、奖金等劳动报酬。企业的这种劳动报酬计付的财务活动，体现着劳动制度决定的按劳分配关系。

上述各种财务关系，说明财务活动不仅支配着资金运动，而且要与有关方面发生一定的经济关系。企业必须按照有关政策、法规，正确处理各方面的经济关系，使企业的经营活动能够顺利、协调地发展。

第二节 财务管理的内容和特点

一、财务管理的内容

财务管理就是对财务活动所进行的管理，是通过预测、决策、计划（预算）、控制、分析等环节与方法，来组织财务活动，处理财务关系，为使企业获得较好经济效益和健康发展的一项经济管理工作。

财务管理的内容取决于财务活动的内容，企业经常性的财务活动包括资金的筹集、运用、回收、分配四个方面，所以，正常经营企业的财务管理相应地有资金筹集管理、资金运用管理、资金回收管理、资金分配管理四个方面。资金运用后转化为资金耗费，并要从回收的资金中扣除以得到补偿，所以，还应进行资金耗费管理。通常将资金运用与回收管理按照时间长短分为投资管理和营运资金管理两个方面。资金耗费管理就是成本费用管理，资金分配管理基本是利润及其分配管理。所以，企业在经常性经营活动中财务管理的内容可以概括为以下几个方面：

（一）筹资管理

筹资管理就是对获取所需资金的管理。筹资是为了满足经营活动对资金的需要。筹资管理的基本内容是：了解明确筹资的原因和时间，测算资金需求量和外部融资额；了解和掌握资金市场行情和有关政策法规，明确各种融通资金方式和渠道的有利、不利条件或约束条件及规定要求；计算筹资成本，预测将来还本付息的可能性，及对所有者投资报酬的影响；确定合理的资金来源结构，控制财务风险；选择有利的筹集资金渠道、方式和时间，并组织实施筹资活动。力求规范化地、适时地、较经济地取得经营活动所需要的资金。

（二）投资管理

投资管理一般是指对资金占用时间在一年以上的项目建设性投资和证券投资的管理。投资是为了给经营活动获取收益提供条件。投资管理的基本内容是：制定企业投资管理制度，确定项目管理部门使用资金的权限责任；了解明确投资的原因、项目、方式和时间，测算投资各时间段所需资金数量；预测评价投资效益，制订选择投资方案；监督控制建设性资金使用，经常关注适时评价资金使用的合理性；经常关注投资的有利和不利因素，判断因素出现的机会，适时建议调整投资方式、方案。力求投资用途、时机和时间最恰当，较快形成生产经营能力，产生较好投资效益。

（三）营运资金管理

营运资金管理是指对资金占用时间在一年或一个营业周期以内的流动资产方面的管理，即日常经营活动中资金使用方面的管理。营运资金管理的基本内容是：制定企业各项资金管理制度，确定生产经营各阶段相关部门使用资金的权限责任；测算生产经营活动各阶段、各种形态资产经常需要量，编制现金收支预算（计划）；控制物资储存和资金占用的数量、时间；选择合适的货款结算方式，妥善确定收账方针；分析考核资产使用和周转情况，提出提高资金使用效果的措施并监督实施；确定流动资产与流动负债匹配政策，经常关注偿债能力，控制流动资产和流动负债协调性。力求达到资金的用途最恰当，占用时间较短，周转速度较快，产生效益较大，偿债能力较好。

（四）成本费用管理

成本费用管理就是对企业在经营过程中发生的各种资金耗费所进行的管理。企业在经营过程中要耗费人力、物力、财力，从价值方面看就是资金耗费，归集到耗费的对象上就是成本。成本费用管理的基本内容是：了解生产经营过程及特点，预测产品成本水平和变动的原因及趋势；制定各种消耗费用定额和内部结算价格，或制定各项标准成本，划清成本费用管理的权限和责任；编制成本费用计划；分析查找成本费用实际数与计划数差异的原因，考核成本费用管理责任制执行情况；做好成本费用日常控制工作，积极寻求降低成本、节约费用支出的正确途径。力求达到资金耗费较少，经营成本费用较低，正确处理企业内部各部门之间的关系。

（五）利润及其分配管理

利润及其分配管理就是对资金使用产生的收益及如何分配所进行的管理。利润是收入减去成本费用的余额，是企业经营获得的最终财务成果，是企业积累和所有者投资报酬的来源。利润及其分配管理的基本内容是：测算和分析评价企业的盈利水平及利润变动原因、趋势，寻求增加盈利的途径；按照有关法规和企业章程，制定恰当的利润分配政策，提出利润分配比例及数量的方案；选择合适的利润分配（股利支付）方式；关注企业发展能力，测算企业持续增长水平。力求正确补偿经营耗费，有较好的盈利水平，规范合理地分配投资者报酬，处理好企业发展和所有者（股东）利益的关系。

以上基本是一个独立企业在经常性经营活动中财务管理的工作内容。此外，企业有可能发生重组、兼并、分设、清算等一些非常态的特殊活动，也涉及到资金、成本、价值问题，也需要从财务方面进行管理，本书不叙述非常态的财务管理知识。

二、财务管理的特点

企业的经营活动，从必须具备的条件来看，包括人、财、物、技术等要素；从进行的过程来看，包括购、产、销、科研等主要环节。这些要素、环节表明了企业经营活动具有复杂性，这就决定了企业要想有效地组织经营活动，必须从多方面加强管理，如生产管理、销售管理、物资管理、设备管理、科研技术管理、劳动人事管理、财务管理等。所以，财务管理是企业管理的重要组成部分，是企业管理中相对独立的一个方面，与企业管理的其他方面相比较，具有以下特点：

（一）财务管理是侧重于价值方面的管理

在企业的各项管理中，除财务管理外，基本都是侧重于使用价值方面的管理。例如，针对产品的品种、数量、性能质量方面的管理，实际是对产品的使用价值进行管理；针对劳动生产率、设备利用率、材料消耗量方面的管理，实际是对人力、物力使用情况的管理。而对资金、成本、利润等方面的管理，则属于财务管理的范畴，都是以货币形式分别从价值的取得、形成、实现和分配过程进行管理。所以，财务管理是侧重于价值方面的管理。

（二）财务管理具有综合性

从反映经营活动的形式上来看，企业的一切物质条件，经营的过程及质量和效果，都可以用价值指标综合地反映出来。企业拥有的一切财产物资，集中综合地表现为资金（资产）；在经营过程中的一切耗费，集中综合地表现为成本费用；经营活动的成果，集中综合地表现为收入和利润。财务管理就是对资金、成本费用、收入、利润进行的管理，所以，财务管理具有综合性。

（三）财务管理具有广泛性

企业的各项经营活动无不与资金、成本费用、利润相联系，如：企业购买储存材料，财务部门要测算和控制材料资金占有量，分析考核材料资金的占用情况，涉及到材料采购和保管部门；企业进行产品生产，财务部门要制订成本计划，测算和控制生产资金占有量，分析考核成本水平，涉及到生产车间和管理部门；销售产品要控制货款回收期，分析考核销售费用水平，涉及到销售部门，等等。企业的每一个部门都要受到财务部门的监督、约束和指导。财务管理要贯穿于经营活动的全过程，伸向企业的每一个角落，所以，财务管理具有广泛性。

以上特点足以说明财务管理的重要性。

三、财务管理的意义

只要企业存在，就有财务活动，就会发生财务关系，就必须加强财务管理。财务管理的意义主要体现在以下几方面：

（一）能为企业开展经营活动提供良好条件

在财务管理工作中，合理有效地筹集资金、运用资金、回收资金和分配资金，使资金处于良好的循环周转状态，就可以为企业的经营活动提供良好的条件。不致于因资金不足，不能供应经营所需的物质资料而停业，不能进行科研而影响产品质量和性能，不能按期支付货款而影响企业信誉，不能按时支付工资而影响员工的情绪。

（二）能提高资金使用效益

在财务管理工作中，通过合理组织资金供应，制定经营耗费和资金占用量定额，控制资金用量和经营耗费水平，就可以节约使用资金，减少资金占用，降低资金成本，提高资金使用效益。通过及时收回货款，可以加速资金周转，减少垫支资金，提高资金使用效率。

（三）能提高企业盈利水平

成本与盈利是互为消涨的关系。在财务管理中，节约使用资金，降低经营耗费，就是降低了成本费用而直接增加了盈利。通过对各项财务指标的分析研究，就可以找出降低耗费、增加盈利的途径，制订相应的措施并付诸实践，就可以提高企业盈利水平。

（四）能促使企业加强其他方面的管理

在财务管理中所收集、整理、分析的各项财务指标，是企业经营活动中各项工作质量和效果的真实写照，具有全面性、系统性、综合性，这就为企业其他方面的管理提供了信息。根据已掌握的财务指标，可以评价企业的竞争能力，确定经营方向和规模，制订生产技术和产品开发方案，合理配置经济资源等，从而加强生产管理、技术管理、质量管理、设备管理、物资管理等。

（五）能规范企业的经济行为

国家为了维护社会经济秩序，规范企业的经济行为，制定了相应的法律法规。如《公司法》及有关法规，对筹集资金、利润分配作了规定，对上市公司信息披露作了规定，对成本费用列支范围作了规定，等等。企业为了保证经营活动顺利进行，也会制定一些内部管理制度。在财务管理中认真执行各项法规制度，就能制止不良、不法行为发生，促使企业遵纪守法、健康发展。

（六）能正确处理各方面的关系

在财务活动中不可避免地要与有关方面发生一定的经济联系，并涉及各方面的经济利益。通过财务管理，按照法律规定、权责利相结合的原则，组织资金运动、分配经济利益，就有可能处理好与各方面的经济关系。

第三节 财务管理的目标

一、财务管理目标的意义和确定依据

财务管理目标是企业财务管理活动所希望实现的结果，是财务管理所要达到的根本目的。任何活动或工作都应该有预期目标，以便明确努力方向。财务管理目标决定着财务管理的基本方向，是财务决策的出发点和归宿，对财务管理工作实践起着指导作用，是评价财务活动是否合理有效的基本标准，明确财务管理目标是做好财务管理工作的前提。为此，就应该对财务管理目标进行认真的研究，科学地设置财务管理目标。

由于财务管理是企业管理的组成部分，所以财务管理的目标不能偏离企业管理的目标，应该从属于企业管理的目标，与企业管理的总目标具有一致性。在商品货币经济社会里，每个企业都是以营利为目的经济组织，企业的各项经营管理工作都要以谋求最佳的经济效益作为总体目标。企业经济效益主要是通过资金、成本、利润等相关财务指标表现出来，而资金、成本、利润等都是财务管理的内容，所以财务管理对实现企业管理目标具有特殊的作用，应以谋求最佳的经济效益作为确定财务管理目标的主要依据。

二、财务管理的总体目标

财务管理的总体目标应以谋求最佳的经济效益为依据来确定，但在实际工作中还应考虑具体条件与环境。关于企业财务管理总体目标的表述，主要有以下几种观点：

（一）利润最大化

利润最大化这一目标强调企业财务管理的目的就是要实现更多的利润。

以利润最大化作为财务管理目标的优点：一是符合社会经济生活的一般规律。利润代表着企业新创造的财富，是剩余产品的货币表现，人们进行经营活动的目的就是为了创造更多的社会财富，为社会提供更多的剩余产品，它是企业生存发展的动力和必要条件。二是可促使企业增收节支。利润是企业一定时期的收入大于成本费用的差额，为了实现较多的利润，就必须努力增加收入，尽量节约支出，降低耗费，这些都有利于资源的合理利用，有利于经济效益的提高。三是可促进社会经济的发展。每个企业都千方百计地获取最大利润，就会使整个社会的剩余产品增加，从而用于社会再生产的资源会增多，就会带来整个社会的繁荣和发展。四是有统一的计量方法，容易被人们理解、接受。如何计算利润会计准则有统一规定，经营活动赚了多少钱人人都能理解。利润最大化观点在相当长的时期内得到了人们的广

泛关注。目前，我国在许多情况下评判企业的业绩还是以利润为基础。

这一目标的缺点：一是没有考虑利润获取的时间，没有指出利润在什么时间最大。二是没有考虑获取利润与投入资本的关系。利润最大化只强调了利润总额的多少，没有考虑投入资本的多少，会导致以较多的投资来获取较多的利润，而忽略利润总额虽少但投入更少的经济行为；也不便于企业在不同时期、不同企业之间比较评价，因为一个企业在不同时期或不同企业之间的投资额以及技术装备水平是不相同的。三是没有考虑为获取利润所承担的风险。利润最大化要求利润越多越好，可能使企业不顾风险大小去追求最大的利润，反而给企业带来损失。四是会使企业财务决策带有短期行为的倾向。为了实现目前的利润最大，可能会促使企业不顾长远发展，少提折旧，少摊费用，不计损失，虚增利润，虚拟资产，导致企业的资产损耗得不到合理的补偿，经营活动将难以为继；忽视产品开发、人才培养、生产安全、技术装备等长期效益的投资，将导致企业发展的基础不好或后劲不足。

（二）资本利润率最大化

资本利润率最大化这一目标强调企业财务管理的目的就是要以较少的资本投入获得较多的利润。对股份公司而言可称为每股盈余最大化。

以资本利润率最大化作为财务管理目标的优点：一是符合企业所有者的要求，体现了投资者"将本求利"的动机。企业的所有者给企业投资的最终目的是为了获得收益。二是把企业实现的利润与投入资本进行对比，能够说明企业的盈利水平，有利于评价投资效益，评价资本获利能力；也便于在不同资本规模的企业之间进行比较评价，揭示其盈利水平的差异。三是有统一的计量方法，容易被人们理解、接受。这个指标在财务分析中被广泛使用。

这一目标的缺点：一是没有考虑获取利润的时间。因为资本利润率通常是按年度计算的，是个年度指标。二是没有考虑获取利润所承担的风险。资本数额一定，利润越多，资本利润率越高，会促使企业不顾风险大小片面追求利润。在负债利息率小于投资报酬率的情况下，负债比例越大，资本比例越小，资本利润率越高。但负债比例大，企业还本付息的风险也大。三是可能会使企业财务决策带有短期行为的倾向。

（三）股东财富最大化

股东财富最大化这一目标强调股份公司财务管理的目的就是尽量为股东带来更多的财富，实现资本保值增值。在股份制经济条件下，股东财富由其所拥有的股票数量和股票市场价格两方面来决定，在股票数量一定时，股票价格越高，则股东财富越多。所以，股东财富最大化实际上体现为股票价格最大化。

以股东财富最大化作为财务管理目标的优点：一是反映了股东投资的根本要求。股东投资创办企业的目的就是要增加财富，不仅要求资本保值，更重要的是使资本增值。二是反映了资本与收益之间的关系。因为股票价格反映的是股东权益的市场价值，用股票市价减去股东投入资本的余额就是股东财富增加额。用股东财富增加额除以投入资本，就可计算出投资收益率，就可以衡量投资报酬的高低，并且可以随时计算。三是注重公司未来的盈利能力，克服了利润上的短期行为。因为，不仅企业目前的净资产多少会影响股票价格高低，预期未来的净资产和盈利或现金净流入量的多少对股票价格的影响所起的作用更大。四是考虑了公司承担的风险。股票价格的高低体现了投资大众对公司价值的客观评价，公司的经营风险小，盈利稳定并有所增长，公司在投资大众心目中的价值就高，股票价格就高。

这一目标的缺点：一是只适用于上市公司，非上市公司（企业）不可能采用这一目标，并且在全部企业中非上市公司占的比重很大。二是股票价格要受多种因素的影响，并非都是公司所能控制的，把不可控因素作为理财目标是不合理的。如战争、重大自然灾害、外部环境变化会对股票市价产生影响，就是公司的不可控因素。另外，投资者动机、个人偏好、专业水平的差异，投资者对信息理解有差异，都会影响对公司股价的评价；再加上股市有些不规范运作因素，一部分股民非理性进行股票投资，不可能对公司股价作出正确的评价。正因为影响股票价格的因素较多，所以股票价格并不总能恰当地反映公司的经营业绩或盈利能力，有时不便评价目标实现的程度。三是没有考虑其他相关利益者的要求，如债权人、职工、政府、顾客的利益没有得到充分考虑，这些人的利益越少，股东利益就越多。

（四）企业价值最大化

企业价值即企业在市场上的价值，是企业在投资大众心目中的价值，不是指企业现有资产的账面价值。企业价值往往是以企业实际拥有资产（含未入账的无形资产）的使用价值为基础并考虑经营风险来评估确定的。资产的使用价值表现为资产的质量和创造价值（财富）的能力。使用资产创造的价值，不仅指现在创造的价值，而且还包括在未来创造的价值，并且更看重于在未来创造的价值。企业创造的价值，在现实生活中站在企业的立场上，一般指盈利额。所以，企业价值最大化这一目标，要求财务管理采用最优的财务策略，不断提高企业的资产质量和盈利能力，在保证企业长期稳定发展的基础上，使企业的价值尽可能地增大。

由此看出，要使企业价值最大，企业必须在持续经营中不断发展壮大自己，必须注重未来的长期获利能力。

以企业价值最大化作为财务管理目标的优点：一是注重企业资产的增加，注重生产要素的投资。因为企业资产越多，企业价值越大。注重企业生产要素的投资，这不仅是企业价值扩大的条件，也是整个社会财富不断增加的源泉。二是注重企业的长远利益，有利于克服利润上的短期行为。因为，不仅目前的资产会影响企业的价值，预期未来的资产多少对企业价值的影响所起的作用更大，所以，它要求企业能够长期稳定地发展。三是考虑了风险与利润的关系，有利于克服不顾风险大小片面追求利润的错误倾向。因为，企业价值与预期盈利多少成正比，与经营风险大小成反比。盈利增加往往同时伴随着风险增大，企业期望的未来盈利能力越大，企业的经营风险有可能越大，即企业的盈利不稳定，企业在投资大众心目中的价值就低。这就要求企业在追求提高盈利水平的同时，必须考虑把经营风险控制在可接受的范围内，要权衡盈利增加与风险增加的得与失，努力实现二者的最佳结合，使企业的价值最大。四是考虑了获取投资收益的时间，也就是考虑了资金的时间价值。按照资金时间价值的原理，获得收益的时间越近，其价值越大；获得收益的时间越远，其价值越小。

这一目标的缺点：一是只注重企业的积累、投入，有可能忽视目前的股利分配，从而影响投资者增加投资的积极性。二是不便计量，计量较麻烦。既要考虑现有资产的价值，又要考虑在未来获利能力，只能评估。

三、实现财务管理目标应具有的观念

在现代企业的财务管理工作中，要实现其目标，必须要有以下几种思想观念：

（一）盈利观念

企业的盈利是企业为社会提供剩余产品的价值表现，即企业为社会创造的财富。它是国家财政收入、所有者投资报酬、企业自我积累的主要来源，是社会发展的动力和源泉。因此，作为企业管理重要的经济核心部门——财务管理部门，必须具有盈利观念。

财务管理要求具有盈利观念，就是要树立讲求投资效益、注意增收节支、力求多创利润的观念。在管理工作中，一是要在进行项目投资时，做好投资效益的预测工作，防止投资失误；二是要积极寻找增加收入的途径，注意搜集市场需求信息，重视收入的实现；三是要积极寻求降低耗费的途径，将所得与所费结合起来评价，使经营业务量与盈利得到同步增长，力求取得较好的经济效益。

（二）竞争观念

竞争是经济市场化的产物，具有优胜劣汰的作用。合法竞争有利于社会的进步和发展。企业在市场上竞争，实际是企业的商品和服务质量以及企业的信誉在竞争。

财务管理要求具有竞争观念，就是要树立积极进取、努力创新、讲求信誉、为客户服务的思想观念，摒弃固步自封、保守落后的思想意识。在管理工作中，一是要支持企业采用新技术，提高产品质量，开发新产品，以物美价廉的商品和良好的服务占领市场，从而获取较好的收益；二是要适时进行客户资金结算和债权人利益清算，维护企业的信誉；三是要经常为经营决策提供有价值的财务信息，使企业能够抓住机遇，处于有利的竞争地位。

（三）时间观念

时间代表着速度，代表着效率。时间就是金钱，时间就是财富，时间就是效益，这基本是人们从经济学的角度上给时间下的定义。

财务管理要求具有时间观念，就是要认识时间的价值，充分利用时间，力求赢得时间，讲求速度和效率。在管理工作中，一是要加速资金周转，缩短物资和资金的占用时间，提高资金利用率，力求以较少的资金占用获得较多的收益；二是要认识资金的时间价值，不能把现在的1元钱与若干时期以后的1元钱等量齐观，即使用资金是要付出代价的；三是要做好资金收支的运筹工作，两者不仅要在数量上配合，而且要在时间上配合。

（四）风险观念

风险意味着对未来的结果没有十分成功的把握，取决于不利因素出现的可能性。企业的任何活动、决策都是面向未来的，而未来有很多不确定性的因素，这就有或多或少的风险。人们总想冒较小的风险获得较多的收益，至少要使得到的收益与所冒的风险程度相当。

财务管理要求具有风险观念，就是既要有开拓创新、力争成功的精神，又要有防患于未然的思想意识。在管理工作中，一是要不畏困难，敢于拓展，积极提出工作的新思路、新方法，并努力付诸实践；二是要注意调研和思考，分析不利因素出现的可能性，预先提出规避风险的措施；三是要对某项活动设计出几套行动方案，以便不利因素出现时改变行动方案，有规避的余地。

（五）法制观念

法制的含义之一是指法规制度，并要依法行事。它是企业进行财务活动、处理财务关系的准绳，既对企业的经济行为具有约束作用，又对企业的利益具有保护作用。

财务管理要求具有法制观念，就是要求企业的经济活动必须在有关政策、法律、规章、制度允许的范围内进行，并以此约束企业的经济行为，善于用法律手段保护企业的正当权益。在管理工作中，一是要自觉遵守法规制度，合法经营，不能弄虚作假，不得有欺诈行为，保证财务信息的真实性；二是要利用法规维护企业的经济利益，争取为企业创造有利的条件。

第四节 财务管理的原则

财务管理原则是企业组织财务活动、处理财务关系的准则。它是根据企业财务管理的目标,并在财务管理的实践中不断总结概括提出来的,既是理财活动的经验总结,又是理财活动的行为规范和基本要求。现代企业财务管理一般应遵循以下几个原则:

一、成本效益原则

成本是企业在经营过程中为所得而发生的资金耗费,即代价。效益在多数情况下是指获得的利益。财务管理的成本效益原则,就是要在经济活动中,对所费与所得进行分析比较,对经济行为的得与失进行衡量,力求以较少的代价获得较好的效益。

企业从事经营活动必然要发生一定的耗费,如采用发行债券的方式筹集资金要支付资信评估费、发行广告费、手续费、利息等,为生产销售产品要发生材料费、固定资产折旧及维修费、运输费、人工工资、管理费等。发生这些耗费的目的都是为了获得一定的物质利益。只有以较少的耗费获得了较多的物质利益,才能增加社会财富,才能使企业和社会的发展具有经济基础。所以,成本效益原则要求耗费越少、收益越多越好。

在财务管理中遵循成本效益原则,就是要经常评价企业的经济效益并采取措施提高企业的经济效益。因此,要经常开展各种比较分析。如将营业成本与营业收入、营业利润比较分析,看营业活动是否有较好的效益;将固定资产投资额与在使用期内获得的现金净流量(净利润)比较分析,看投资活动是否有较好的效益;将筹资代价与资本利润率、投资报酬率比较分析,看筹资活动是否可行;将开展某项管理活动所增加的费用与所带来的收入相比较,看是否合算。通过比较分析,便可评价效益,揭示说明问题,采取措施,作出正确的决策,使经营活动获得较好的效益。

二、资源合理配置原则

这里说的"资源"是指资财、资金、资产。财务管理的资源合理配置原则,就是要适时地、经济地取得经营活动所需要的资源,合理、节约、高效地使用资源,使有限资源发挥最大效用,尽可能提高资源的使用价值和经济效益。

相对于需求来说,资源总是有限的,不可能无限制地满足各种需求。因此,资源的有限性和需求的无限性矛盾,就使资源应该有偿取得和使用,就要求财务管理尽可能做好资源合理配置工作。

企业的资源是采用各种方式通过各种途径取得的,取得后又分别占用在各种形态上。在财务管理中遵循资源合理配置原则,就要求在取得和使用资源时,应该考虑取得资源的代价和使用后产生的效益;要求合理安排流动资产、长期资产及各具体项目所占比重和数量,合理安排负债、所有者权益及各具体项目所占比重和数量,使资金的收入与支出、现金的流入与流出在数额和时间上协调平衡,长期、短期资金的来源与占用各项目相协调平衡;要广开财源,节约使用,适时调节资金余缺。

三、责任与利益相结合原则

财务管理的责任与利益相结合原则,就是将财务管理工作中涉及的企业内部每个部门及每个员工应负(承担)的责任与应得的经济利益结合起来,按照责任履行情况和工作业绩给予相应的报酬,当工作业绩突出、任务完成出色时给予一定的物质奖励。

在规模较大的现代企业中,各种经济活动必须分设若干个相对独立的部门进行,并由众多的员工分别实施完成。在工业企业,一般要划分购、产、销、管等相关的职能部门,还要分成车间、班组、科室,它们分别承担着企业的各项具体职能。从经济学的角度上讲,只有员工明确了各自的责任与利益,才能激发他们的敬业和开拓精神,从关心自己的物质利益出发来关心企业的经济效益和发展,在各自的岗位上尽力履行职责,共同努力实现企业的目标。所以,责任与利益相结合原则,就是要实行分工负责制、经济责任制。

按照责任与利益相结合原则的要求,企业应建立一系列财务指标和必要的财务制度,合理设定内部各部门的责任指标,明确规定各部门的责任目标及考核办法,认真做好经营各环节的经济资源占用、经营耗费和经营成果的记录、计算工作,适时按各单位的工作业绩考核兑现奖励,以维护责任制的严肃性。

四、资金管理与物资管理相结合原则

财务管理的资金管理与物资管理相结合原则,就是要依靠管物的部门和员工,通过管好物资来管好资金;在确定和考核资金占用指标时,应与物资运动状况相联系。

物资和资金是同一事物的两个方面,物资是从实物形态而言,资金是从价值形态而言。物资运动和资金运动是企业经营过程中同时存在的经济现象,两者有着密切的联系。企业的物资运动必然引起资金运动,资金运动经常伴随着物资运动,如购买材料引起货币资金转化成材料物资。物资运动状况好坏决定着资金运动状况好坏,如物资库存结构合理、生产组织协调、商品销售顺畅,资金周转速度就快,资金占用量就少。资金运动反映着物资运动,如产成品(商品)资金占用量较多,意味着产成品库存量较多,可能有滞销积压的产成品。根据资金运动与物资运动的关系,在财务管理中应将资金管理同物资管理相结合。

因此,财务部门应考虑市场、生产因素及物资运动的实际情况,会同管物的部门慎重确定各部门的资金占用指标,并作为考核依据,与管物的部门共同管好资金。还要根据资金运动反映出来的状况,观察分析购、产、销活动的进展情况,合理组织资金运动,促进物资合理运动,保障经营活动的顺利进行。

五、收益与风险均衡原则

财务管理的收益与风险均衡原则,要求企业在进行每一项财务活动时,既要分析其收益高低,又要分析其风险大小,按照收益和风险适当均衡的要求,来决定采取何种行动方案,力求降低或避免风险,获得较好收益。

企业是个营利性的经济组织,总是希望各项活动尽量获得较好收益。但是,市场上各种环境因素是在不断变化的,并且客观上存在着竞争,就使各项活动具有一定的风险。按照市场运行规则,其结果一般是:高收益的活动项目隐含着较大的风险,低收益的活动项目隐含着较小的风险。所以,财务管理应在收益与风险二者之间进行权衡,力求所获得的收益与所承担的风险程度大体相当。

按照收益与风险均衡原则，在开展财务活动、作出财务决策时，不能不顾风险大小去追求高收益，也不能一味畏惧风险，放弃取得较好收益的机会，应该处理好谨慎与进取的关系，权衡得与失、利与险，趋利避害，把风险降低到较小的程度，争取获得较好的收益。

六、利益兼顾原则

这里说的利益是指与企业有着经济联系的法人和自然人的经济利益。财务管理的利益兼顾原则，就是在财务活动中要兼顾企业所有者、债权人、购销客户、经营者、劳动者以及内部各部门之间的利益，按法规协调好各方利益冲突，维护各有关方面的合法权益。

由于财务管理主要是从价值方面进行的管理，必然涉及各方面的经济利益。如企业所有者要求资本保值增值，债权人要求按期还本付息，购销客户要求以愿意接受的价格交易并在其认为适当的时间进行货款结算，经营者和劳动者希望得到较多的报酬和福利，内部各部门有可能只考虑自身利益而忽略整体利益，等等。这些利益的协调处理是财务管理应当履行的职责。所以，利益兼顾原则就是要兼顾个人和集体、局部和整体、内部和外部、目前和长远的利益，处理好各方面的利益关系。

为了较好地处理各方利益关系，财务管理部门和相关人员应熟悉政府的政策法规，与企业外部有关单位发生经济关系时应认真签订合同或协议，与内部有关部门共同制定企业章程或内部管理制度，合理核定各项定额指标，使在经济利益的协调处理时有依据可循，便于做到公平、公正。还应该慎重做好筹资、投资决策，使企业有较好的效益，以便较好地满足各方利益要求。

第五节 财务管理的环境

财务管理环境是指对企业财务活动产生影响作用的各种客观条件或因素，如政策法规、经济市场状况、自然条件、社会发展状况等。财务管理环境既是企业财务决策难以改变的外部约束条件，又是企业开展财务管理工作可以利用的外部条件。财务管理对财务管理环境一方面必须适应、顺从其要求和变化，另一方面要利用它为管理活动服务。如有关融资法规和资金市场供求状况，既对企业筹资活动起着约束作用，又是企业进行筹资决策的依据和开展筹资活动的条件。

任何活动总是在一定的环境下进行的，要管好财务，要作出正确的财务决策，就必须充分认识了解外部环境。随着社会经济的发展，财务管理工作所面临的环境将日趋复杂，财务管理的部门和工作者必须十分重视对财务管理环境的调查和研究，明确环境的要求、现状和发展趋势，把握开展财务活动的有利和不利条件，为财务决策提供可靠依据，提高财务管理工作对环境的适应能力、应变能力、利用能力，规避不利条件，充分利用有利条件，力求较好地实现财务管理目标。

财务管理环境涉及的范围很广，其中最重要的是法律环境、经济环境和金融环境。

一、法律环境

财务管理的法律环境,是指对企业财务活动产生影响作用的各种法规,是企业与外部发生经济关系时所应遵守的各种法律、规章、制度。

国家为了管理社会经济活动制定了法律法规。各种法律法规既对企业的经营活动具有约束作用,又对企业的经营活动具有保护作用。企业在进行财务活动、处理财务关系时,必须严格遵守有关法规。

(一)企业组织法规

企业必须依法设立。目前我国在企业组建设立方面有相应的法规,如《中华人民共和国公司法》《中华人民共和国个人独资企业法》《中华人民共和国合伙企业法》等。这些法规既是企业的组织法,又是企业的行为法,对企业投资活动、筹资活动和利润分配有至关重要的影响。

《中华人民共和国公司法》通常简称《公司法》,对公司设立的条件、设立的程序、组织机构作了具体规定,对公司合并、分立、破产、解散等组织变更和终止的条件和程序也作了具体规定。不仅如此,还对筹集资本、发行债券以及盈利分配、法律责任作了具体规定。因此,《公司法》是公司财务管理最重要的法律规范文件,公司的财务活动必须依照《公司法》中的有关条款要求进行,否则就视为违法。

其他组织形式的企业也要按照相应的法规进行财务活动。

企业的组织形式可分为独资企业、合伙企业、公司制企业。企业的组织形式不同,对财务管理某些方面的要求、做法也有所不同。

个人独资企业是由一个自然人(业主)投资,财产为投资人个人所有,投资人以其个人财产对企业债务承担无限责任的经营实体。它的设立和终止的条件和程序、筹资活动、盈利分配等财务管理活动比较简单。在企业经营亏损时,业主要以个人的全部资产偿付债务。

合伙企业是由两个以上的合伙人订立合伙协议,共同出资、合伙经营、共享收益、共担风险,普通合伙人对合伙企业债务承担无限连带责任的营利性组织。它与独资企业的主要区别是要订立合伙协议,规定各合伙人的权利、义务以及利润分配方法、解散条件等内容,其筹资活动、盈利分配要按合伙协议条款进行。

公司是最为规范的企业组织形式,是按照《公司法》,由股东出资组建的,通过制定公司章程进行内部管理,依法自主经营、自负盈亏的企业法人。公司按资本是否分成股份又分为有限责任公司和股份有限公司。有限责任公司是股东以其认缴的出资额为限对公司承担责任,公司以其全部资产对公司的债务承担责任。股份有限公司是将其全部资本分为等额股份,股东以其认购持有的股份为限对公司承担责任,公司以其全部资产对公司的债务承担责任。公司制企业可以独立于所有者而依法存在,所以公司设立、组织变更、终止的条件较严格、操作程序较复杂;它可以以自己的名义筹集资金,无需所有者对公司债务承担无限责任,所以公司筹资和盈利分配的条件较严格、操作程序较复杂,但筹资范围广;股东转让股份较容易,股东转让股份对公司资本数额没有影响,所以公司存在的时间要长于有些所有者投资于公司的时间;但公司一般只承担有限责任。

(二)税务法规

企业目前应交纳的税金可归纳为:流转税(如增值税、消费税、城乡维护建设税);所得税；资源税（如资源税、土地使用税、土地增值税）；财产税（如房产税、车船税）；特定行为税（如证券交易税、印花税）等类别。有些税种还有些减税、免税的优惠条件。

依法纳税是企业对国家和社会应尽的责任义务，企业必须按照税法规定按时足额交税，不允许有偷税漏税行为。交税要引起企业的现金流出，对企业的费用和利润有着重要的影响，因此，税金是企业经营决策、投资决策必须考虑的因素。财务管理人员必须熟悉精通税收政策法规，正确计算有关税金，为决策提供依据；合法执行税收优惠政策，维护国家和企业的合法权益。

（三）财会法规

企业财务、会计方面的法规主要是《企业财务通则》和《企业会计准则》，目前适用的是经国务院批准由财政部于2006年起陆续制定、修订、发布的。这些法规的内容主要有：对加强企业财务管理提出了基本要求，明确了投资者和经营者的财务管理职责；对筹资方式和投资者出资方式及数值确定处理作了原则性规定；对内部资金调度、使用、投资、控制作了原则性规定；对各项资产的种类、价值确定、摊销、处置作了规定；对成本费用的列支范围及控制要求作了原则性规定；对收益的范围、确认和计算方法作了规定；对利润分配的条件、去向和顺序作了规定；对汇兑损益的计算和处理作了规定；对企业清算的范围、程序和损益的计算处理作了规定；对财务会计信息数据列报作了规定，等等。这些法规内容都是财务管理人员必须熟悉精通的，以便在财务活动中正确运用和执行。

除上述法规外，与企业财务管理有关的其他经济法律法规还有许多，如经济合同、票据结算、证券交易等方面的法规，也是企业进行财务活动、处理财务关系的依据，财务管理人员也要熟悉这些法规。

二、经济环境

财务管理的经济环境，是指对企业财务活动产生影响作用的各种经济因素，主要是经济周期、经济政策、经济发展状况等。

（一）经济周期

在经济市场化社会里，经济发展与运行总是带有一定的波动性，大体上要经历衰退、萧条、复苏、繁荣几个阶段的循环，这种循环称为经济周期。

在经济周期的不同阶段，企业财务管理工作面临着不同的财务管理问题，应采取不同的财务管理策略。在衰退阶段，生产下降，市场萎缩，部分企业倒闭，市场需求减少，致使投资锐减。这一时期的财务管理工作，应降低商品售价，减少存货，停产不利产品，停止长期采购和长期投资，不宜筹资。在萧条阶段，生产不再下降，但处于停滞状况；市场需求不再减少，但没有显著好转。这一时期的财务管理工作，应努力降低成本，节约费用支出，尽量生产销售社会基本生活必需品，保持市场占有份额，固定资产投资应以技术改造为主。在复苏阶段，生产有所恢复，市场逐渐活跃，生产资料需求增加。这一时期的财务管理工作，应积极筹措资金，增加固定资产投资（包括新建和技术改造），注意生产新产品，增加存货，扩大销售，提高获取收入和盈利能力。在繁荣阶段，生产迅速发展，需求旺盛，市场繁荣，各方面呈现一派兴旺景象。这一时期的财务管理工作，应增加固定资产投资，扩大生产经营规模，保持一定的存货，支持开发新产品，开辟新市场，增强获取收入和盈利的能力。

（二）经济政策

国家为了管理和引导社会经济生活，促进社会经济发展，往往要制定一系列经济方面的政策。各种经济政策都对企业的财务活动有重大影响，如国民经济发展规划、产业政策、区域政策，有的内容是鼓励或限制某些行业发展，有的是给予某些地区或行业的优惠条件，这对企业的投资方向、经营方向和收益有着重要影响。例如，货币金融政策，可能对货币供应量和信贷规模有严格的限制，这对企业的筹资活动有重要影响；利用外资政策、外汇外贸体制，对引进外资和进出口贸易有鼓励或限制方面的规定，这对企业筹集资本、利润分配、国际贸易、外汇收支都有重要影响；财政税收政策、经济体制改革措施等，可能对企业的投资活动、成本费用、资金筹集、盈利分配都有重要影响。企业在进行财务决策，对财务活动作出安排时，必须认真研究国家经济政策，按政策导向行事，使企业能够健康顺利地发展。

（三）经济发展状况

经济发展状况主要体现在与经济发展速度、市场开放程度、人们生活水平等相关的项目或指标上。衡量经济发展速度主要看国民生产总值的增长幅度；衡量市场开放程度主要看经济交往的地域和行业领域的广泛与否，通过市场配置资源的比重有多大；衡量人们生活水平主要看人们的需求层次和购买力水平。经济发展速度在逐步加快，市场开放程度及人们生活水平也在逐步提高，说明经济发展状况好，市场繁荣。显然，经济发展状况对企业的经营方向和规模，对企业的投资环境、筹资环境及物资贸易环境有重要影响。财务管理人员必须了解经济发展状况，以便作出正确的财务决策。

三、金融环境

财务管理的金融环境，是指对企业财务活动产生影响作用的有关资金融通方面的因素。资金融通是财务管理工作的重要组成部分，所以，财务管理人员必须熟悉各种金融环境及运行规则。

（一）金融机构

金融机构包括银行和非银行金融机构两类。

银行按照职责范围分为中央银行、商业银行、政策性银行。

中央银行，是代表国家管理全国的金融机构和金融活动的银行。我国的中央银行是中国人民银行，其主要职责是：制定和实施货币政策，保持货币币值稳定；依法对金融机构进行监督管理，维持金融业的合法、稳健运行；维护支付和清算系统的正常运行；持有、管理、经营国家外汇储备和黄金储备；代理国库和其他与政府有关的金融业务；代表政府从事有关的国际金融活动。

商业银行，是以经营存款、贷款，办理转账结算为主要业务，以营利为主要经营目标的金融企业。我国创办发展到现在的商业银行多为股份有限公司，有些是中央管理的商业银行，有些是地方管理的商业银行；有些是国有控股的商业银行，有些是其他股份制商业银行；有些银行已发行股票并公开上市。此外，还有外资商业银行。

政策性银行，是由政府设立，以贯彻国家经济产业政策，为某些特定领域的经济发展提供政策性金融支持，不追求利润最大化的金融机构，如中国进出口银行、中国农业发展银行。其资金一般来源于财政拨款和发行政策性金融债券，不面向公众吸收存款；其服务对象主要是对国民经济发展有重要意义，且周期较长、经济效益较低、资金回收较慢的项目领域；其贷款利率一般比商业银行优惠。

非银行金融机构主要有信托投资公司、租赁公司、证券公司等。

（二）金融市场分类

金融市场是指资金供应者和资金需求者双方通过信用工具融通资金的市场，即实现货币借贷和资金融通、办理各种票据和进行有价证券交易活动的市场。

金融市场按资金供求的期限分为短期资金市场和长期资金市场。短期资金市场是指资金借贷和证券期限不超过一年的资金融通市场，主要是为了解决临时短期资金需要和便于保持金融资产的流动性。长期资金市场是指资金借贷和证券期限在一年以上的资金融通市场，是为了解决长期资金融通。

金融市场按交易的层次分为一级市场和二级市场。一级市场也称为初级市场，是通过发行有价证券而进行资金融通的市场，它处于资金交易的第一层次，资金需求者（证券发行者）将证券首次出售给资金供应者，并收取资金。二级市场也称为流通市场，是将已发行上市的证券再进行转让的市场，只是在不同投资者之间买卖流通，证券发行者不会收到新的资金。

金融市场按交易的地点分为场内交易市场和场外交易市场。场内交易市场是指通过证券交易所进行的证券买卖活动的市场。证券交易所有固定的场地和良好设施条件，有固定交易时间和规范的交易规则，便于集中进行各种有价证券的竞价买卖交易。场内交易是股票流通的主要组织方式。场外交易市场是在证券商的营业柜台上进行交易的市场，亦称店头交易市场。在证券交易所之外，没有买卖集中地点，证券未挂牌上市，以议价的方式进行交易。

金融市场按活动的空间分为国内资金市场和国外资金市场。

（三）金融市场的功能

金融市场的功能主要体现以下几个方面：

1. 资金融通功能。金融市场就是融通资金的市场，为投融资行为提供了极大便利。在金融市场上，企业可从提供资金的投资者手中筹到生产经营活动所需要的资金，使金融资产变为生产经营性资产，为创造价值、创造财富服务。在金融市场上，投资者可卖出自己所持有的有价证券，使其变为现金使用。

2. 风险分配功能。投资融资的收益和本金收回是在将来实现的，凡是涉及将来的事项都是有风险的，只不过大小不同而已。在金融市场转移资金的过程中，实际资产的投资风险即企业经营风险，在资金提供者和资金需求者之间被重新分配。

3. 价格发现功能。有价证券在二级市场上因买方和卖方的相互作用决定了证券价格，它是买卖双方根据各种信息判断基本愿意成交的价格，这为企业财务决策和市场评价提供了依据。由于市场竞争的作用，促进了社会稀缺资源的合理配置和有效使用。

4. 调解经济功能。金融市场信息为政府制定宏观经济政策提供了依据，政府可以通过实施货币政策对各经济主体的行为加以引导和调节。

5. 节约信息成本功能。金融市场上的各种信号被称为国民经济的"晴雨表"，各种证券的交易价格是各种作用的结果，是各种信息的综合反映，为每位潜在的投资者和筹资者提供了有用的信息，节省了有关人员的信息采集成本。

本章复习思考题

1. 试述企业财务活动与资金运动的关系。
2. 在企业财务活动中会发生哪些财务关系？各关系的实质是什么？
3. 财务管理一般有哪些工作内容？
4. 财务管理有何特点？
5. 试述财务管理目标各种观点的优缺点。
6. 财务管理一般要遵循哪些原则？为什么要遵循这些原则？
7. 财务管理的部门和工作者为什么必须充分认识了解外部环境？

第二章 Chapter 2

财务分析

学习目标：
- 明确财务分析的意义和步骤
- 掌握分析的技术方法，明确运用各方法的注意事项
- 明确偿债能力、获利能力、营运能力和发展能力各指标的含义及作用，掌握各指标的计算方法和计算结果说明的问题
- 掌握影响利润变动的因素分析
- 掌握净资产净利率构成因素和各因素数值变化说明的问题
- 掌握财务状况综合评价做法

第一节 财务分析概述

一、财务分析的内容

财务分析，是以会计核算资料和其他有关资料为依据，对企业过去和现在的经济活动过程及其结果进行研究、比较、剖析、评价，借以说明企业财务状况的好坏，查明影响财务计划（预算）指标完成的原因，寻求增加盈利、取得较好经济效益的正确途径和有效措施。

财务分析的依据主要是会计核算资料，包括会计报表和账簿记录，此外还有统计资料及搜集的相关资料。

利用会计核算资料进行财务分析的内容一般有以下几个方面：

1. 偿债能力分析，是对企业偿还债务的能力所进行的分析，即企业有没有资产可用于偿还债务，还债的保证程度有多大。这是反映企业财务状况好坏的标志，也是企业债权人最为关心的指标。

2. 获利能力分析，是对企业利用现有的资产、资本和发生的耗费、实现的收入所获取利润的能力进行分析，即占用一定数量的资产、投入一定数量的资本获得了多少利润，花费一定数量的成本费用、实现一定数量的收入赚取了多少利润。这是衡量企业在收益管理方面的效率指标，表明企业管理人员的经营业绩。

3. 营运能力分析，是对企业使用经济资源的效率及有效性所进行的分析，即企业的经济资源利用程度如何，有无使用不当、积压、呆滞、浪费。这是衡量企业在资产管理方面的

效率指标，表明企业管理人员运用资金的能力。

4. 发展能力分析，是对企业的经济资源、经营收益和积累的增长情况所进行的分析，看其是否在持续增长，增长幅度多大，从而评价企业目前的发展状况，判定企业未来发展潜力。这是企业的债权人和潜在投资者比较关心的指标，也可表示企业管理能力。

5. 某项指标影响因素分析，是把影响某项指标的各种因素有序地排列在一起，分别分析各相关因素对该项指标变动的影响，从而查明影响该项指标变动的原因。如：利润的形成要受到业务量、价格、成本、费用多项因素影响，可分析各因素变动对利润变动的影响。成本的构成有料、工、费几项，可分析各项目变动对成本变动的影响。

6. 财务状况趋势分析，是对企业连续数期的财务报表实际数据及计算的指标进行比较，以观察其变动的方向、数额和幅度所进行的分析，借以说明企业财务状况目前的变动情况，推测财务状况在未来（后期）的变动趋势。如销售收入、利润每年都在增加，但每年增加的幅度是否一致，不一致的原因是什么，这比只看一期的数据可以了解更多的情况。

7. 财务状况综合分析，是综合运用多项指标进行定量分析计算评分，将各指标得分相加，按照总体得分多少，评价总体财务状况优劣好坏的程度。

二、财务分析的意义

财务分析的意义主要体现在以下几个方面：

（一）财务分析是认识、评价企业财务活动和财务状况的重要方法

通过企业的会计核算，使企业的经济活动过程和结果真实地反映在会计报表中，如企业筹到了多少资金，在经营活动中运用了多少资金，发生了多少耗费，取得了多少收入，实现了多少盈利等。这对于了解和掌握企业经济活动的基本情况和财务状况是非常必要的，但不能直接说明各种财务活动是否合理有效，财务状况是否良好。为了正确评价企业财务活动是否合理有效和财务状况的优劣，就必须对会计报表中的信息资料，按照一定的要求，运用一定的方法，进行加工整理、分析研究，揭示财务活动成果形成的条件、产生的原因，说明企业的偿债能力、盈利能力、营运能力，使人们对会计报表中反映的经济活动和财务状况有更深入的认识。

（二）财务分析是分清责任、发现问题、总结经验的有效方式

企业的经济活动和财务状况，要受到企业内部各部门主观工作质量的影响，同时也要受到外部客观环境的影响。例如，产品成本中的材料费用多少，要受到材料消耗量和材料价格两个因素的影响。对生产车间来说，材料消耗量是主观因素，材料价格是客观因素。通过分析、研究，划清各责任部门的可控因素和不可控因素，查明各部门的工作质量对经济活动和财务状况的影响程度，就可以分清责任，对各个部门的工作成果给予正确的评价；就可以发现管理中存在的问题，有利于总结经验、吸取教训、纠正错误，从而提高管理水平。

（三）财务分析是企业管理者作出正确决策的必要前提

在企业的管理活动中，只有作出正确的决策，才能收到较好的经济效果。但正确的决策，必须要占有正确的、系统的、能揭示事物本质的资料（包括企业内部的和外部的）。这就必须对会计报表提供的经济信息进行分析研究，由表及里、去伪存真，排除一些非正常偶然性因素，查明影响财务状况的有利因素和不利因素，找出潜在的未被利用的资源条件，再生成一套原因和结果相匹配的、具有实用价值的指标（资料），为管理人员作出决策、确定

经营方针和目标、制订措施提供依据。

综上所述，财务分析是企业财务管理的重要组成部分，是提高企业管理水平的重要环节，它的意义不仅是对过去已完成的经济活动进行总结和评价，更是对未来经济活动进行展望和指导。因此，企业必须认真及时地做好财务分析工作。

三、财务分析的步骤

（一）明确分析目标，制订工作计划

目标决定着行动方向、路线、采用的方式方法。为了使分析工作取得较好效果，首先要明确对什么进行分析，通过分析达到什么目的，继而制订出工作计划，确定财务分析的内容、范围、重点和要求，以及工作组织，以便针对性地、有步骤地开展分析工作。

（二）收集、整理信息资料

没有资料，分析就失去了依据。充分占有各种有关的信息资料，是有效进行财务分析的前提。财务分析的质量高低，能否找出原因并恰当地说明问题，揭示财务状况真实面目，在很大程度上取决于所掌握的信息资料的真实性和全面性。为了使分析工作不失偏颇，保证分析的质量，必须遵循实事求是的原则，认真收集分析所需要的各种数据资料，并对资料进行分类和去伪存真的整理。

（三）分析研究，查找原因

在充分占有资料的基础上，应按照分析的目标和要求，采用一定的方法，对资料进行分析研究。从定量分析入手，确定各项指标的数值，结合定性分析判断，找出影响经济数量指标变动的原因，查明影响财务状况的有利因素和不利因素。

（四）归纳总结，提出建议和措施

进行财务分析的最终目的，是提供对决策有帮助的信息，为改善企业管理，取得最佳的经济效益指明方向。因此，要在分析研究的基础上，进行归纳总结，提出改进工作的建议和措施，以便管理人员决策和实施。这是分析研究的继续和深化。

在归纳总结时，要对企业的财务活动作出正确的评价，并要写出有理有据、观点鲜明、语言精炼的分析报告。

四、财务分析的技术方法

财务分析的技术方法最常用的有比较分析法、比率分析法、因素分析法。

（一）比较分析法

比较分析法，就是把两个或几个有关的可比数字进行对比，从数量上确定差异，以便揭示客观存在差距的一种分析方法。有比较才能鉴别，比较是人们认识客观事物的最基本、最重要的方法。因此，财务分析工作一般是先通过数量指标的对比确定差异，为进一步分析打下基础。

经济数量指标的对比分析，按比较对象主要有以下几种类型：

1. 实际指标与计划（预算）指标对比。企业的计划是建立在对上期执行情况的总结分析，对未来情况科学预测的基础上编制的，它本身具有指标的先进性、合理性。因此，财务分析工作必须以计划指标为标准与实际指标对比，找出实际指标与计划指标的差异，借以说明计划的完成情况，评定企业财务管理工作的好坏。这种对比也称差异分析。

实际指标与计划指标对比分析，其计算公式是：

实际与计划的差异数 = 本期实际完成数 − 本期计划数

$$计划完成程度（百分比）= \frac{本期实际完成数}{本期计划数} \times 100\%$$

实际较计划增减比例 = 计划完成程度（百分比）− 100%

2. 本期实际指标与前期实际指标对比。将本期实际指标与前期（上月、上季、上年、历史同期）实际指标对比，可以找出本期指标与前期指标的差距，反映经济活动的发展动态，即变动趋势，考察企业经济管理工作的改进情况。如果将连续几（多）期的实际数值对比，就是趋势分析。

本期指标与前期指标对比分析，其计算公式是：

本期与前期差异数 = 本期实际数 − 前期实际数

$$本期为前期的百分比 = \frac{本期实际数}{前期实际数} \times 100\%$$

本期较前期增减比例 = 本期为前期的百分比 − 100%

3. 本企业与同行企业的指标对比。这种比较是将本企业实际达到的水平与国内外同行业优良企业同类指标的水平相比较。通过这种对比，可以看到本企业与同行企业的差距，有利于推动企业注意吸收先进经验，把优良企业达到的水平作为自己努力的目标。这种对比也称横向比较分析。

在采用比较分析法进行分析时，必须注意对比指标的可比性，这是正确运用比较分析法的必要条件，否则就不能正确地说明问题，甚至得出错误的结论。对比指标的可比性，是指用作对比的指标必须具有共同的基础，主要包括指标的经济内容、时间单位、计价标准、计算方法的一致性。在企业之间进行指标对比时，还要考虑各个企业的技术装备水平是否相近。

（二）比率分析法

比率分析法，是在同一时期的有关两个指标中，用一个指标对另一个指标的比例关系来揭示或说明经济活动的效率、效益、状况或合理性的一种分析方法。

比较分析法只适用于同质指标的数量对比，而比率分析法则可以把不同质的但有经济联系的指标加以配合，以比率的大小来说明效率、效益、状况或合理性。这种分析方法可以把某些不同条件下不可比的指标变为可以比较的指标，以利于进行比较分析。

根据分析的内容和要求不同，可以计算不同的比率进行分析。各种比率可以归为以下三种类型：

1. 效率比率。是将两个经济性质不同但又具有因果关系的指标对比求其比率，以便从经济活动的客观联系中来评价经济活动的效率或效益，从而评价经营管理的业绩。例如，将销售利润同销售收入对比，计算出销售利润率，从而说明从实现的销售收入中获取利润的能力；将利润同资产对比，计算出资产利润率，从而说明投入（使用）资产获取利润的能力。

2. 相关比率。是将两个经济性质不同但又有相互联系的指标对比求其比率，以便从经济活动的客观联系中来评价企业的财务状况，考察各项工作活动的安排是否合理。例如，将企业的负债与资产对比计算出资产负债率，将企业的流动资产与流动负债对比计算出流动比率，从而说明企业的偿债能力。

3. 构成比率。又称结构比率，是将构成某一总体指标的各组成部分与该总体指标对比，以表明各组成部分在总体中所占的比重，以评定总体指标构成的合理性或某一组成部分所占比重的合理性，从而了解该项经济活动的特点。如流动资产占全部资产的比重，可以评价企业资产的流动性（变现能力）；机器设备占全部固定资产的比重，可以评价企业固定资产配置是否合理。

在采用比率分析法进行分析时，应注意用来计算的子项与母项必须具有相关性，即子项与母项必须具有一定的联系，否则，计算得出的比率没有意义，不能说明问题。

在效率比率指标的计算中，子项与母项必须具有因果关系。如成本费用是为实现收入和利润而花费的代价，销售货物是实现利润的前提，所以可以计算成本费用利润率、销售利润率来考核企业的经济效益。在相关比率指标的计算中，子项与母项必须具有一定的联系。如有负债应有一定数量的资产，负债必须以资产偿还，所以可以计算资产负债率来评价企业的偿债能力。在构成比率的指标计算中，子项（部分指标）必须是母项（总体指标）的一个组成部分，子项对母项必须具有构成关系，母项对子项必须具有包含关系。

（三）因素分析法

因素分析法，是研究几个相互联系的因素变动分别对综合性指标影响程度的一种分析方法。

企业的各项财务指标，大都具有综合性，往往是由两个或两个以上的因素构成的。如产品销售收入是由产品销售量和单位产品价格两个因素构成的（乘积），材料耗用总额是由产品生产量、单位产品材料消耗量、材料单价三个因素构成的。从这些因素构成中可以看出，一些综合性财务指标的变动，往往是多种因素变动综合影响的结果。而这些因素的变化，有的变动幅度较大对综合性指标影响程度也大，有的变动幅度较小对综合性指标影响程度也小。有的因素变动与综合性指标变动是同一方向，有的因素变动与综合性指标变动是相反方向，因此它们的变动有可能部分或全部地相互抵消。所以，为了找出综合性指标变动的原因，更有说服力地评价企业经济活动，有必要把综合性的指标分解为各个因素，进而分别测定各个因素对综合性指标的影响方向和程度，借以评价各因素变动的合理性。

因素分析法具体计算方法有连环替代法和差额计算法两种。

1. 连环替代法。其基本程序是：首先将构成综合性指标的各个因素，按照它们之间的逻辑关系，并考虑计算的实际经济意义，排列成合理的顺序，组成因素结合式；然后按顺序每次替换一个变化因素，视其他因素不变，计算出一个因素变化后的结果；再把每次替换后所得到的结果与本次替换前的结果进行比较，就得到被替换因素的变动所产生的影响数。有几个因素就替换几次，直至计算出各个因素变动的影响数。

【例 2—1】某种产品的某种材料费用的计划数与实际数的资料如表 2—1 所示。

表 2—1　　　　　　　　　　某产品的某种材料费资料

项　　目	单位	计划	实际
产品产量	件	200	210
单位产品材料耗用量	千克	40	38
材料单价	元	10	11
材料费用总额	元	80000	87780

从表 2—1 的资料可以看出，材料费用总额实际比计划增加了 7780 元，并与三个因素有

关，这就要计算三个因素分别影响多少。采用连环替代法分析计算各因素的影响如下：

因素结合式：产品生产量×单位产品材料消耗量×材料单价＝材料耗用总额

计划数：200×40×10＝80000（元）

第一次替换产量：210×40×10＝84000（元）

与本次替换前结果的差异：84000－80000＝4000（元）

表示：由于产品产量增加，使材料费用总额增加了4000元。

第二次替换单位产品材料耗用量：210×38×10＝79800（元）

与本次替换前结果的差异：79800－84000＝－4200（元）

表示：由于单位产品材料耗用量降低，使材料费用总额减少了4200元。

须注意的是，本次替换前已替换的因素数必须在本次替换组合式中保留。如本次替换单位产品材料耗用量，组合式中的产量必须用实际数，而不能用计划数。

第三次替换单价：210×38×11＝87780（元）

与本次替换前结果的差异：87780－79800＝7980（元）

表示：由于材料价格上升，使材料费用总额增加了7980元。

综合影响：4000－4200＋7980＝7780（元）

根据以上计算分析，可初步认为，产量增加使材料费用总额增加属正常情况，材料耗用量降低使材料费用总额减少是好现象，但材料价格上升则要查找原因。

2. 差额计算法。这是连环替代法的一种简化形式，就是先确定各因素本身变化的差异，再根据各因素本身的差异来计算对综合性指标变动的影响。

根据表2－1资料，采用差额计算法分析计算各因素影响为：

产量变动的影响＝(210－200)×40×10＝4000（元）

耗用量变动的影响＝(38－40)×210×10＝－4200（元）

单价变动的影响＝(11－10)×210×38＝7980（元）

综合影响＝4000－4200＋7980＝7780（元）

从上述因素分析法的计算程序中可看出，采用因素分析法计算各因素的影响时带有一种假定性，即各变动因素影响的结果，都是在其他因素不变（已变因素数在下次替换另外因素时保留）的情况下计算出来的。如上述材料耗用量降低、材料价格上升，可能是材料质量提高而使材料耗用量降低、材料价格上升，两者有密切联系，但在计算分析时假定两者没有联系。因此，为了能够较为准确地评价企业经济活动，在运用因素分析法时应注意以下事项：

一是要正确地确定构成综合性指标的因素。应注意确定的因素必须是与综合性指标在客观上存在着直接的联系或成为因果关系。如影响某种产品某种材料费用总额的基本因素，只能定为该产品产量、单位产品材料耗用量和材料单价，而不能定为工人人数、每个工人平均用料量和材料单价。否则，就是毫无意义的分析。

二是要合理安排替换顺序。要按照因素之间的逻辑关系和计算的实际经济意义，合理排列各因素之间的顺序，并按因素顺序依次替换计算。不能将各因素之间的顺序随意颠倒，因为不同的替换顺序，会使计算出的各个因素的影响程度不同（虽然各个因素影响程度的代数和与总差异相等）。一般来说，替代顺序是：先替换主导因素后替换从属因素，先替换数量因素后替换质量因素，先替换实物因素（指标）后替换价值因素（指标）。

三是要在基本因素定量分析的基础上，联系生产经营活动的实际情况，找出引起基本项目因素发生变动的具体原因，以便作出正确的评价。如单位产品材料耗用量的变动，是材料本身的质量变化，还是在加工中的节约或浪费；材料单价变动是买价变动还是运费变动。

第二节 偿债能力分析

偿债能力是指以企业的资产偿还债务的能力，即企业的资产对负债的保障程度。它是反映企业财务状况好坏的重要标志，是企业债权人最为关心的指标。企业能否及时偿还到期债务，对企业的信誉和经营活动有着重要影响。因为在有借贷行为时，负债相对较多的情况下，即使企业有良好的发展前景，也可能因为一时的资金周转困难，不能偿还到期债务，从而影响企业的信誉，影响企业的物资供应、生产和销售活动。

债务有长期和短期之分，所以偿债能力又分为长期偿债能力和短期偿债能力。

一、短期偿债能力

短期偿债能力，是指企业偿还流动负债的能力。流动负债是将在一年内或者超过一年的一个营业周期内偿还的债务。这部分负债对企业的财务风险影响较大，如果不能及时偿还，有可能使企业的财务陷于困境，面临破产的危险。一般来说，流动负债应以流动资产来偿还，因为流动资产是可以在一年或者超过一年的一个营业周期内变现的资产，所以流动资产就成为偿还流动负债的保障。因此，可以通过计算流动资产与流动负债的比率来判断企业短期偿还债务的能力。反映评价短期偿债能力的指标一般有：

（一）流动比率

流动比率或称为流动资产负债比，是指企业流动资产与流动负债的比值，表示每1元流动负债有多少流动资产作为偿还的保障。其计算公式是：

$$流动比率 = \frac{流动资产}{流动负债}$$

流动比率可以衡量企业在短期内转变为现金的流动资产偿还到期流动负债的能力。对于债权人来说，这个指标越高越好。因为流动比率较高，就是流动资产相对较多，流动负债相对较少，表示企业偿还流动负债的能力较强，债权人的利益越有保障。从理论上讲，只要流动比率等于1，企业便具有偿还流动负债的能力。但对持续经营的生产型企业来说，一般要求流动比率为2:1比较适宜，表明企业财务状况稳妥可靠，即流动资产在清偿流动负债后还有一定能力去应付日常经营活动中的其他资金需要。

但从本企业理财观点来看，过高的流动比率未必就是好现象。因为流动比率过高，就是流动资产较多，流动负债较少，所有者权益或长期负债较多，会影响企业的盈利能力。

流动资产较多，可能是存货积压滞销或应收账款较多占用了过多的资金；可能拥有过多的现金未能很好地运用到经营过程中，这几种情况会影响企业的资金使用效率和获利能力。过高的流动比率，也可能是所有者权益占全部资金的比例过大，负债相对较少，在投资报酬率高于借款利息（成本）率的情况下，会使资本金利润率低于所有者权益占全部资金比例小的企业，即影响所有权资本收益率。还可能是长期负债过多，可能会使企业的资金成本增加。因此，分析流动比率应结合流动资产的结构、负债的数量与结构进行评价。

计算流动比率是假设全部流动资产都可以变现并都用于偿债，全部流动负债都需要清偿。但对于持续经营的企业来说，流动资产不能全部用于偿还债务，要有一部分用于经营活动；经营性应付项目可以滚动存续，无需立即用现金全部偿还。因此，流动比率是对短期偿债能力的粗略估计。

(二) 速动比率

速动比率或称为速动资产流动负债比，是指企业速动资产与流动负债的比值，表示每1元流动负债中有多少速动资产作为偿还的保障。其计算公式是：

$$速动比率 = \frac{速动资产}{流动负债}$$

速动资产，是指可以在较短时间内尽快变为现金的资产，一般是用流动资产减去存货、预付账款和待摊费用来计算，即速动资产包括货币资金、交易性金融资产、应收款项。一般认为存货是流动资产中变现速度较慢的部分，它通常要经过售出和收回账款两个过程才能变为现金；存货中还可能包括不适用、不适销而难以变现的货物，或目前的市价明显低于成本的货物；部分存货可能已损失还没做处理，或已经抵押给他人，不能用于偿债，所以通常将存货不列为速动资产。至于预付账款和待摊费用，它们本质上属于费用，同时又具有资产的性质，它们只能减少企业未来的现金流出，不能转变为现金，因此，不应计入速动资产。

速动比率比流动比率更足以说明企业的短期偿债能力。有时企业的流动比率虽然较高，但流动资产中易于变现可立即用于支付的资产很少，则企业的短期偿债能力仍然较差。这对于短期债权人来说，是特别关心的一个指标。一般认为速动比率为1∶1较为合适，表示企业每1元短期负债都有1元易于变现的资产作抵偿。如果速动比率过低，说明企业的偿债能力存在问题。

但对本企业来说，如果速动比率过高，速动资产多，可能是货币资金或应收款项多，流动负债少，长期负债多，企业将要付出较多的筹资代价。

应注意的是，速动资产是人为规定的项目，不一定是事实上的速动资产。有些长期未收回的应收款项实际上失去了速动资产的意义；而有些存货是畅销的，是立即可以变现的。所以，不能就某一时点上的速动比率对企业的财务状况下结论。

(三) 现金比率

现金比率或称为现金流动负债比，是指企业现金类资产与流动负债的比值，表示每1元流动负债中有多少现金类资产作为偿还的保障。其计算公式是：

$$现金比率 = \frac{现金类资产}{流动负债} = \frac{货币资金 + 交易性金融资产}{流动负债}$$

企业的现金类资产包括货币资金和交易性金融资产。货币资金包括现金、银行存款，可以直接用来偿还债务；交易性金融资产是可以随时变现的，可视为现金等价物，也可以随时用来偿还债务。

现金比率可以反映企业随时直接偿还流动负债的能力。现金类资产通常是企业偿还债务的主要手段，可以随时用来偿还债务。如果现金比率较高，说明企业现金充足，偿还债务的保障程度大，偿债能力强；如果现金比率较低，说明企业缺乏现金，偿债能力弱，有可能发生支付困难，面临财务危机。但是，现金比率较高，有可能是企业未充分利用的现金较多，意味着资产的盈利性较差。

二、长期偿债能力

长期偿债能力是指企业偿还长期负债的能力。对于企业的长期债权人和所有者来说，不仅要关注企业的短期偿债能力，还要关注企业的长期偿债能力。如果企业的流动负债相对较少，短期偿债能力强，也可能是长期负债较多。因此，在对企业短期偿债能力进行分析的同时，还需分析企业的长期偿债能力，以便全面了解和评价企业的偿债能力和财务风险。反映评价长期偿债能力的指标一般有：

（一）资产负债率

资产负债率是指企业的负债总额与资产总额的比率，表示债权人提供的资金占企业全部资金的比重有多大，即企业的全部资产中有多大比例是通过举债而得到的。其计算公式是：

$$资产负债率 = \frac{负债总额}{资产总额} \times 100\%$$

资产负债率一方面可以衡量企业的资产对债权人权益的保障程度，评价企业的偿债能力；另一方面可用来衡量企业对债权人资金的利用程度。

企业的负债应以企业的资产偿还。对于债权人来说，最关心借给企业资金的安全性，希望企业的资产负债率较低。由于企业的所有权资本一般是不偿还的，债务清偿在所有权资本清偿之前，所以，资产负债率较低，就是所有者权益占的比重较大，表示企业偿还负债的可能性较大，债权人的利益较有保障。反之，资产负债率过高，说明企业所有者权益占的比重较低，企业主要是利用借款从事经营活动，企业经营风险主要由债权人承担，无力还债的可能性较大，债权人利益保障系数较小。在资产负债率过高的情况下，企业再借款、赊购货物可能较困难。

对企业所有者（股东）来说，最关心的是投入资本收益的高低，希望有较高的资产负债率。因为，债权人借给的资金与所有者投入的资金在企业经营中的作用是相同的，资产负债率较高，表示企业利用较少的所有权资本形成了较大的经营规模，利用负债经营的能力较强，在投资（全部资产）报酬率高于借款利息率时，可以提高所有权资本利润率，所有者会得到举债经营的杠杆利益。但是，资产负债率过高，企业的经营活动可能受到债权人的威胁。当这个指标大于 1 时，表明企业已资不抵债，达到了破产倒闭的警界。

如果企业歇业、破产变卖资产偿债，其资产的售价一般只有资产账面价值的 50% 左右，所以，一般来说，资产负债率在 50% 左右较恰当。但不同行业资产变现价值也有区别，所以，利用资产负债率来评价企业的偿债能力，要考虑不同行业、不同类型企业的区别。

（二）资产权益率和权益乘数

1. 资产权益率，指企业的所有者（股东）权益与资产总额的比率，表示所有者提供的资金占企业全部资产的比重有多大，即企业的全部资产中有多大比例是所有者提供的。其计算公式是：

$$资产权益率 = \frac{所有者（股东）权益总额}{资产总额} \times 100\%$$

根据"资产 = 负债 + 所有者权益"的会计等式，将等式每项都除以资产，得到：

$$资产权益率 = 1 - 资产负债率$$

资产权益率与资产负债率指标所起的作用相同，只是说明问题的方式不同，可以衡量所有者权益对债权人权益保障程度。资产权益率较高，就是资产负债率较低，企业负债相对较少，所有者投入的资金相对较多，由于负债（债权人）求偿权优于所有者求偿权，所以企业的长期偿债能力较强。

2. 权益乘数，也称资产权益比，是企业的资产与所有者权益的倍数关系，表示资产总额是所有者权益的多少倍，是资产权益率的倒数。其计算公式是：

$$权益乘数 = \frac{资产总额}{所有者权益总额}$$

将上式分子分母都除以资产总额，就得到：

$$权益乘数 = 1 \div 资产权益率 = 1 \div (1 - 资产负债率)$$

权益乘数可以衡量所有者权益对债权人权益的保障程度。权益乘数较低，就是所有者投入的资金相对较多，负债相对较少，企业的长期偿债能力较强；权益乘数较高，所有者权益相对较少，意味着偿债能力较弱。该指标也可以用来衡量所有者投入1元资金所推动的资产额。权益乘数较高，所有者权益比例较小，所有者投入资金推动的资产额较多，即权益资金推动力较强，在企业资产报酬率高于负债利息率的情况下，能给企业带来较多的杠杆利益，说明企业利用负债经营的能力强。

（三）权益负债率和有形净值负债率

1. 权益负债率，也称产权比率，是指企业的负债总额与所有者权益总额的比率，表示每100元所有者权益承担了多少负债。其计算公式是：

$$权益负债率（产权比率） = \frac{负债总额}{所有者权益总额} \times 100\%$$

负债总额是债权人向企业投入的资产数额，代表着债权人对企业资产所有权数额；所有者权益总额是所有者向企业投入的资产数额，代表着所有者对企业资产所有权数额，所以两者比率称为产权比率。

由于"资产 - 负债 = 所有者权益"，将等式每项都除以所有者权益，得到：

$$权益负债率（产权比率） = 权益乘数 - 1 \quad 或：权益乘数 = 1 + 权益负债率$$

由于负债（债权人）求偿权优先于所有者求偿权，所有者投入的资金可以用于偿还债务，因此，权益负债率可以衡量所有者权益对债权人权益的保障程度。权益负债率较低，表示企业负债相对较少，所有者投入的资金相对较多，企业的长期偿债能力较强。

2. 有形净值负债率，是指企业的负债总额与有形净资产总额的比率，表示每100元有形净资产承担了多少负债。其计算公式是：

$$有形净值负债率 = \frac{负债总额}{有形净资产总额} \times 100\%$$

企业的净资产数额即为所有者权益数额，有形净资产数额是指所有者权益总额中扣除了无形资产净值的余额。一般认为，无形资产的变现能力差，不宜用来偿还债务，故将其从所有者权益总额中扣除，这样计算的负债比率更为可靠地反映了所有者权益对债权人权益的保障程度。有形净值负债率越低，表示企业的有形净资产相对较多，企业的长期偿债能力越强。

(四) 利息保障倍数

1. 利润利息保障倍数，又称已获利息倍数，是指企业经营所得的息前利润，与由于举借债务而应支付利息费用的比值，表示所得到的息前利润是应付利息的多少倍，即表示每1元应付利息有多少息前利润作为支付的保障。计算公式是：

$$利润利息保障倍数 = \frac{息前利润总额}{利息费用}$$

$$息前利润总额 = 净利润 + 所得税费用 + 利息费用$$

利息费用是指本期的全部应付利息，应该包括财务费用和固定资产购建成本中的利息。企业举借债务是要支付利息的，支付利息的资金来源应是企业经营所得。税法允许利息在所得税前列支，会计计算利润时已扣除利息费用，所以用所得税前利润总额与利息费用之和即息前利润（也称息税前利润）作为支付利息的资金来源。

利润利息保障倍数可以衡量企业偿付利息的能力。这个指标越高，说明企业支付利息的能力越强，利息支付越有保障。如果企业一直保持按期支付利息的信誉，长期负债可以延续，举借新债也比较容易。如果支付利息尚缺乏保障，归还本金就更无望。所以，利润利息保障倍数可以衡量偿债能力。

从长远来看，利润利息保障倍数应大于1，只有这样，才能保障利息足额支付。但在短期内，有些企业的利润利息保障倍数虽然低于1，也有可能支付利息，这是因为有些在计算利润时已减去的费用项目不需要当期支付现金，如折旧费、待摊费用等。究竟企业的利润利息保障倍数是多少才算支付利息的能力强，这要根据各行业的特点和以往的经验来判断。

2. 现金净流量利息保障倍数，是指企业经营活动产生的现金流量净额与利息费用的比值，表示每1元应付利息有多少经营活动获得的现金净收入作为支付的保障。计算公式是：

$$现金净流量利息保障倍数 = \frac{经营活动产生的现金流量净额}{利息费用}$$

经营活动产生的现金流量净额是经营活动现金流入量扣除了经营活动现金流出量的余额，基本是企业经营活动获得的现金净收入（现金流量表中未扣除支付的利息费用）。

现金净流量利息保障倍数用来说明经营活动获得的现金净收入对应付利息的保障程度。这是以收付实现制的现金盈余为基础计算的，比按应收应付制（权责发生制）的利润为基础计算的利息保障倍数更可靠。因为利息应以现金支付，有时有利润不一定有现金，有时虽然无利润但可能有现金。现金净流量利息保障倍数越高，说明企业支付利息的能力越强，利息支付越有保障。

(五) 全部负债现金保障率

全部负债现金保障率也称现金流量债务比，是指企业经营活动产生的现金流量净额与负债总额的比值，表示每100元负债有多少营业现金净收入作为偿还的保障。其计算公式是：

$$\begin{matrix}全部负债现金保障率\\(现金流量债务比)\end{matrix} = \frac{经营活动产生的现金流量净额}{全部负债总额} \times 100\%$$

一般来说，经营活动获得的现金净收入应是支付股利和偿还债务的资金来源，但在有即将到期债务的情况下，应先满足还债的需要。从增强偿债能力方面来说，负债应该由经营活动赚得的现金偿还，而不应是借新债还旧债。

全部负债现金保障率可以衡量企业通过经营活动获得的现金净收入偿还债务的能力。这个比值越高,说明企业偿债能力越强。

需注意的是,会计报表中的经营活动产生的现金流量净额,是过去一个会计年度的总量,而负债是期末数,是需要在未来偿还的数量,两者的会计期间不同。因此,这个指标是假定未来一年的经营现金净流量与过去一年的经营现金净流量相同的情况下来计算的;也可用负债的期初数来计算。

也可计算经营活动产生的现金流量净额对流动负债的保障程度,来评价短期偿债能力。

【例2-2】某企业简化的资产负债表项目数额如表2-2所示,简化的利润表项目数额如表2-3所示,简化的现金流量表项目数额如表2-4所示。

表2-2　　　　　　　　　　　　　　资产负债表　　　　　　　　　　　　单位:万元

资产	上年初	上年末	本年末	负债及所有者权益	上年初	上年末	本年末
货币资金	60	70	80	短期借款	200	260	300
交易性金融资产	20	10	20	交易性金融负债			
应收票据	30	40	60	应付票据	50	70	80
应收账款	200	250	310	应付账款	150	190	220
预付款项	20	16	7	应付利息	40	50	60
应收股利	10	12	22	应付股利	100	150	200
其他应收款	58	44	37	其他应付款	120	100	120
存货	802	858	964	流动负债合计	660	820	980
流动资产合计	1200	1300	1500	长期借款	500	500	600
债权投资				应付债券	400	400	400
长期应收款				长期应付款			
长期股权投资	200	200	200	非流动负债合计	900	900	1000
固定资产	1750	2030	2260	实收资本	2000	2000	2000
在建工程	380	320	220	资本公积	100	100	100
无形资产	120	100	180	盈余公积	20	100	200
其他非流动资产	30	50	40	未分配利润		80	120
非流动资产合计	2480	2700	2900	所有者权益合计	2120	2280	2420
资产合计	3680	4000	4400	负债及所有者权益合计	3680	4000	4400

表2-3　　　　　　　　　　　　　　　利润表　　　　　　　　　　　　　单位:万元

项目	上年数	本年数
一、营业收入	5000	6000
减:营业成本	3570	4200
税金及附加	250	300
销售费用	302	390
管理费用	388	549
财务费用	90	105
加:投资收益	20	44

续表

项 目	上年数	本年数
其他收益		
二、营业利润	420	500
加：营业外收入	8	10
减：营业外支出		6
三、利润总额	428	504
减：所得税	98	114
四、净利润	330	390

表2－4　　　　　　　　　　　　现金流量表　　　　　　　　　　　　单位：万元

项 目	上年数	本年数
一、经营活动产生的现金流量：		
销售商品、提供劳务收到的现金	5582	6690
收到的税费返还	0	0
收到其他与经营活动有关的现金	18	9
经营活动现金流入小计	5600	6699
购买商品、接受劳务支付的现金	3232	4035
支付给职工以及为职工支付的现金	1036	1165
支付的各项税费	644	783
支付其他与经营活动有关的现金	28	20
经营活动现金流出小计	4940	6003
经营活动产生的现金流量净额	660	696
二、投资活动产生的现金流量：		
收回投资收到的现金		
取得投资收益收到的现金		
处置固定资产、无形资产和其他长期资产收回的现金净额		
收到其他与投资活动有关的现金		
投资活动现金流入小计	（略）	（略）
购置固定资产、无形资产和其他长期资产支付的现金		
投资支付的现金		
支付其他与投资活动有关的现金		
投资活动现金流出小计		
投资活动产生的现金流量净额		
三、筹资活动产生的现金流量：		
吸收投资收到的现金		
取得借款收到的现金	（略）	（略）
收到其他与筹资活动有关的现金		
筹资活动现金流入小计		

续表

项　目	上年数	本年数
偿还债务支付的现金	（略）	（略）
分配股利、利润或偿付利息付的现金		
支付其他与筹资活动有关的现金		
筹资活动现金流出小计		
筹资活动产生的现金流量净额		
四、汇率变动对现金及现金等价物的影响	0	0
五、现金及现金等价物净增加额	10	10
加：期初现金及现金等价物余额	60	70
六、期末现金及现金等价物余额	70	80

根据例 2－2 会计报表中有关项目数额计算偿债能力指标如表 2－5 所示。

表 2－5　　　　　　　　　　　偿债能力指标计算表

项　目	上年数	本年数
流动比率	1300÷820＝1.585	1500÷980＝1.531
速动比率	(1300－874)÷820＝0.52	(1500－971)÷980＝0.54
现金比率	(70＋10)÷820＝0.0976	(80＋20)÷980＝0.102
资产负债率	(820＋900)÷4000＝43%	(1000＋980)÷4400＝45%
资产权益率	2280÷4000＝57%	2420÷4400＝55%
权益乘数	4000÷2280＝1.7544	4400÷2420＝1.8182
权益负债率	(820＋900)÷2280＝75.44%	(1000＋980)÷2420＝81.82%
有形净值负债率	1720÷(2280－100)＝78.9%	1980÷(2420－180)＝88.39%
利润利息保障倍数	(428＋90)÷90＝5.756	(504＋105)÷105＝5.8
现金净流量利息保障倍数	660÷90＝7.333	696÷105＝6.629
全部负债现金保障率	660÷(820＋900)＝38.37%	696÷(1000＋980)＝35.15%

从表 2－5 中看出，偿债能力的多数指标本年比上年有所减弱，说明该企业偿债的保障程度本年比上年有所下降。

三、影响偿债能力的其他因素

上述偿债能力指标，都是根据会计报表中的资料计算的。还有一些会计报表资料中没有反映出来的因素，也会影响偿债能力，甚至影响较大。因此，在分析时应注意这方面的因素，以便作出正确的判断。

（一）可以增强偿债能力的因素

1. 可动用的银行贷款指标。这是银行已批准授予企业可以再贷款的信用额度，企业尚未办理贷款手续，但企业可以随时办理贷款手续后使用。这种能够方便、快捷、有保障地取得银行借款，无疑是可以增强企业的偿付能力，缓解财务支付的困难。

2. 企业在社会上的声誉。企业的经营形势和信誉良好，以往无违约行为，一贯格守信用，如果偶尔发生财务支付困难，债权人可能会给予通融，可以延期偿付债务，以缓解财务支付压力。

3. 有较好的担保单位。如果企业在签订有关经济合同时，有较好的担保单位提供担保，在需要履行经济合同时发生了财务支付困难，担保单位就会代为履行合同，偿还合同形成的债务，被担保企业可以缓解财务支付压力。

4. 准备很快变现的长期资产。这在不久的将来可以收到现金，用于偿付债务。但在正常经营的情况下，一般不会变卖长期资产（特别是固定资产）来偿付债务。

（二）可能减弱偿债能力的因素

1. 经营租赁合同中承诺的付款。当企业采用经营租赁方式租入资产使用时，后期需支付的租金费用目前尚未入账，未列入负债之中。如果后期需支付的租金费用较多、期限较长或具有经常性，会增加后期的财务支付压力，降低偿债能力。

2. 建造合同、长期资产购置合同中的分阶段付款。这些在以后需要支付的款项如果目前尚未入账，未列入负债之中，在以后履约时必须支付，会增加后期的财务支付压力，降低偿债能力。

3. 或有负债。这是企业在过去的交易或者事项中形成的潜在义务，具有不确定性，在未来有可能转化为企业的债务，也可能不会转化为企业的债务。如已贴现未到期的商业承兑汇票，有可能承兑人无力支付，被银行退回并扣收票款；销售的产品可能会发生质量事故而需赔款；未决诉讼案件和经济纠纷可能败诉而需赔款。这些或有负债在将来一旦转化为现实的负债，就会增加后期的财务支付压力，降低偿债能力。但是，或有负债在资产负债表编制日还不能确定未来的结果如何，未在会计账簿和报表中作为负债反映，所以在分析偿债能力时应考虑这些因素。

4. 替人担保。在企业之间的交往联系中，可能以本企业的资产为其他企业的债务提供法律担保事项，如为其他企业的银行借款、发行债券、延期分期付款等经济合同担保。如果被担保企业不能履行合同还付款时，担保企业就要为被担保企业代偿合同责任（垫付款项）。这种担保责任，就成为提供担保企业的或有负债，就会增加提供担保企业的财务支付压力。但这种担保责任在会计账簿和报表中未予反映，所以在分析偿债能力时应考虑这一因素。

5. 已损失未销账的资产。这实际是虚拟资产，已无资产价值，不可能将其变现偿还债务。

6. 难以变现的资产。企业的专用资产和已无使用价值的资产，对其他企业无使用价值，在发生财务支付困难时难以变现偿还债务。

第三节 获利能力和影响利润因素分析

一、获利能力分析

获利能力也称盈利能力，就是企业获取利润的能力。利润是企业所有者（股东）取得投资收益、债权人收取本息、企业自身积累的资金来源，是经营者经营业绩和管理成效的集中表现。因此，企业的获利能力是企业内外各有关方面十分关心的指标。反映评价企业获利

能力的指标一般有:

(一) 营业收入利润率和毛利率

1. 营业收入利润率,或称营业(销售)利润率,是指企业当期经营实现的营业利润与营业收入的比率,表示实现每 100 元营业收入获得了多少利润。计算公式是:

$$营业(销售)收入利润率 = \frac{营业(销售)利润}{营业(销售)收入} \times 100\%$$

营业利润即为营业收入扣除了营业成本、税金和期间费用的余额。获取营业收入是实现营业利润的前提,营业收入利润率可以衡量企业营业活动获取利润的能力。这个指标越高,说明企业经营活动的盈利能力越强,企业经济效益越好。这个指标较低,意味着企业经营活动的盈利能力较弱。

2. 营业收入毛利率,或称营业(销售)毛利率,是指企业当期经营实现的营业毛利与营业收入的比率,表示实现每 100 元营业收入获得了多少毛利。计算公式是:

$$营业(销售)收入毛利率 = \frac{营业(销售)毛利}{营业(销售)收入} \times 100\%$$

毛利是营业(销售)收入减去营业(销售)成本的余额。

营业收入毛利率,可以分别按经营业务的品种类别计算,就可以看出各种类营业收入成本率和毛利率的高低,便于分析各种类营业活动的收入、成本对营业利润的影响,评价营业活动获取毛利的能力。这个指标较高,说明企业营业成本较少,毛利较多,盈利能力较强。

(二) 成本费用利润率

成本费用利润率,是指企业当期经营实现的利润与发生的成本费用总额的比率,表示发生每 100 元资金耗费实现了多少利润。计算公式是:

$$成本费用利润率 = \frac{营业利润(利润总额)}{成本费用总额} \times 100\%$$

企业经营的成本费用应包括营业成本和期间费用,是企业在经营过程中发生的资金耗费。成本费用就是为了获取收入和利润而发生的,成本费用利润率反映了所费与所得的关系,可以衡量企业经营耗费的获利能力。这个指标越高,说明企业以较少的资金耗费取得了较多的利润,经济效益越好。

(三) 总资产报酬率和总资产净利率

1. 总资产报酬率,或称为投资报酬率,是指企业各种经营活动所获得的息前利润总额与平均资产总额的比率,表示占用每 100 元资产获取了多少报酬(息前利润),计算公式是:

$$总资产报酬率 = \frac{息前利润总额}{平均资产总额} \times 100\%$$

$$平均资产总额 = (期初资产总额 + 期末资产总额) \div 2$$

一个企业总是在一定的社会环境下从事经营活动,企业的资产是所有者和债权人共同投入提供的,所以,企业应该为政府、债权人、所有者提供报酬。政府提供社会环境的报酬是所得税,债权人提供资产的报酬是利息,所有者提供资产的报酬是净利润,三者报酬之和(净利润 + 所得税 + 利息费用)即为息前利润总额。

总资产报酬率可以衡量企业全部资产获取报酬的能力,也反映了企业的投入产出状况,它是所有者和债权人共同关心的指标。这个指标越高,表明企业以较少的资产(金)占用获得了较多的盈利，企业资产的获利能力越强，企业经济效益越好，企业的资金越安全。

2. 总资产净利率，是指企业各种经营活动所获得的税后净利润与平均资产总额的比率，表示每占用100元资产获得了多少净利润。计算公式是：

$$总资产净利率 = \frac{净利润}{平均资产总额} \times 100\%$$

净利润是利润总额扣除了所得税的余额，也就是企业各项收入扣除了各项成本费用税金支出的余额。总资产净利率可以衡量企业全部资产获取净利润的能力。这个指标越高，表明企业以较少的资金占用获得了较多的净利润，企业经济效益越好。

(四) 净资产净利率和每股净利

1. 净资产净利率。企业的净资产就是企业的所有者权益，所以，净资产净利率也称为权益净利率，是指企业各种经营活动所获得的净利润与平均净资产的比率，表示所有者投资每100元资本实现了多少净利润。计算公式是：

$$净资产(权益)净利率 = \frac{净利润}{平均净资产(所有者权益)} \times 100\%$$

$$平均净资产 = (期初所有者权益 + 期末所有者权益) \div 2$$

如果在年度内企业所有者又增加了资本投入，可按使用新增资本的月数求加权平均的净资产。

企业的净利润是企业经营活动的最终结果，应归所有者所有。净资产是所有者给企业的投资，净资产净利率可以反映所有者投入资本的获利能力。这个比率越高，表明所有者以较少的资本投入获得了较多的利润，说明企业资本的盈利能力越强，企业投资效益越好。

应注意的是，净资产净利率、总资产净利率、总资产报酬率算式中的资产，一般应按当期利润分配后的数额计算。为了准确计算这些指标，总资产或净资产中不应包括当期实现的利润，因为当期实现的利润多，净资产或总资产就多，由此计算的净利率或报酬率就低。

2. 每股净利，是指股份公司每一股份在经营活动中实现了多少净利润。计算公式是：

$$每股净利 = \frac{净利润}{普通股份数}$$

如果公司发行有优先股，上式净利润中不包括优先股应分享的利润。

每股净利是衡量股份公司盈利能力的重要财务指标，反映着普通股的获利水平和能力，每股净利越多，说明股权投资报酬越高，公司盈利能力越强，将会引起股价上涨。

(五) 市盈率和市净率

1. 市盈率，也称为市盈倍数，是指普通股每股市价与每股净利润的比值，表示每股市价是每股净利润的多少倍。计算公式是：

$$市盈率(市盈倍数) = \frac{每股市价}{每股净利润}$$

每股市价是指公司股票在证券市场上的交易价格，代表着投资大众对公司预期价值的评价。市盈率反映的是公司股票的市场价值与盈利能力之间的关系，反映投资者对每股净利所愿意支付的价格。如果投资者对公司预期收益看好，愿意以较高的价格购买公司股票，市盈率就会提高。反之，市盈率就会较低。

2. 市净率，也称为市净倍数，是指普通股每股市价与每股净资产的比值，表示每股市价是每股净资产的多少倍。计算公式是：

$$市净率(市净倍数) = \frac{每股市价}{每股净资产}$$

每股净资产表示公司每一股份实际代表的净资产是多少,可按公司净资产(股东权益)除以股份数量求得。市净率反映的是公司股票的市场价值与账面价值之间的关系,反映投资者对每股净资产所愿意支付的价格。

公司的股票市价不仅要受每股代表净资产多少的影响,更要受到公司发展前景的影响。如果投资者对公司发展前景看好,愿意以较高的价格购买公司股票,市净率就会提高,市净率就会大于1。如果公司的市净率小于1,即股票市价低于每股净资产,说明投资者对公司的发展前景悲观,不愿意购买该公司的股票。

市盈率和市净率都体现着投资大众对公司发展前景和预期收益的态度,所以可以表示公司未来的盈利能力,它是投资者作出投资决策的重要参考因素。

根据例2-2会计报表中有关项目数额计算获利能力指标如表2-6所示。

表2-6　　　　　　　　　　获利能力指标计算表

项　目	上年数	本年数
营业收入利润率	420÷5000=8.4%	500÷6000=8.333%
营业收入毛利率	(5000-3570)÷5000=28.6%	(6000-4200)÷6000=30%
成本费用利润率	420÷4350=9.655%	500÷5244=9.535%
平均资产总额	(3680+4000)÷2=3840	(4000+4400)÷2=4200
总资产报酬率	(428+90)÷3840=13.49%	(504+105)÷4200=14.5%
总资产净利率	330÷3840=8.594%	390÷4200=9.286%
平均净资产	(2120+2280)÷2=2200	(2280+2420)÷2=2350
净资产净利率	330÷2200=15%	390÷2350=16.596%

从表2-6可以看出,总资产报酬率和总资产净利率本年比上年有所上升,这应是好现象;营业收入毛利率上升而营业收入利润率有所下降,应加强期间费用的管理。

一、营业利润变动因素分析

由于营业利润是利润总额的重要组成部分,集中反映了企业产品(劳务)的数量、价格、成本、费用等方面的情况,所以应采用因素分析法分析其变动原因,以便为取得较好的经济效益指明方向。营业利润变动因素分析,是按照营业利润形成的因素,分别计算每个因素变动对营业利润的影响,从而找出利润变动的原因,评价利润及有关因素的变动是否合理。

(一)营业利润总额构成因素变动分析

营业利润总额构成因素包括营业收入、营业成本、税金、期间费用等项目,每个项目因素的数值发生变化,营业利润总额也要随之发生变化,所以,就可计算每个项目因素变动对营业利润的影响。

由于：营业收入－营业成本－税金－期间费用＝营业利润

将上式每项都除以"营业收入"，就得到：

1－营业成本率－营业税金率－营业期费率＝营业利润率

所以，营业利润因素变动分析以本期与上期比较计算公式是：

营业收入变动对利润的影响＝（本期营业收入－上期营业收入）×上期营业利润率

营业成本率变动对利润的影响＝（上期营业成本率－本期营业成本率）×本期营业收入

营业税金率变动对利润的影响＝（上期营业税金率－本期营业税金率）×本期营业收入

营业期费率变动对利润的影响＝（上期营业期费率－本期营业期费率）×本期营业收入

根据例2－2中表2－3利润有关项目数额计算相关比率如表2－7所示。

表2－7　　　　　　　　　　　　营业利润构成比率表

项目	上　年		本　年	
	数额（万元）	比率（％）	数额（万元）	比率（％）
营业收入	5000	100	6000	100
营业成本	3570	71.4	4200	70
税金	250	5	300	5
期间费用	780	15.6	1044	17.4
营业利润	400	8	456	7.6

从表2－7中可看出，营业利润本年比上年增加了56万元，原因分析如下：

营业收入变动对利润影响＝（6000－5000）×8％＝80（万元）

营业成本率变动对利润影响＝（71.4％－70％）×6000＝84（万元）

营业税金率变动对利润影响＝（5％－5％）×6000＝0

营业期费率变动对利润影响＝（15.6％－17.4％）×6000＝－108（万元）

从以上计算分析可看出，营业收入增加使营业利润增加80万元，营业成本率降低使营业利润增加84万元，营业期间费用率上升使营业利润减少108万元，综合影响使营业利润增加了56万元。还可看出，期间费用的增加幅度（1044÷780－1）大于营业收入的增加幅度（6000÷5000－1），一般来说不太合理，因此，应加强对期间费用的控制。

尚需说明的是，营业期费率可分解为销售费用率（销售费用÷营业收入）、管理费用率（管理费用÷营业收入）、财务费用率（财务费用÷营业收入），分别计算各项费用变动对营业利润的影响。如果有为投资收益而发生的期间费用，应从中扣除。

（二）商品销售毛利变动因素分析

商品（产品）的生产销售业务一般为企业的主营业务，直接决定着企业的盈利能力，因此，在对营业利润总额构成因素变动分析之后，还应进一步分析商品销售毛利变动的原因。某种商品销售毛利变动原因分析以本期与上期比较计算公式是：

由于：商品销售量×（商品单价－单位成本）＝商品销售量×单位毛利＝毛利总额

所以：销售量变动对毛利影响＝（本期销售量－上期销售量）×上期单位毛利

单价变动对毛利影响＝（本期单价－上期单价）×本期销售量

成本变动对毛利影响＝（上期单位成本－本期单位成本）×本期销售量

【例2-3】甲商品的销售毛利如表2-8所示。

表2-8　　　　　　　　　　甲商品销售毛利计算表

时期	销售量（件）	单价(元)	单位成本(元)	单位毛利(元)	毛利总额(元)
上年	200	4000	2800	1200	240000
本年	250	3850	2772	1078	269500

从表2-8中可看出，甲商品销售毛利本年比上年增加了29500元，原因分析如下：
销售量变动对毛利影响 = (250 - 200) × (4000 - 2800) = 60000(元)
单价变动对毛利影响 = (3850 - 4000) × 250 = -37500(元)
成本变动对毛利影响 = (2800 - 2772) × 250 = 7000(元)

以上计算分析可看出，销售量增加使销售毛利增加60000元，销售单价降低使销售毛利减少37500元，单位成本降低使销售毛利增加7000元，综合影响使销售毛利增加了29500元。本例销售量增加与销售单价降低联系来看可认为是采取薄利多销的措施，可进一步分析销售单价降低的原因。

第四节　营运能力和发展能力分析

一、营运能力分析

营运能力，是指企业对所拥有或控制的经济资源的利用效率。它是衡量企业管理人员调剂运用资金的能力，从而说明企业管理水平。反映评价企业营运能力的指标一般有：

(一) 流动资产周转率

流动资产周转率，是指企业在一定时期内利用流动资产完成的周转额（营业收入）与流动资产平均占用额的比值。有流动资产周转次数和周转天数两种计量方式。

流动资产周转次数，是指企业的流动资产在一定时期循环周转了几次。计算公式是：

$$流动资产周转次数 = \frac{营业收入}{平均流动资产总额}$$

平均流动资产总额 = (期初流动资产总额 + 期末流动资产总额) ÷ 2

资产周转额应是垫支资金的收回额。流动资产周转是从以货币资金支付购买材料价款开始，到领用材料生产产品，再将产品销售收回货款（货币资金）为止才算完成一次循环，实现营业收入是资金循环一次的终点，因此，流动资产的周转额通常按营业收入计算。

流动资产周转天数，是指企业的流动资产周转一次所需要的天数。可以根据计算期天数除以流动资产周转次数来计算。计算公式是：

$$流动资产周转天数 = 计算期天数 ÷ 流动资产周转次数$$

$$流动资产周转天数 = \frac{平均流动资产总额 × 计算期天数}{营业收入}$$

计算期天数，年度通常按360天计算。由于周转天数比周转次数反映的情况更清楚，所以，一般要计算出周转天数进行分析评价。

流动资产周转率可以衡量流动资产的周转速度，评价企业经营管理水平。流动资产周转次数较多，周转天数较少，就是流动资产周转速度较快，说明资金在购、储、产、销各阶段占用时间短，资金利用率高，即以较少的资金占用获得了较多的营业收入。因此，营业收入越多，流动资产越少，流动资产周转速度越快。由于流动资产周转涉及购、储、产、销各阶段的组织协调情况，所以这个指标可以反映企业经营管理水平。

根据流动资产周转率计算公式可知，在一定生产经营规模和购、储、产、销条件下，一个企业占用的流动资产数量主要取决于资产的周转速度。资产周转速度越快，资产占用额就越少。由于流动资产周转速度加快而减少的流动资产占用额，称为流动资产周转加速形成的节约额。表现为产销量不变，资产占用额减少；产销量增加，资产占用额不变；产销量增加的比例大于流动资产增加的比例。计算公式是：

$$\text{流动资产周转加速节约额} = \frac{\text{本期营业收入}}{\text{上期周转次数}} - \frac{\text{本期营业收入}}{\text{本期周转次数}}$$

$$= \text{本期周转总额按照上期周转速度需要占用的流动资产} - \text{本期实际占用的流动资产}$$

或：

$$\text{流动资产周转加速节约额} = \frac{\text{本期营业收入}}{\text{计算期天数}} \times (\text{上期周转天数} - \text{本期周转天数})$$

$$= \text{本期每天实现的周转额} \times \text{本期比上期减少的周转天数}$$

（二）总资产周转率

总资产周转率，是指企业在一定时期内利用全部资产完成的周转额（营业收入）与全部资产平均占用额的比值。有总资产周转次数和周转天数两种计量方式。

总资产周转次数，是指企业的全部资产在一定时期循环周转了几次，计算公式是：

$$\text{总资产周转次数} = \frac{\text{营业收入}}{\text{平均资产总额}}$$

总资产包括流动资产和非流动资产。实现营业收入是资金循环一次的终点，因此，总资产周转额应按营业收入计算。

总资产周转天数，是指企业的全部资产周转一次所需要的天数。计算公式是：

$$\text{总资产周转天数} = \text{计算期天数} \div \text{总资产周转次数}$$

$$\text{总资产周转天数} = \frac{\text{平均资产总额} \times \text{计算期天数}}{\text{营业收入}}$$

总资产周转率可以衡量全部资产的使用效率。总资产周转次数较多，周转天数较少，表示总资产周转速度较快，说明企业利用（占用）较少的资产实现了较多的营业收入，资产利用率高，实现销售的能力强。如果总资产周转次数较少，周转天数较多，意味着资产利用率较低，有可能是资产结构不合理，有闲置积压物资，货物销售不畅。因此，营业收入越多，占用的资产越少，总资产周转速度就越快。

（三）自营资产周转率

自营资产，是指为获取本企业营业收入服务的资产。在企业的全部资产中，有时有一部分资产没有为获取本企业营业收入服务，如购买股票债券方面的投资、向其他营业单位的投资、应收股利或利息、在建工程及工程物资、不良资产（指企业资产中存在问题、难以参加正常生产经营运转的部分，主要包括3年以上的应收账款、其他应收款，积压的存货、闲置的固定资产、不良投资）等，这些没有为获取本企业营业收入服务的资产可称为非自营资产。在全部资产中剔除非自营资产后的资产可称为自营资产。

自营资产周转率，是指企业在一定时期内利用自营资产完成的周转额（营业收入）与自营资产平均占用额的比值。有自营资产周转次数和周转天数两种计量方式。

自营资产周转次数，是指企业的自营资产在一定时期循环周转了几次，计算公式是：

$$自营资产周转次数 = \frac{营业收入}{平均自营资产总额}$$

$$平均自营资产总额 = （期初自营资产总额 + 期末自营资产总额） \div 2$$

实现营业收入是资金循环一次的终点，因此，自营资产周转额应按营业收入计算。按自营资产计算周转率，可以使营业资产周转率的分子分母符合配比原则，具有因果关系。

自营资产周转天数，是指企业的自营资产周转一次所需要的天数。计算公式是：

$$自营资产周转天数 = 计算期天数 \div 自营资产周转次数$$

$$自营资产周转天数 = \frac{平均自营资产总额 \times 计算期天数}{营业收入}$$

自营资产周转率可以衡量自营资产的使用效率，剔除了非自营资产对资产周转率的影响，比总资产周转率说明的问题更符合实际。因为非自营资产没有为获取本企业营业收入服务，营业收入一定，非自营资产越多，资产周转速度就越慢，这显然与实际不符。自营资产周转次数较多，周转天数较少，就是自营资产周转速度较快，说明企业利用（占用）较少的资产实现了较多的营业收入，资产利用率高，实现销售的能力强。如果自营资产周转次数较少，周转天数较多，意味着资产利用率较低，有可能是货物销售不畅，销货款被拖欠的较多。

为了便于分析非自营资产对总资产周转速度的影响，总资产周转次数可分解成下式：

$$总资产周转次数 = \frac{营业收入}{平均自营资产总额} \times \frac{平均自营资产总额}{平均资产总额}$$

$$= 自营资产周转次数 \times 自营资产比重$$

（四）应收账款周转率

应收账款周转率，是指企业在一定时期内的营业收入与应收账款平均余额的比值。有应收账款周转次数和周转天数两种计量方式。

应收账款周转次数，是指企业的应收账款在一定时期循环周转了几次。计算公式是：

$$应收账款周转次数 = \frac{营业收入}{应收账款平均余额}$$

$$应收账款平均余额 = （应收账款期初余额 + 应收账款期末余额） \div 2$$

应收账款周转天数，是指企业的应收账款周转一次所需要的天数，大致表示从销售开始到收回货款（现金）为止平均需要的天数（也称平均收现期）。计算公式是：

$$应收账款周转天数 = 计算期天数 \div 应收账款周转次数$$

$$应收账款周转天数 = \frac{应收账款平均余额 \times 计算期天数}{营业收入}$$

应收账款周转率可以衡量应收账款的周转速度，反映企业赊销货款的回收情况。应收账款周转次数多，周转天数少，就是应收账款收回的速度快，说明企业的资金被外单位占用的时间短，这就可以减少负债，减少或避免坏账损失的发生，意味着企业在应收账款管理方面有成效。

在运用应收账款周转率指标分析时应注意以下几点：

一是一般用营业收入作为应收账款的周转额。应收账款是由于赊销而发生的，应以企业在一定时期内发生的赊销收入额作为周转额来计算周转率。但赊销是企业的商业秘密，资料不易取得，所以一般用营业收入作为应收账款的周转额。

二是应收票据可加入应收账款一起来计算应收账款周转率。应收票据实际也是赊销的一种形式，只不过是将应收账款以票据的形式作了法定约束，所以，如果有应收票据，也可加在应收账款一起来计算应收账款周转率。

三是企业列作营业收入的商品价格与同种商品市场价格是否大体一致。如果以较低的售价来加快应收账款周转速度，这种做法一般是不可取的。

四是应收账款平均余额是否具有平均的含义。期初余额、期末余额是两个时点数，对于期初、期末时间跨度较长的，应收账款余额经常变动幅度较大的，所计算的数值并不能很好地说明问题，可采用多个时点的余额求平均数。

五是应收账款数额应按未扣除坏账准备的数额计算较好。资产负债表中应收账款数额一般是已扣除了坏账准备的数额，计提的坏账准备越多，应收账款数额越少，其周转速度越快，不能很好地说明问题。所以，用未扣除坏账准备的应收账款数额计算应收账款周转率，才能较好地说明应收账款管理效率。应收账款计提坏账准备的数额可在会计报表附注中查找，对应收账款数额进行调整（加上）。

（五）存货周转率

存货周转率，是指企业在一定时期的营业成本（或营业收入）与存货平均余额的比值。有存货周转次数和周转天数两种计量方式。

存货周转次数，是指企业的存货在一定时期周转了几次。计算公式是：

$$存货周转次数 = \frac{营业成本（或营业收入）}{存货平均余额}$$

存货周转天数，是指企业的存货周转一次所需要的天数，表示从购买货物垫支款项开始到销售货物收回原垫支的款项（现金）为止平均需要的天数。计算公式是：

$$存货周转天数 = 计算期天数 \div 存货周转次数$$

$$存货周转天数 = \frac{存货平均余额 \times 计算期天数}{营业成本（或营业收入）}$$

存货周转率可以说明企业的销售能力和存货资产的流动性。一般认为，存货周转次数多，周转天数少，表示存货周转速度快，意味着存货在储存、生产、销售各阶段停留的时间少，库存结构合理，商品适销对路，存货管理有较好成效。

在运用存货周转率指标分析时应注意以下几点：

一是存货的周转额一般按营业成本计算，也可以按营业收入计算。因为收回了原来垫支的款项才算完成一次循环，才叫作"周转额"。企业在存货购买、生产、销售过程中发生的费用，即垫支的资金构成存货的成本，所以存货的周转额是已实现销售的营业成本；再则营业成本数额从会计报表中很容易取得，所以，存货的周转额应按营业成本计算，这样便于评价存货管理的业绩。营业收入大于营业成本的差额是毛利，如果以营业收入作为存货的周转额，毛利占营业收入的比例越大，存货周转速度越快，这不符合客观实际。当然，当营业收入低于成本时，仍按营业成本作为存货的周转额也不符合客观实际，因为成本并未全部收回,这是需要注意的问题。但在分解总资产周转率时,为了系统分析各项资产的周转情况并识别主要影响因素,应统一用营业收入作为周转额。

存货按营业成本计算的周转率与按营业收入计算的周转率两者换算关系是:

营业收入成本率 = 1 - 营业收入毛利率

存货(收入)周转次数 = 存货(成本)周转次数 ÷ 营业收入成本率

存货(成本)周转次数 = 存货(收入)周转次数 × (1 - 营业收入毛利率)

二是要查找存货(成本)周转速度加快而营业收入未增加的原因。一般来说,存货周转速度加快,完成的周转额就多,实现的营业收入也应该增多。如果存货周转速度加快,销售收入没有得到同步增长,就是销货成本增加了而销货量没有增加或增加较少,或者是销货量得到同步增长但销售价格降低了,这都不是好现象。所以,还应结合销售收入成本率进行评价。存货周转速度加快,营业收入成本率不变或降低,才能真正说明存货管理工作有成效。

三是应注意存货平均余额是否具有平均的含义。存货平均余额是按期初、期末两个时点数计算的,对于期初、期末时间跨度较长的,存货数量经常变动幅度较大的,所计算的指标并不能很好地说明问题,可采用多个时点的余额求平均数。

四是注意分析存货在各阶段周转速度的变化。存货的周转要顺次经过购买储存、生产、销售三个主要阶段,在各阶段都要停留一段时间,所以,存货的周转速度要受到在各阶段占用时间的影响,要受到各环节工作的制约。因此,可进一步分析存货在各阶段占用时间的变化,以便了解和评价各部门的工作成效。

存货在各阶段的平均余额很容易确定。存货在各阶段的周转额应是一定时期存货从本阶段过渡到下一阶段的总额,材料的周转额是当期耗用材料总额,在产品的周转额是当期完工产品成本总额,产成品的周转额是当期营业成本总额。存货在各阶段占用天数计算公式是:

材料存货占用天数 = 材料平均余额 × 计算期天数 ÷ 耗用材料总额

在产品存货占用天数 = 在产品平均余额 × 计算期天数 ÷ 完工产品成本总额

产成品存货占用天数 = 产成品平均余额 × 计算期天数 ÷ 销售产品成本总额

(六) 流动资产变现率

流动资产变现率,是指企业在一定时期内销售商品、提供劳务收到的现金与流动资产平均占用额的比值。有流动资产变现次数和变现天数两种计量方式。

流动资产变现次数,是指企业的流动资产在一定时期转变成现金的次数。计算公式是:

$$流动资产变现次数 = \frac{销售商品、提供劳务的现金收入}{平均流动资产总额}$$

如果现金流量表中"销售商品、提供劳务收到的现金"包括以现金收到的销售收入和增值税额,为了便于将流动资产的变现率与周转率比较评价,可将"销售商品、提供劳务收到的现金"除以"(1 - 增值税率)",换算为"销售商品、提供劳务的现金收入"。

企业的流动资产是企业在经营活动中垫支(占用)的流动资金,应是通过销售活动实际收到现金才算真正完成一次循环,所以,流动资产的周转额也可以按销售商品、提供劳务收到的现金收入来计算。

流动资产变现天数,是指企业的流动资产转变成现金一次所需要的天数。计算公式是:

流动资产变现天数 = 计算期天数 ÷ 流动资产变现次数

$$流动资产变现天数 = \frac{平均流动资产总额 \times 计算期天数}{销售商品、提供劳务的现金收入}$$

流动资产变现率可以用来衡量流动资产转变为现金的速度，评价企业经营管理水平。流动资产变现次数多，变现天数少，表示流动资产变现速度快，说明资金在购、储、产、销各阶段占用时间短，资金利用率高，即以较少的资金占用获得了较多的营业现金收入。

一般来说，流动资产的变现率与周转率应大体相符。如果流动资产的变现次数小于周转次数，变现天数大于周转天数，说明企业营业收入中有一部分是没有收到现款的收入，是没有真正实现的收入，表现为应收账款。由于销售商品、提供劳务收到的现金，包括本期销售本期收到的现金、本期收回前期的应收账款、本期预收货款，所以如果流动资产的变现次数大于周转次数，变现天数小于周转天数，说明企业本期的营业收入基本都收到了现款，本期收回了前期的应收账款，或本期有预收货款情况。所以，两者差异较大时应注意查找原因。

按上述流动资产变现次数和天数计算方法，也可计算自营资产变现次数和天数。

（七）销售货款收现率

销售货款收现率，是指企业销售商品、提供劳务收到的现金与营业收入的比率，表示企业营业收入中以货币资金收回货款的程度。其计算公式是：

$$销售货款收现率 = \frac{销售商品、提供劳务的现金收入}{营业收入} \times 100\%$$

$$销售货款收现率 = 周转天数 \div 变现天数 = 变现次数 \div 周转次数$$

销售货款收现率可以说明企业在应收账款管理方面的成效。由于营业收入是按权责发生制计算的，可能包括销售已收到现金和销售未收到现金两部分收入，所以，货款收现率越高，意味着企业销售收回货款越及时，赊销的少或赊销期较短。如果这个指标大于100%，意味着收回以前赊销的货款多或预收的货款多。

根据例2-2会计报表中有关项目数额计算营运能力指标如表2-9所示。

表2-9　　　　　　　　　　　营运能力指标计算表

项　目	上年数	本年数
流动资产平均余额	(1200+1300)÷2=1250	(1300+1500)÷2=1400
流动资产周转次数	5000÷1250=4	6000÷1400=4.2857
流动资产周转天数	360÷4=90	360÷4.2857=84
平均资产总额	(3680+4000)÷2=3840	(4000+4400)÷2=4200
总资产周转次数	5000÷3840=1.3021	6000÷4200=1.4286
总资产周转天数	360÷1.3021=276.5	360÷1.4286=252
自营资产平均余额	(3090+3468)÷2=3279	(3468+3958)÷2=3713
自营资产周转次数	5000÷3279=1.5249	6000÷3713=1.6159
自营资产周转天数	360÷1.5249=236.09	360÷1.6159=222.78
应收账款平均余额	(230+290)÷2=260	(290+370)÷2=330
应收账款周转次数	5000÷260=19.23	6000÷330=18.18

续表

项 目	上年数	本年数
应收账款周转天数	360÷19.23=18.72	360÷18.18=19.8
存货平均余额	(802+858)÷2=830	(858+964)÷2=911
存货周转次数	3570÷830=4.3	4200÷911=4.61
存货周转天数	360÷4.3=83.7	360÷4.61=78.09
流动资产变现次数	5582÷1.13÷1250=3.9519	6690÷1.13÷1400=4.2288
流动资产变现天数	360÷3.9519=91.1	360÷4.2288=85.13
销售货款收现率	5582÷1.13÷5000=98.8%	6690÷1.13÷6000=98.67%

注1：表2-9中自营资产算法为：

上年初自营资产总额=3680-380-200-10=3090(万元)

上年末自营资产总额=4000-320-200-12=3468(万元)

本年末自营资产总额=4400-220-200-22=3958(万元)

注2：销售商品、提供劳务的增值税率为13%。

按表2-9中流动资产周转率，由于流动资产周转速度加快，本年比上年：

节约流动资产=6000÷4-1400=1500-1400=100(万元)

从表2-9中看出，绝大多数周转天数及变现天数本年比上年有所减少，说明该企业的资产周转速度有所加快，营运能力有所增强。应收账款周转天数稍有增加，应加强应收账款管理。

二、发展能力分析

发展能力包括目前的发展状况和后期的发展潜力（后劲）。发展能力分析，是通过对企业目前的发展状况和已具备的条件、素质的分析评议，从而判定企业未来的发展趋势。这里只从财务角度上分析目前的发展状况。

（一）营业收入增长率

营业收入增长率，是指本年营业收入增长额与上年营业收入总额的比率，表示营业收入的增长幅度。其计算公式是：

$$营业收入增长率 = \frac{本年营业收入总额 - 上年营业收入总额}{上年营业收入总额} \times 100\%$$

不断增加的营业收入，是企业生存的基础和发展的条件。只有营业收入增加了，企业的利润和积累才能增加，企业才具有发展的前景和能力。计算营业收入增长率，一方面可以说明企业本年营业收入的增长速度，另一方面可据以推测企业经营业务拓展的趋势。该指标越大于0，表明营业收入的增长速度越快，企业市场前景越好，企业发展潜力越大；若该指标小于0，意味着企业在市场上的份额在萎缩。该指标可结合销售量和价格水平的变化来评价。

为了能够较好地说明营业收入历史增长趋势和稳定程度，可观察连续三年的营业收入增长率进行评价，也可计算连续"三年营业收入平均增长率"来评价营业发展速度。如果连续三年的营业收入在不断增长，或三年营业收入平均增长率较高，一方面表明企业营业收入持续增长势头较好，市场扩张能力较强；另一方面表明企业积累的基础较牢（收入、利润、积累会同步增长），可持续发展能力较强，发展的潜力较大。

（二）营业利润增长率

营业利润增长率，是指企业本年营业利润增长额与上年营业利润总额的比率，表示企业营业利润的增长幅度。其计算公式是：

$$营业利润增长率 = \frac{本年营业利润总额 - 上年营业利润总额}{上年营业利润总额} \times 100\%$$

营业利润增长率可以反映企业营业利润的增减变化情况，从而说明企业发展速度和能力。企业从事经营活动就是要实现更多的利润，为社会提供更多的财富。利润是企业扩大经营规模最方便的资金来源，只有利润不断增长，企业才有更多的资金投入经营活动，所以这个指标可以衡量企业的发展能力。营业利润增长率越高，说明企业实现的利润越多，企业发展速度越快，发展后劲越强。这个指标越低，意味着企业盈利能力越弱，不仅自我积累受到限制，而且将会降低投资大众的积极性，使企业筹资较困难，发展较困难。

为了能够较好地说明营业利润历史增长趋势和稳定程度，可观察连续三年的营业利润增长率或计算连续三年的营业利润平均增长率，来评价说明营业利润增长趋势和发展速度。

上式也可以按利润总额计算，表示企业利润总额的增长幅度，说明企业发展速度和能力。

（三）资本保值增值率

资本保值增值率，是指扣除客观因素后的年末所有者权益与年初所有者权益的比率，表示所有者权益年末比年初的增减幅度。计算公式是：

$$资本保值增值率 = \frac{扣除客观因素后的年末所有者权益}{年初所有者权益} \times 100\%$$

资本保值增值率可以说明企业在当年通过自身经营活动使所有者权益增减变动情况。企业自身经营活动使所有者权益增减变动，主要体现在盈利或亏损对留存收益（盈余公积和未分配利润）的影响。在年末所有者权益中应扣除的客观因素，主要是指在当年新增的所有者投资额和退出的所有者投资额，它不是企业自身经营活动发生的增值额和减值额，所以要扣除（退出的是加上）。由此看出，这个指标体现了经营者的主观努力程度和利润分配中的积累情况。

在没有客观因素的影响下，资本保值增值率等于100%表示资本保值；大于100%表示资本增值，大的越多说明资本保全状况越好，企业进一步发展壮大的条件越好；小于100%表示资本减值（经营亏损，未分配利润为负数），说明企业资本受到侵蚀，损害了所有者的权益，也妨碍了企业进一步发展。

（四）资本积累率

资本积累率也称净资产增长率，是指企业本年所有者权益增长额与年初所有者权益总额的比率，表示所有者权益的增长幅度。其计算公式是：

$$资本积累率 = \frac{年末所有者权益总额 - 年初所有者权益总额}{年初所有者权益总额} \times 100\%$$

在当年没有筹集（增加）资本金的情况下，所有者权益增加就是提留利润。资本积累率可以反映企业所有者权益在当年的变动幅度，反映了利润的留用情况。资本积累是企业扩大再生产的源泉，是企业发展的潜力。该指标越高，表明企业的资本积累越多，说明企业的积累增长速度越快,资本保全性越好,抗风险、持续发展的能力越强,这是企业强盛的标志。该指标若为负值,表明企业的资本受到侵蚀,所有者利益受到损害。

为了能够较好地说明企业积累、资本扩张的历史发展状况和稳步发展的趋势,可观察连续三年的资本积累率或计算三年资本平均增长率,来评价企业所有者权益的保障程度以及抗风险和持续发展的能力。

(五) 总资产增长率

总资产增长率,是指企业本年总资产增长额与年初资产总额的比率,表示企业总资产的增长幅度。其计算公式是:

$$总资产增长率 = \frac{年末资产总额 - 年初资产总额}{年初资产总额} \times 100\%$$

总资产增长率可以反映企业资产总额的增减变化情况,从而说明企业发展速度和能力。企业资产增长即资产增加,意味着企业经营规模扩大,或企业的技术装备水平提高,企业有了发展的物资条件,所以这个指标可以衡量企业的发展能力。总资产增长率越高,说明企业发展速度越快,发展后劲越强。这个指标小于100%,意味着企业在萎缩。

为了较好地说明总资产历史增长趋势和发展速度,可观察连续三年的总资产增长率。如果企业的总资产连续三年在不断增长,说明企业生产经营规模在不断扩大,企业发展速度快,发展趋势强劲。

第五节　净资产净利率因素分析和财务状况评价

单独分析某一项指标,或分析企业某一方面的情况,都难以准确、全面地评价企业的财务状况和经营业绩,只有把各种相关联的指标纳入一个分析系统之中,即考虑各方面的因素进行综合分析,才能对企业的财务状况和经营业绩作出比较恰当的评价,才能较为准确地说明问题,判断优劣。因此,有必要进行相互关联指标的综合分析。

一、净资产净利率的基本因素分析

(一) 对净资产净利率进行因素分析的原因

净资产净利率(权益净利率)的基本因素分析,是出于实现股东财富最大化的财务管理目标考虑,将所有者权益报酬率作为核心指标,运用因素分析法的原理,按构成净资产净利率的各个因素分别计算其变动对净资产净利率的影响程度,从而分析找出净资产净利率变动的原因,为企业争取获得较好经济效益指明方向。这种分析的原因是:

1. 净资产净利率具有很好的可比性。该指标不仅可以在同一企业各年之间比较,以评价各年所有者投资盈利情况,而且可以在不同企业不同行业之间比较,以评价不同企业不同行业所有者投资盈利情况。无论是何种行业的企业,无论企业规模大小,无论企业经营领域范围广泛与否,都可以用净资产净利率这个指标来相互比较评价。如果哪个行业的净资产净利率高于社会的平均水平,就会吸引更多的资金投入该行业,从而使经济资源流向效益好的企业。

2. 净资产净利率具有很强的综合性。净资产净利率的高低要受到很多因素的影响。凡是影响净利润多少的因素都是影响净资产净利率变动的因素,如营业收入、成本费用、投资收益、营业外收支、税金等净利润的形成因素直接决定着净利润的多少,从而影响着净资产净利率的高低。企业的所有者权益与负债比重、自营资产与非自营资产比重、资产周转速度也对净资产净利率的高低有影响。所以,对影响净资产净利率的因素进行分析,有利于评价各个环节的工作业绩和管理水平。

3. 净资产净利率是企业所有者最关心的指标。净资产是所有者给企业的投资。净利润无论是分给所有者或是留给企业,都归所有者所有,是所有者投资在当年的报酬额。两者之比即为所有者投资报酬率,即所有者投资1元钱在一年内实现(获得)了多少净利润,该指标对公司股价有着重要影响,所以它是企业所有者最关心的指标。

因此,净资产净利率在不同企业之间的高低以及在各年之间变化的原因就值得认真分析,便于投资者决定该企业是否值得投资,便于经营者决定是否要改变经营策略和方式,如何采取措施加强管理。

(二) 净资产净利率的三因素分析

净资产净利率三因素分析,是分别计算资金来源结构(权益乘数)、资产周转率和营业收入净利率对净资产净利率的影响。其因素构成关系是:

$$\frac{平均资产总额}{平均净资产} \times \frac{营业收入}{平均资产总额} \times \frac{净利润}{营业收入} = \frac{净利润}{平均净资产}$$

即:权益乘数 × 总资产周转率 × 营业收入净利率 = 净资产净利率

权益乘数即资产权益倍数,它的倒数可说明所有者权益和负债各占多大比重,所以权益乘数体现了资金来源结构,可以说明企业对负债的利用程度。如果权益乘数增大,负债占的比重增大,在企业资产报酬率上升及高于负债利息率的情况下,能给企业带来杠杆利益,使净利润增加,净资产净利率提高。如果权益乘数比以往降低,意味着企业利用负债的能力不强,或资产报酬率偏低。

如果资产周转率提高即资产周转次数增多,周转速度加快,说明占用较少的资产实现了较多的收入;如果营业收入净利率提高即成本费用支出相对降低,说明经营收入获取利润的水平提高,在其他条件不变的情况下,可以获得较多的利润,使净资产净利率提高。

因素排列为什么是这样的顺序?因素分析法因素排序规则是:先替换主导因素后替换从属因素,先替换数量因素后替换质量因素。一个企业有人投资才能有资金资产,才能从事生产经营活动,才能获取营业收入,才能获得利润。资金资产是主导因素和数量因素;营业收入是资产的从属因素,也是数量因素;营业收入净利率是营业收入的从属因素,也是质量因素。所以将资金资产排在前,营业收入排在中间,利润排在后面。

根据例2-2会计报表中有关项目数额整理资料如表2-10所示。

表2-10　　　　　　　净资产净利率三因素计算表

项　目	上　年	本　年
平均权益乘数	3840÷2200=1.7455	4200÷2350=1.7872
资产周转率(次)	5000÷3840=1.3021	6000÷4200=1.4286
营业收入净利率	330÷5000=6.6%	390÷6000=6.5%
净资产净利率	330÷2200=15%	390÷2350=16.596%

从表 2-10 计算可看出，净资产净利率本年比上年增加了 1.596%，这是好现象，原因分析如下：

权益乘数变动影响 = (1.7872 - 1.7455) × 1.3021 × 6.6% = 0.359%

资产周转率变动影响 = (1.4286 - 1.3021) × 1.7872 × 6.6% = 1.492%

营业收入净利率变动影响 = (6.5% - 6.6%) × 1.7872 × 1.4286 = -0.255%

综合影响 = 0.359% + 1.492% - 0.255% = 1.596%

通过本例分析计算可看出：

权益乘数提高使净资产净利率增加了 0.359%。权益乘数提高就是所有者权益比重下降，负债比重上升，即由于负债比重上升带来的杠杆利益使净资产净利率增加了 0.359%。

资产周转次数增加使净资产净利率增加了 1.492%。资产周转次数增加就是资产周转速度加快，就是营业收入增加的幅度大于资产增加的幅度，即由于营业收入增加、资产周转速度加快使净资产净利率增加了 1.492%。

营业收入净利率下降使净资产净利率减少了 0.255%。营业收入净利率下降可能是营业成本费用或营业外支出增加，投资收益减少等引起，这一般来说不是好现象，还可根据相关数据分析具体原因。

净资产净利率三因素分析的缺陷：一是营业收入净利率指标分子、分母不配比。营业收入净利率的分子净利润包括营业利润、投资收益、营业外收支净额，并要扣除所得税，所以分子净利润的构成因素有一部分与营业收入无关，不符合配比原则。二是总资产周转率指标分子、分母不配比。企业的全部资产中包括股权债权投资、在建工程和不良资产，这些方面的资产没有在创造本企业营业收入中发挥作用，与营业收入不具有因果关系，不符合配比原则。显然，用权益乘数、资产周转率和营业收入净利率三个因素对净资产净利率进行分析，在企业没有在建工程、对外投资、营业外收支的情况下比较适用。

（三）净资产净利率的七因素分析

净资产净利率七因素分析，是考虑利润构成和资产构成对净资产净利率的影响而进行的因素分析。净资产净利率变化要受到很多指标变化的影响，与相关指标的关系式是：

$$\frac{总资产}{净资产} \times \frac{自营资产}{总资产} \times \frac{营业收入}{自营资产} \times \frac{自营利润}{营业收入} \times \frac{营业利润}{自营利润} \times \frac{利润总额}{营业利润} \times \frac{净利润}{利润总额} = \frac{净利润}{净资产}$$

即：权益乘数 × 自营资产比 × 自营资产周转率 × 自营收入利润率 × 营利自利比 × 总利营利比 × 净利总利比 = 净资产净利率

上式中的各种资产都应按平均数计算。

各构成因素分析说明如下：

权益乘数增大，能给企业带来杠杆利益，使净资产净利率提高。

自营资产比即投入为获取本企业营业收入服务的资产占全部资产的比例，可说明企业资产利用率和投出资产或未利用资产占的比例。其他因素不变，自营资产占的比重越大，净资产净利率越高。如果自营资产占的比例比以往降低，意味着非自营资产占的比例提高，可能会使净资产净利率降低。

自营资产周转率可说明企业资产周转速度对营业收入的影响。资产周转次数越多，周转速度越快，实现的营业收入越多，其他因素不变，则净资产净利率越高。如果自营资产周转速度比以往降低，意味着生产或销售出现困难，或售价下降。

自营收入利润率是自己经营获得的利润占营业收入的比率。它克服了营业收入净利率指标分子、分母不配比的缺陷。自营收入利润率的高低取决于成本费用占营业收入的比例大小，两者是互为消涨的关系。其他因素不变，成本费用占营业收入比例越小，自营收入利润率越高，净资产净利率越高。如果自营收入利润率比以往降低，意味着销售价格下降或成本费用上升。

营利自利比即营业利润占自营利润的比例，可说明投资收益及其他收益（营业利润－自营利润）对营业利润的影响。这个比例越是大于1，说明企业的投资收益及其他收益越多。营利自利比的倒数就是自营利润占营业利润的比例。"1－营利自利比"的倒数就是投资收益及其他收益占营业利润的比例。

总利营利比即利润总额占营业利润的比例，可说明营业外收支对利润总额的影响。这个比例大于1，说明有营业外净收入；这个比例小于1，说明有营业外净支出或损失。

净利总利比即净利润占利润总额的比例，可说明所得税率的高低。所得税率越低，净利总利比越高，其他因素不变，净资产净利率越高。

由关系式看出，净资产（所有者权益）占全部资产的比重越小，自营资产占全部资产的比重越大，资产周转速度越快，营业收入利润率越高，总利营利比、净利总利比越大，净资产净利率就越高。因此，要提高净资产净利率，就应做好各方面的管理工作。

根据例2－2会计报表中有关项目数额整理资料如表2－11所示。

表2－11　　　　　　　　　　净资产净利率七因素计算表

项　目	上　年	本　年
平均权益乘数	3840÷2200＝1.7455	4200÷2350＝1.7872
自营资产比	3279÷3840＝85.39%	3713÷4200＝88.4%
自营资产周转率	5000÷3279＝1.5249	6000÷3713＝1.6159
自营收入利润率	400÷5000＝8%	456÷6000＝7.6%
营利自利比	420÷400＝1.05	500÷456＝1.0965
总利营利比	428÷420＝1.019	504÷500＝1.008
净利总利比	330÷428＝77.103%	390÷504＝77.381%
净资产净利率	330÷2200＝15%	390÷2350＝16.596%

从表2－11计算可看出，净资产净利率本年比上年增加了1.596%，这是好现象，原因分析如下：

上年净资产净利率 ＝ 1.7455×85.39%×1.5249×8%×1.05×1.019×77.103% ＝ 15%

权益乘数变动影响：

(1.7872－1.7455)×85.39%×1.5249×8%×1.05×1.019×77.103% ＝ 0.359%

自营资产比变动影响：

(88.4%－85.39%)×1.7872×1.5249×8%×1.05×1.019×77.103% ＝ 0.541%

自营资产周转率变动影响：

(1.6159－1.5249)×1.7872×88.4%×8%×1.05×1.019×77.103% ＝ 0.949%

自营收入利润率变动影响：

(7.6%－8%)×1.7872×88.4%×1.6159×1.05×1.019×77.103% ＝ －0.842%

营利自利比变动影响：

$(1.0965 - 1.05) \times 1.7872 \times 88.4\% \times 1.6159 \times 7.6\% \times 1.019 \times 77.103\% = 0.709\%$

总利营利比变动影响：

$(1.008 - 1.019) \times 1.7872 \times 88.4\% \times 1.6159 \times 7.6\% \times 1.0965 \times 77.103\% = -0.18\%$

净利总利比变动影响：

$(77.381\% - 77.103\%) \times 1.7872 \times 88.4\% \times 1.6159 \times 7.6\% \times 1.0965 \times 1.008 = 0.06\%$

综合影响：$0.359\% + 0.541\% + 0.949\% - 0.842\% + 0.709\% - 0.18\% + 0.06\% = 1.596\%$

通过本例分析计算可看出：

权益乘数提高使净资产净利率增加了0.359%。权益乘数提高就是所有者权益比重下降，负债比重上升，即由于负债比重上升带来的杠杆利益使净资产净利率增加了0.359%。

自营资产比上升使净资产净利率增加了0.541%。自营资产比上升说明非自营资产有所减少，本例是由于在建工程减少从而使净资产净利率增加了0.541%。

自营资产周转次数增加使净资产净利率增加了0.949%。自营资产周转次数增加说明营业收入增加的幅度大于自营资产增加的幅度，即由于营业收入增加、自营资产周转速度加快，从而使净资产净利率增加了0.949%。

自营收入利润率下降使净资产净利率减少了0.842%。自营收入利润率下降可能是营业成本费用有所增加，也可能是销售价格有所降低，即由于成本费用增加或销售价格降低，从而使净资产净利率减少了0.842%。这一般来说不是好现象，应进一步分析查找营业成本费用增加或销售价格降低的原因，企业应加强成本费用和销售环节的管理。

营利自利比上升使净资产净利率增加了0.709%。营利自利比上升说明股权债权投资收益有所增加，即由于投资收益增加使净资产净利率增加了0.709%。

总利营利比下降使净资产净利率减少了0.18%。总利营利比下降说明来自营业外收支的收益有所减少，即由于营业外收支减少使净资产净利率减少了0.18%。

净利总利比上升使净资产净利率增加了0.06%。净利总利比上升应是所得税率降低或税收优惠条件增加的影响，这不是企业的主观因素，即由于税收政策变化使净资产净利率增加了0.06%。

从以上净资产净利率的七因素分析与三因素分析结果对比来看，七因素分析比三因素分析查明的原因、说明的问题更清晰。财务分析可按分析者的主观意愿设计分析指标，分解相关影响因素进行分析，分析的模式、指标、因素有内在规律和联系，但不是绝对固定的。

二、财务状况综合评价

财务状况综合评价，是综合考虑多项因素，运用多项指标进行定量分析计算，并考虑各指标的重要程度，加权计算得出分数，再根据得分多少给企业整体财务状况下一个优劣好坏的定性结论。因为，一项财务指标只能反映某一方面的财务状况，为了给企业整体财务状况下一个优劣好坏的定性结论，就要运用多项财务指标来进行评价。有如下两种计分方法：

（一）按指标实际值与标准值的比率评分

这是将各项财务指标的本企业实际值与同行业标准值相比较，求出实际值与标准值的比率，根据比率大小给予相应分数。评价程序方法如下：

1. 选定综合评价财务状况的指标。考虑哪些因素、运用哪些指标来评价企业整体的财务状况，必须认真研究。在选择指标时，一要注意全面性，即应有反映企业各种能力方面的指标；二要注意代表性，即应选择能够说明问题的重要指标；三要注意各指标变化方向的一致性，即应选择指标数值越大表明财务状况越好，指标数值越小表明财务状况越差的指标。如资产负债率越低、资产权益率越高意味着偿债能力越强，为了便于计算，选用资产权益率指标来说明偿债能力，不用资产负债率指标。

一般认为，企业财务状况评价的内容（指标）主要是盈利能力和发展能力，其次是营运能力和偿债能力。这种思路的出发点是评价企业的经济效益和能力，分析评价的侧重点是盈利性和可持续性。财务状况优良的特征是：企业应有较强的盈利能力，较快的资产周转速度，营业收入和资本积累每年应有一定幅度的增长，资产与负债的比例和资产的流动性要适当。

2. 规定各项指标的权数、最高评分、最低评分。权数即重要性系数，应根据各项财务指标在整体财务状况中的重要程度，确定权数大小，即确定各项财务指标的标准分是多少。各项财务指标的标准分（权数）之和应等于100分。最高分（上限）一般可按标准分的1.5~2倍计算，最低分（下限）一般可按标准分的50%计算，这样规定可以减少个别指标异常对总分造成的不合理影响。

如表2-12中资产权益率的标准分（权数）为12分，则最高分为：$12 \times 1.5 = 18$分，最低分为：$12 \times 0.5 = 6$分。

3. 规定各项指标的标准值。标准值是指各项财务指标在现实条件下的恰当合理值，可以按同行业的平均值来确定。各项财务指标的标准值直接影响到财务状况得分的多少，因此，应考虑行业特点等因素认真地确定。

4. 计算指标实际值与标准值的比率。先要计算出本企业各项财务指标的实际值，然后将本企业实际值与标准值相比较，求出实际值占标准值的比率。

如表2-12中资产权益率的标准值是50%，实际值是38.2%，其比率为：$38.2\% \div 50\% = 0.764$。

5. 计算实际得分，给予定性评价。各项财务指标的实际得分，按照该指标实际值与标准值的比率乘以该指标的权数或标准分计算。

如表2-12中资产权益率的实际得分 $= 0.764 \times 12 = 9.17$。

需要注意的是，每项财务指标的实际得分，不得超过最高分（上限）或低于最低分（下限）。如表2-12中，已获利息倍数应得24.8分（3.1×8），但最高分只有12分，所以实际得分只计12分；总资产周转率应得4.05分（0.45×9），但最底分是4.5分，所以实际得分计4.5分。

将各项财务指标的实际得分相加求和，就是财务状况的综合得分。一般来说，总分在90~110之间属于中等水平（因为各项指标的标准值，是按照同行业的平均值来确定的，平均值即为中等水平），总分在110分以上认为较好，总分在90分以下认为较差。

【例2-4】某企业财务状况综合评价计分如表2-12所示。

（二）按每分代表的指标数值调整评分

这是在各项财务指标的标准值、标准分的基础上，按照行业的最高值、最高分计算出每分代表的指标数值，再根据本企业各项财务指标的实际值与标准值的差异计算调整分，从而计算出财务状况的综合得分。评价程序方法如下：

表 2-12　　　　　　　　　　财务状况综合评价计分表

财务指标	权数	高、低分	标准值	实际值	关系比率	实际得分
资产权益率	12	18~6	50%	38.2%	0.764	9.17
已获利息倍数	8	12~4	3	9.3	3.1	12
净资产净利率	24	36~12	25%	16.2%	0.648	15.55
总资产报酬率	14	21~7	16%	20.9%	1.306	18.29
总资产周转率	9	13.5~4.5	2	0.9	0.45	4.5
流动资产周转率	9	13.5~4.5	5	2.6	0.52	4.68
营业收入增长率	12	18~6	10%	11.3%	1.13	13.56
资本积累率	12	18~6	15%	13%	0.867	10.4
合　计	100					88.15

1. 选定综合评价财务状况的指标。(同上)
2. 规定各项指标的权数或标准分、最高评分、最低评分。(同上)
3. 规定各项指标的标准值、行业最高值。标准值可以按行业平均值来确定。行业最高值也应该具有代表性。
4. 计算每分差值(每分比率),以便根据实际值计算调整分。

每分差值指每分代表的行业最高值与标准值的差异,计算公式是:

$$每分差值 = \frac{行业最高值 - 标准值}{最高评分 - 标准分}$$

如表 2-13 中资产权益率的标准值是 50%,行业最高值是 71%,最高分是 18 分,标准分是 12 分,计算每分差值为:$(71\% - 50\%) \div (18 - 12) = 3.5\%$

即资产权益率每提高 3.5% 多给 1 分,但该项最高得分不得超过 18 分;每下降 3.5% 减少 1 分,但该项最低得分不得低于 6 分。

【例 2-5】某行业财务指标每分差值计算如表 2-13 所示。

表 2-13　　　　　　　　　　财务指标每分差值计算表

财务指标	权数	高、低分	标准值	最高值	每分差值
资产权益率	12	18~6	50%	71%	3.5%
已获利息倍数	8	12~4	3	15	3
净资产净利率	24	36~12	25%	40%	1.25%
总资产报酬率	14	21~7	16%	25%	1.286%
总资产周转率	9	13.5~4.5	2	3	0.222
流动资产周转率	9	13.5~4.5	5	7.2	0.489
营业收入增长率	12	18~6	10%	30%	3.333%
资本积累率	12	18~6	15%	30%	2.5%
合　计	100				

5. 根据每项指标的实际值与标准值的差异计算调整分。调整分是对标准分的调整,即在标准分基础上应加、减的分数。调整分的多少取决于指标的实际值与标准值的差异大小,

计算公式是：

$$调整分 = \frac{指标实际值 - 标准值}{该指标每分差值}$$

如表2-14中资产权益率的实际值是38.2%，根据上述表2-13中的数据，则：
调整分 =（38.2% - 50%）÷3.5% = -3.37（分）

6. 计算实际得分，给予定性评价。

每项得分 = 标准分 ± 调整分

如表2-14中资产权益率得分 = 12 - 3.37 = 8.63（分）

综合得分即为各项指标得分之和。根据综合得分多少对财务状况给予定性评价。

【例2-6】某企业财务状况综合评价计分如表2-14所示。

表2-14　　　　　　　　　财务状况综合评价计分表

财务指标	权数	标准值	实际值	每分差值	调整分	实际得分
资产权益率	12	50%	38.2%	3.5%	-3.37	8.63
已获利息倍数	8	3	9.3	3	2.1	10.1
净资产净利率	24	25%	16.2%	1.25%	-7.04	16.96
总资产报酬率	14	16%	20.9%	1.286%	3.81	17.81
总资产周转率	9	2	0.9	0.222	-4.95	4.5
流动资产周转率	9	5	2.6	0.489	-4.91	4.5
营业收入增长率	12	10%	11.3%	3.333%	0.39	12.39
资本积累率	12	15%	13%	2.5%	-0.8	11.2
合　计	100					86.09

以上两种方法的关键是要做好指标权数或标准分、标准值、最高值的确定，否则会影响评价的正确性。

以上两种方法的评价均有保底分，即无论某项财务指标的数值多么恶化，最少也要给予最低分，不能为零分，这有违背常理之嫌。但在没有其他更好评价方法时，还是可以采用的。

本章复习思考题

1. 为什么要进行财务分析？
2. 为什么要采用比较分析法？运用比较分析法应注意哪些事项？
3. 为什么要采用比率分析法？运用比率分析法应注意哪些事项？
4. 为什么要采用因素分析法？运用因素分析法应注意哪些事项？
5. 评价偿债能力的各指标高低意味着什么或说明什么问题？
6. 评价获利能力的各指标高低意味着什么或说明什么问题？
7. 评价营运能力的各指标高低意味着什么或说明什么问题？
8. 评价发展能力的各指标高低意味着什么或说明什么问题？
9. 为什么要将净资产净利率作为核心指标对其进行影响因素分析？

10. 简述财务状况综合评价方法的具体程序与方法。

本章练习计算题

计算题 2-1：熟悉有关偿债能力指标的计算。
资料：
1. 某企业的资产负债表全部数据如下（单位：万元）：
   货币资金 21　　应收账款 12　　存　货 75　　长期资产 92
   流动负债 60　　长期负债 52　　实收资本 70　　盈余公积 18
2. 利润表中的财务（利息）费用为 16.8 万元，利润总额 37.8 万元。
3. 现金流量表中的经营活动产生的现金流量净额为 33.6 万元。

要求：试计算：（1）流动比率；（2）速动比率；（3）现金比率；（4）资产负债率；（5）资产权益率；（6）权益负债率；（7）权益乘数；（8）息前利润利息保障倍数；（9）现金流量利息保障倍数；（10）全部负债现金保障率。

计算题 2-2：熟悉有关获利能力和影响利润因素分析的计算。
资料：
1. 某企业有关产品销售量、单价、成本资料见下表：

产品销售量、单价、成本资料表

产品	本年计划				本年实际			
	销售量（件）	单价（元）	单位税金（元）	单位成本（元）	销售量（件）	单价（元）	单位税金（元）	单位成本（元）
丙产品	2500	3600	180	2640	2480	3625	145	2650
丁产品	2000	5200	260	3790	2100	5200	208	3780

2. 期间费用本年计划为 152.8 万元，本年实际为 169.66 万元（其中利息 25 万元）；
3. 资产本年初、年末余额分别为 1260 万元、1360 万元；
4. 所有者权益本年初、年末余额分别为 820 万元、920 万元；
5. 企业所得税率为 25%（资料 1 中单位税金是指销售税金）。

要求：
1. 试计算该企业本年实际：（1）销售收入毛利率，（2）销售收入利润率，（3）成本费用利润率，（4）总资产报酬率，（5）净资产净利率（均在百分点后保留三位小数）；
2. 分析计算该企业销售收入、销售成本率、销售税金率、销售期费率实际比计划变动对销售利润总额的影响；
3. 分析计算丙产品销售量、单价、单位成本实际比计划变动对销售毛利的影响。

计算题 2-3：熟悉有关营运能力指标的计算。
资料：某企业本年营业收入 660 万元，营业成本 462 万元，销售商品、提供劳务的现金收入627万元（不含增值税），流动资产的数额如下：

	货币资金	应收账款	其他应收款	存货	合计
年初数(万元)	10	70	24	110	214
年末数(万元)	12	62	31	121	226

要求：试计算：（1）应收账款周转次数，（2）存货周转次数，（3）流动资产周转次数、周转天数，（4）流动资产变现次数、变现天数；并说明流动资产变现率与周转率不相符的可能原因。

计算题2-4：熟悉有关财务指标计算。

资料：某公司的流动资产只有现金、应收账款、存货三项，年初应收账款为28万元，年初存货为37万元，年末流动资产为70万元（其中现金3万元）。本年计算的流动比率为2.5，速动比率为1.25，应收账款周转天数（平均收账期）为50天（全年按360天计算）。

要求：试计算该公司年末的应收账款、存货数额，本年的营业收入，存货（按收入计算）周转天数。

计算题2-5：熟悉有关营运能力和偿债能力指标的计算。

资料：某企业本年度营业收入为4000万元，营业成本为3000万元；年初、年末应收账款余额分别为400万元和600万元；年初、年末存货余额分别为500万元和700万元；年末速动比率为1.1，年末现金比率为0.5。假定该企业流动资产由速动资产和存货组成，速动资产由应收账款和现金类资产组成，一年按360天计算。

要求：试计算：（1）应收账款周转天数；（2）存货周转天数（按成本计算）；（3）年末流动负债余额和速动资产余额；（4）年末流动比率。

计算题2-6：熟悉有关财务指标的计算。

资料：

1. 某公司本年简化的资产负债表项目数额见下表。

资产负债表

单位：万元

项目	年末数	项目	年末数
货币资金	40	流动负债	100
应收账款		长期负债	
存货		实收资本	150
固定资产净值		净利润	50
资产合计		负债及所有者权益合计	

2. 其他有关指标如下：

（1）权益负债率（产权比率）为1.3。

（2）营业收入净利率为8%。

（3）应收账款按年末余额计算周转一次需要36天（全年按360天计算）。

(4) 年末存货余额按营业收入计算的周转次数为 8.928 次。

要求：试计算该公司的长期负债、应收账款、存货、固定资产净值的年末数和资产合计数。

计算题 2-7：熟悉股份公司有关财务指标的计算。

资料：某公司去年实现的息税前利润为 500 万元，预计今年增长 20%。现有资产 1200 万元，负债 400 万元（年利率 8%），股本 600 万元（每股原发行价 10 元），公积金 200 万元。预计税后利润的 40% 发放现金股利，该公司市盈率为 9，所得税率为 25%。

要求：试计算该公司预计今年每股净利、每股净资产、每股市价和市净率。

计算题 2-8：熟悉自营利润变动的原因和净资产净利率的影响因素分析。

资料：某企业的利润和资产有关数据见下表。

利润和资产有关数据表

项 目	上年(万元)	本年(万元)
营业收入	2500	3000
营业成本	1750	2160
税金	100	150
期间费用	450	453
自营利润	200	237
投资收益	16	13
营业利润	216	250
利润总额	210	253
净利润	168	198
平均资产总额	1950	2200
平均自营资产	1848	1960
平均所有者权益	1200	1320

要求：

1. 运用因素分析法分析自营利润变动的原因；

2. 运用因素分析法分析计算各因素变动对净资产净利率的影响（按七因素计算，百分点后保留四位小数）。

第三章 Chapter 3

财务预测与预算

学习目标：

- 明确量本利的相互关系，掌握因素变动分析方法
- 掌握资金需求预测的方法
- 掌握销售增长与外部融资额的关系
- 了解内含增长率的含义
- 掌握可持续增长率与企业的经营效率和财务政策的关系，以及各比率变化对可持续增长率的影响
- 掌握财务预算编制的程序与方法

第一节 量本利分析

一、量本利的相互关系

"量"即业务量，是指企业生产经营能力的标志量，如产品产销量、可用工时数量等。"本"即成本，是指生产经营活动的成本费用。"利"即为利润。量本利分析就是研究产销量、成本费用等因素变动对利润的影响，是财务预测、筹资和投资决策必须考虑的重要因素。

（一）成本习性

成本习性，是指成本总额与业务量之间在数量上的习惯性依存关系。将成本按照与业务量的依存关系可分为固定成本、变动成本、半变动成本。

固定成本，指成本总额在一定业务量范围内不受业务量增减变动影响而固定不变的成本。如按年限平均法计提的固定资产折旧费、管理人员工资、办公费等。就单位成本而言，如果业务量增加，每单位业务量所负担的固定成本数额有可能减少。

变动成本，指成本总额随着业务量的增减变动成正比例变动的成本。如产品生产耗用的材料，产量增加一倍，材料耗用量也增加一倍。就单位成本而言，业务量增减，每单位业务量所负担的变动成本数额不变。

半变动成本，也称混合成本，指成本总额随着业务量增减变动而有所变动，但其变动幅度并不同业务量保持严格比例关系的成本。如生产车间的维修费，产量增加或减少10%，

维修费总额也将增加或减少,但增加或减少的幅度不一定是10%。为了满足成本管理的需要,可采用一定的方法将半变动成本划分为固定成本和变动成本。

以上的成本习性均是指在一定时期内而言。

(二) 量本利关系式

在将成本费用分为固定成本和变动成本的情况下,销售利润的计算方法,即量本利关系式为:

销售利润 = 销售收入 − 销售税金 − 变动成本 − 固定成本
= 销售量 × (单价 − 单位销售税金 − 单位变动成本) − 固定成本
= 销售量 × [单价 × (1 − 销售税率) − 单位变动成本] − 固定成本

式中的变动成本,可以是变动制造成本,也可以是含变动期间费用(销售费用、管理费用、财务费用)的变动成本。式中的固定成本,可以是固定制造成本,也可以是含固定期间费用的固定成本。应根据具体条件具体确定。

式中的销售税金指按销售量或销售额计算缴纳的税金,如消费税、资源税、城乡维护建设税等。由于这些税金与销售量(额)成正比例关系变化,所以也可以将销售税金列入变动成本中,不单列一项。

【例3 − 1】某产品销售量为2000件,单位售价为500元,单位变动成本为300元,销售税率为8%,固定成本总额为20万元。则:

销售利润 = 2000 × [500 × (1 − 8%) − 300] − 200000 = 120000(元)

(三) 边际贡献

边际贡献有边际贡献额和边际贡献率两种算法。

边际贡献额,通常简称为边际贡献,是指从销售收入中扣除销售税金和变动成本的余额,包括固定成本和销售利润,是产品实现的销售收入扣除自身变动成本后为企业所做的贡献。计算公式是:

边际贡献 = 销售收入 − 销售税金 − 变动成本
= 销售量 × [单价 × (1 − 销售税率) − 单位变动成本]

上式中括号内的部分称为单位边际贡献。

按例3 − 1资料:

单位边际贡献 = 500 × (1 − 8%) − 300 = 160(元)

边际贡献总额 = 2000 × 160 = 320000(元)

由于边际贡献包括固定成本和销售利润,所以:

销售利润 = 边际贡献 − 固定成本

根据以上数据,销售利润 = 320000 − 200000 = 120000(元)

计算边际贡献可以大致了解企业的盈利能力。因为销售税金和变动成本是随着业务量的发生而发生的,固定成本不论业务量发生多少必然要发生,一部分固定成本不需立即补偿,所以,在短期内只要有边际贡献就认为有利可图。

边际贡献率,是指边际贡献在销售收入中所占的比率,表示产品给企业作出贡献的能力。计算公式是:

$$边际贡献率 = \frac{边际贡献}{销售收入} \times 100\% = \frac{利润 + 固定成本}{销售收入} \times 100\%$$

$$= \frac{销售量 \times [单价 \times (1-销售税率) - 单位变动成本]}{销售量 \times 单价} \times 100\%$$

$$= \frac{单位边际贡献}{单价} \times 100\%$$

按例 3-1 资料：

$$边际贡献率 = \frac{500 \times (1-8\%) - 300}{500} \times 100\% = \frac{160}{500} \times 100\% = 32\%$$

变动成本占销售收入（单位变动成本占单价）的比率称为变动成本率。即：

$$变动成本率 = \frac{变动成本}{销售收入} \times 100\% = \frac{单位变动成本}{单价} \times 100\%$$

这样：边际贡献率 = 1 − 销售税率 − 变动成本率

根据以上数据，变动成本率为 60%（300÷500），边际贡献率 = 1 − 8% − 60% = 32%

（四）目标利润点和保本点

1. 目标利润点，是指实现目标利润需要完成的销售量或销售收入点。根据量本利关系式，目标利润销售量计算公式是：

$$\frac{目标利润}{销\ 售\ 量} = \frac{目标利润 + 固定成本}{单价 \times (1-销售税率) - 单位变动成本} = \frac{利润 + 固定成本}{单位边际贡献}$$

按例 3-1 资料，某产品单位售价为 500 元，单位变动成本为 300 元，销售税率为 8%，固定成本总额为 20 万元，目标利润为 12 万元。则：

$$实现目标利润销售量 = \frac{200000 + 120000}{500 \times (1-8\%) - 300} = \frac{320000}{160} = 2000（件）$$

实现目标利润销售收入 = 2000 × 500 = 100（万元）

有了边际贡献率，其销售收入就可按下列公式计算：

$$目标利润销售收入 = \frac{利润 + 固定成本}{边际贡献率}$$

根据以上数据，目标利润销售收入 = (12 + 20) ÷ 32% = 100（万元）

根据以上算式，可以推导出边际贡献算式：

$$边际贡献 = 销售收入 \times 边际贡献率$$

2. 保本点，或称盈亏分界点，是指既无利润又不亏损情况下的销售量或销售收入点，即利润为零时的销售量或销售收入点。计算公式是：

$$\frac{保本点}{销售量} = \frac{固定成本}{单价 \times (1-销售税率) - 单位变动成本} = \frac{固定成本}{单位边际贡献}$$

保本点销售收入 = 保本点销售量 × 单价

保本点销售收入 = 固定成本 ÷ 边际贡献率

按例 3-1 资料，则：

$$保本点销售量 = \frac{200000}{500 \times (1-8\%) - 300} = \frac{200000}{160} = 1250（件）$$

保本点销售收入 = 1250 × 500 = 625000（元）

或 = 200000 ÷ 32% = 625000（元）

上述量本利之间的关系如图 3-1 所示。

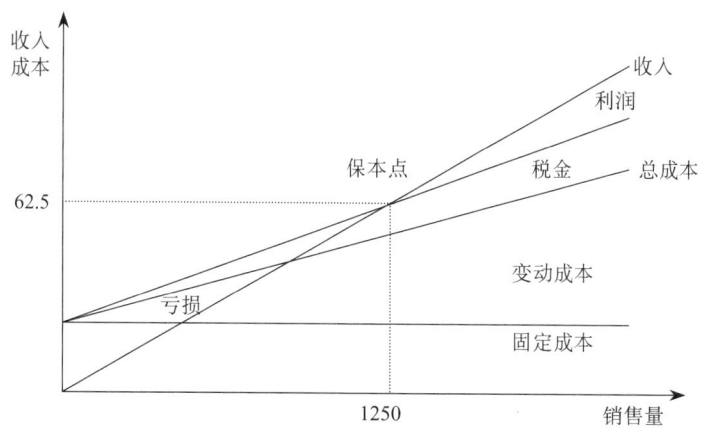

图 3-1 量本利关系图

注：在销售税金与销售量成正比例变化时，可将销售税金作为变动成本看待。

通常将保本点销售量占正常销售量的比率称为保本销售率。计算公式是：

保本销售率 = 保本点销售量 ÷ 正常销售量 × 100%

按前述资料，则保本点销售率 = 1250 ÷ 2000 × 100% = 62.5%

保本销售率可以说明企业的盈利能力。这个比率越小，意味着企业盈利能力越高。

（五）多种产品边际贡献公式的运用

企业在生产销售多种产品的情况下，可按各产品综合平均的边际贡献率计算出销售收入总额，再按各产品销售比重计算出产品销售量。平均的边际贡献率计算公式是：

平均边际贡献率 = 各产品边际贡献总额 ÷ 各产品销售收入总额 × 100%
= ∑（各产品边际贡献率 × 各产品销售比重）

【例 3-2】某企业上年销售情况如表 3-1 所示。

表 3-1　　　　　　　　　某企业上年销售表　　　　　　　　金额单位：元

产品名称	销量（件）	单价	销售税率	单位变动成本	销售收入	销售税金	变动成本总额	边际贡献	边际贡献率
甲	1600	40	2%	22.8	64000	1280	36480	26240	41%
乙	1400	60	2%	31.8	84000	1680	44520	37800	45%
丙	1000	52	12%	29.8	52000	6240	29800	15960	30.7%
合计					200000	9200	110800	80000	40%

该企业上年固定成本总额 46000 元，预计下年度固定成本不变，要求销售利润比上年增加 20%，下年度各产品销售量应达到多少？

销售利润增加 20% 后的数额 = (80000 - 46000) × (1 + 20%) = 40800（元）
实现目标利润的销售收入 = (46000 + 40800) ÷ 40% = 217000（元）
甲产品应达到的销售量 = 217000 × (64000 ÷ 200000) ÷ 40 = 1736（件）
乙产品应达到的销售量 = 217000 × (84000 ÷ 200000) ÷ 60 = 1519（件）
丙产品应达到的销售量 = 217000 × (52000 ÷ 200000) ÷ 52 = 1085（件）

也可按收入增加的比例计算。还可按平均边际贡献率计算出保本销售收入，再按各产品销售比重计算保本各产品销售量。

二、影响利润各因素变动预测分析

影响利润各因素变动分析是指量、本、利发生变动时相互影响的定量分析。

(一) 有关因素变动对利润影响的预测分析

企业在做出任何行动方案之前,首先考虑的是对企业是否有利,能否增加企业的利润,否则,该方案在经济上是不可取的。这样,就要分析该行动方案对利润有何影响。

因素变动对利润影响的预测分析,就是将变化了的参数代入量本利关系式,测算其对利润的影响,从而说明变化是否有利。

按例 3-1 资料,某产品上年销售量 2000 件,单位售价为 500 元,单位变动成本为 300 元,销售税率为 8%,固定成本总额为 20 万元,则利润为 12 万元。

1. 如果下年广告费增加 10000 元,销售量可以增加 10%,是否合算?

利润 = $2000 \times (1 + 10\%) \times [500 \times (1 - 8\%) - 300] - (200000 + 10000) = 142000$(元)

计算结果利润比上年增加 22000 元 (142000 - 120000),增加广告费合算。

2. 如果下年价格降低 5%,销售量可以增加 10%,是否合算?

利润 = $2000 \times (1 + 10\%) \times [500 \times (1 - 5\%) \times (1 - 8\%) - 300] - 200000 = 101400$(元)

计算结果利润比上年减少 18600 元 (120000 - 101400),这种降价促销不合算。

3. 如果下年产品价格降低 4%,单位变动成本降低 10 元,固定成本增加 5000 元,销售量增加 10%,是否可行?

利润 = $2000 \times (1 + 10\%) \times [500 \times (1 - 4\%) \times (1 - 8\%) - (300 - 10)] - (200000 + 5000)$
     = 128520(元)

计算结果利润比上年增加 8520 元 (128520 - 120000),这些做法可行。

(二) 实现目标利润的有关条件预测分析

实现目标利润的有关条件预测分析,是按照量本利关系式,分别测算实现目标利润应达到的产销量、成本和价格水平,为实现目标利润指明方向。

按例 3-1 资料,要求下年利润达到 138000 元,即利润增加 15%,增加 18000 元。

1. 如果仅靠增加产销量,应增加多少件?设产销量为 X 代入量本利关系式计算。

利润 = $X \cdot [500 \times (1 - 8\%) - 300] - 200000 = 138000$(元)

X = 2112.5(件)

即其他因素不变,产销量比上年增加 113 件 (2213 - 2000) 可使利润达到 138000 元。

2. 如果仅靠降低变动成本,应降低多少元?设单位变动成本为 X 代入量本利关系式计算。

利润 = $2000 \times [500 \times (1 - 8\%) - X] - 200000 = 138000$(元)

X = 291(元)

即其他因素不变,单位变动成本比上年降低 9 元 (300 - 291) 可使利润达到 138000 元。

3. 如果仅靠提高售价,应提高多少元?设单位售价为 X 代入量本利关系式计算。

利润 = $2000 \times [X \cdot (1 - 8\%) - 300] - 200000 = 138000$(元)

X = 509.78(元)

即其他因素不变,单位售价比上年提高 9.78 元 (509.78 - 500) 可使利润达到 138000 元。

如果目标利润是税后净利润,可按"税后净利 ÷ (1 - 所得税率)"还原成税前利润。

(三) 因素变化最大最小值预测分析

因素变化最大最小值预测分析,就是按照量本利关系模式,假定其他因素不变,计算一个因素变化使利润为零时允许变化的最大值或最小值,为控制和调整有关经济活动提供依据。根据量本利关系式可知,销售量减少、价格降低、成本上升,会使利润消失,进入盈亏分界点状态。这种分析的目的就是要提供各因素变化到多少时使利润为零,即保本点的各因素数值是多少,以便明确各因素变化的界限。

按例 3-1 资料,预计某产品下年销售量为 2000 件,单位售价为 500 元,单位变动成本为 300 元,销售税率为 8%,固定成本总额为 20 万元,则利润为 12 万元。

1. 销售量最小值,即利润为零时销售量。设利润为零时销售量为 X:

利润 = X · [500 × (1 - 8%) - 300] - 200000 = 0

X = 1250(件)

即其他因素不变,当销售量为 1250 件,销售计划完成 62.5% (1250 ÷ 2000) 就可保本,利润为零。当销售量超过 1250 件时,就有利润。

2. 单价最小值,即利润为零时的单价。设利润为零时的单价为 X:

利润 = 2000 × [X · (1 - 8%) - 300] - 200000 = 0

X = 434.78(元)

即其他因素不变,当单价降至 434.78 元,降低 65.22 元,下降 13.04% (65.22 ÷ 500) 时利润为零。当单价超过 434.78 元时,就有利润。

3. 单位变动成本最大值,即利润为零时的单位变动成本水平。设利润为零时的单位变动成本为 X:

利润 = 2000 × [500 × (1 - 8%) - X] - 200000 = 0

X = 360(元)

即其他因素不变,当单位变动成本增至 360 元,增加 60 元,增加 20% (60 ÷ 300) 时利润为零。当单位变动成本低于 360 元时,就有利润。

4. 固定成本最大值,即利润为零时的固定成本水平。设利润为零时的固定成本为 X:

利润 = 2000 × [500 × (1 - 8%) - 300] - X = 0

X = 320000(元)

即其他因素不变,当固定成本增至 32 万元,增加 12 万元,增加 60% (12 ÷ 20) 时利润为零。当固定成本低于 32 万元时,就有利润。

(四) 因素变化对利润影响程度分析

因素变化对利润影响程度分析,就是按照量本利关系模式,计算某个因素发生变动对利润的影响程度,因素变动一定幅度利润是多少,为控制和调整有关经济活动提供依据。

上述可知,各因素变化都会引起利润发生变化,但其影响程度不一定相同。有的因素发生较小的变化,会使利润发生较大的变动,意味着利润对这些因素的变化十分敏感,敏感程度高,称这类因素为"敏感因素"。而有些因素发生较大的变化,引起利润的变动却较小,即对利润的影响比较迟钝,敏感程度低,称这类因素为"不敏感因素"。

反映敏感程度的指标是敏感系数,其计算公式为:

$$敏感系数 = \frac{目标值(利润)变动百分比}{因素值变动百分比}$$

从公式中看出，变动百分比为零的计算是毫无意义的，一般是将各因素给定一个变动幅度，从而计算出利润的变动幅度。

按例3－1资料，各因素的敏感系数计算如下：

1. 销售量的敏感程度。假定销售量增加20%，则：

增加20%后的销售量＝2000×（1＋20%）＝2400（件）

利润＝2400×[500×（1－8%）－300]－200000＝184000（元）

利润变化率＝184000÷120000－1＝53.33%

销售量的敏感系数＝53.33%÷20%＝2.667

即其他因素不变，销售量增加或减少10%，会使利润增加或减少26.67%。

2. 单价的敏感程度。假定单价增加20%，则：

增加20%后的单价＝500×（1＋20%）＝600（元）

利润＝2000×[600×（1－8%）－300]－200000＝304000（元）

利润变化率＝304000÷120000－1＝153.33%

单价的敏感系数＝153.33%÷20%＝7.667

即其他因素不变，单价增加或减少10%，会使利润增加或减少76.67%。

3. 单位变动成本的敏感程度。假定单位变动成本增加10%，则：

增加10%后的单位变动成本＝300×（1＋10%）＝330（元）

利润＝2000×[500×（1－8%）－330]－200000＝60000（元）

利润变化率＝60000÷120000－1＝－50%

单位变动成本的敏感系数＝－50%÷10%＝－5

即其他因素不变，单位变动成本增加或减少10%，会使利润减少或增加50%。

4. 固定成本的敏感程度。假定固定成本增加20%，则：

增加20%后的固定成本＝200000×（1＋20%）＝240000（元）

利润＝2000×[500×（1－8%）－300]－240000＝80000（元）

利润变化率＝80000÷120000－1＝－33.33%

固定成本的敏感系数＝－33.33%÷20%＝－1.667

即其他因素不变，固定成本增加或减少10%，会使利润减少或增加16.67%。

某个因素的敏感系数为正值，表示它与利润同向增减；敏感系数为负值，表示它与利润反向增减。某个因素的敏感系数绝对值越大，意味着该因素变化对利润的影响程度（变化幅度）越大；某个因素的敏感系数绝对值越小，意味着该因素变化对利润的影响程度越小。所以应重点关注敏感系数绝对值较大的因素。

从上面计算可以看出，单价的敏感程度最大，固定成本的敏感程度最小，所以要特别关注单价的变动，其次要关注变动成本的变动。

需注意的是，各因素变化引起利润变化幅度的大小，不仅取决于利润变化的数额，而且还取决于原来确定的目标利润数额。假定原来确定的销售量为1800件，利润为88000元，则利润变化率和相关因素的敏感系数与上面计算就不相同，但各因素敏感系数大小的顺序不变。

敏感系数虽然提供了各因素变动百分比和引起利润变动百分比的倍数关系，但不能直接显示变化后的利润值。为了能够掌握各因素变动各种幅度下的利润是多少，可以编制敏感分析表来显示。按照上述计算的敏感系数，编制量本利敏感分析表如表3－2所示。

表 3-2			量本利敏感分析表				单位：万元
因素敏感系数	变动百分比 利润	-20%	-10%	0	+10%	+20%	+30%
销售量	2.667	5.6	8.8	12	15.2	18.4	21.6
单价	7.667	-6.4	2.8	12	21.2	30.4	39.6
变动成本	-5	24	18	12	6	0	-6
固定成本	-1.667	16	4	12	20	8	6

也可按每间隔5%编表。表3-2中利润计算方法是：

单价升20%，利润＝12×（1＋7.667×20%）＝30.4（万元）

单价降20%，利润＝12×（1－7.667×20%）＝－6.4（万元）

变动成本升20%，利润＝12×（1－5×20%）＝0

变动成本降20%，利润＝12×（1＋5×20%）＝24（万元）

第二节 资金需求量预测

预测是对未来的趋势或状况进行科学地预计和测算，是超前思考认识的过程，其目的是给人们展现未来各种可能的前景，促使人们预先制订出相应的计划和预备措施，提高预见性，避免盲目性，提高对不利事件的应变能力，充分利用有利条件，争取获得较好效果。

财务预测应该包括资金的需求量、供应状况和使用经济效益方面的预计和测算。本节只叙述资金需求量预测。

一、资金需求量预测步骤

资金需求量预测，是对企业在未来一定时期为满足正常生产经营活动需要的各种资金数量进行预计和测算，为筹集资金和安排资金使用提供依据，以便提高资金使用效率。

资金需求量预测的基本步骤如下：

（一）销售预测

销售预测是对未来一定时期的销售（营业）收入进行预计测算，通常要考虑未来市场需求情况对销售量和价格进行估计。销售预测本身不是财务管理的职能，但销售量决定着生产量，产销量决定着各种资产的数量，销售收入的多少对利润和资金需要量有着重要影响，对项目投资安排有着重要影响。所以，销售预测是资金需求预测的基础，销售预测完成后才能进行资金需求预测。

销售预测对资金需求预测的质量有重大影响。如果销售预测的数据与未来实际情况差异较大，根据销售预测筹措的资金和项目投资，有可能闲置浪费，有可能不能满足实际需要，使财务工作措手不及。

（二）资产和自然融资预测

需要预计需要量的资产是指企业必需用于经营活动的资产。资产预测是对未来一定时期的资产（金）需要量进行预计测算，通常根据资产数量与有影响因素之间的关系按一定方法测算。

自然融资也称自发负债，是指在经营活动中自然形成的应付款项。如销售增长 10%，购货数量也会增加 10%，应付账款也会相应增长 10%。这种自然融资可以减少外部融资数额。自然融资预测就是对未来一定时期应付款项的数额进行预计测算，应根据购货额的一定比例测算，也可以按销售（营业）收入的一定比例测算。

（三）利润和留存收益预测

利润是销售（营业）收入扣除成本费用、税金的余额，所以，利润预测就是在未来一定时期的收入、成本费用、税金预测的基础上进行测算的。

留存收益是净利润减去分给所有者利润的余额，包括提取的盈余公积金和未分配利润，这无疑是企业所需资金的一种方便来源，通常称为"内部融资"。有了利润预测数额便可根据利润分配政策测算留存收益。

（四）外部融资预测

外部融资是指企业需要从外部筹集的资金，如举借债务、发行股票。这里不包括商业信用（已列作自然融资）。

外部融资预测如果按通用的会计报表模式计算，计算公式是：

$$预计资产总量 - 原有资金来源 - 负债自发增长 - 留存收益增加额 = 外部融资增加额$$

外部融资预测如果按经营性和金融性模式计算，计算公式是：

$$预计经营资产总量 - 原有经营资产 - 自发增长的经营负债 - 可动用的金融资产 - 留存收益增加额 = 外部融资增加额$$

二、资金需求预测的周转速度测算法

资金需求预测的周转速度测算法，就是按照预计的销售收入和资产在一年内周转次数或周转一次所需要的天数来测算资金需求量。这种方法主要适用于流动资产需要量的测算。因为流动资产具有流动性的特点，其需要量与周转速度有着密切联系，可按预计的销售收入和上期流动资产周转率推算。计算公式是：

$$流动资产需要量 = \frac{预计销售收入}{流动资产周转次数}$$

$$= 流动资产周转天数 \times \frac{预计销售收入}{计算期天数}$$

如果流动资产周转天数是以销售成本作为周转额计算的，计算公式是：

$$流动资产需要量 = 流动资产（成本）周转天数 \times 日均销售额 \times 销售成本率$$

由此可见，流动资产需要量受到以下三个因素的影响：

1. 周转天数。流动资产周转天数越少，周转速度越快，需要的流动资产越少；流动资产的周转天数越多，周转速度越慢，需要的流动资产越多。

2. 销售额。如果一个企业的管理效率不变，销售额越多，需要的流动资产越多。销售额增长时，需要更多的现金、存货和应收账款支持，会引起流动资产需要量增加。销售额越少，需要的流动资产越少。

3. 销售成本率。如果一个企业管理效率和销售额不变，销售成本率较高则需要的流动资产较多;销售成本率较低则需要的流动资产较少。

采用这种计算方法测算资金需要量,是在上期资金周转速度的基础上进行的。如果上期资产数额或周转期有偶然不正常因素,应对周转速度进行调整。

【例3-3】某企业上年实现销售收入750万元,平均占用流动资产150万元,预计下年销售收入900万元,流动资产周转速度提高5%,测算下年流动资产需要量。

上年流动资产(收入)周转天数 = 360÷(750÷150) = 72(天)
下年流动资产(收入)周转天数 = 72×(1-5%) = 68.4(天)
下年流动资产需要量 = 68.4×(900÷360) = 171(万元)
流动资产需要量也可按销售成本计算。

接例3-3资料,企业上年实现销售成本600万元,销售成本率为80%,测算下年流动资产需要量。

上年流动资产(成本)周转天数 = 360÷(600÷150) = 90(天)
下年流动资产(成本)周转天数 = 90×(1-5%) = 85.5(天)
下年流动资产需要量 = 85.5×(900÷360)×80% = 171(万元)

按照周转速度测算流动资产需要量,也可分别按照应收账款、存货(材料、在产品、库存商品)的周转期测算其需要量。计算公式是:

$$应收账款需要量 = \frac{应收账款周转天数}{计算期天数} \times 预计销售收入$$

$$存货需要量 = \frac{存货周转天数}{计算期天数} \times 预计销售收入(成本)$$

三、资金需求预测的因素调整测算法

资金需求预测的因素调整测算法,是以上期资金合理占用额为基础,考虑下期影响资金变化的因素进行调整来计算下期资金需要量的方法。

(一)按因素调整法测算流动资产需要量

流动资产的合理占用额,是指在正常生产经营条件下必须占用的流动资产数额,可按上期实际占用额减去不合理占用的部分(如呆滞、超储积压物资占用的资金数额)计算。

影响流动资产变化的因素,主要有生产经营规模(产销量)、生产经营成本费用、资金周转速度(周转天数)等因素。其他因素不变,生产经营规模扩大,产销量增加,就会使需要储存的材料增加,在产品数量增加,产成品数量增加,资产需要量就会相应增加;反之,则减少。其他因素不变,单位产品材料消耗量增加,材料、商品采购成本增加,产品生产成本增加,就会使存货资金需要量增加;反之,则减少。其他因素不变,资金周转速度加快,资金周转(占用)天数减少,资金需要量就减少;反之,则增加。按此道理,资金需要量的因素调整测算法计算公式是:

流动资金需要量 = (上期流动资产实际占用额 - 不合理占用额)×(1±下期产销量增减率)×(1±下期经营成本升降率)×(1-下期资金周转加速率)

【例3-4】某企业上年在产品实际占用额为50万元;产成品实际占用额为26万元,其中不合理占用额1万元。下年产量增加10%,产品成本降低4%,要求资金周转加速3%,计算下年在产品资金和产成品资金需要量。

在产品资金需要量 = 50×(1+10%)×(1-4%)×(1-3%) = 51.216(万元)

产成品资金需要量 = (26-1)×(1+10%)×(1-4%)×(1-3%) = 25.608(万元)

从以上算式可看出，采用因素调整测算法来预测资金需要量，除了要正确估计产销规模外，还需要对成本费用水平和资金周转速度做出正确估计。如果这些因素估计误差大，就使依此测算的资金需要量差异也大。

(二) 按因素调整法测算固定资产需要量

在固定资产中对产品产量有着重要影响的机器设备，也可采用因素调整法测算其资金需要量。由于固定资产有原值和净值之分，可先按原值测算需要量，再根据折旧情况测算净值需要量。设备原值需要量计算公式是：

设备原值需要量 = (上期设备原值数额 - 不合理占用额)×(1±下期产销量增减率)
×(1-下期设备利用提高率)

设备的不合理占用额是指长期闲置没有使用价值的设备原值。设备利用提高率主要表现为单位产品加工时间减少。

如果有设备更新价格高于或低于原有相同功能旧设备价格，可按未调价的新增设备额和价格升降率进行调整。计算公式是：

设备原值需要量 = 未调价的设备原值需要量 + (未调价的设备原值需要量 - 上期设备原值 + 下期报废设备原值)×(1±更新设备价格升降率)

设备净值需要量 = 设备原值需要量×平均成新率

$$平均成新率 = \frac{全部设备平均剩余使用年限}{全部设备新时平均可使用年限} \times 100\%$$

【例3-5】 某企业上年共有机器设备原值500万元，预计下年产量增加20%，设备利用率提高5%，有需报废设备原值30万元，更新设备比原价要增加12%，设备平均成新率65%，计算下年设备资金需要量。

未调价的设备原值需要量 = 500×(1+20%)×(1-5%) = 570(万元)

设备原值需要量(调价后) = 570 + (570 - 500 + 30)×(1+12%) = 682(万元)

设备净值需要量 = 682×65% ≈ 443.3(万元)

由于单件设备价值较大，以上按产销量增减率计算的设备资金需要量，不一定刚好是单件设备价值的整数倍，再则设备平均成新率估计肯定有差异，所以，按此方法测算的设备资金需要量仅供决策预算参考。

四、资金需求预测的销售百分比法

资金需求预测的销售百分比法，是假定经营资产、负债、费用均与销售收入存在稳定的百分比关系，根据预计销售额和相应的百分比，预计经营资产、负债和利润数额，然后据以确定融资需求的一种测算方法。测算步骤如下：

(一) 确定经营资产和经营负债项目的销售百分比

经营资产，是指用于生产经营活动的资产，是为获取营业收入从而实现营业利润的资产。利用经营活动的多余资金进行投资，能够获取利息收入的资产称为"金融资产"。如交易性金融资产、可供出售金融资产（债权投资）等。

经营负债，是在生产经营活动中自发形成的无息负债，如应付、预收款项。这些负债不要求支付利息,是伴随着经营活动而产生的,而不是通过筹资活动形成的。企业通过筹资活动而形成的有息负债称为"金融负债",如银行借款、发行债券等。

确定经营资产和经营负债项目的销售百分比,就是确定以前年度的经营资产、经营负债各项目与销售收入的比率。可按照上年度的数额确定,也可按照以前若干年度的平均数额确定。计算公式是:

$$各项目基期销售百分比 = \frac{基期经营资产(负债)}{基期销售额} \times 100\%$$

这里只应计算经营资产和经营负债项目的销售百分比,对金融资产和金融负债及所有者权益类项目不必计算销售百分比。

(二)计算预计销售额下的经营资产和经营负债

计算预计销售额下的经营资产和经营负债,是假定经营资产需要量和经营负债形成与销售收入成正比例关系变化,便可按照原来的经营资产、经营负债占销售额的比率和预计的销售额计算。计算公式是:

预计经营资产(负债)= 预计销售额 × 各项目基期销售百分比

需增经营资产 = 预计经营资产 − 基期经营资产

可增经营负债(自发负债)= 预计经营负债 − 基期经营负债

需增净经营资产 =(预计经营资产 − 基期经营资产)−(预计经营负债 − 基期经营负债)
= (预计经营资产 − 预计经营负债)−(基期经营资产 − 基期经营负债)

需增净经营资产(融资总需求)= 预计净经营资产 − 基期净经营资产

【例3-6】某企业在20×2年末有关资产、负债及所有者权益数额如表3-3所示。

表3-3　　　　　　　　　　20×2年末资产负债额　　　　　　　　　　单位:万元

项　目	金额	项　目	金额
货币资金	20	短期借款	130
交易性金融资产	30	应付账款	70
应收账款	45	预收账款	30
存货	200	长期借款	150
长期股权投资	40	长期应付款	50
固定资产	470	实收资本	320
在建工程	25	留存收益	80
资产合计	830	负债及所有者权益合计	830

该企业在20×2年实现销售收入2000万元,净利润160万元,支付股利120万元。预计该企业在20×3年销售收入比上年增长40%,股利支付率保持上年水平不变。按销售百分比法预测外部融资额。

为了便于计算,应分别列示经营性与金融性的资产和负债,如表3-4所示。

表3-4中应收账款20×3年预测数 = 2000 ×(1 + 40%)× 2.25% = 63(其余项目方法相同)

需增净经营资产(融资总需求)= 910 − 650 = 260(万元)

即该企业20×3年需要增加经营性资金260万元。如何取得所需资金,通常筹资途径先后顺序为:动用现存的金融资产,增加留存收益,增加金融负债,增加股本。

表 3-4　　　　　　　　经营性与金融性分列的资产负债表

经营性项目	20×2年金额（万元）	占销售百分比（%）	20×3年预测（万元）	金融性及所有者权益项目	20×2年金额（万元）
货币资金	20	1	28	短期借款	130
应收账款	45	2.25	63	长期借款	150
存货	200	10	280	金融负债合计	280
长期股权投资	40	2	56		
固定资产	470	23.5	658	交易性金融资产	30
在建工程	25	1.25	35	金融资产合计	30
经营资产合计	800	40	1120	净金融负债	250
应付账款	70	3.5	98		
预收账款	30	1.5	42	实收资本	320
长期应付款	50	2.5	70	留存收益	80
经营负债合计	150	7.5	210	所有者权益合计	400
净经营资产	650		910	净负债及所有者权益	650

注：各项目销售百分比 = 各项目数额 ÷ 2000（销售收入）

（三）预计可以动用的金融资产

企业原有的金融资产，可以随时变为现金使用。因此，为了满足经营性资金需要，可以将原有的金融资产在预测期变为现金使用。

例 3-6 中该企业 20×2 年的金融资产为 30 万元，即为可动用的金融资产。

（四）预计留存收益增加额

企业的净利润会随销售额的变动而变动。假定成本费用和利润与销售收入成正比例关系变化，可按预计销售额和销售净利率来计算预计净利润。净利润中有一部分要支付股利，在净利润中扣除分给股东的利润就是企业的留存收益。留存收益增加额计算公式是：

预计留存收益增加额 = 预计销售额 × 销售净利率 × (1 - 股利支付率)

按例 3-6 的资料，20×2 年的：

销售净利率 = 160 ÷ 2000 × 100% = 8%

股利支付率 = 120 ÷ 160 × 100% = 75%

预计 20×3 年的留存收益增加额 = 2000 × (1 + 40%) × 8% × (1 - 75%) = 56（万元）

需注意的是，该留存收益增加的计算隐含了一个假设，即计划销售净利率已经扣除了因增加借款而增加的利息费用。在融资预测时，需要先确定留存收益增加额，然后确定需要增加的借款，但增加借款又要增加利息费用，又会影响净利润和留存收益。在股利支付率一定时，留存收益受净利润的影响，净利润受利息费用的影响，利息费用受借款数额的影响，借款数额要视留存收益的多少而确定。解决该数据循环的办法，一是运用逐步试算调整法，逐步靠近可以使数据平衡的留存收益和借款增加额。另一种简单的办法，就是假设计划销售净利率已经扣除了因增加借款而增加的利息费用，先确定留存收益，然后确定需要增加的借款。

（五）计算外部融资需求

外部融资需求即为外部融资增加额。有了前面几步的测算，便可按照资产、负债、所有者权益之间的关系计算。计算公式是：

$$\begin{aligned}\text{外部融}\atop\text{资需求}&=\text{预计需增}\atop\text{经营资产}-\text{预计可增}\atop\text{经营负债}-\text{预计可动用}\atop\text{的金融资产}-\text{预计留存}\atop\text{收益增加额}\\&=\text{预计需增净经营资产}-\text{预计可动用的金融资产}-\text{预计留存收益增加额}\end{aligned}$$

按例 3-6 资料，20×3 年外部融资需求 = 260 - 30 - 56 = 174（万元）

需要增加的外部融资额，可以通过增加借款或增发股本筹集。

从以上计算可看出，按照销售百分比法测算融资需求是一种过于简单、粗略的测算方法。一是该方法假设各项经营资产和经营负债都与销售收入保持稳定的百分比，可能与实际不符。如长期股权投资、在建工程、无形资产、长期应付款一般不会与销售收入同步（同比例）增长。二是该方法假设计划销售净利率已经扣除了因增加借款而增加的利息费用，这样计算肯定不准确。三是未考虑内部固定资产折旧增加的可用货币资金，通常假定当年计提的折旧与当年更新改造支出相等，这在固定资产新旧程度不同的各年中肯定是有差异的。所以销售百分比法是建立在三个假设条件下运用的。此外，该方法未考虑到期债务的偿还。

第三节 增长率与资金需求

一、销售增长与外部融资的关系

企业是以营利为目的，盈利增加要依靠销售收入增加。要增加销售收入，就要扩大经营规模，增加资产数量，从而增加资金投入，增加筹资数量。销售增长的越多，需要的资金越多。所以，销售增长会带来资金需求的增加。

（一）外部融资额占销售额增长的百分比

既然销售增长会带来资金需求的增加，那么销售增长和融资需求之间就存在一定的比例关系，即销售额每增长 1 元需要追加的外部融资额是多少。计算公式是：

$$\text{外部融资占销售增长比} = \frac{\text{外部融资增长额}}{\text{销售增长额}}$$

按例 3-6 资料，外部融资占销售增长比 = 174 ÷ 2000 × 40% = 21.75%

假设可动用的金融资产为零（或金融资产保持原数不变），则：

外部融资占销售增长比 = (174 + 30) ÷ 2000 × 40% = 25.5%

按上节资金需求预测销售百分比法外部融资需求的算式，假设可动用的金融资产为零（或金融资产保持原数不变），则：

外部融资额 = 经营资产增加额 - 经营负债增加额 - 留存收益增加额

公式推导如下：

$$\text{外部融资额} = \frac{\text{基期经营资产额}}{\text{基期销售额}} \times \text{新增}\atop\text{销售额} - \frac{\text{基期经营负债额}}{\text{基期销售额}} \times \text{新增}\atop\text{销售额}$$

$$-\frac{\text{计划销售总额}}{} \times \frac{\text{净利润}}{\text{销售额}} \times \left(1 - \text{股利支付率}\right)$$

外部融资额 =（经营资产销售百分比×新增销售额）-（经营负债销售百分比
×新增销售额）-计划销售总额×销售净利率×（1-股利支付率） (1)

因为：新增销售额 = 基期销售额×销售增长率

所以（1）式变为：

外部融资额 =（经营资产销售百分比×基期销售额×销售增长率）
-（经营负债销售百分比×基期销售额×销售增长率）
-基期销售额×（1+销售增长率）×销售净利率×（1-股利支付率） (2)

将（2）式两边同除"基期销售额×销售增长率"：

$$\frac{\text{外部融资占}}{\text{销售增长比}} = \frac{\text{经营资产}}{\text{销售比}} - \frac{\text{经营负债}}{\text{销售比}} - \frac{1+\text{销售增长率}}{\text{销售增长率}} \times \frac{\text{销售}}{\text{净利率}} \times \left(1 - \text{股利支付率}\right)$$

按例3-6的资料，可动用的金融资产为0，则：

外部融资销售增长比 = 40% - 7.5% - [(1+40%) ÷ 40%] × 8% × (1-75%) = 25.5%

外部融资（增长）额 = 外部融资销售增长比×销售增长额

按例3-6的资料，20×3年外部融资（增长）额 = 25.5%×2000×40% = 204（万元）

外部融资额占销售额增长百分比有以下用途：

1. 按此公式，只要知道上年的有关销售比例、本期销售可增长的比例，就可计算出需要增加的外部融资额。

【例3-7】某企业上年销售收入2000万元，经营资产销售比为40%，经营负债销售比为7.5%，销售净利率为8%，股利支付率为75%，预计下年销售增长25%。则下年：

外部融资销售增长比 = 40% - 7.5% - [(1+25%) ÷ 25%] × 8% × (1-75%) = 22.5%

外部融资（增长）额 = 22.5%×2000×25% = 112.5（万元）

即在下年销售增长25%的情况下，其他比率不变，需要增加外部融资112.5万元。

2. 便于根据有关因素变化调整筹资、投资、股利政策。资金需求量大应增加筹资或少分股利，资金有多余可以增加投资、多分股利或偿还负债。

接例3-7资料，预计下年销售增长5%，则下年：

外部融资销售增长比 = 40% - 7.5% - [(1+5%) ÷ 5%] × 8% × (1-75%) = -9.5%

外部融资（增长）额 = -9.5%×2000×5% = -9.5（万元）

即在下年销售只增长5%的情况下，其他比率不变，有多余资金9.5万元。外部融资可以减少9.5万元，或可增加投资9.5万元。

3. 可预计通货膨胀对资金需要量的影响。通货膨胀表现为物价上涨，通货膨胀率表现为物价上涨百分比。在通货膨胀情况下，销售名义增长率算式推导如下：

因为：基期销售收入 = 基期销售量×基期单价 = $Q_0 \cdot P_0$

所以：预计销售收入 = $Q_0 \cdot (1+\text{销售量增长率}) \cdot P_0 \cdot (1+\text{通货膨胀率})$

因为：销售增长率 = $\dfrac{\text{预计销售收入} - \text{基期销售收入}}{\text{基期销售收入}}$

所以：销售名义增长率 = $\dfrac{Q_0 \cdot (1+\text{销售量增长率}) \cdot P_0 \cdot (1+\text{通货膨胀率}) - Q_0 \cdot P_0}{Q_0 \cdot P_0}$

销售名义增长率 = (1 + 销量增长率) × (1 + 通货膨胀率) - 1

【例 3-8】 某企业上年销售收入 2000 万元，经营资产销售比为 40%，经营负债销售比为 7.5%，销售净利率为 8%，股利支付率为 75%，预计下年销售量增长 10%，通货膨胀率为 6%。则下年：

销售名义增长率 = (1 + 10%) × (1 + 6%) - 1 = 16.6%

外部融资销售增长比 = 40% - 7.5% - [(1 + 16.6%) ÷ 16.6%] × 8% × (1 - 75%)
　　　　　　　　　= 18.4518%

外部融资(增长)额 = 18.4518% × 2000 × 16.6% = 61.26(万元)

接例 3-8，假定下年通货膨胀率为 6%，销售量不变，则下年：

外部融资销售增长比 = 40% - 7.5% - [(1 + 6%) ÷ 6%] × 8% × (1 - 75%)
　　　　　　　　　= -2.8333%

外部融资(增长)额 = -2.8333% × 2000 × 6% = -3.4(万元)

即在下年通货膨胀率为 6% 的情况下，其他比率不变，有多余资金 3.4 万元。

上述计算是假定可动用的金融资产为零（或金融资产保持原数不变），如果企业有可动用的金融资产，可在计算的外部融资（增长）额中扣除可动用的金融资产。

（二）外部融资需求敏感分析

外部融资需求敏感分析，是按照外部融资额的计算模式，假定某个变量发生变化后，或各变量同时发生变化后，测算外部融资需求的数量，为控制和调整有关经济活动提供依据，指明方向。

从上述外部融资与销售增长比例关系的公式可看出，外部融资需求的多少，不仅取决于销售增长的多少，还取决于股利支付率和销售净利率的高低。在股利支付率小于 1 的情况下，销售净利率越大，外部融资需求越少；在销售净利率大于 0 的情况下，股利支付率越高，外部融资需求越大。

【例 3-9】 某企业的销售额及有关比率变动需要的外部融资额计算如表 3-5 所示。

表 3-5　　　　　　　　　　　外部融资额敏感分析表

原销售额(万元)	销售增长率	资产销售比	负债销售比	销售净利率	股利支付率	外部融资额(万元)
2000	20%	50%	20%	5%	60%	72
2000	40%	50%	20%	5%	60%	184
2000	40%	50%	20%	10%	60%	128
2000	40%	50%	20%	10%	40%	72

注：资产、负债按收入增长额计算，利润、留存收益按收入总额计算。

编制外部融资额敏感分析表，可以明确在何种情况下需要增加的外部融资额是多少。

二、内含增长率

内含增长率，是指不进行新的外部融资，完全靠新增留存收益和自发负债（自然融资）作为补充资金来源而形成的销售增长率（不考虑内部固定资产折旧增加的可用货币资金）。一般来说，销售增加会引起资金需求增加。增加资金有三种途径：一是动用金融资产，二是增加留存收益，三是外部融资。如果企业没有可动用的金融资产，不能或不打算从外部融资,只能靠内部积累;或者说增加销售所需增加的资金(已扣除自然融资)刚好与新增留存收益相等,这种情况下的销售增长率就是内含增长率。

按上述外部融资占销售增长比算式,设外部融资等于0(外部融资占销售增长比也为0),内含增长率就是下式中的销售增长率:

经营资产销售百分比 - 经营负债销售百分比 - [(1+销售增长率)÷销售增长率]×销售净利率×(1-股利支付率)=0

设仅靠内部融资的销售增长率为X,根据例3-6及计算资料计算为:

$40\% - 7.5\% - [(1+X) \div X] \times 8\% \times (1-75\%) = 0$

$X = 6.557\%$

上述计算结果表明,该企业相关比率不变,仅靠留存收益作为补充资金来源,会使销售增长6.557%。如果销售增长超过了6.557%,就必须进行新的外部融资;如果销售增长低于6.557%,就有多余资金。

根据前述外部融资额的算式,设外部融资等于0,可动用的金融资产为0(或金融资产保持原数不变),可推算出仅靠内部融资销售增长率,即内含增长率的算式。

因为:经营资产增加额 - 经营负债增加额 - 留存收益增加额 = 0

所以:经营资产增加额 - 经营负债增加额 = 留存收益增加额

即:(经营资产销售百分比×基期销售额×销售增长率) - (经营负债销售百分比×基期销售额×销售增长率) = 基期销售额×(1+销售增长率)×销售净利率×(1-股利支付率)

上式整理得:

$$\text{销售增长率(内含增长率)} = \frac{\text{销售净利率} \times (1 - \text{股利支付率})}{\dfrac{\text{经营资产}}{\text{销售百分比}} - \dfrac{\text{经营负债}}{\text{销售百分比}} - \text{销售净利率} \times \left(1 - \text{股利支付率}\right)}$$

根据例3-6及计算资料,计算为:

$$\text{内含增长率} = \frac{8\% \times (1 - 75\%)}{40\% - 7.5\% - 8\% \times (1 - 75\%)} = \frac{2\%}{30.5\%} = 6.557\%$$

三、可持续增长率

(一) 可持续增长率的含义

可持续增长率,是指在保持目前的财务比率条件下,无需增加资本金所能达到的销售增长率,也称"可保持增长率"。其条件要求:

一是财务比率不变。即资产周转率(资产销售比)不变,资产负债率(权益负债率)不变,销售净利率不变,股利支付率(利润留存率)不变,均保持或维持原来的水平。

二是不增加资本金。不打算发行新股,可增加金融性负债。增加金融负债是外部筹资的唯一来源,但增加负债后资产负债率不变。

如果资产周转率不变,销售增长1倍,则资产也增长1倍;资产负债率不变时,资产增长1倍,负债也增长1倍,净资产也会随之增长1倍。所以,在财务比率不变和不增加资本金的条件下:

可持续增长率 = 销售增长率 = 资产增长率 = 金融负债增长率 = 净利润增长率
= 股东权益(净资产)增长率

由于为了维持销售增长所需增加的外部融资额只能采用增加金融负债的方式取得,根据可持续增长率的条件,金融负债增加额算式推导如下:

金融负债增加额 = 基期金融负债 × 金融负债增长率

金融负债增长率 = 股东权益(净资产)增长率

股东权益(净资产)增长率 = 留存收益增加 ÷ 基期股东权益

留存收益增加 = 基期销售额 × (1 + 销售增长率) × 销售净利率 × (1 - 股利支付率)

$$金融负债增加额 = 基期金融负债 \times \frac{基期销售额 \times (1+销售增长率) \times 销售净利率 \times (1-股利支付率)}{基期股东权益}$$

$$金融负债增加额 = 基期销售额 \times (1+销售增长率) \times 销售净利率 \times (1-股利支付率) \times 权益金融负债率$$

因为增加金融负债是增加外部筹资的唯一来源,所以,可持续增长率就是满足下式成立的销售增长率:

金融负债增加额 = 外部融资增加额
        = 经营资产增加额 - 经营负债增加额 - 留存收益增加额

即:基期销售额 × (1 + 销售增长率) × 销售净利率 × (1 - 股利支付率) × 权益金融负债率
= (经营资产销售百分比 × 基期销售额 × 销售增长率) - (经营负债销售百分比 × 基期销售额 × 销售增长率) - 基期销售额 × (1 + 销售增长率) × 销售净利率 × (1 - 股利支付率)

上式整理得:

$$\text{持续增长率(销售增长率)} = \frac{销售净利率 \times (1-股利支付率) \times (1+权益金融负债率)}{\dfrac{经营资产}{销售百分比} - \dfrac{经营负债}{销售百分比} - 销售净利率 \times (1-股利支付率) \times (1+权益金融负债率)}$$

根据例3-6及计算资料,权益金融负债率为70%(280÷400),则:

$$可持续增长率 = \frac{8\% \times (1-75\%) \times (1+70\%)}{40\% - 7.5\% - 8\% \times (1-75\%) \times (1+70\%)} = \frac{3.4\%}{29.1\%} = 11.684\%$$

计算结果表明,在各种财务比率保持不变的条件下,企业仅靠自然融资增加、留存收益增加、金融负债增加而形成的最大可持续增长率为11.684%。如果要实现40%的增长率,企业应该改变财务政策;在财务政策不能改变时,就要调整经营计划。

(二) 可持续增长率计算方法

一般来说,销售增长依赖于资产增长,资产增长依赖于资金来源。在财务比率不变和不增加资本金的条件下,资产增长依赖于留存利润增加。因此,可持续增长率的计算公式推导如下:

可持续增长率 = 股东权益(净资产)增长率

$$可持续增长率 = \frac{新增留存利润}{期初股东权益}$$

$$可持续增长率 = \frac{新增净利润}{期初股东权益} \times \frac{新增留存利润}{新增净利润}$$

$$= \frac{销售收入}{期末资产} \times \frac{净利润}{销售收入} \times \frac{期末资产}{期初股东权益} \times \frac{留存利润}{净利润}$$

= 期末资产周转次数 × 销售净利率 × 期末资产期初权益乘数 × 利润留存率

上式是用期初股东权益数额计算可持续增长率。也可用期末股东权益数额计算可持续增长率，其计算公式推导如下：

$$\text{可持续增长率（销售增长率）} = \text{资产增长率} = \text{股东权益增长率} = \frac{\text{留存利润增加}}{\text{期初股东权益}}$$

$$\text{可持续增长率} = \frac{\text{留存利润增加}}{\text{期末股东权益} - \text{留存利润增加}}$$

$$= \frac{\text{销售收入} \times \text{销售净利率} \times \text{利润留存率}}{\text{期末股东权益} - \text{销售收入} \times \text{销售净利率} \times \text{利润留存率}}$$

将上式分子分母都除以"期末股东权益"：

$$\text{可持续增长率} = \frac{\dfrac{\text{销售收入}}{\text{期末股东权益}} \times \dfrac{\text{净利润}}{\text{销售收入}} \times \dfrac{\text{留存利润}}{\text{净利润}}}{\dfrac{\text{期末股东权益}}{\text{期末股东权益}} - \dfrac{\text{销售收入}}{\text{期末股东权益}} \times \dfrac{\text{净利润}}{\text{销售收入}} \times \dfrac{\text{留存利润}}{\text{净利润}}}$$

由于：$\dfrac{\text{销售收入}}{\text{期末股东权益}} = \dfrac{\text{销售收入}}{\text{期末资产}} \times \dfrac{\text{期末资产}}{\text{期末股东权益}}$

所以：

$$\text{可持续增长率} = \frac{\text{资产周转次数} \times \text{销售净利率} \times \text{权益乘数} \times \text{利润留存率}}{1 - \text{资产周转次数} \times \text{销售净利率} \times \text{权益乘数} \times \text{利润留存率}}$$

$$= \frac{\text{权益净利率} \times \text{利润留存率}}{1 - \text{权益净利率} \times \text{利润留存率}}$$

（三）可持续增长率的用途

计算可持续增长率，是为了使管理人员事先思考如何解决超过可持续增长率以上的增长所导致的资金需求问题。高于可持续增长率的所需资金只有两个解决办法：

一是提高经营效率。加速资产周转；提高销售利润率。

二是改变财务政策。增加负债，改变资产负债结构；提高利润留存率，降低股利支付率。

【例3-10】 某公司20×1年实现销售收入5000万元，净利润300万元，分配股利180万元；年末有负债1705万元，股东权益1420万元。要求：

（1）计算该公司可持续增长率（销售增长率）。

先计算四个比率：

资产周转率 = 5000 ÷ (1705 + 1420) = 1.6（次）

销售净利率 = 300 ÷ 5000 = 6%

利润留存率 = (300 - 180) ÷ 300 = 40%

权益乘数 = 3125 ÷ 1420 = 2.2

按公式计算可持续增长率（销售增长率）为：

$$\text{可持续增长率} = \frac{1.6 \times 6\% \times 2.2 \times 40\%}{1 - 1.6 \times 6\% \times 2.2 \times 40\%} = \frac{8.448\%}{91.552\%} = 9.2275\%$$

（2）假定该公司20×2年计划销售增长率为20%，其他财务比率不变，计算销售净利率达到多少可以满足销售增长所需资金。

设销售净利率为R，代入公式计算：

$$\frac{1.6 \times R \times 2.2 \times 40\%}{1 - 1.6 \times R \times 2.2 \times 40\%} = 20\% \qquad R = 11.837\%$$

净利润 = 5000 × (1 + 20%) × 11.837% = 710.22（万元）

应增净利润 = 710.22 − 300 = 410.22(万元)

(3) 假定该公司20×2年计划销售增长率为20%，其他财务比率不变，计算利润留存率为多少时可以满足销售增长所需资金。

设利润留存率为Y，代入公式计算：

$$\frac{1.6 \times 6\% \times 2.2 \times Y}{1 - 1.6 \times 6\% \times 2.2 \times Y} = 20\% \qquad Y = 78.914\%$$

留存利润 = 5000 × (1 + 20%) × 6% × 78.914% = 284.09(万元)

(4) 假定该公司20×2年计划销售增长率为20%，其他财务比率不变，计算负债为多少时可以满足销售增长所需资金。

因为资产等于负债加股东权益，所以，要先计算出资产和股东权益数额。

预计资产总额 = (1705 + 1420) × (1 + 20%) = 3750(万元)

或 = 5000 × (1 + 20%) ÷ 1.6 = 3750(万元)

因为不发行新股，则：

销售增加而增加的留存利润 = 5000 × (1 + 20%) × 6% × 40% = 144(万元)

预计股东权益 = 1420 + 144 = 1564(万元)

20×2年负债总额 = 3750 − 1564 = 2186(万元)

(5) 假定该公司20×2年计划销售增长率为20%，其他财务比率不变，计算应从外部再筹集多少权益资本可以满足销售增长所需资金。

需从外部再筹集权益资金 = 需要增加的股东权益 − 可以增加的留存利润

销售增加需要增加的股东权益 = 需要增加的资金 ÷ 权益乘数

因为资产周转率不变，销售增加需要增加的资金 = 5000 × 20% ÷ 1.6 = 625(万元)

或按预计资产总额减上年(原有)资产总额计算 = 3750 − 3125 = 625(万元)

销售增加需要增加的股东权益 = 625 ÷ 2.2 = 284.09(万元)

销售增加可以增加的留存利润 = 5000 × (1 + 20%) × 6% × 40% = 144(万元)

20×2年需从外部再筹集权益资金 = 284.09 − 144 = 140.09(万元)

第四节 财务预算

财务预算是在预测、决策的基础上而编制的，用数字和表格的形式反映企业在未来一定时期经营活动、财务活动的现金收支情况和财务状况，是为实现企业目标而对各种资源和财务活动所作的详细安排。通过编制预算，可以明确各部门的工作目标，便于协调各职能部门的工作；可以为控制经济活动提供依据；可以为衡量经济活动的合理性、考核工作业绩提供标准。

一、现金预算的编制

现金预算是反映企业的各项现金收入、支出以及结存情况的预算。现金预算的内容包括现金收入、现金支出、现金多余或不足的计算，以及不足部分的筹措方案和多余部分的利用方案等。现金预算实际是对业务预算中有关现金收支部分的汇总,以及收支差额平衡措施的具体安排。它的编制要以各项业务预算为基础,或者说各项业务预算在编制时要为现金预算做好数据准备。

(一) 销售预算

销售预算是根据销售预测,考虑企业的利润目标而编制的,反映销售量、价格和收入水平的预算。销售预算是整个预算的起点,其他预算的编制都要以销售预算作为基础。因为销售预算决定着生产经营规模,从而决定着各种耗费和资金需要量。如果销售预算编制不当,其他预算就有失水准。

销售预算的内容包括两部分,一部分是销售收入,另一部分是由销售收入引起的现金收入。销售预算编制格式如表3-6所示。

表 3-6 ××年产品销售预算表 金额单位:万元

产品	项目	一季度	二季度	三季度	四季度	合计
甲	预计销售量(件)	760	840	1000	920	3520
	预计单价(元)	965	965	965	965	965
	预计销售收入	73.34	81.06	96.5	88.78	339.68
乙	预计销售量(件)	480	520	620	540	2160
	预计单价(元)	1250	1250	1250	1250	1250
	预计销售收入	60	65	77.5	67.5	270
合计	预计销售收入	133.34	146.06	174	156.28	609.68
	期初应收账款	48	53.34	58.42	69.6	48
	期末应收账款	53.34	58.42	69.6	62.5	62.5
	本期现金收入	128	140.98	162.82	163.38	595.18

表3-6中,销售量应根据市场预测或订货合同及企业生产能力确定,单位售价可根据以往售价并考虑未来市场变化趋势及销售策略来确定,销售收入是销售量和单价的乘积。

本期销售现金收入应按上期应收账款在本期收到的现金和本期销售收入中可在本期收到的现金之和来确定。期末应收账款应根据收款条件、策略来确定,一般是预计当期销售收入中可能有百分之几十会延至后期收到现款(表3-6中假定本季销售收入中有40%在下期收到现款)。

销售预算通常要分月份、分销售区域、分推销员编制,然后汇总编制企业销售预算。

(二) 生产预算

生产预算是根据预计销售量,考虑企业的生产能力而编制的,反映产品生产量和结存量的预算,以便为编制材料采购预算和产品成本预算提供依据。生产预算是在销售预算的基础上编制的,是根据预计销售量和预计期初、期末的结存量来确定生产量,只反映实物数量,不反映价值量。生产预算编制格式如表3-7所示。

表 3-7　　　　　　　　　　　　　××年产品生产预算表　　　　　　　　　　　单位：件

产品	项目	一季度	二季度	三季度	四季度	合计
甲	预计销售量	760	840	1000	920	3520
	预计期末结存量	140	200	200	180	180
	预计期初结存量	100	140	200	200	100
	预计生产量	800	900	1000	900	3600
乙	预计销售量	480	520	620	540	2160
	预计期末结存量	90	120	100	110	110
	预计期初结存量	70	90	120	100	70
	预计生产量	500	550	600	550	2200

产品生产通常有一定周期，对于大量生产的企业来说，一般不可能做到生产量与销售量同步，就要经常有一定库存量，以保证在下期初有产品可供销售；以保证在发生意外需求时能够及时供货；以便均衡地组织生产，节省赶工的额外支出。

产品期末结存量通常按下期销售量的一定比例确定，也可以考虑产品库存期或发货间隔期来确定。本期初结存量就是上期末结存量。在预计产品结存量时，还要考虑企业的仓库容量和储存保管费用等因素，力求经济合理。

如果企业的产品生产不均衡，在产品数量在各期末差异较大时，还应考虑在产品期初期末差异确定产品生产量。

（三）材料采购预算

材料采购预算是根据生产经营所需耗用的物资数量，考虑经济采购批量和保险储备而编制的，反映耗用量、购买量、库存量和价格水平的预算。确定生产预算并安排生产进度后，就应编制材料采购预算，以满足生产经营需要。

材料采购预算包括两部分，一部分是确定材料采购数量，另一部分是确定现金支出量。各种材料需用总量预算编制格式如表 3-8 所示（生产产品用 A 材料、B 材料为直接材料，E 材料为车间一般消耗材料）。

表 3-8　　　　　　　　　　　　××年材料需用量预算表

季度	用　途	A 材料(kg)		B 材料(m²)		E 材料(元)	
		单位用量	耗用总量	单位用量	耗用总量	单位用额	耗用总额
一	生产甲产品 800 件	10	8000	8	6400	12	9600
	生产乙产品 500 件	13	6500	12	6000	12	6000
	其他耗用量						13700
	需用量合计		14500		12400		29300
二	生产甲产品 900 件	10	9000	8	7200	12	10800
	生产乙产品 550 件	13	7150	12	6600	12	6600
	其他耗用量						21100
	需用量合计		16150		13800		38500

续表

季度	用途	A 材料(kg)		B 材料(m²)		E 材料(元)	
		单位用量	耗用总量	单位用量	耗用总量	单位用额	耗用总额
三	生产甲产品 1000 件	10	10000	8	8000	12	12000
	生产乙产品 600 件	13	7800	12	7200	12	7200
	其他耗用量						25800
	需用量合计		17800		15200		45000
四	生产甲产品 900 件	10	9000	8	7200	12	10800
	生产乙产品 550 件	13	7150	12	6600	12	6600
	其他耗用量						19400
	需用量合计		16150		13800		36800

注：各种材料一般要列出实物计量单位，此表 E 材料直接列出金额是书中简化起见。

材料其他耗用量是指除了构成产品实体以外的生产经营所需耗用的数量，如固定资产维护修理、生产车间和管理部门一般耗用。

材料采购量和现金支出预算编制格式如表 3-9 所示。

表 3-9　　　　　　　　　　　××年材料采购支出预算表

名称	项目	一季度	二季度	三季度	四季度	合计
A 材料	需用总量（kg）	14500	16150	17800	16150	64600
	期末结存量（kg）	3230	3560	3230	3230	3230
	期初结存量（kg）	3000	3230	3560	3230	3000
	采购总量（kg）	14730	16480	17470	16150	64830
	材料单价（元）	12	12	12	12	12
	采购总额（万元）	17.68	19.78	20.96	19.38	77.8
B 材料	需用总量（m²）	12400	13800	15200	13800	55200
	期末结存量（m²）	2760	3040	2760	2760	2760
	期初结存量（m²）	2500	2760	3040	2760	2500
	采购总量（m²）	12660	14080	14920	13800	55460
	材料单价（元）	25	25	25	25	25
	采购总额（万元）	31.65	35.2	37.3	34.5	138.65
E 材料	采购总额（万元）	2.93	3.85	4.5	3.68	14.96
合计	本期采购总额（万元）	52.26	58.83	62.76	57.56	231.41
	期初应付账款（万元）	14.8	15.68	17.65	18.83	14.8
	期末应付账款（万元）	15.68	17.65	18.83	17.27	17.27
	本期现金支出（万元）	51.38	56.86	61.58	59.12	228.94

材料采购量应考虑生产耗用量和期初、期末结存量确定。期末结存量是保证下期初的生产需用量，应根据采购难易、供应间隔期、仓库容量、储存保管费用、采购成本费用等因素

确定,力求经济合理。本期初结存量就是上期末结存量(表3-9中假定A、B材料各季末结存量按下季度需用量的20%计算,以第四季度初结存量作为预算年末结存量。E材料随用随购,不考虑期末结存量)。

本期采购现金支出应按上期应付账款在本期应支付的现金和本期采购总额中应在本期支付的现金之和来确定。期末应付账款应考虑市场供求状况和商业信用的可能性确定,一般是预计当期采购总额中能有百分之几十会延至后期支付款项(表3-9中假定本季采购总额中有30%在下期支付现金)。

(四) 直接人工预算

直接人工预算是根据生产经营所需人工数量,考虑员工薪酬水平而编制的,反映工时、工时薪酬、人工总成本的预算。这项预算也是以生产预算为基础进行编制的。由于人工工资都需要使用现金支付,所以,不需另外预计现金支出。人工预算编制格式如表3-10所示。

表3-10　　　　　　　　　　　××年直接人工预算表

产品	项目	一季度	二季度	三季度	四季度	合计
甲	产品生产量(件)	800	900	1000	900	3600
	单位产品工时(小时)	20	20	20	20	20
	总工时(小时)	16000	18000	20000	18000	72000
	单位工时薪酬(元)	15	15	15	15	15
	人工总成本(万元)	24	27	30	27	108
乙	产品生产量(件)	500	550	600	550	2200
	单位产品工时(小时)	24	24	24	24	24
	总工时(小时)	12000	13200	14400	13200	52800
	单位工时薪酬(元)	15	15	15	15	15
	人工总成本(万元)	18	19.8	21.6	19.8	79.2
合计	总工时(小时)	28000	31200	34400	31200	124800
	人工总成本(万元)	42	46.8	51.6	46.8	187.2

为了全面反映企业员工薪酬预算总额,也可将各类员工的薪酬预算编制在一起。

(五) 制造费用预算

制造费用预算是根据生产单位(车间)可能发生的制造费用项目,按照有关标准编制的,反映各项费用金额的预算。

制造费用的项目较多,有的属于变动费用,有的属于固定费用。属于变动费用的可根据产量或业务量和规定的标准或定额计算;属于固定费用的应根据费用项目和有关标准逐项预计,也可以上期数额为基础,考虑预算期有关业务量增减比例作适当调整。

为了便于计算各产品应负担的制造费用,在预计出制造费用总额之后,应按照预计的产量或工时求出制造费用分配率。

为了便于编制现金预算,也应确定制造费用中的现金支出。一般来说,在制造费用中,除折旧、摊销不需支付现金外,其余各项都需支付现金,就可以按照预计的制造费用总额扣除折旧、摊销费作为制造费用的现金支出。如果制造费用中有消耗性材料,该材料已列作采购预算，也应从制造费用总额扣除消耗性材料从而计算制造费用的现金支出。

制造费用预算编制格式如表3-11、表3-12所示。

表3-11　　　　　　　　　　××年甲车间制造费用预算表　　　　　　　　　单位：元

项　　目	一季度	二季度	三季度	四季度	合计
产品生产量	800	900	1000	900	3600
变动制造费用小计	16000	18000	20000	18000	72000
一般消耗材料（12元/件）	9600	10800	12000	10800	43200
水电费（8元/件）	6400	7200	8000	7200	28800
固定制造费用小计	72800	76500	79700	77000	306000
管理及辅助人员薪酬	25000	25000	25000	25000	100000
固定资产折旧	40000	40000	40000	40000	160000
修理用材料	6700	10400	13600	10900	41600
保险费	500	500	500	500	2000
办公费	600	600	600	600	2400
合计总额	88800	94500	99700	95000	378000
单位产品分配率	111	105	99.7	105.56	105
制造费用现金支出	32500	33300	34100	33300	133200

表3-12　　　　　　　　　　××年乙车间制造费用预算表　　　　　　　　　单位：元

项　　目	一季度	二季度	三季度	四季度	合计
产品生产量	500	550	600	550	2200
变动制造费用小计	11000	12100	13200	12100	48400
一般消耗材料（12元/件）	6000	6600	7200	6600	26400
水电费（10元/件）	5000	5500	6000	5500	22000
固定制造费用小计	59000	62700	64200	60500	246400
管理及辅助人员薪酬	21100	21100	21100	21100	84400
固定资产折旧	35000	35000	35000	35000	140000
修理用材料	2000	5700	7200	3500	18400
保险费	400	400	400	400	1600
办公费	500	500	500	500	2000
合计总额	70000	74800	77400	72600	294800
单位产品分配率	140	136	129	132	134
制造费用现金支出	27000	27500	28000	27500	110000

（六）产品成本预算

产品成本预算是按照产品种类和成本项目编制的，反映各种产品的单位成本和总成本的预算。可根据生产预算、材料预算、直接人工预算、制造费用预算汇总编制。该预算不反映现金支出，因在相关预算中已反映。编制此预算是为计算销货成本和期末存货做准备。

产品成本预算编制格式如表3-13、表3-14所示。

表3-13　　　　　　　　　　　××年甲产品成本预算表　　　　　　　　　　单位：元

项目	单位成本			生产完工成本 (3600件)	在产品成本	
	单位用量	单价	成本		期初	期末
直接材料			320	1152000	（略）	（略）
A材料	10kg	12	120	432000		
B材料	8m²	25	200	720000		
直接人工	20小时	15	300	1080000		
制造费用			105	378000		
合计			725	2610000		

表3-14　　　　　　　　　　　××年乙产品成本预算表　　　　　　　　　　单位：元

项目	单位成本			生产完工成本 (2200件)	在产品成本	
	单位用量	单价	成本		期初	期末
直接材料			456	1003200	（略）	（略）
A材料	13kg	12	156	343200		
B材料	12m²	25	300	660000		
直接人工	24小时	15	360	792000		
制造费用			134	294800		
合计			950	2090000		

（七）期间费用预算

期间费用包括管理费用、销售费用、财务费用，每类费用中又包括许多具体项目，应按照费用的具体项目分别预计。

销售费用应根据销售预算所确定的销售规模和市场供求情况来确定推销策略和方式，从而预计发生销售费用的数额。管理费用应根据各职能部门履行职责时所必须开支的费用项目预计，有定额标准的按定额标准计算，无定额标准的可参照上期实际数考虑有关因素的变动幅度计算。期间费用除固定资产折旧、摊销外，一般都需要支付现金（一般消耗材料已列作材料采购）。预算编制格式如表3-15所示。

表3-15　　　　　　　　　　　××年度期间费用预算表　　　　　　　　　　单位：万元

项目	计算依据或标准	金额
销售费用小计		24
销售人员薪酬		9
展览费、广告费		7
包装费、运输费	（略）	5
保险费		2
折旧		1

续表

项目	计算依据或标准	金额
管理费用小计		30
管理人员薪酬		15
会议费、差旅费		3
水电费		1
办公费	（略）	3
咨询审计费		3
折旧		3
一般消耗材料		2
两类费用合计		54
现金支出		48

表 3-15 中所列是全年费用和现金支出总额，如果这些费用在年度内均衡发生，将其除以 4 就是每季数额；如果这些费用在年度内不是均衡发生，则应按不同时间段分别列示。

由于财务费用主要是负债利息，要按负债数额及费用标准来预计，而负债数额又取决于现金多余或不足数量，所以只有编制出现金预算后才能确定财务费用。

（八）项目投资预算

项目投资预算是根据生产经营活动对改造、增加设备设施的需要而编制的，反映投资项目在设计、建造、购置、安装等方面的成本费用及各时期各项资金需求的预算。如果项目投资有利用原有物质条件的，所需材料已列作了材料采购的，则应在投资总额中减去这些数额计算项目投资的现金支出。

在各投资项目由外单位施工，或购置的机器设备不需安装改造的情况下，项目投资预算简略格式如表 3-16 所示（本例各投资项目均在下个季度完工，施工时对产品生产无影响）。

表 3-16　　　　　　　　　××年项目投资预算表　　　　　　　　单位：万元

项目	一季度	二季度	三季度	四季度	合计
设备改造支出	5				5
购置安装设备支出				25	25
项目投资现金支出	5			25	30

如果项目投资由本企业施工，在预算中要分别列示各项目所需机器设备、零部件、材料的购买成本，所需人工及其他费用。

如果准备在预算期购买投资无形资产，也应计算无形资产的现金支出。

（九）增值税预算

增值税预算是按照应交增值税形成的原因编制的，反映企业预期进项税额、销项税额、出口退税、已交税金等项目数额的预算。由于增值税是价外税，在销售货物和购买货物价款中不包括增值税，所以上述财务预算的应收、应付账款中也不包括增值税。增值税预算只是在预期增值税现金为净流出情况下才编制，以便计算预期现金需要量。因为在有应交增值税情况下，由于必须按时交纳，所以增值税现金净流出为零。

对于产品生产周期较长的单件生产企业（如大型轮船、重型机器设备的制造），由于从购买材料支付进项税额，到产品制造完工销售收到销项税额，期间没有其他销项税额，就形成增值税现金净流出。对于经常有经营性购买和销售活动的企业，可能由于项目投资购买设备物资及支付外单位劳务费用而支付的进项税额，与经营性购买活动支付进项税额之和，在一个预算期内大于销售活动收到的销项税额，从而形成增值税现金净流出。一般来说，只有在预期的购买（包括支付外单位劳务）额大于销售额时，才需要编制增值税预算。

增值税预算数额可按照预期购买额、销售额和有关规定计算。

（十）现金预算

现金预算是反映企业的各项现金收入、支出以及结存情况，确定现金多余或不足，以及筹措或还债资金数额的预算。可分为以下几类项目计算：

1. 现金余额。对于连续经营的企业，在每期末必须有一定的现金余额，以备下期初使用。应根据企业经营规模的大小和下期近段时间的支付需要，并考虑持有现金的成本来确定。

2. 本期营业现金净流入。是指在预期经营活动中可能发生的现金流入量与现金流出量的差额，如果是净流出用负号表示。有些项目根据业务预算中现金收支数额编制。

3. 本期投资现金净流出。是指预期项目投资、无形资产投资和对外投资可能发生的现金净支出。项目投资现金流出是指在预期固定资产购置、建造、更新、改造等方面的所需现金支出，报废固定资产如有残值现金收入应从中扣除。如果预期现金余额较多也可适当进行证券投资，作为现金的替代品。

4. 本期增值税现金净流出。是指在预期可能支付的增值税额（包括进项税额、已交税金）大于可能收到的增值税额（包括销项税额、出口退税）的差额。

5. 本期分配股利现金净流出。是指在预期可能用现金向股东支付的股利数额，往往是指上年实现的利润在本年用现金分配的数额。

6. 本期融资现金收支。是指在预期可能发生的筹资、归还负债和应支付利息的数额。预期负债利息应按有息负债数额、占用时间和利率计算。如果预期现金不足就需要筹措资金，所以筹资额应是最后推算出来的。

以上各项的相互关系是：

$$\text{期初现金余额} + \text{本期营业现金净流入} = \text{本期投资、增值税和分配股利现金净流出} \pm \text{本期融资现金收支} + \text{期末现金余额}$$

假定该企业要求现金余额经常保持在 13 万元至 20 万元之间，现金预算编制格式如表 3-17 所示。

表 3-17 中，销售税、所得税是按预计损益表中数额编制。增值税现金净流出没有数额表示预期有应交增值税，增值税现金净流出为零。负债利息是按照预计资产负债表中期初短期借款、长期借款余额和预期借款增减数及利率计算的（本例假定预期借款在期初取得，还款在期末支付，只涉及短期借款；预计长期借款、短期借款的利率平均为 8%；预计在预算年度不准备增加资本金）。制造费用是各产品（车间）的制造费用现金支出之和。

二、预计财务报表的编制

预计财务报表应该包括预计损益表、资产负债表和现金流量表，以便明确企业的奋斗目标，作为开展和控制财务活动的依据，所以预计财务报表是财务管理的重要手段。因为预计财务报表是综合反映企业的财务状况，所以也称为"总预算"。

表 3-17　　　　　　　　　　　××年现金收支预算表　　　　　　　　　　单位：万元

项目		一季度	二季度	三季度	四季度	合计
期初现金余额		13.5	14.93	16	18.41	13.5
营业现金流量	营业现金收入	128	140.98	162.82	163.38	595.18
	营业现金支出：					
	材料采购	51.38	56.86	61.58	59.12	228.94
	直接人工	42	46.8	51.6	46.8	187.2
	制造费用	5.95	6.08	6.21	6.08	24.32
	销售和管理费用	12	12	12	12	48
	销售税、所得税	7.64	8.67	11.12	9.65	37.08
	营业现金净流入	9.03	10.57	20.31	29.73	69.64
项目投资现金净流出		5			25	30
增值税现金净流出						
分配股利现金净流出			21.6			21.6
现金筹措运用	增加资本					
	增加借款			15		15
	归还借款			15	5	20
	负债利息（8%）	2.6	2.9	2.9	2.6	11
期末现金余额		14.93	16	18.41	15.54	15.54

预计现金流量表就是上述的现金预算。

（一）预计损益表的编制

预计损益表是预计企业的经营收入、成本、费用和利润数额，以便了解企业预期的盈利水平。预计损益表的格式、内容应与对外实际编报的损益表基本相同，如表 3-18 所示。

表 3-18　　　　　　　　　　　××年预计损益表　　　　　　　　　　　单位：万元

项目	一季度	二季度	三季度	四季度	合计
销售收入	133.34	146.06	174	156.28	609.68
销售税金及附加	4.67	5.11	6.09	5.47	21.34
销售成本	100.7	110.3	131.4	118	460.4
销售费用	6	6	6	6	24
管理费用	7.5	7.5	7.5	7.5	30
财务费用	2.6	2.9	2.9	2.6	11
营业利润	11.87	14.25	20.11	16.71	62.94
所得税（25%）	2.97	3.56	5.03	4.18	15.74
净利润	8.9	10.69	15.08	12.53	47.20
净资产净利率					18.67%
总资产报酬率					17.86%

表 3-18 中，销售收入项目的数据来自销售预算；销售税金及附加应按规定的税率计算；销售成本可按照预计销售数量和预计单位成本计算；销售费用和管理费用根据有关费用

预算编制；财务费用主要是负债利息，一般按照预期有息负债数额和利率计算；所得税应该按照利润总额和规定的税率计算。编制预算的负债数额取决于现金不足或多余，利息费用又是按负债数额计算的，并对所得税有影响，所得税又对现金流量有影响，所以在编制预算时只能对负债数额、利息费用和所得税做出大概的估计。

预算编制的财务费用（利息）、所得税、负债数额预计可采用逐步试算调整法，先按照基期负债数额和利率初步计算预期利息，结合其他业务预算数据从而初步计算预期利润及所得税；根据初步预计的所得税再结合其他现金预算数据和现金余额要求，初步计算预期负债增减（借还）数额和现金余额；然后根据预计的负债数额再计算预期利息，从而再计算预期利润、所得税、净利润及预期现金流量和符合要求的现金余额。

1. 表3-17、表3-18中第一季度预计算法是：

（1）先在"损益表"中预计第一季度财务费用（利息），据以预计利润及所得税。利息按年初短期借款、长短期借款乘以利率计算。

预计第一季度利息 = （50 + 80）× 8% ÷ 4 = 2.6（万元）

预计第一季度利润 = 133.34 - 4.67 - 100.7 - 6 - 7.5 - 2.6 = 11.87（万元）

预计第一季度所得税 = 11.87 × 25% = 2.97（万元）

（2）根据初步预计的所得税并结合其他现金预算数据，再据以在"现金收支表"中预计现金流量、负债增减（借还）数额和符合要求的（经常保持在13万~20万元之间）现金余额。

预计第一季度营业现金净流入 = 128 - 51.38 - 42 - 5.95 - 12 - 4.67 - 2.97 = 9.03（万元）

预计第一季度现金余额 = 13.5 + 9.03 - 5 - 2.6 = 14.93（万元）（在13万~20万元之间）

2. 表3-17、表3-18中第二季度预计算法是：

（1）先在"损益表"中初步预计第二季度财务费用（利息），据以初步预计利润及所得税。

初步预计第二季度利息，暂按第一季度利息（2.6万元）作为第二季度利息。

初步预计第二季度利润 = 146.06 - 5.11 - 110.3 - 6 - 7.5 - 2.6 = 14.55（万元）

初步预计第二季度所得税 = 14.55 × 25% = 3.64（万元）

（2）再据以在"现金收支表"中初步预计现金流量、负债增减（借还）数额和符合要求的（经常保持在13万~20万元之间）现金余额。

初步预计第二季度营业现金净流入 = 140.98 - 56.86 - 46.8 - 6.08 - 12 - 5.11 - 3.64
= 10.49（万元）

预计第二季度负债增减（借还）数额 = 14.93 + 10.49 - 21.6 - 2.6 - 13（余额要求）
= -11.78（万元）

即需增加负债（借款）15万元（假定借还按5万元的倍数计算），借款在期初取得。

（3）根据初步预计的负债数额，再在"损益表"中正式预计财务费用（利息）以及预期利润、所得税、净利润。

正式预计第二季度利息 = （50 + 80 + 15）× 8% ÷ 4 = 2.9（万元）

正式预计第二季度利润 = 146.06 - 5.11 - 110.3 - 6 - 7.5 - 2.9 = 14.25（万元）

正式预计第二季度所得税 = 14.25 × 25% = 3.56（万元）

（4）根据正式预计的利息、所得税，再在"现金收支表"中计算预期现金流量和符合要求的现金余额。

正式预计第二季度营业现金净流入 = 140.98 - 56.86 - 46.8 - 6.08 - 12 - 5.11 - 3.56
= 10.57（万元）

正式预计第二季度现金余额 = 14.93 + 10.57 - 21.6 + 15（增加借款） - 2.9
= 16（万元）

3. 表 3 - 17、表 3 - 18 中第三季度预计算法是：

（1）先在"损益表"中初步预计第三季度财务费用（利息），据以初步预计利润及所得税。

初步预计第三季度利息，暂按第二季度利息（2.9 万元）作为第三季度利息。

初步预计第三季度利润 = 174 - 6.09 - 131.6 - 6 - 7.5 - 2.9 = 20.11（万元）

初步预计第三季度所得税 = 20.11 × 25% = 5.03（万元）

（2）再据以在"现金收支表"中初步预计现金流量、负债增减（借还）数额和符合要求的（经常保持在 13 万 ~ 20 万元之间）现金余额。

初步预计第三季度营业现金净流入 = 162.82 - 61.58 - 51.6 - 6.21 - 12 - 6.09 - 5.03
= 20.31（万元）

预计第三季度负债增减（借还）数额 = 16 + 20.31 - 2.9 - 13（余额要求）
= 20.41（万元）

即可减少负债（归还借款）15 万元（现金余额在 20 万元内）。由于还款是在期末支付，所以本期占用借款数额不变。

（3）根据初步预计的负债数额，在损益表中正式预计财务费用（利息）以及预期利润、所得税；再在现金收支表中计算预期现金流量和符合要求的现金余额。

正式预计第三季度利息 = (50 + 80 + 15) × 8% ÷ 4 = 2.9（万元）（与初步预计相同）

正式预计第三季度现金余额 = 16 + 20.31 - 15（归还借款） - 2.9 = 18.41（万元）

（二）预计资产负债表

预计资产负债表是预计企业的资产、负债和所有者权益在期末的数额，以便了解企业预期的财务状况。预计资产负债表的格式、内容应与对外实际编报的资产负债表相同，其数额确定方法主要有两种：

一是根据前面各种预算的期末数确定，如：现金、应收账款、存货（材料、产品）、应付账款等项目。存货的余额可以按照各种存货的结存量和单价或单位成本计算。其中在产品存货余额，在生产均衡稳定的企业可考虑产品生产周期估计在产品数量，按约当产量法或定额成本法计算；在生产不均衡不稳定的企业只能视具体情况而定。本例假定在产品存货期末余额为 18 万元。

二是按照预计发生数计算，用期初数加本期增加数，减本期减少数，求得期末数。如固定资产、在建工程、无形资产、长期借款、短期借款、所有者权益各项目。

$$\text{年末固定资产} = \text{年初固定资产余额} + \text{预期购建完工额（在建工程转入）} - \text{预期折旧额} - \text{预期报废固定资产账面净值}$$

年末未分配利润 = 年初未分配利润 + 预期净利润 - 提取盈余公积 - 分配股利

此外，有些项目可以按照相关比例（如销售或相关项目增长率）预计，或按惯例计算。

预计资产负债表编制格式如表 3 - 19 所示。

表 3-19			××年预计资产负债表		单位：万元
资产项目	年初余额	年末余额	负债和所有者权益项目	年初余额	年末余额
货币资金	13.5	15.54	短期借款	50	45
应收账款	48	62.5	应付账款	14.8	17.27
存货	40.75	52.28	其他流动负债	15.2	19.94
其他流动资产	12.75	16.49	长期借款	80	80
流动资产合计	115	146.81	负债合计	160	162.21
			实收资本	180	180
固定资产	268	256	资本公积	18	18
在建工程	17	25	盈余公积	12	16.72
长期资产合计	285	281	未分配利润	30	50.88
			所有者权益合计	240	265.6
资产合计	400	427.81	负债和所有者权益合计	400	427.81

尚需说明的是，预算编制本身是个预计数，为了使其发挥应有的作用，各项计算依据应尽可能作出符合客观实际的估计。当然每项预算数额也不可能做到精确、完美，只是尽可能使其具有合理性。

以上财务预算是以季度为时间阶段编制的。财务预算时间阶段可考虑企业生产经营特点来确定，如以一个月、两个月、四个月为一个预算阶段也未尝不可。

本章复习思考题

1. 量本利分析可从哪些方面进行？各方面分析有何意义？
2. 为什么要进行资金需求量预测？基本步骤有哪些？
3. 计算外部融资额占销售额增长百分比有何用途？
4. 计算可持续增长率有何用途？
5. 试说明现金预算编制过程。

本章练习计算题

计算题 3-1：熟悉多种产品的量本利分析法。

资料：某企业计划年度固定成本总额为420000元，产品资料如下：

计划年度产品资料

产品名称	销售量(件)	单价(元)	消费税率（%）	单位变动成本(元)
甲	1000	700	5	429
乙	1500	600	6	340
丙	800	500	8	300

要求：

1. 根据上述资料计算计划销售利润；
2. 计算保本点销售收入总额；
3. 如果要求利润再增加10%，试计算各产品实现目标利润的销售量；
4. 如果要求利润再增加10%，只有乙产品有生产能力，试计算乙产品应增多少销售量。

计算题 3-2：熟悉量本利的因素变动分析。

资料：某产品的单位售价为200元，单位变动成本为108元，消费税率为6%，固定成本总额为36000元，计划年度目标利润为40000元。

要求：

1. 计算该产品的单位边际贡献、边际贡献率和变动成本率，实现目标利润的销售量和销售收入，保本销售量和销售收入。
2. 如果要求利润达到50000元，试分别计算销售量应增多少，价格应提高多少，单位变动成本应降低多少。
3. 假定原定销售量为950件，利润为40000元，试分别计算说明能否采取以下措施：
（1）广告费增加10000元，销售量可增加125件；
（2）价格降低5%，销售量可增加10%；
（3）更新设备使单位变动成本降低10元，固定成本增加8000元。
4. 计算各因素变动对利润的敏感系数。

计算题 3-3：熟悉融资数量的测算。

资料：某企业在20×2年末简化资产负债表数额如下：

简化资产负债表   单位：万元

项 目	金额	项 目	金额
经营现金	3	短期借款	7.5
交易性金融资产	4	应付账款	10
应收账款	11	预收账款	2.5
存货	20	长期借款	20
可供出售金融资产	6	普通股本	48
固定资产	41	留存收益	2
无形资产	5		
合 计	90	合 计	90

该企业在20×2年实现销售收入125万元，净利润10万元，支付股利6万元。预计在20×3年销售收入比上年增长20%，股利支付率保持上年水平不变。

根据历史资料考察，企业的经营资产和经营负债与销售收入存在正比例变动关系。

要求：

1. 若未来不保留金融资产，采用销售百分比法预测20×3年外部融资额；
2. 分别计算20×3年金融资产在不保留和保留情况下的外部融资销售增长比；

3. 如果20×3年金融资产保持不变，计算仅靠内部融资的销售增长率和净利润；

4. 如果保持目前的财务比率，计算可持续增长率；

5. 假定20×3年销售增长8%，通货膨胀率为6%，在保留金融资产情况下计算外部融资额。

计算题3-4：熟悉可持续增长率的测算。

资料：某公司20×5年实现销售收入2000万元，净利润160万元，分配股利96万元；年末有负债690万元，股东权益600万元。

要求：

1. 计算该公司可持续增长率（销售增长率）；

2. 假定该公司20×6年计划销售增长率为20%，其他财务比率不变，分别计算：

（1）净利润达到多少可以满足销售增长所需资金；

（2）留存利润为多少时可以满足销售增长所需资金；

（3）负债为多少时可以满足销售增长所需资金；

（4）应筹集多少权益资本可以满足销售增长所需资金。

计算题3-5：熟悉财务预算的编制程序与方法。

资料及要求：某企业设有两个生产车间，分别生产丙、丁两种产品，编制下年度预算的有关资料及要求如下：

1. 销售部门预计在下年产品销售量如下：

产品	一季度	二季度	三季度	四季度	合计
丙	600件	620件	650件	630件	2500件
丁	450件	500件	520件	530件	2000件

预计丙产品每件售价为3600元，丁产品每件售价为5200元。估计当季销售收入当季可收到现款70%，剩余部分在下个季度可收到现金。

据以编制销售预算，预计各季及年度的销售收入和现金收入（年初应收账款余额见本题第11项资产负债资料）。

2. 预计在下年各期末产品结存量如下：

产品	上年末	一季末	二季末	三季末	四季末
丙	60件	60件	90件	90件	160件
丁	50件	100件	100件	80件	50件

结合预计的产品销售量编制生产预算，预计各产品在各季及年度的生产量。

3. 有关部门提出的下年材料耗用量、结存量、单价如下（其中C材料、D材料为直接材料，N材料为车间一般消耗材料）：

产品生产需用	C材料	D材料	N材料
丙产品每件用量	20kg	15m²	15元
丁产品每件用量	30kg	24m²	20元

其他方面需耗用 N 材料的价值：丙产品车间修理用一、二、三、四季度依次分别为 1.4 万元、1.6 万元、1.6 万元、1.8 万元；丁产品车间修理用每个季度为 2 万元；管理部门用每个季度为 1 万元。

预计下年 C 材料年初结存量为 5500kg，D 材料年初结存量为 4100m²，各季末结存量按下季度需用量的 20% 计算，以第四季度初结存量作为预算年末结存量。N 材料随用随买。

预计 C 材料每 kg 单价为 28 元，D 材料每 m² 单价为 40 元。估计当季采购总额在当季支付现款 70%，余下 30% 需在下期支付。

结合预计的产品生产量编制材料采购支出预算，预计各季及年度的材料采购现金支出（年初应付账款余额见本题第 11 项资产负债资料）。

4. 有关部门提出生产每件丙产品需用工 60 小时，生产每件丁产品需用工 80 小时，每工时薪酬 20 元，结合产品生产量编制直接人工预算，预计各季及年度的人工总成本。

5. 有关部门提出的产品生产车间制造费用资料如下：
（1）一般消耗材料和车间修理用材料见本题第 3 项材料耗用资料；
（2）水电费每件丙产品定额支出 25 元，每件丁产品定额支出 30 元；
（3）丙产品生产车间每个季度的管理和辅助人员薪酬为 6.2 万元，固定资产折旧为 6 万元，无形资产摊销为 1.3 万元，保险费、办公费为 0.5 万元；
（4）丁产品生产车间每个季度的管理和辅助人员薪酬为 6.9 万元，固定资产折旧为 6.5 万元，无形资产摊销为 1 万元，保险费、办公费为 0.6 万元。

结合预计的产品生产量据以编制制造费用预算，预计各车间各季及年度的制造费用总额、单位产品分配率、现金支出。

6. 根据上述有关资料编制产品成本预算，预计各产品年度的单位成本和总成本。

7. 有关部门提出的全年销售费用和管理费用预算如下：
（1）全年销售费用各项目是：销售人员薪酬 11 万元，展览费、广告费 15 万元，包装费、运输费 16 万元，保险费 4 万元，固定资产折旧费 6 万元，合计 52 万元。
（2）全年管理费用各项目是：管理人员薪酬 32 万元，会议费、差旅费 8 万元，水电费 4 万元，办公费 9 万元，咨询审计费 7 万元，固定资产折旧费 12 万元，一般消耗材料 4 万元（即本题资料第 3 项，管理部门每个季度耗用 N 材料 1 万元），合计 76 万元。

假定这些费用在年度内均衡发生，预计各季及年度的费用总额、现金支出。

8. 有关部门提出：在第一季度设备改造支付现金 20 万元，在第三季度购置安装设备支付现金 25 万元，在第四季度购置安装设备支付现金 60 万元。各投资项目均在下个季度完工（施工时对产品生产无影响）。

9. 预计在第二季度分配上年股利支付现金 100 万元。除第一季度外（以备支付股利），企业要求现金余额经常保持在 30 万～40 万元之间。在预算年度不准备增加资本金；银行借款利率均为 8%；预期借款在期初取得，还款在期末支付，借还款以 10 万元为单位，只涉及短期借款（年初借款余额见本题第 11 项资产负债资料）。

结合上述资料及编制的相关预算，据以编制现金收支预算，预计各季及年度的现金收支数额（包括借款、还款）和现金余额。

10. 销售税金及附加按销售收入的 5% 计算，所得税按利润的 25% 计算，销售成本按本年预计单位成本计算。结合上述编制的相关预算，据以编制预计损益表，预计各季及年度的销售收入、成本费用、税金及利润数额（建议：先按各种产品各季销售量和单位成本编制销售成本预算表）；结合预计资产负债表数据，预计年度的净资产净利率和总资产报酬率。

11. 各项资产、负债、所有者权益年初余额如下（单位：万元）：

货币资金 32.5　　　应收账款 128　　　存货 121.59　　　其他流动资产 45.91
固定资产 825　　　在建工程 57　　　无形资产 50
短期借款 100　　　应付账款 45.8　　　其他流动负债 94.2　　　长期借款 200
实收资本 600　　　资本公积 38　　　盈余公积 62　　　未分配利润 120

预计年末在产品余额 60 万元，其他流动资产余额 49.14 万元。年末其他流动负债余额按"资产=负债+所有者权益"关系推算。

根据资料及上述编制的相关预算，据以编制预计资产负债表，预计年末的各项资产、负债、所有者权益数额（建议：先按各种产品、材料的年初、年末结存量和单位成本或单价编制存货余额预算表）。

（各种预算用表参照书中表格形式，总金额以万元为单位，万元以后保留两位小数）

第四章 Chapter 4
资金时间价值和风险报酬

学习目标：
- [ ] 明确资金时间价值的含义和意义
- [ ] 掌握各种终值、现值的计算方法
- [ ] 掌握按照资金时间价值模式计算利率和计息期数的方法
- [ ] 明确风险的含义和类别
- [ ] 掌握个体之间的风险程度衡量和报酬计算方法
- [ ] 掌握市场风险的程度衡量和报酬计算方法
- [ ] 明确风险控制的基本做法

第一节 资金时间价值

一、资金时间价值的含义和意义

资金时间价值，也可称为货币时间价值，是指资金经过一定时间的周转使用所增加的价值，即在没有通货膨胀和风险的条件下，将资金投入经济活动而获得的按使用时间计算的超过投资前金额的差额。

在经济活动中，一定数量的货币资金，在不同的时间点具有不同的经济价值。现在可用来投资的资金，即使不考虑通货膨胀的因素，将来有可能获得比现有资金额（原投资额）更多的收益。例如，用现金购买（投资）一年期债券1000元，债券发行者把资金投入经营活动，一年后可能付给投资者（购买者）1080元，其中1000元是退还投资本金，80元是因使用1000元资金一年时间而付给资金所有者的报酬。由此看出，现在的1000元价值与一年后的1000元价值两者相差80元，这80元就是投资者1000元资金用于投资一年的时间价值。所以，一定数量的资金在不同的时间点代表着不同的价值，即今天一定数量的资金要比未来同样数量的资金具有更高的价值。

资金在周转使用中为什么会产生时间价值？这是因为资金具有使用价值，即能保障经营活动的顺利进行。在商品货币经济社会里，物质财富的生产和流通不能离开资金。企业所使用的资金，是通过各种方式从资金所有者那里筹集的。企业通过筹资活动，取得了资金的使用价值，就有可能将生产要素集合到生产经营过程中，形成生产经营能力，创造出物质财

富，从而带来盈利，实现资金增值。在生产经营活动（资金周转）能够顺利进行的情况下，垫支（投入）的资金越多，生产经营规模越大，周转使用的时间越长，所获得的盈利就可能越多。既然企业的盈利是使用资金后而产生的，就要把使用资金获得盈利的一部分，作为使用资金的报酬支付给资金所有者。即使是经营者的自有资金，也应该获得至少高于市场利息率的合理盈利，否则，无须自己投资经营。所以，资金时间价值的实质，是资金周转使用后的增值额。由此看出，资金时间价值形成的基础是社会平均资金利润率。

由于资金的增值额要按资金使用时间的长短来衡量，与日常经济生活中利息计算相似，所以，资金时间价值的大小通常表现为各种形式的利息率。利息是由有偿借贷行为产生的经济范畴，它是借者因使用贷者的资金而付给贷者的经济报酬。一定时期的利息与本金的比率称为利息率。由于利息总额是个绝对数，不同时间单位使用（投资）不同数量资金而付给（收到）的报酬不便直接比较高低，通常用利息率这种相对数的形式来表示资金报酬的高低。

资金时间价值是经济市场化社会里客观存在的经济现象，由于信用关系的存在，从理财的角度为了谋求较好的经济效益，就必须考虑资金的时间价值。

1. 认识资金时间价值，能促使企业合理有效地利用资金。例如：借款 500 万元，在年利率 8% 的情况下，每年要支付利息 40 万元。如果 500 万元资金不及时投入经营活动，或者用途不当，资金就不能产生效益，就要造成损失。即使是自有资金而不是借款，不及时投入经营活动，也丧失了再投资而获得更多收益的机会。因此，企业必须努力节约使用资金，减少资金占用，注意利用资金的时间差异，加速资金周转，提高资金使用效率。

2. 认识资金时间价值，有利于正确选择筹资和投资方案。企业如果需要筹集资金，一般应选择利息率低、付息少的方案，选择筹资时间与投资时间相吻合的筹资方案。企业如果要投资，应选择资金占用时间短、收回投资时间早即速度快、投资收益率高于资金市场利息率较多的方案。所以，不同时间的资金收支不能同等看待，否则将导致筹资和投资决策的失误。

3. 资金时间价值也是评价企业经济效益和竞争能力的依据。如果某个企业的投资报酬率（资金利润率）低于资金市场上的利息率，就意味着经济效益差，经营风险大，筹资难度大，将难以与投资报酬率高的企业相抗衡。反之，如果某个企业的投资报酬率高于资金市场上的利息率，就意味着经济效益好，竞争能力强。

二、资金时间价值的计算

由于资金运动有它的时间起点和终点，所以计算资金时间价值要运用现值和终值两种计量指标。现值是指为取得未来收益投资时的资金值（额），是计算时间价值的基础，通常称为"本金"。终值是指现在投入的资金在将来某一时点的价值，是由投入的本金和使用一定时期的增值（利息）之和构成的，通常称为"本利和"。

资金的现值和终值是两个相对的概念，在确定的利率条件下，相对于以后第 n 期上的资金值来说，则把现有的资金值称为现值；相对于现有的资金值，则把以后第 n 期上的资金值称为终值。两者是相互依存、相对而言的。没有现值就没有终值，有终值必然有现值。已知现值求终值就是在现值的基础上加上利息；已知终值求现值就是在终值中剔除利息。

（一）单笔资金终值和现值的计算

单笔资金是指单独一笔资金，即一次性收入或付出的款项。

利息的计算方法有单利法和复利法两种，分别叙述如下：

1. 单利计算法，是指仅以本金计算一定时期内利息的方法。应付利息不再计息。

（1）单利终值的计算。单利终值，是指一定数量的资金按单利法计算到若干期后的本利和。为了便于计算公式推导，用字母表示有关含义。

设：F——终值，即本利和；

　　P——现值，即本金；

　　i——利率；

　　n——时间期数（应与利率时间同步）。

则，单利终值的计算公式为：

$$F = P + P \cdot i \cdot n = P(1 + i \cdot n)$$

（2）单利现值的计算。单利现值，是将若干期后一定数量的资金按单利法折算到现在的价值。

既然终值是根据现值、利率和时间期数计算的，所以，现值就可以根据终值的计算公式推算。通常把由终值求现值的计算叫作"折现"或"贴现"。由终值的计算公式推出现值的计算公式是：

$$P = F - P \cdot i \cdot n$$

$$P = \frac{F}{1 + i \cdot n} = F \cdot \frac{1}{1 + i \cdot n}$$

2. 复利计算法，是指本期的应付利息，在下期也转为本金，与原来的本金一起计算下期利息的方法。即下期的利息是以上期的本利和为基础计算的。

（1）复利终值的计算。复利终值，是指一定数量的资金按复利法计算到若干期后的本利和。

按上述字母含义，则各期的复利终值计算方式是：

第一期末 $F = P + P \cdot i = P(1 + i)$　　（$n = 1$，省略）

第二期末 $F = P(1 + i) + P(1 + i) \cdot i = P(1 + i) \cdot (1 + i) = P(1 + i)^2$

第三期末 $F = P(1 + i)^2 + P(1 + i)^2 \cdot i = P(1 + i)^2 \cdot (1 + i) = P(1 + i)^3$

第 n 期末 $F = P(1 + i)^{n-1} + P(1 + i)^{n-1} \cdot i = P(1 + i)^{n-1} \cdot (1 + i) = P(1 + i)^n$

由此得出复利终值的计算公式是：

$$F = P(1 + i)^n$$

式中 $(1 + i)^n$ 称为复利终值系数，记作 $F/P, i, n$。

【例 4-1】 某企业拟向银行一次存款 40 万元，定期 5 年，年利率 6%，求到期可收本息总额。

这是一个已知年利率为 6%，求 40 万元本金（现值）到第五年末的终值计算问题。

按单利算可收本息总额 = 40 × (1 + 6% × 5) = 52（万元）

按复利算可收本息总额 = 40 × (1 + 6%)⁵ = 40 × 1.3382 = 53.528（万元）

算式中 1.3382 称为利率为 6% 计息期为 5 的复利终值系数。

为什么复利比单利算的终值多 1.528 万元？因为在 5 年中有 4 年的利息再产生利息。

这就是说，现在的 40 万元，在年利率 6% 按复利计息的情况下，到 5 年后的价值为 53.528 万元；或者说，5 年后的 53.528 万元，在年利率 6% 按复利计息的情况下，只相当于现在的 40 万元。

（2）复利现值的计算。复利现值，是指若干期后一定数量的资金按复利法折算到现在的价值。由于现值是终值的逆运算，由复利终值的计算公式推出复利现值的计算公式是：

$$P = \frac{F}{(1+i)^n} = F \cdot \frac{1}{(1+i)^n}$$

式中 $\frac{1}{(1+i)^n}$ 称为复利现值系数，记作 P/F,i,n。

【例 4-2】某企业准备 4 年后扩建一个生产车间，预计需投资 80 万元，在债券年利率 8% 的情况下，现在应购买多少债券使 4 年后本息总额达到 80 万元。

这是一个已知利率为 8%，计息期为 4 年，到期本利和（终值）为 80 万元，求现值的计算问题。

$$按单利算购买债券 = 80 \times \frac{1}{1+8\% \times 4} = 80 \times 0.7576 = 60.608（万元）$$

$$按复利算购买债券 = 80 \times \frac{1}{(1+8\%)^4} = 80 \times 0.735 = 58.8（万元）$$

算式中 0.735 称为利率为 8% 计息期为 4 的复利现值系数。

为什么按复利算比按单利算要少买债券 1.808 万元？因为买了 58.8 万元的债券后，在 4 年中有 3 年的利息可再生利息 1.808 万元。

（二）年金终值和现值的计算

年金，是指每间隔一定相同时期收入或付出相等金额的款项。

年金按收付款的时间和次数不同分为几种形式：

在一定时期内，每期末收入或付出相等金额的款项称为普通年金或后付年金。

在一定时期内，每期初收入或付出相等金额的款项称为先付年金或即付年金。

前若干期没有发生，后若干期内连续收入或付出相等金额的款项称为递延年金。

每间隔一定相同时期无限期连续收入或付出相等金额的款项称为永续年金。

1. 普通年金终值的计算。普通年金终值，就是在一定时期内每期末等额收入或付出的数额，按复利计算的终值之和。如果在 n 年中，每年末存入银行 A 元，按相同利率采用复利法都计算到 n 年末的价值（本金与利息之和），计算过程如图 4-1 所示。

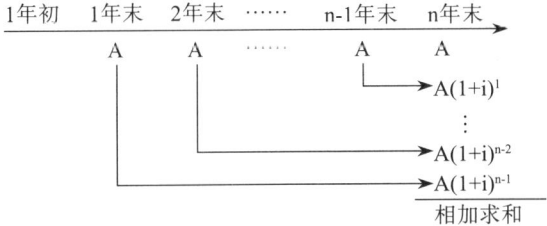

图 4-1 普通年金终值计算示意图

将 n 年中各年末存入的 A 元，按相同利率采用复利法计算到 n 年末的价值（本金与利息之和）相加求和，即为普通年金终值。用 A 表示年金，仍用 F 表示终值，则普通年金终值计算公式推导如下：

$$F = A(1+i)^{n-1} + A(1+i)^{n-2} + \cdots + A(1+i) + A \tag{1}$$

式(1)提取 A：
$$F = A[(1+i)^{n-1} + (1+i)^{n-2} + \cdots + (1+i) + 1] \tag{2}$$

式(2)×(1+i)：
$$F(1+i) = A[(1+i)^n + (1+i)^{n-1} + \cdots + (1+i)^2 + (1+i)] \tag{3}$$

式(3) - 式(2)：
$$F(1+i) - F = A[(1+i)^n - 1]$$
$$F(1+i-1) = A[(1+i)^n - 1]$$
$$F \cdot i = A[(1+i)^n - 1] \tag{4}$$

式(4)÷i：
$$F = A \cdot \frac{(1+i)^n - 1}{i}$$

式中 $\frac{(1+i)^n - 1}{i}$ 称为普通年金终值系数，记作 F/A,i,n。

【例 4-3】 某企业准备在 4 年后建造一个项目，计划每年从利润中提留积累 20 万元存入银行，在存款年利率 7%，并按复利计息的情况下，4 年后该项目的可用资金是多少？

每年的利润分配一般是在每个年度末计算结转。这是一个已知普通年金、利率、期数，求终值的计算问题。根据题意：

$$连续 4 年存入的本利和 = 20 \times \frac{(1+7\%)^4 - 1}{7\%} = 20 \times 4.4399 = 88.798（万元）$$

算式中 4.4399 称为利率为 7% 时间为 4 期的普通年金终值系数。

如果已知普通年金终值、利率和时间期数，要求每期末等额收入或付出的 A 是多少，可用普通年金终值的计算公式推出：

因为：年金终值 = 年金 × 年金终值系数

所以：$A = F \div \frac{(1+i)^n - 1}{i}$

$$A = F \cdot \frac{i}{(1+i)^n - 1}$$

式中 $\frac{i}{(1+i)^n - 1}$ 通常称为基金分存系数，与普通年金终值系数互为倒数，记作 A/F,i,n。

【例 4-4】 某企业准备 4 年后建造一个项目，预计需投资 80 万元，在存款年利率为 7% 并按复利计息的情况下，在 4 年中每个年度末应存入银行多少金额才能积累起这笔投资？

这是一个已知终值、利率、期数，求普通年金的计算问题。根据题意：

$$每年末应积存金额 = 80 \times \frac{7\%}{(1+7\%)^4 - 1} = 80 \times 0.2252 = 18.016（万元）$$

2. 普通年金现值的计算。普通年金现值，就是在一定时期内每期末等额收入或付出的数额，按复利计算的现值之和。如果是兴建一项工程，工程完工投入使用后，每个年度末可收回相等金额的报酬 A 元，把每个年度末收回的 A 元，按相同利率采用复利法都折算到第一个年度初的现值，计算过程如图 4-2 所示。

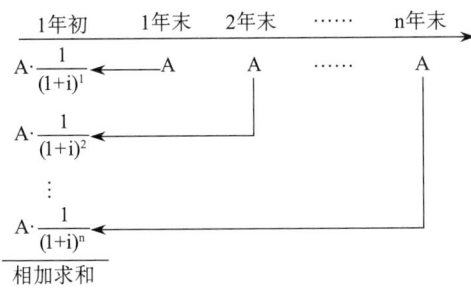

图 4-2 普通年金现值计算示意图

将 n 年中各个年度末收回的 A 元，按相同利率采用复利法折算到第一个年度初的价值（现值）相加求和，即为普通年金现值。用 A 表示年金，仍用 P 表示现值，则普通年金现值计算公式推导如下：

$$P = A \cdot \frac{1}{(1+i)^1} + A \cdot \frac{1}{(1+i)^2} + \cdots + A \cdot \frac{1}{(1+i)^n} \quad (1)$$

式(1)提取 A：

$$P = A \cdot \left[\frac{1}{(1+i)^1} + \frac{1}{(1+i)^2} + \cdots + \frac{1}{(1+i)^n} \right] \quad (2)$$

式(2)×(1+i)：

$$P(1+i) = A \cdot \left[1 + \frac{1}{(1+i)^1} + \cdots + \frac{1}{(1+i)^{n-1}} \right] \quad (3)$$

式(3) - 式(2)：

$$P(1+i) - P = A \cdot \left[1 - \frac{1}{(1+i)^n} \right]$$

$$P(1+i-1) = A \cdot \left[\frac{(1+i)^n}{(1+i)^n} - \frac{1}{(1+i)^n} \right]$$

$$P \cdot i = A \cdot \frac{(1+i)^n - 1}{(1+i)^n} \quad (4)$$

式(4) ÷ i：

$$P = A \cdot \frac{(1+i)^n - 1}{i(1+i)^n}$$

式中 $\frac{(1+i)^n - 1}{i(1+i)^n}$ 称为普通年金现值系数，记作 P/A, i, n。

【例 4-5】现在投资 300 万元兴建一项工程，建成后使用 5 年报废，预计每年可获收益（现金净流量）70 万元，在其他方面投资报酬率为 8% 并按复利计息的情况下，是否合算？

每年的收益一般是在每个年度末实现。根据题意，应将每个年度末的收益折算到投资时的价值，与投资额相比较。这是一个已知普通年金、利率、期数，求年金现值的计算问题。

$$5\text{ 年收益的现值} = 70 \times \frac{(1+8\%)^5 - 1}{8\% \times (1+8\%)^5} = 70 \times 3.9927 = 279.489(\text{万元})$$

算式中 3.9927 称为利率为 8% 时间为 5 期的普通年金现值系数。

计算结果，收益的现值小于投资额，也就是该投资报酬率低于 8%，投资不合算。

如果已知年金现值、利率和时间期数，要求每期末等额收入或付出的 A 是多少，可用普通年金现值计算公式推出。

因为：年金现值 = 年金 × 年金现值系数

所以：$A = P \div \frac{(1+i)^n - 1}{i(1+i)}$

$$A = P \cdot \frac{i(1+i)^n}{(1+i)^n - 1}$$

式中 $\frac{i(1+i)^n}{(1+i)^n - 1}$ 通常称为投资回收系数，与普通年金现值系数互为倒数，记作 A/P,i,n。

【例4-6】某项投资总额为400万元（一次投入），在市场年利率8%并按复利计息的情况下，要求5年收回投资额，每个年度应获得多少收益（现金净流量）？

每个年度的收益一般是在每个年度末实现。根据题意，应将5个年度末的收益折成现值等于原投资额。这是一个已知现值、利率、期数，求普通年金的计算问题。

每年应获得收益 $= 400 \times \frac{8\% \times (1+8\%)^5}{(1+8\%)^5 - 1} = 400 \times 0.2505 = 100.2(万元)$

3. 先付年金终值的计算。先付年金终值，就是在一定时期内每期初等额收入或付出的数额，按复利计算的终值之和。如果在 n 年中，每年初存入银行 A 元，按相同利率采用复利法都计算到 n 年末的价值（本金与利息之和），计算过程如图4-3所示。

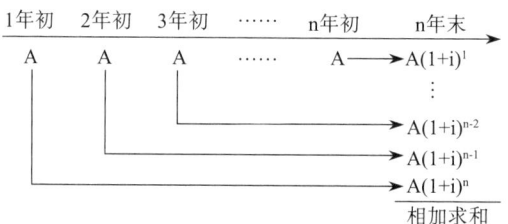

图4-3 先付年金终值计算示意算图

将 n 年中各年初存入的 A 元，按相同利率采用复利法计算到 n 年末的价值（本金与利息之和）相加求和，即为先付年金终值。用 A 表示年金，仍用 F 表示终值，则先付年金终值计算公式推导如下：

$$F = A(1+i)^n + A(1+i)^{n-1} + A(1+i)^{n-2} + \cdots + A(1+i) \quad (1)$$

式(1)提取 A：$\quad F = A[(1+i)^n + (1+i)^{n-1} + (1+i)^{n-2} + \cdots + (1+i)] \quad (2)$

式(2)×(1+i)：$F(1+i) = A[(1+i)^{n+1} + (1+i)^n + (1+i)^{n-1} + \cdots + (1+i)^2] \quad (3)$

式(3)-式(2)：$F(1+i) - F = A[(1+i)^{n+1} - (1+i)]$

$F(1+i-1) = A(1+i)^{n+1} - A(1+i)$

$F \cdot i = A(1+i)^{n+1} - A - A \cdot i$

$F \cdot i = A[(1+i)^{n+1} - 1] - A \cdot i \quad (4)$

式(4)÷i：$\quad F = A \cdot \frac{(1+i)^{n+1} - 1}{i} - A = A \cdot \left[\frac{(1+i)^{n+1} - 1}{i} - 1\right]$

上式中括号内算式为先付年金终值系数，可记作 (F/A,i,n+1)-1，即普通年金终值系数期数加1、系数减1。由此可见，只要将 n+1 期普通（后付）年金终值减去一个 A（年金额），便可求出 n 期先付年金终值。

先付年金终值计算公式也可以这样推算：

$$F = A(1+i)^n + A(1+i)^{n-1} + A(1+i)^{n-2} + \cdots + A(1+i)$$

上式两边同除(1+i)：$F(1+i)^{-1} = A(1+i)^{n-1} + A(1+i)^{n-2} + \cdots + A(1+i) + A$

上式等号右边按普通年金终值推导算式为：$F \cdot \frac{1}{(1+i)} = A \cdot \frac{(1+i)^n - 1}{i}$

上式两边同乘（1+i）：$F = A \cdot \dfrac{(1+i)^n - 1}{i} \cdot (1+i)$

这样，先付年金终值系数可记作 $(F/A, i, n) \cdot (1+i)$

4. 先付年金现值的计算。先付年金现值，就是在一定时期内每期初等额收入或付出的数额，按复利计算的现值之和。如果出租固定资产，约定每个年度初收取一次相等金额的租金 A 元，把每个年度初收回的 A 元，按相同利率采用复利法都折算到第一个年度初的现值，计算过程如图 4-4 所示。

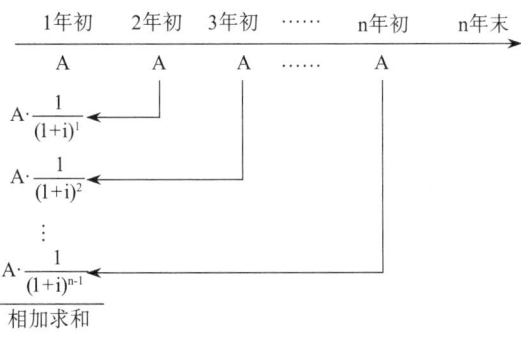

图 4-4　先付年金现值计算示意图

将 n 年中各个年度初收回的 A 元，按相同利率采用复利法折算到第一个年度初的价值（现值）相加求和，即为先付年金现值。用 A 表示年金，仍用 P 表示现值，则先付年金现值计算公式推导如下：

$$P = A + A \cdot \dfrac{1}{(1+i)^1} + A \cdot \dfrac{1}{(1+i)^2} + \cdots + A \cdot \dfrac{1}{(1+i)^{n-1}} \quad (1)$$

式(1)提取 A：$\quad P = A \cdot \left[1 + \dfrac{1}{(1+i)^1} + \dfrac{1}{(1+i)^2} + \cdots + \dfrac{1}{(1+i)^{n-1}} \right] \quad (2)$

式(2)×(1+i)：$\quad P(1+i) = A \cdot \left[(1+i) + 1 + \dfrac{1}{(1+i)^1} + \cdots + \dfrac{1}{(1+i)^{n-2}} \right] \quad (3)$

式(3)-式(2)：$\quad P(1+i) - P = A \cdot \left[(1+i) - \dfrac{1}{(1+i)^{n-1}} \right]$

$$P(1+i-1) = A \cdot \left[i + \dfrac{(1+i)^{n-1}}{(1+i)^{n-1}} - \dfrac{1}{(1+i)^{n-1}} \right]$$

$$P \cdot i = A \cdot i + A \cdot \dfrac{(1+i)^{n-1} - 1}{(1+i)^{n-1}} \quad (4)$$

式(4)÷i：$\quad P = A \cdot \dfrac{(1+i)^{n-1} - 1}{i(1+i)^{n-1}} + A = A \cdot \left[\dfrac{(1+i)^{n-1} - 1}{i(1+i)^{n-1}} + 1 \right]$

上式中括号内算式为先付年金现值系数，可记作 (P/A, i, n-1)+1，即普通年金现值系数期数减 1、系数加 1。由此可见，只要将 n-1 期普通（后付）年金的现值加上一期不用折现的 A（年金额），便可求出 n 期先付年金现值。

先付年金现值计算公式也可以这样推算：

$$P = A + A \cdot \dfrac{1}{(1+i)^1} + A \cdot \dfrac{1}{(1+i)^2} + \cdots + A \cdot \dfrac{1}{(1+i)^{n-1}}$$

上式两边同除$(1+i):P \cdot \dfrac{1}{(1+i)} = A \cdot \dfrac{1}{(1+i)^1} + A \cdot \dfrac{1}{(1+i)^2} + \cdots + A \cdot \dfrac{1}{(1+i)^n}$

上式等号右边按普通年金现值推导算式为：$P \cdot \dfrac{1}{(1+i)} = A \cdot \dfrac{(1+i)^n - 1}{i(1+i)^n}$

上式两边同乘$(1+i):P = A \cdot \dfrac{(1+i)^n - 1}{i(1+i)^n} \cdot (1+i)$

这样，先付年金现值系数可记作$(P/A,i,n) \cdot (1+i)$

5. 递延年金价值的计算。递延年金，是指在前面阶段若干期内没有发生与后面阶段若干期相同款项的情况下，后面阶段每间隔一定相同时期收入或付出相等金额的款项。前面阶段就是递延期。由于是在后面阶段发生的年金，所以相对于前面阶段第一期初来说，无论是在后面的期末或期初发生，都作为递延普通年金看待，因为 n+1 期初就是 n 期末。

【例 4-7】某项目的建设工期 3 年，每年投资 20 万元，建成后使用 6 年报废，每年可获得收益（现金净流量）15 万元，在资金市场年利率为 10% 的情况下，该项目能否投资？

此例中建成后使用 6 年每年可获得收益 15 万元就是递延年金（没有收益前 3 年是递延期）。要说明能否投资，应将前 3 年每年投资 20 万元、后 6 年每年获得收益 15 万元都折算到投资开始时间点上的现值相比较，看哪个价值大。折算过程如图 4-5 所示（投资额为现金流出，用负数表示；收益额为现金流入，用正数表示。时间 0 为第 1 年初）。

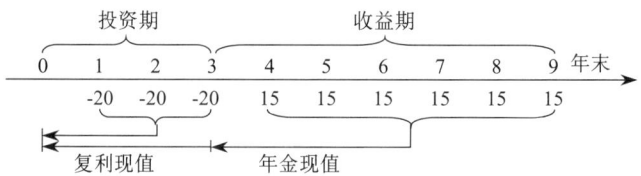

图 4-5 投资额和收益额折现示意图

收益额现值就是计算递延年金现值，先按普通年金现值计算方法折算到第 4 年初（第 3 年末），再按复利现值计算方法折算到第 1 年初。投资额现值是普通年金现值。算式为：

$$15 \times \dfrac{(1+10\%)^6 - 1}{10\% \times (1+10\%)^6} \times \dfrac{1}{(1+10\%)^3} - 20 \times \dfrac{(1+10\%)^3 - 1}{10\% \times (1+10\%)^3}$$

即：$15 \times (P/A,10\%,6) \times (P/F,10\%,3) - 20 \times (P/A,10\%,3)$

$= 15 \times 4.3553 \times 0.7513 - 20 \times 2.4869$

$= 49.082 - 49.738 = -0.656（万元）$

经计算，收益额（现金净流量）现值小于投资额现值，不能投资。

由此可见，递延年金现值要分两段计算，先按普通年金现值计算，然后再按复利现值计算。设递延期为 m，则：

$P = A \cdot (P/A,i,n) \cdot (P/F,i,m)$

或：$15 \times [(P/A,10\%,9) - (P/A,10\%,3)] - 20 \times (P/A,10\%,3)$

$= 15 \times [5.759 - 2.4869] - 20 \times 2.4869$

$= 49.082 - 49.738 = -0.656（万元）$

递延年金终值与普通年金终值算法相同。

6. 永续年金现值的计算。由于永续年金的持续期是无限的，没有终止时间，所以永续年金的终值是发散的,当期数 n 趋于无穷大时,其终值也趋于无穷大。永续年金的现值是收敛的,按照普通年金现值的计算公式推导其计算公式如下:

$$P = A \cdot \frac{(1+i)^n - 1}{i(1+i)^n} = \frac{A}{i} \cdot \frac{(1+i)^n - 1}{(1+i)^n}$$

当 n→∞ 时,$\frac{(1+i)^n - 1}{(1+i)^n} \to 1$,所以,$P = \frac{A}{i}$

【例 4 - 8】 某企业拟设一项永久性奖金,每年发放一次 50 万元,若长期存款年利率为 8%,现在应存入银行多少金额?

这是已知永续年金和利率,求现值的计算问题。根据题意:

现在应存入银行金额 = 50 ÷ 8% = 625(万元)

尚需说明的是,相关书籍中一般列有复利终值、复利现值、普通年金终值、普通年金现值的系数表,可利用系数表查出系数计算有关数值。如果要查基金分存系数,可先查年金终值系数,再用 1 除年金终值系数求得。如果要查投资回收系数,可先查年金现值系数,再用 1 除年金现值系数求得。如果要查先付年金终值系数,可先查出普通年金终值系数,然后再乘上 (1+i) 求得;也可先查出 n+1 期普通年金终值系数,然后减去 1 求得。如果要查先付年金现值系数,可先查出普通年金现值系数,然后再乘上 (1+i) 求得;也可先查出 n-1 期普通年金现值系数,然后加 1 求得。

三、利率和计息次数的计算

(一) 年度实际利率的计算

年度实际利率,是在一个年度计算一次利息并在年度末支付的情况下,所负担的利息率水平。按照资金时间价值原理计算利息通常采用的是年利率,并且假定每个年度计算支付一次利息,即利率的时间单位和计算支付利息的周期单位均为年。但在实际经济生活中,往往有按半年一次、每季一次或每月一次计算利息的,这种情况下一年内支付利息的次数或复利计息的次数将分别为 2、4 或 12。按这种计算利息的方法,即一年内计息次数大于 1 的情况下,原规定的年利率(报价利率)就成为名义利率,名义利率(报价利率)除以计息次数则称为计息周期利率。

设:P 为现值,F 为终值,i 为年度实际利率,一年计息一次的终值为:

$$F = P(1+i)$$

设:r 为年度名义利率(报价利率),m 为一年内计息次数,一年内分(多)次按复利计息的终值计算公式为:

$$F = P\left(1 + \frac{r}{m}\right)^m$$

令:按名义利率一年内分(多)次复利计息的终值,与按实际利率一年计息一次的终值相等:

$$P\left(1 + \frac{r}{m}\right)^m = P(1+i)$$

所以,年度实际利率 i 与名义利率 r 的关系式是:

$$i = \left(1 + \frac{r}{m}\right)^m - 1$$

【例 4-9】规定年利率为 8%，要求按月按复利计息（或者按月支付利息），则：

实际年利率 $i = \left(1 + \dfrac{8\%}{12}\right)^{12} - 1 = 0.083 = 8.3\%$

由此看出，在规定年利率 8% 的情况下，分月按复利计息 12 次，实际相当于年利率 8.3% 的一次计息结果，这个 8.3% 年利率才是真正的实际利率。实际利率要大于名义利率。在同一事项中，分次支付利息实际起到了一次按复利计息的效果。

（二）贴（折）现利率的计算

在前面计算终值和现值时，都假定利息率是给定的，但在财务管理中，经常会遇到已知计息期数、终值和现值，要求利率或报酬率的计算问题。这种问题，一般来说可分两步进行：第一步根据已知条件按照资金时间价值计算模式求出价值系数（换算系数）；第二步根据价值系数（换算系数）可采用"内插比例法"计算求利率 i。根据前述公式：

复利终值系数 = $\dfrac{\text{复利终值}}{\text{现值}}$ $(1+i)^n = \dfrac{F}{P}$ $F/P, i, n = \dfrac{F}{P}$

复利现值系数 = $\dfrac{\text{复利现值}}{\text{终值}}$ $\dfrac{1}{(1+i)^n} = \dfrac{P}{F}$ $P/F, i, n = \dfrac{P}{F}$

普通年金终值系数 = $\dfrac{\text{年金终值}}{\text{年金}}$ $\dfrac{(1+i)^n - 1}{i} = \dfrac{F}{A}$ $F/A, i, n = \dfrac{F}{A}$

普通年金现值系数 = $\dfrac{\text{年金现值}}{\text{年金}}$ $\dfrac{(1+i)^n - 1}{i(1+i)^n} = \dfrac{P}{A}$ $P/A, i, n = \dfrac{P}{A}$

【例 4-10】现在将 2 万元存入银行，在 6 年后可得到 3 万元，在按年复利计息的情况下，银行存款年利率为多少？

这是已知现值、终值、期（年）数，求年利率的计算问题。根据题意：

复利终值与现值的关系式为：$2 \times (1+i)^6 = 3$

即复利终值系数为：$(1+i)^6 = 1.5$

存款年利率 $i = \sqrt[6]{1.5} - 1 = 6.9913\%$

【例 4-11】向银行借款 50 万元（一次借入），银行要求在 4 年内每年还本付息 15.23 万元，求银行借款年利率为多少？

这是已知现值、普通年金、期（年）数，求年利率的计算问题。根据题意：

普通年金现值的关系式为：$50 = 15.23 \times \dfrac{(1+i)^4 - 1}{i(1+i)^4}$

即普通年金现值系数为：$\dfrac{(1+i)^4 - 1}{i(1+i)^4} = 3.283$

要求期限为 4 年的普通年金现值系数为 3.283 的利率是多少，可估计折现率逐次试算出普通年金现值系数为 3.283 的上下两个相邻的系数。

当 i = 8% 时：$\dfrac{(1+8\%)^4 - 1}{8\% \times (1+8\%)^4} = 3.3121$ （折现率越小现值系数越大）

当 i = 9% 时：$\dfrac{(1+9\%)^4 - 1}{9\% \times (1+9\%)^4} = 3.2397$ （折现率越大现值系数越小）

试算结果，期数为 4 折现率为 8% 的普通年金现值系数为 3.3121，高于 3.283，折现率越小现值系数越大，说明银行借款年利率要高于 8%；期数为 4 利率为 9% 的普通年金现值系数为3.2397，低于3.283，折现率越大现值系数越小，说明银行借款年利率要低于9%。

可在普通年金现值系数表中查找期数为4，与系数为3.283相邻的上下两个系数对应的折现率（利率）。期数为4与普通年金现值系数3.283相邻大一点的系数是3.3121，对应的折现率为8%；期数为4与普通年金现值系数3.283相邻小一点的系数是3.2937，对应的折现率为9%。即（P/A，8%，4）=3.3121，（P/A，9%，4）=3.2397。

由此看出，银行借款年利率在8%至9%之间。利率与年金现值系数之间的关系如图4-6所示。

图4-6 利率与年金现值系数关系图

按利率与年金现值系数之间的等比例关系列出算式，计算：

年利率 $= 8\% + \dfrac{3.3121 - 3.283}{3.3121 - 3.2397} \times (9\% - 8\%) = 8.4\%$

以上先查找与标明价值系数最接近的上下两个系数相对应的利率，再按利率与系数之间的等比例关系求出折现率，这种方法通常称为"内插比例法"。

【例4-12】向银行借款50万元（一次借入），银行要求在4年内每季还本付息3.805万元，该银行借款的报价（名义）年利率和实际年利率各是多少？

这是已知现值、普通年金、期（季）数，求利率的计算问题。根据题意：

普通年金现值的关系式为：$50 = 3.805 \times \dfrac{(1+i)^{16} - 1}{i(1+i)^{16}}$

普通年金现值系数为：$\dfrac{(1+i)^{16} - 1}{i(1+i)^{16}} = 13.1406$

可估计利率逐次试算出普通年金现值系数为13.1406的上下两个相邻的系数。可在普通年金现值系数表中查找期数为16，与系数为13.1406相邻的上下两个系数对应的利率。

当i=2%时：（P/A,2%,16）=13.5777

当i=3%时：（P/A,3%,16）=12.5611

按利率与年金现值系数之间的等比例关系计算：

季利率 $= 2\% + \dfrac{13.5777 - 13.1406}{13.5777 - 12.5611} \times (3\% - 2\%) = 2.43\%$

银行报价（名义）年利率 $= 2.43\% \times 4 = 9.72\%$

借款实际年利率 $= (1 + 2.43\%)^4 - 1 = 10.08\%$

（三）计息次数的计算

如果已知现值、终值、利率，求利息计算了多少次，这种问题，还是分两步进行：第一步根据已知条件按照资金时间价值计算模式求出价值系数；第二步根据价值系数可采用"内插比例法"计算求利息计算次数n。

【例4-13】现有20万元，存款年利率7%，每年计息1次，存多少年才能达到40万元。

这是已知现值、终值、利率，求计息次（年）数的计算问题。根据题意：

复利终值与现值的关系式为：$40 = 20 \times (1 + 7\%)^n$

即复利终值系数为：$(1 + 7\%)^n = 2$

可估计期数逐次试算出复利终值系数为 2 的上下两个相邻的系数。可在复利终值系数表中查找利率为 7%，与系数为 2 相邻的上下两个系数对应的期数。

当 n = 10 时：(F/P,7%,10) = 1.9672

当 n = 11 时：(F/P,7%,11) = 2.1049

试算或查找结果，利率为 7%、期数为 10 的复利终值系数为 1.9672，低于 2，期数越少终值系数越小，说明存款年数要高于 10；利率为 7%、期数为 11 的复利终值系数为 2.1049，高于 2，期数越多终值系数越大，说明存款年数要低于 11。由此看出，存款年数在 10 年与 11 年之间。年数与复利终值系数之间的等比例关系如图 4-7 所示。

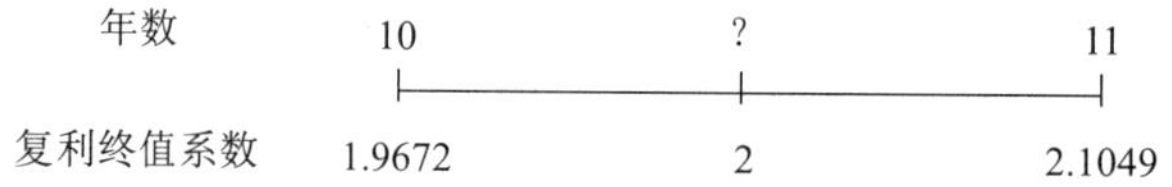

图 4-7 年数与复利终值系数关系图

按年数与复利终值系数之间的等比例关系计算：

$$存款年数 = 10 + \frac{2 - 1.9672}{2.1049 - 1.9672} \times (11 - 10) = 10.24 \text{（年）}$$

由此可见，在存款年利率 7%、每年计息 1 次的情况下，存 10.24 年可以使数额增加 1 倍，由 20 万元变为 40 万元。

【例 4-14】 某企业向银行借款 50 万元（一次借入），年利率 7%，每年还本付息 8 万元，大约需要多少年才能还清？

这是已知现值、普通年金、利率，求还本付息次（年）数的计算问题。根据题意：

普通年金现值的关系式为：$50 = 8 \times \dfrac{(1 + 7\%)^n - 1}{7\% \times (1 + 7\%)^n}$

即普通年金现值系数为：$\dfrac{(1 + 7\%)^n - 1}{7\% \times (1 + 7\%)^n} = 6.25$

可估计期数逐次试算出普通年金现值系数为 6.25 的上下两个相邻的系数。可在普通年金现值系数表中查找利率为 7%，与系数为 6.25 相邻的上下两个系数对应的期数。

当 n = 8 时：(P/A,7%,8) = 5.9713

当 n = 9 时：(P/A,7%,9) = 6.5152

试算或查找结果，折现率为 7%、期数为 8 的年金现值系数为 5.9713，低于 6.25，期数越少就是年金发生的次数越少，年金现值系数越小，说明还本付息年数要高于 8 年；折现率为 7%、期数为 9 的年金现值系数为 6.5212，高于 6.25，期数越多就是年金发生的次数越多，年金现值系数越大，说明还本付息年数要低于 9 年。由此看出，还本付息年数在 8 年与 9 年之间。按年数与年金现值系数之间的等比例关系计算：

$$还款年数 = 8 + \frac{6.25 - 5.9713}{6.5152 - 5.9713} \times (9 - 8) = 8.5 \text{（年）}$$

由此可见，在年利率 7%、每年还本付息 8 万元的情况下，借款 50 万元需要 8.5 年才能还清。

第二节 风险与报酬

一、风险的含义及其类别

(一) 风险的含义

风险往往是指某项活动可能受难以准确预料或无法控制的不利因素的影响，对未来一定时期的结果带来的不确定性，意味着有可能出现与人们的良好愿望相背离的结果。一般来说，凡是没有十分把握的经济活动，就意味着有风险。成功的把握越大，则风险越小；成功的把握越小，则风险越大。

理解风险的含义，应注意的是：

1. 风险是未来一定时期的结果具有不确定性。既不是指现在，也不是指非常遥远的将来，是在"一定时期"不能准确预知的。随着时间的延续、推移，活动结果的不确定性越来越小，活动的结果越来越明显，由不确定性变为可预见性，再变为可知性。待活动完成，其结果完全肯定，风险也就不存在了。因此，风险总是一定时期内的风险。

2. 风险不完全等于不确定性。风险与不确定性是有区别的。风险是指决策者对未来情况不能完全确定，但各种后果和可能性事先是可以估计的。有些活动的后果和可能性事先无法估计，事先不知道所有可能的结果及可能性，这种不确定性不能作为风险问题。在实际工作中，风险与不确定性往往难以区分，所以也不加以区分，都作为"风险"问题对待，将不确定性主观给予概率，以便进行定量分析。

3. 风险不同于危险。危险专指负面效应，危险只可能出现坏的结果，是损失发生及其程度的不确定性。而风险则是指可能出现比期望值坏的结果，也可能出现比期望值好的结果，是危险与机会并存。由于人们主观努力，把握时机，调控得当，往往能有效地避免坏结果，并取得比期望值好的结果，这也是有些人愿意挑战风险的原因。由于人们普遍存在反感风险的心理，对坏结果比好结果更加关注，因而经常把风险理解为不利事件发生的可能性，或损失发生的可能性。

4. 承担风险的程度是可以选择的。风险是客观存在的，存在于人类社会的发展过程中，潜藏于人们从事的各种活动之中，风险大小是不能按照个人的意志更改的。但是，人们是否愿意承担风险，愿意承担多大风险是由主观决定的，是可以选择的。不能选择的活动结果不存在风险。

(二) 风险的类别

1. 按风险产生的空间范围分为市场风险和企业特有风险两类。

（1）市场风险，是指那些影响所有企业经济活动的因素引起的风险。即风险来自于市场，而不是来自于企业本身，一旦发生，所有企业都要受到影响。如战争、政治动乱、经济衰退、通货膨胀、高利率、能源紧缺等，会使各种经济活动的效益发生变动。这类风险涉及所有的企业，不能通过多元化经营来分散消除，因此，又称为"不可分散风险"或"系统风险"。

（2）企业特有风险，是指发生于个别企业的特有事件所造成的风险。即风险来自于企业本身，对其他企业没有影响。如某企业新产品开发失败、材料或商品供求变化、市场机遇丧失、诉讼失败等，会使企业的经济效益受到不利的影响。这类事件是随机发生的，可通过多元化经营来抵消分散风险，如同时经营几个行业或多种商品，比只经营一个行业或一种商品的风险小。这类风险又称为"可分散风险"或"非系统风险"。

2. 企业风险按产生的活动范围分为投资风险和筹资风险两类。

（1）投资风险。投资是为了经营，为了获利。投资风险是指某个经营活动可能有不利因素的影响而导致企业未来收益的不确定性，所以又称为"经营风险"。通常采用息前利润或投资报酬（利润）率的变动程度来描述投资风险的大小。投资风险主要来自于：商品销售前景的不确定性，即市场需求的不稳定性，从而使销售收入不稳定；生产商品所需物资供应的不确定性，即物资供应市场的不稳定性，从而使产销量、成本不稳定；科技进步引起企业技术装备和生产工艺的变革速度不确定性，从而引起科研成本和设备使用成本的不确定性；新建工程的实际生产经营能力的不确定性，即工程项目建成后能否达到设计能力，从而影响企业的生产经营能力和规模；其他外部环境的变化，即经济政策、通货膨胀、自然灾害等，从而影响企业的损益。

（2）筹资风险。筹资包括吸收所有者投资（自有资金）和向债权人借款（借入资金）。筹资风险是在使用借入资金的情况下，如果有不利因素的影响，对未来能否按期还本付息和财务状况带来的不确定性。即使用借入资金是否会增加财务困难，所以又称为"财务风险"或"负债风险"。通常采用净资产净利率或每股净利的变动程度来描述筹资风险的大小。筹资风险主要来自于：经营利润的不确定性，现金收支的不协调性，从而影响还本付息具有不确定性；资金市场平均投资报酬的不确定性，资金供应量的不确定性，从而影响筹资的可能性；国家宏观金融政策的调整，对资金供应量和利率都有影响。

二、个体之间的风险程度衡量和风险报酬计算

个体是相对于整体而言的，个体可能是指一种产品、一个方案、一个项目、一项资产或一个企业。风险的大小是相对而言的，是在个体之间比较中看谁的风险大，谁的风险小。在投资活动或筹资活动存在风险的条件下，就要通过一定的方法来衡量风险程度的大小和风险报酬的多少，以决定各种方案的取舍。通常采用定性和定量相结合的方法进行衡量，将定性的估计转化为定量的计算。下面以投资活动为例说明风险程度衡量和风险报酬计算。

（一）概率分配

在投资活动中，由于各种主客观条件的制约，有各种不利因素的存在，从而使投资在未来获得的收益有各种可能，因此要知道各种可能性究竟有多大。在实际工作中，各种可能性的大小是按照预测者的经验判断用概率分布来衡量的。

概率是用来表示出现某种状态或发生某种结果可能性大小的数值，通常用百分数或小数表示。概率越大表示出现该种状态或发生该种结果的可能性越大，概率越小表示出现该种状态或发生该种结果的可能性越小。将某一事件（活动）所有各种可能的结果都给予一定概率并列示出来便称为概率分布（配）。

【例4-15】某企业正在考虑两个投资方案，根据市场经济状况，估计未来一定时期可能实现的投资利润率和发生的概率如表4-1所示。

表4－1   投资获利可能性估计表

经济状况	概率	A方案投资利润率	B方案投资利润率
最好	0.15	42%	30%
次好	0.25	30%	23%
中等	0.35	20%	16%
次坏	0.15	8%	11%
最坏	0.10	－10%	5%

表4－1中各项数据的含义是，经济状况最好的可能性为15%，在经济状况最好的情况下，A方案的投资利润率可能达到42%；也就是说，A方案投资利润率达到42%的可能性为15%。其余依次类推。

在经济活动中，某一事件在相同条件下可能发生也可能不发生，这类事件称为随机事件。通常把必然发生的事件概率定为1，把不可能发生的事件概率定为0，而一般随机事件的概率介于0～1之间。所以，在用概率反映一件事出现的可能性时，最小的可能性不能小于0，最大的可能性不能大于1。各种可能性的概率之和必须等于1，用公式表示是：

$$\sum_{i=1}^{n} P_i = 1 \qquad (0 \leq P_i \leq 1)$$

（二）计算平均收益值

投资活动的平均收益值，在用概率表示各种情况实现收益的可能性时，就是各种情况可能实现的收益与发生概率进行加权计算的平均值。其计算公式是：

$$E = \sum_{i=1}^{n} X_i \cdot P_i$$

式中：E——平均收益值（估计加权平均收益）；

X_i——第i种情况下可能实现的收益；

P_i——第i种情况下的概率；

n——可能结果的数目。

根据表4－1的数据，A、B两种方案的估计平均收益值按公式计算为：

$E_A = 42 \times 0.15 + 30 \times 0.25 + 20 \times 0.35 + 8 \times 0.15 + (-10) \times 0.1 = 21$（%）

$E_B = 30 \times 0.15 + 23 \times 0.25 + 16 \times 0.35 + 11 \times 0.15 + 5 \times 0.1 = 18$（%）

（三）计算标准离差

标准离差即方差的平方根。某种投资方案的方差是该方案各种情况可能实现的收益与平均收益的偏差平方和的平均数。各种情况可能实现的收益在统计学中称为随机变量，偏差也称离差。

在已知历史数据的情况下，方差的计算公式是：

$$总体方差(\delta^2) = \frac{\sum_{i=1}^{n}(X_i - E)^2}{n} \qquad 样本方差(\delta^2) = \frac{\sum_{i=1}^{n}(X_i - E)^2}{n-1}$$

在估计未来每个变量出现概率的情况下，方差计算公式是：

$$方差(\delta^2) = \sum_{i=1}^{n}(X_i - E)^2 \cdot P_i$$

$$标准离差(\delta) = \sqrt{\delta^2}$$

平方是为了防止正负差抵消。某种方案的标准离差较大,说明该方案各种情况下可能实现的收益与估计平均收益的偏差较大,即估计收益的可变性较大,意味着该方案包含的风险较大;反之,风险较小。

根据表 4-1 数据和上述平均收益值,A、B 两方案的标准离差计算为:

$$\delta_A^2 = (42\% - 21\%)^2 \times 0.15 + (30\% - 21\%)^2 \times 0.25 + (20\% - 21\%)^2 \times 0.35$$
$$+ (8\% - 21\%)^2 \times 0.15 + (-10\% - 21\%)^2 \times 0.1 = 0.02082$$

$$\delta_A = \sqrt{0.02082} = 14.429\%$$

$$\delta_B^2 = (30\% - 18\%)^2 \times 0.15 + (23\% - 18\%)^2 \times 0.25 + (16\% - 18\%)^2 \times 0.35$$
$$+ (11\% - 18\%)^2 \times 0.15 + (5\% - 18\%)^2 \times 0.1 = 0.00535$$

$$\delta_B = \sqrt{0.00535} = 7.314\%$$

从上面计算看出,A 方案的标准离差比 B 方案大,意味着 A 方案的风险比 B 方案大。

(四) 计算标准离差率

如果各方案的标准离差相同,但平均收益值不同,可用标准离差率这一相对数来比较各方案风险的大小。标准离差率也称变异系数,是指标准离差与平均收益值之间的比率。其计算公式是:

$$标准离差率 = \frac{标准离差}{平均收益值} \times 100\%$$

标准离差的大小取决于各种情况可能实现的收益与估计平均收益值的差异。标准离差率较高,就是各种情况可能实现的收益与估计平均收益的差异相对较大,表明风险程度较大;反之,表明风险程度较小。

根据上述计算数据,A、B 两方案的标准离差率计算为:

$$A \text{ 方案标准离差率} = \frac{14.429\%}{21\%} \times 100\% = 68.71\%$$

$$B \text{ 方案标准离差率} = \frac{7.314\%}{18\%} \times 100\% = 40.63\%$$

从上面计算看出,A 方案的标准离差率比 B 方案大,说明 A 方案的风险比 B 方案大。

(五) 按照标准离差率计算风险报酬

通过上面的计算可以说明风险程度的大小,但人们是否愿意冒风险、愿意冒多大的风险,则要看风险报酬有多大。风险报酬是指冒风险进行某项活动所获得的超过正常无风险报酬的额外报酬,又称风险收益或风险价值。风险报酬有风险报酬额和风险报酬率两种表示方法,风险报酬额对于投资额的比率称为风险报酬率,通常两者并不严格区分。无风险报酬是指没有风险的可以肯定得到的报酬,如银行定期存款利率、国库券利率通常视为无风险报酬。

一般来说,人们不太愿意冒风险从事某项活动。但由于市场上存在着竞争,从事的活动有多种选择,有时就需要冒点风险从事某项活动,并期望得到较高的报酬。所以风险报酬就是投资者将资金从无风险活动转移到风险活动而要求得到的"额外补偿"。如果没有通货膨胀的因素,期望投资报酬即为无风险投资报酬与风险投资报酬之和,即:

$$期望投资报酬 = 无风险报酬 + 风险报酬$$

期望投资报酬也称为投资必要报酬。在投资活动存在风险的情况下,人们总想冒较小的风险获得较多的报酬,至少要使得到的风险报酬与所冒的风险程度相当,即风险越大,要求得到的风险报酬越高。期望投资报酬与风险程度的关系如图4-8所示。

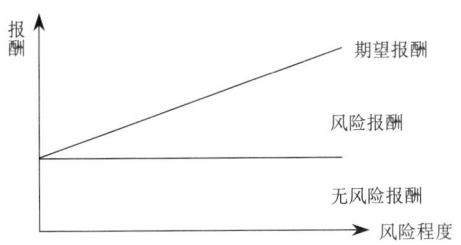

图4-8 投资报酬与风险程度关系图

风险报酬与风险程度的比例关系称为"风险报酬系数"。即：

$$\frac{风险报酬}{风险程度} = 风险报酬系数$$

所以：风险报酬 = 风险报酬系数 × 风险程度

要计算出风险报酬，就要先确定风险程度和风险报酬系数。投资风险报酬应该与反映风险程度的标准离差率成正比例关系，即标准离差率就是风险程度。风险报酬系数取决于人们对待风险的态度，可通过统计方法来测定，往往是由投资者根据经验，并结合其他因素加以确定。不同行业、不同投资项目、不同种类产品的风险报酬系数应该不相同。

假定投资者确定的风险报酬系数为15%，根据例4-15数据计算的A、B方案标准离差率，则：

A方案的风险报酬 = 15% × 68.71% = 10.31%

B方案的风险报酬 = 15% × 40.63% = 6.09%

因为期望投资报酬包括无风险报酬和风险报酬，所以：

期望投资报酬 = 无风险报酬 + 风险报酬系数 × 风险程度

假定无风险报酬为7%，根据上面A、B方案的风险报酬，则：

A方案的期望投资报酬 = 7% + 10.31% = 17.31%

B方案的期望投资报酬 = 7% + 6.09% = 13.09%

通过上面计算可看出，A、B两方案的估计平均收益均高于期望投资报酬，说明该投资效益较好。还可看出，A方案的风险（标准离差率）较大，其报酬（估计加权平均收益）也较高；B方案的风险（标准离差率）较小，其报酬（估计加权平均收益）也较低。到底应该选择哪种投资方案，则取决于投资者对待风险的态度。如果某种方案的风险较小，而报酬较多，则认为是可取方案；如果某种方案的风险较大，而报酬较少，则认为是不可取方案；如果某种方案的估计预期报酬还低于无风险投资报酬，也是不可取方案。

三、个体相对于整体的风险程度衡量和风险报酬计算

整体是相对于个体而言的，这里整体是指社会市场中所有个体的总和，即整个社会、整个市场。整个社会或整个市场某种质量指标的数值，是所有个体同种质量指标数值的平均值。整体风险程度是所有个体市场风险程度的平均值。所以，个体相对于整体的风险程度衡量就是个体的市场风险（不可分散风险、系统风险）程度衡量。

由于市场风险源于企业（个体）之外，一旦发生，所有企业的收益都要受到影响，会

使整个市场的平均报酬（收益）率发生波动。但这种风险对不同行业（企业）的收益影响程度不一定相同，有的企业收益要发生剧烈变动，有的企业收益只发生较小的变动。

个体市场风险的程度通常用β系数来计量。β系数是反映个体相对于整体市场平均风险变动程度的指标，是表示个体风险报酬率与整体市场综合平均风险报酬率之间的相关程度。

（一）β系数可用直线回归方程 $Y = \alpha + \beta \cdot X$ 求得

β系数与报酬（收益）率的关系如图4-9所示。

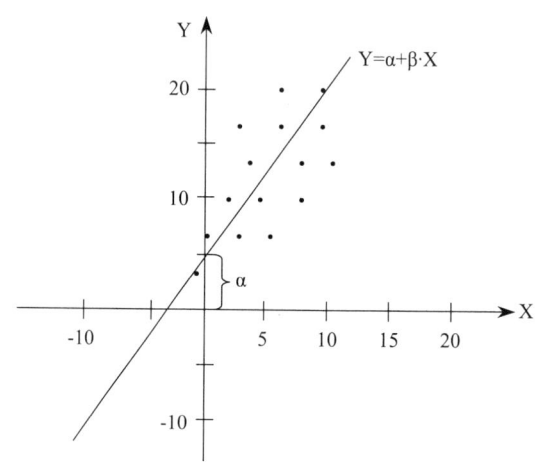

X：整体市场综合平均报酬率（％）；Y：个体报酬率（％）

图4-9 β系数与报酬率的关系图

图4-9中散点是假定Y的报酬与X的报酬在同时期对应的着落点，根据散点分布就得出一条斜线的方程式：

$$Y = \alpha + \beta \cdot X$$

式中：Y——个体报酬（收益）率；

X——市场综合平均报酬（收益）率；

α——回归线与Y轴的交点；

β——回归线的斜率（回归系数）。

根据X和Y的历史资料，运用最小二乘法，可以求出α和β的数值。

将n个Y用代数和的形式表示：$\sum Y = n \cdot \alpha + \beta \sum X$ (1)

将（1）式每项都乘以X：$\sum X \cdot Y = \alpha \cdot \sum X + \beta \sum X^2$ (2)

根据（1）式：$\alpha = \dfrac{\sum Y - \beta \cdot \sum X}{n}$ (3)

将（3）式代入（2）式：$\beta = \dfrac{n \cdot \sum X \cdot Y - \sum X \cdot \sum Y}{n \cdot \sum X^2 - (\sum X)^2}$

【例4-16】 某种股票历史已获得的收益率和历史同期股票市场综合平均收益率及有关数据整理如表4-2所示。

根据表4-2资料计算该种股票风险相对于整体股票市场综合平均风险的β系数为：

$$\beta = \frac{5 \times 572 - 37 \times 43}{5 \times 455 - 37 \times 37} = 1.4007$$

第四章 资金时间价值和风险报酬

表 4-2 股票收益率（%）资料

年度 n	某种股票收益率 Y	市场平均收益率 X	X^2	$X \cdot Y$
20×1	20	15	225	300
20×2	14	11	121	154
20×3	5	8	64	40
20×4	-6	-3	9	18
20×5	10	6	36	60
合计	43	37	455	572

（二）β系数可按照相关系数的计算公式推算

相关系数是表示两种收益（报酬）率变化的相关（联系）程度。计算公式是：

$$\rho_{XY} = \frac{\sigma(R_X, R_Y)}{\delta_X \cdot \delta_Y}$$

式中：ρ_{XY}——某个体收益 Y 与整体市场平均收益 X 的相关系数；

　　　δ_X——市场综合收益（报酬）率的标准离差；

　　　δ_Y——个体收益（报酬）率的标准离差；

　　　$\sigma(R_X, R_Y)$——Y 收益与 X 收益组合的协方差。

由相关系数公式推出协方差公式是：$\sigma(R_X, R_Y) = \rho_{XY} \cdot \delta_X \cdot \delta_Y$

正因为β系数表示某个体风险收益与整体市场综合平均风险收益之间的相关程度，所以，某个体的β系数可按照相关系数的计算公式推算：

$$\rho_Y = \frac{\sigma(R_X, R_Y)}{\delta_X \cdot \delta_X} = \frac{\rho_{XY} \cdot \delta_X \cdot \delta_Y}{\delta_X^2} = \rho_{XY} \cdot \frac{\delta_Y}{\delta_X}$$

式中 ρ_Y 即为某个体的β系数。即：

$$\text{某个体的β系数} = \text{该个体收益与整体市场平均收益之间的相关系数} \times \frac{\text{该个体收益标准离差}}{\text{整体市场平均收益标准离差}}$$

相关系数的计算公式展开是：

$$\rho_{XY} = \frac{\sum_{k=1}^{n}[(X_K - E_X) \cdot (Y_K - E_Y)]}{\sqrt{\sum_{k=1}^{n}(X_K - E_X)^2} \cdot \sqrt{\sum_{k=1}^{n}(Y_K - E_Y)^2}}$$

根据表 4-2 有关资料及数据整理如表 4-3 所示。

表 4-3 股票收益率（%）资料整理

年度 n	X_K	Y_K	$X_K - E_X$	$Y_K - E_Y$	$(X_K - E_X) \cdot (Y_K - E_Y)$	$(X_K - E_X)^2$	$(Y_K - E_Y)^2$
20×1	15	20	7.6	11.4	86.64	57.76	129.96
20×2	11	14	3.6	5.4	19.44	12.96	29.16
20×3	8	5	0.6	-3.6	-2.16	0.36	12.96
20×4	-3	-6	-10.4	-14.6	151.84	108.16	213.16
20×5	6	10	-1.4	1.4	-1.96	1.96	1.96
合计 Σ	37	43			253.8	181.2	387.2
平均 E	7.4	8.6					

根据表 4-3 整理的数据计算如下：

$$相关系数 = \frac{253.8}{\sqrt{181.2} \times \sqrt{387.2}} = \frac{253.8}{13.4611 \times 19.6774} = 0.9582$$

$$标准离差 \delta_X = \sqrt{\frac{181.2}{5}} = 6.02 \qquad 标准离差 \delta_Y = \sqrt{\frac{387.2}{5}} = 8.8$$

个别股票风险相对于整体股票市场综合平均风险的 β 系数为：

$$\beta_Y = 0.9582 \times \frac{8.8}{6.02} = 1.4007$$

作为整体股票市场风险的 β 系数（平均值）为 1。如果某个股票的 β 系数等于 1，表示该股票的风险情况与整体股票市场的风险情况一致（相同），该股票的风险报酬率与整体股票市场平均风险报酬率呈相同比例变化，即整体股票市场风险报酬率上升或下降 10%，该股票的风险报酬率也上升或下降 10%。如果某股票的 β 系数等于 2，表示该股票的风险大于整体股票市场风险，是整体股票市场风险的两倍，若整体股票市场平均风险报酬率上升或下降 10%，该股票的风险报酬率则上升或下降 20%。如果某股票的 β 系数等于 0.7，表示该股票的风险小于整体股票市场风险，只有整体股票市场风险的 70%，若整体股票市场平均风险报酬率上升或下降 10%，该股票的风险报酬率则上升或下降 7%。

（三）按市场风险 β 系数计算风险报酬

在投资市场均衡而无套利行为时，投资于某种资本资产应该获得与市场风险相对称的资本资产报酬（收益）率。即市场风险越大，投资者期望从资本资产投资获得的报酬也应当越高。在市场均衡状态下某种资本资产的市场风险和期望报酬率的关系如图 4-10 所示。

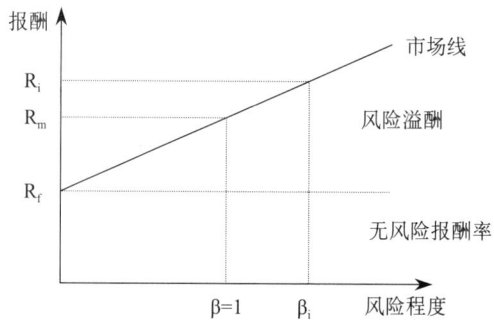

图 4-10 市场风险和期望报酬关系图

从图 4-10 中可以看出，市场线就是一条描述某种资本资产的市场风险和期望报酬（收益）率之间的线性关系的直线。在市场风险为零时，市场线与纵轴相交，交点处的期望报酬率等于无风险报酬率，表示在市场风险为零时，投资者的期望报酬率就是无风险报酬率。随着市场风险的增加，要求的报酬率也随之增加。

根据图 4-10 描述的市场风险和期望报酬的关系，某种资本资产的预期报酬（收益）率与市场风险 β 关系式是：

$$R_i = R_f + \beta_i \cdot (R_m - R_f)$$

式中：R_i——i 种资本资产的预期报酬率；

R_f——无风险报酬率；

R_m——市场平均报酬率；

$β_i$——i 种资本资产的 β 系数。

【例 4 – 17】 假定现行国库券的收益率为5%，股票市场平均收益率为9%，甲股票的 β 系数为1.5。则：

甲股票的预期收益率 = 5% + 1.5 × (9% – 5%) = 11%

计算出股票的预期收益（报酬）率就为确定股票价值提供了数据。

四、风险控制的基本做法

应当指出，风险报酬（收益）的计算结果，具有一定的假定性，并不十分精确。掌握风险报酬的原理，在于权衡风险与报酬的关系，以便采取措施，适时进行风险控制，尽可能获得较好的收益。所以，风险控制就是预先确定一系列的政策、措施，将那些可能导致收益减少的风险降低到最小的程度，尽可能保证企业经营活动按预计的目标进行。

（一）明确风险产生的原因，设立控制目标

进行风险控制，首先要明确风险产生的原因，设立可以接受风险的范围。要根据以往经验和事物发展趋势，事先充分估计风险形成的原因、每种原因发生的可能性、每种原因将对收益产生何种影响、影响程度多大，并预计测算出各种风险原因发生的程度对经营活动和收益的影响后果。根据预计的风险后果设立可以接受风险的范围，即可以接受风险对收益影响的幅度，以便作为风险控制依据。

（二）提出应对风险措施，提前做好防范准备

根据预计的风险后果和设立的可以接受风险的范围，提出防范风险预案和应对措施，做好多种防范风险的准备，以应付风险带来的损失，尽可能将风险损失降低到最小的程度。如：精心选择投资项目，认真组织项目施工，力争较快形成较多的生产经营能力；提高产品质量和服务质量，降低经营耗费，争取形成较多盈利；密切关注市场动向，讲究策略，抓住机遇，争取有利的条件，从而避免风险。多元化经营，如果某种产品（业务）收益下降幅度较大或发生损失，其他产品（业务）收益下降幅度较小或比较稳定，就使整个企业收益下降幅度相对较小，这样可以在不同产品（业务）之间均化分散风险，降低企业整体风险。建立风险准备金，以应付不测，当风险发生带来损失时，用事先计提的准备金补偿，这样可以在不同时期均化分散风险，不致于在风险发生时使收益大幅度下降，防止遭受灭顶之灾。还应经常搜集市场信息，注意发现风险苗头，以便及时采取措施。

（三）适当运用转移风险的策略

转移风险就是将风险的一部分转出本企业，与其他单位共同承担。如：对有投资意义但风险较大的项目联合其他企业共同投资，共同经营，共担风险，共享利益。将有风险项目转包给其他企业经营，利用他人智慧和实力应付风险，降低风险。参加保险活动，支付保险费，把风险转移给保险公司。在股票投资时可适当运用期权策略转移风险。当然，运用转移风险策略就使企业不可能得到最大利益，因为在转移风险的同时也要将一部分收益转让给其他单位，或向其他单位支付费用，这就体现了收益与风险均衡原则。

本章复习思考题

1. 在现实经济生活中为什么要考虑资金时间价值？

2. 利率高低对各种终值、现值有何影响？

3. 计息期数多少对各种终值、现值有何影响？

4. 用什么指标来表示个体之间风险大小？这些指标怎样计算？

5. 市场风险形成的原因是什么？β系数大小意味着什么？

6. 一般来说，应该怎样控制风险？

本章练习计算题

计算题 4-1：熟悉资金时间价值的计算。

资料与要求：

1. 某企业本期还付原发行债券的本息总额为 245 万元，原发债券的年利率为 7%，期限 3 年，按复利计息，到期一次还本付息，试计算原发债券金额。

2. 某人期望 5 年后获得现金 5 万元，银行存款年利率 7%，试计算：

（1）按复利计算现在一次应存入银行多少金额？

（2）如果每个年度末存入银行相等的金额，每次应存多少元？

（3）如果每个年度初存入银行相等的金额，每次应存多少元？

3. 某人想购买一套房屋，其现价 50 万元，首次付款 20 万元，余款准备在 10 年内按季等额偿付本息，如果年利率为 6%，按复利计算每季末应付款多少？10 年共付利息多少？

4. 某项目的建设期为 3 年，每年投入资金 60 万元，项目建成后可使用 7 年，每年可获得收益（现金净流量）40 万元，在其他方面投资报酬率为 10% 的情况下，试按复利计算说明该项目能否投资。

5. 某型号机器价格为 40 万元，采用分期付款结算，议定在交货后的一、二、三年末每次付款 10 万元，当时银行借款的年利率为 8%，试计算第一次（交货时）付款的金额。

6. 某企业借到一笔款项，年利率为 8%，复利计息，经协商，前 5 年不偿付本息，从第 6 年至第 10 年每年末偿付 3.68 万元。试计算当初借款是多少？

7. 现在向银行存入 1 万元，按复利计算，在年利率为多少时才能保证在今后 5 年中每年末得到 2500 元。

8. 某企业准备赊购一套设备，有两种付款方式，一是从现在起 6 年后支付 250 万元，二是从现在起 12 年后支付 500 万元。如果按复利计息，在年利率为多少时两种情况没有区别？

9. 某人购买了 5 万元的长期债券，年利率为 8%，在按复利计息的情况下，持有多少年才能获得本息总额 10 万元？

10. 租用一台机器设备，该设备原价 32 万元，约定每季末支付租金 21509 元，出租者要求得到年报酬率 12%，若不考虑其他因素，试计算需要支付多少次租金。

11. 某公司推销空调的广告宣传如下：

分期付款买空调，安度盛夏乐逍遥。火炉武汉，酷暑难熬，但你不必等钱攒足了再买空调，也许那时已到了冬季。你只要准备大约 30% 的货款，就可以从商场拿走你所需要的空调，其余的钱你可以分 6 个月、9 个月、12 个月慢慢付清。其付款数额如下（金额：元）：

空调价格	付款月数	首次付款	每月应付
2000	6	651	303
4000	9	1320	385
6000	12	2025	429

试计算每种情况下的月利率、名义（报价）年利率、实际年利率；若目前金融机构消费信贷年利率为7%，说明是赊购分期付款方式好，还是到金融机构借款后购买方式好。

12. 据英国《每日电讯报》2015年2月13日报道，美国北卡罗来纳州的玛丽·霍姆斯（Marie Holmes）中得强力球彩票头奖，奖金高达1.88亿美元（约人民币11.76亿元）。据悉，该彩票有两种兑换方式：一种是一次性（获奖时）付给中奖者，但是中奖者需支付6100万美元（约人民币3.82亿元）的个人所得税；另一种是30年分期付清奖金（每个年度初领奖一次，每年金额均等），不必交纳个人所得税。如果不考虑社会其他因素，只从个人理财角度考虑（按人民币计算）：

(1) 在投资报酬率5%的条件下，应选择哪种兑奖方式？
(2) 投资报酬率为多少时，无论选择哪种兑奖方式都可以？

计算题 4-2：熟悉个体之间投资风险评价。
资料：
1. 甲投资方案可能实现的收益率和发生的概率如下：

概　率	0.10	0.20	0.35	0.25	0.10
收益率	-10%	5%	20%	30%	45%

2. 乙投资方案的平均收益率是20%，标准离差为14%。
3. 假定社会公认的无风险收益（报酬）率为8%，确定的风险价值系数为10%。

要求：
1. 根据资料1计算甲方案的标准离差、标准离差率；
2. 根据资料2计算乙方案的标准离差率；
3. 计算各方案的风险投资报酬率、期望投资收益（报酬）率；
4. 甲、乙两方案相对而言，说明其风险谁大谁小，你将选择哪种方案，为什么？

计算题 4-3：熟悉市场风险程度和预期收益的计算。
资料：
1. A股票历史已获得的收益率和历史同期股票市场综合平均收益率如下：

时期	1	2	3	4	5	6
A股收益率（%）	-6	5	11	20	15	18
市场平均收益率（%）	-2	3	6	12	16	15

2. 假定现行无风险收益率为6%，股票市场平均收益率为11%。
要求：计算A股票的β系数和预期收益率。

第五章 Chapter 5

流动资金管理

学习目标：
- 明确现金、应收账款、存货的特点和企业持有这些资产的原因
- 掌握确定现金最佳持有量需考虑的因素和计算方法
- 明确确定应收账款政策应注意的问题
- 掌握信用政策选择应考虑的因素和计算方法
- 掌握确定存货经济批量应考虑的因素和计算方法
- 明确各项流动资产控制的基本做法
- 掌握营运资金政策的做法及特点

第一节 现金管理

一、现金的特点和企业持有现金的原因

（一）现金的特点

现金也称为货币资金，包括库存现金、银行存款、银行本票、银行汇票等，它是可以立即投入流通的交换媒介，是处于企业上次资金循环结束和下次资金循环开始两者之间暂时间歇的资产。由此决定了现金具有普遍的可接受性和非盈利性两个特点。

普遍的可接受性，是指现金可以有效地立即用来购买商品货物、支付费用或偿还债务。因此，现金是企业中流动性最强的资产。所以应特别注意现金的安全，防止不法行为。

非盈利性，是指持有现金无法给持有者带来收益。现金是一种暂时闲置的资产，因此，企业持有现金越多，意味着企业资金使用效率越低。

以上两个特点要求企业现金持有量越少越好。

（二）企业持有现金的原因

1. 交易性需要。是指为了满足日常购买、生产、销售业务及管理方面开支的需要而必须持有一定数量的现金。企业在日常经营活动中，尽管会经常在获取业务收入的时候收到现金，但收入现金与支出现金不可能总是同时等额发生。经常是经营用现金支出在前，经营获得现金收入在后。在一段时间内，如果现金收入小于所需现金支出，则需要借入现金。在不

能按时足额借入现金的情况下，为了保证经营活动的正常进行，企业就必须经常保持适当的现金余额。这样，可以增强企业的资产流动性和偿债能力，提高企业的信誉；还可以在商品交易中及时付款以获取现金折扣，从而降低购货成本或财务费用。交易性现金余额的数量主要取决于企业的经营特点和规模。

2. 预防性需要。是指为了防止因意外的原因（突发事件）支付而必须持有一定数量的现金。企业对未来某时期现金流量的预测不可能很准确，有时会出现意想不到的开支。为防不测，防止无支付能力而给企业带来损失，包括信誉损失、停工损失、无货物销售损失等，企业就必须备存一定数量的现金。预防性现金余额数量，主要取决于企业经营活动的稳定性和企业现金流量预测的准确性。企业经营活动的稳定性越差，现金流量的不确定性越大，预防性的现金需要量就越多；企业经营活动稳定，现金流量的可测性强，预防性的现金需要量则可少些。此外，预防性现金数额还与企业的借款能力有关，如果企业很容易地随时借到现金，也可以减少预防性现金的数额。

3. 投机性需要。是指为了不失去不寻常的购买机会而应持有一定数量的现金。企业有时会遇到廉价的原材料或其他资产供应的机会，如果持有现金便能把握时机将其购入，从而节约购买成本。有时证券市场价格很有利，如果持有现金可在适当时机购入有价证券而获取收益。当然，企业一般专为投机性需要而备存的现金不多，如果遇到有利的购买机会，也常是临时设法筹集资金。

4. 补偿性需要。是指有银行贷款的企业，在该银行的存款账户中需按银行贷款的一定比例经常保持的余款，通常称为"补偿性余款"。这是银行出于贷款的安全性考虑，要求接受贷款的企业在其存款账户中保留的存款数额。这往往是银行贷款的条件，贷款企业必须遵守，便于取得贷款；这就使企业贷到的可实际使用的资金要少于贷款合同的数额，从而提高了贷款成本。

从以上叙述可知，企业缺乏必要的现金，将不能应付业务开支，使企业蒙受损失。如果企业备存过多的现金，又会因为这部分资金未被投入经营周转使用而无法取得盈利，不仅如此，还要付出筹资成本。所以，现金存量越多，意味着资金使用效益越低；现金存量越少，意味着不能适时支付的风险越大。因此，企业现金管理的目标，就是要在保障支付需要的前提下，减少备存的现金数量，以获得较大的长期利益。

二、最佳现金持有量的确定

最佳现金持有量是指既能基本保证支付的需要，又能以较少的代价备存的现金数量。过多的备存现金可能会降低企业的盈利能力；而现金过少也会给企业带来资金周转困难和蒙受损失。为此，企业必须确定现金的最佳持有量。

（一）成本分析模式

用成本分析模式确定最佳现金持有量的基本思想是，通过分析几种现金持有量的相关成本，从而寻求持有成本最低的现金持有量。

按成本分析模式确定最佳现金持有量，应考虑的成本一般有以下三种：

1. 机会成本。是指持有现金而丧失的其他途径投资的潜在收益，即放弃的其他投资机会可能获得的收益。它与持有现金数量成正比，即持有现金越多，机会成本可能越大。现金的机会成本通常按有价证券的利息率来考虑。

2. 短缺成本。是因缺乏必要的现金，不能应付日常业务开支，而使企业蒙受的损失或为此付出的代价，如因无现金支付能力而产生的信誉损失、停工损失、无货物销售损失、紧急借款高利率等。它与持有现金数量成反比，即持有现金越少，短缺成本可能越多。

3. 管理成本。指企业为管理现金而发生的费用，如现金管理人员工资、安全措施费等。管理成本是一种固定成本，与持有现金数量无明显的比例关系。

上述三项成本与现金持有量的关系如图 5-1 所示。

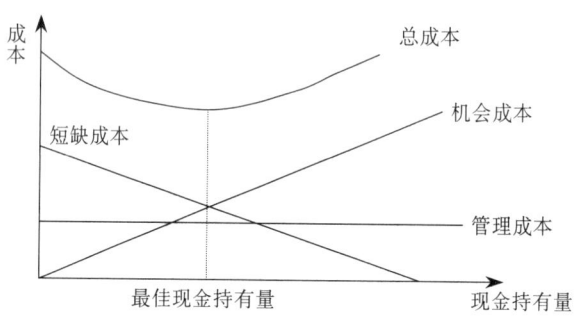

图 5-1 现金持有量与成本关系图

从图 5-1 可以看出，使三项成本之和为最小的现金持有量就是最佳现金持有量。可先分别计算出各种现金持有量的机会成本、短缺成本、管理成本之和，再从中选出总成本最低的现金持有量即为最佳现金持有量。

【例 5-1】某企业初步拟订了四种现金持有量方案，每种方案的成本计算如表 5-1 所示。

表 5-1　　　　　　　　　　持有现金成本计算表　　　　　　　　　　单位：元

项　目	A方案	B方案	C方案	D方案
现金持有量	40000	60000	80000	100000
机会成本	4000	6000	8000	10000
短缺成本	12000	5000	1000	0
管理成本	20000	20000	20000	20000
成本合计	36000	31000	29000	30000

注：机会成本是按现金持有量的 10% 计算。

从表 5-1 计算看出，C 方案的总成本最低，所以，经常保持 80000 元的现金余额是最佳现金持有量。

由于管理成本基本不随现金持有量的变动而变化，所以，在计算最佳现金持有量时可以不考虑管理成本。这种模式的道理和计算都简单，没有条件要求，所以适用范围广泛。但是，现金的短缺成本难以准确预计。

（二）存货模式

存货模式是比照存货经济批量计算方法来确定最佳现金持有量的模式。用存货模式确定最佳现金持有量的基本思想是，把有价证券作为现金的补充或替代品，平时只持有较少的现金，将一部分现金用于购买有价证券，在需要现金时通过出售有价证券换回现金。

从上述的成本分析模式计算中可看出,企业平时持有较多的现金,会降低现金的短缺成本,但会增加现金占用的机会成本;而平时持有较少的现金,则会增加现金的短缺成本,却能减少现金占用的机会成本。如果企业平时只持有较少的现金,将一部分现金用于购买有价证券,便可获得一定的投资收益,在需要现金时通过出售有价证券换回现金,这样便能既满足现金需要,避免短缺成本,又能降低机会成本。因此,适当地进行现金与有价证券的转换,是企业提高资金使用效率的有效途径。

按存货模式确定最佳现金持有量,应考虑的成本一般是转换成本和机会成本。

转换成本,也称交易成本,是指现金与有价证券之间的转换所支付的费用,如交易手续费、印花税、经纪人费用等。转换成本与持有现金数量成反比。

假定企业在一定时期(一年)内现金需要总量一定,假定每次的转换成本相同,每次转换的现金数量越多,一年中转换的次数就越少,所支付的转换成本也少;但平时持有的现金较多,机会成本可能较多。每次转换的现金数量越少,一年中转换的次数就多,所支付的转换成本也多;但平时持有的现金较少,机会成本可能也少。

由于需要现金时,可以将有价证券转换为现金,所以不会发生现金的短缺成本。

上述成本与现金持有量的关系如图 5-2 所示。

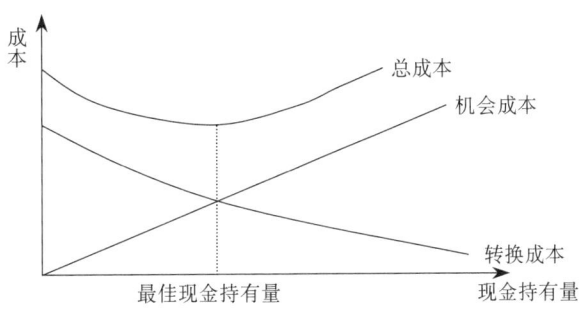

图 5-2 现金持有量与成本关系图

采用存货模式确定现金最佳持有量,就是要找出使全年的转换成本与全年的机会成本之和为最低的现金持有量。根据上述道理,现金最佳持有量存货模式的基本计算公式推导如下:

一年中转换次数 = 全年需要现金总量 ÷ 每次转换现金数量

全年转换成本 = 全年需要现金总量 ÷ 每次转换现金数量 × 每次转换成本

平均持有现金数量 = 每次转换现金数量 ÷ 2

全年机会成本 = 每次转换现金数量 ÷ 2 × 单位现金机会成本

持有现金总成本 = 全年转换成本 + 全年机会成本

即:持有现金总成本 $= \dfrac{全年需要现金总量}{每次转换现金数量} \times 每次转换成本 + \dfrac{每次转换现金数量}{2} \times 单位现金机会成本$

要计算总成本最低的现金持有量,可对上述算式求一阶导数,计算出每次转换现金数量即为现金最佳持有量。根据数学推算,两者相等两者之和为最低,所以,也可以用"全年转换成本 = 全年机会成本"来推算出每次转换现金数量即为最佳现金持有量。

$$\dfrac{全年需要现金总量}{每次转换现金数量} \times 每次转换成本 = \dfrac{每次转换现金数量}{2} \times 单位现金机会成本$$

$$\text{最佳现金持有量} \atop (\text{每次转换现金量}) = \sqrt{\frac{2 \times \text{全年需要现金总量} \times \text{每次转换成本}}{\text{单位现金机会成本}}}$$

由于这种模式需要进行现金与有价证券之间的转换,就需要有一个充分发达的证券交易市场。这种模式是建立在企业每天的现金流出量比较均衡和每次转换现金量相同的情况下得出的计算公式。事实上,企业每天现金流出量不可能均衡,每次转换现金量并不相同,所以这种模式适用性不大,但可以作参考。

(三) 随机模式

用随机模式确定最佳现金持有量的基本思想是,根据历史经验和现实需要,测算出一个现金持有量的控制范围,即制定出现金持有量的上限(H)和下限(L),将现金余额控制在上下限之内。现金余额变动如图5-3所示。

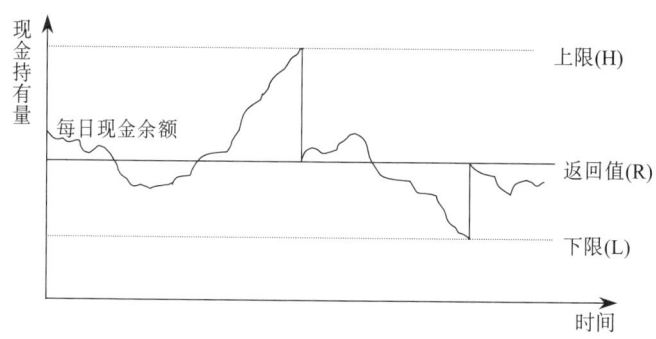

图5-3 随机模式现金余额变动图

随机模式是在企业未来现金需求量难以(不可)预测的情况下采用的现金持有量控制方法。一般来说,企业未来现金需求量相当大的程度上是由外界决定的,所以,企业现金需求量往往是难以预测的,并且现金持有量波动幅度是不规则的。但是,企业可以根据历史经验和现实需要,测算出一个现金持有量的控制范围,即制定出现金持有量的上限和下限,将现金余额控制在上下限之内。

按随机模式确定最佳现金持有量的做法是,当现金持有量升到控制上限(H)时,用现金购入有价证券,使现金持有量下降到最佳现金返回值(R);当现金持有量降到控制下限(L)时,则出售有价证券换回现金,使现金持有量上升到最佳现金返回值(R);若现金持有量在控制的上下限之内时,则认为是合理的,不必进行现金与有价证券的转换。由于需要进行现金与有价证券之间的转换,就需要有一个高效率的证券市场。

按随机模式确定最佳现金持有量,需考虑持有现金的机会成本和现金与有价证券之间的转换成本。机会成本与持有现金数量成正比,按有价证券的日利息率计算。转换成本与持有现金数量成反比,平时持有现金数量越少,一年中转换次数就多,所支付的转换成本也多。

假定每日现金流量呈正态分布状态,现金返回值(R)的计算公式是:

$$R = \sqrt[3]{\frac{3 \cdot b \cdot \delta^2}{4 \cdot i}} + L$$

则:$H = 3 \cdot R - 2 \cdot L$ $H - R = 2(R - L)$

式中:b——现金与有价证券每次转换成本;

i——有价证券的日利息率(机会成本);

δ——每日现金余额变化的标准离差(可根据历史资料测算)。

下限(L)一般按每日现金最低需要量确定。管理人员风险承受倾向对其有一定影响,管理人员对风险的偏好程度提高,对风险的惧怕程度降低,现金持有量的下限定得较低。

【例5-2】某企业认为任何时候的现金余额不能低于4万元,并测算出以前现金余额波动的标准离差为770元,若现金有余缺可通过买卖有价证券来调节,有价证券年利率9%,现金与有价证券每次转换成本为70元。则:

有价证券日利率 = 9% ÷ 360 = 0.025%

最佳现金返回值(R) = $\sqrt[3]{\dfrac{3 \times 70 \times 770^2}{4 \times 0.025\%}}$ + 40000 = 44993 ≈ 45000(元)

控制上限(H) = 3 × 44993 - 2 × 40000 = 54979 ≈ 55000(元)

从本例计算看出,当企业的现金余额达到55000元时,应用现金10000元(55000 - 45000)去购买有价证券,使现金持有量下降到45000元;当企业的现金余额降至40000元时,则应卖出有价证券换回现金5000元(45000 - 40000),使现金持有量上升到45000元。当然,在实际工作中并不严格按照上述数额操作,当企业的现金余额达到控制上限时,应对后期现金需要量预计后再决定是否进行证券投资及投资多少。

随机模式有控制的下限,任何时候的现金持有量不能低于下限,因此计算出来的现金持有量比较保守,对现金余额控制有一定参考作用。实际工作中,可参照以往现金实际余额的波动状况,考虑业务量增减幅度和举债难易程度,确定现金的一般、最低、最高持有量。

三、现金控制

(一)编制现金收支进程表

现金收支进程表,是按照收付实现制的原则,反映预期各项现金收入、支出,以及期初、期末需要现金余额的预算平衡表。现金收入包括各项经营业务和非经营性的现金收入,如商品销售、固定资产变价、租金、收回投资等方面的现金流入。现金支出包括各项经营业务和非经营性的现金支出,如材料采购、员工薪酬、税金、水费、电费、维修费、差旅费、办公费、租金、利息、固定资产购建、证券投资等方面的现金流出。筹资活动引起的现金流入流出不作为现金收支,以便单独计算需要筹资额或可以还债数额。现金收支进程表如表5-2所示。

表5-2中各类别之间的关系是:

$$\dfrac{\text{期初现}}{\text{金余额}} + \dfrac{\text{本期可}}{\text{收现金}} - \dfrac{\text{本期需}}{\text{付现金}} - \dfrac{\text{期末需要}}{\text{现金余额}} = \dfrac{(-)\text{需要筹资额}}{(+)\text{可还负债额}}$$

期末需要现金余额,是指为了保证下期一段时间有关活动对现金需要而预计的数额,应与最佳现金持有量基本相符。现金收支进程表可按月及旬编制,这样可以预计出某一时期内的现金多余或不足,有利于及时发现问题,主动灵活调节资金余缺。

(二)力争现金流量同步

企业应尽量使现金流入量与流出量在时间和数额上相衔接,使其持有的交易性现金余额降到最低水平。

1. 加速收款。企业应在不影响销售规模和销售收入的前提下,妥善采取收账策略,尽量缩短收账时间,及时收回应收款项,增强企业的支付能力。

表 5-2　　　　　　　　　　某月现金收支进程表　　　　　　　　　　单位：百元

类别	项目	上旬数	中旬数	下旬数	合计
本期可收现金	当期销售收入 收回以前账款 固定资产变价收入 …… 合计				
本期需付现金	当期材料采购支出 支付以前账款 员工薪酬 …… 合计				
现金余额及筹资	期初现金余额 期末需要现金余额 需要筹资额 偿还金融负债				

2. 适当推迟应付款的支付。企业应在不影响本身信誉的前提下，尽可能地推迟应付款的支付期，充分运用供货方提供的信用优惠。如果现金很紧缺，也可以放弃供货方的折扣优惠，在信用期的最后一天支付货款。

3. 适当进行证券投资。当企业在一段时间有较多闲置不用的现金时，可投资于易于变现的国库券、大额可转让存单、企业债券、企业股票，以获得投资收入；而当现金短缺时，再出售各种证券获取现金。这样，企业既能取得一定的投资收入，又保证了支付能力。

4. 事先做好筹资谋划。当企业预计的一段时间现金收入小于现金支出时，应事先做好与金融机构、合作单位的联系沟通工作，以便能够适时筹措资金，满足现金支付需要。

（三）选择合适的结算方式

目前银行的结算方式有支票、银行汇票、银行本票、商业汇票、汇兑、委托收款、托收承付、信用证等多种，每种方式有各自的适用条件和利弊，企业应根据购销业务的特点和企业现金需求情况酌情选择采用，以提高现金的流入速度，或争取有利的付款时机。

（四）确保现金安全

由于现金具有普遍可接受性的特点，就必须加强现金安全的防控工作。

1. 限定现钞使用范围。一般来说，对于零星小额的收支业务可使用现钞结算，而对于大额的收支业务应尽可能通过银行办理转账结算，尽量少用现钞结算。这样，既有利于现金的安全，又有利于提高出纳工作效率。

2. 制定现钞库存限额。企业应根据业务量大小和银行的方便程度，制定现钞的库存限额，超过库存限额的现钞应及时送存银行。这既有利于现金的安全，又便于通过银行办理转账结算。

3. 建立内部牵制制度，严格实行钱账分管。企业应坚持出纳管钱、会计管账的做法，两者不得一人兼管。要经常进行现金的清查核对，以便及时发现问题及时处理。

4. 严格执行银行结算纪律。不得出租、出借银行账户，不得套取银行信用，不得签发空头支票和远期支票。

第二节 应收账款管理

一、应收账款产生的原因和成本

应收账款，是企业对外销售商品、提供劳务所形成的尚未收回的款项。它是企业为购货单位提供的商业信用，是企业为了扩大销售、增强市场竞争能力而进行的资金投放。

（一）应收账款产生的原因及作用

应收账款是在企业经营活动中产生的，主要有三点原因：

1. 销售货款结算时差。企业对外销售商品、提供劳务款项的结算必须采用一定的结算方式，有些结算方式会使销售商品收到货款的时间落后于成交发货的时间，销售企业只能承认这种现实并承担由此引起的资金垫支。这种情况不属于商业信用范畴。

2. 商业竞争（促进销售）。企业对外销售商品、提供劳务款项的结算有当时收款和延期收款两类方式，当时收款称为现款销售，延期收款称为赊销。通过赊销商品，为客户提供商业信用是企业主要促销手段之一。对于同等的商品价格、类似的质量水平、一样的售后服务，赊销商品的销售额将大于现款销售的商品销售额。这是因为顾客购买货物后不必立即付款，可延长到一定时期后付款，顾客可得到在一定时期内与购货款相同金额的资金使用权，即销货单位为购货单位提供了商业信用，这对购买方有很大的吸引力。企业出于扩大销售占领市场竞争的需要，往往采用赊销的方式招揽顾客，于是就产生了应收账款。

3. 为了减少存货。由于赊销可以扩大商品销售量，就会使库存商品减少，这有利于降低商品的保管费用。因此，当库存商品较多时，可以适当采用赊销方式来减少商品库存量，从而加速存货向销售收入的转化，降低商品的保管费用。

所以，应收账款就成为企业扩大销售，减少存货，以获取更多利润而进行的投资。

（二）应收账款的成本

企业在采用赊销方式促进商品销售、减少货物储存量的同时，会因持有应收账款而付出一定的代价，这种代价即为应收账款的成本，或称"信用成本"。具体包括：

1. 机会成本或资金成本。应收账款的机会成本，是指因资金投放在应收账款上而丧失的其他途径投资的潜在收益。应收账款的资金成本，是指占用在应收账款上的资金假定是借入的而应负担的利息。

2. 收账费用，或称应收账款的管理成本，是指在催收应收账款过程中而发生的费用，如查询邮电费、催收差旅费、诉讼费、客户资信调查费等。

3. 坏账损失，或称应收账款的坏账成本，是指无法收回的应收账款而发生的损失。

4. 现金折扣，是企业为了激励购买者尽早支付货款而在既定的商品价格上所做的扣减，是给购货者及时付款的价格优惠。给予现金折扣，直接减少企业的收益，仍是一种信用成本。

从以上叙述可知，应收账款主要是由于赊销引起的，而赊销有利于扩大销售，增加收益。但应收账款占用的资金也是花费代价取得的，即有筹资成本；不仅如此，还有可能发生收账费用、坏账损失。所以，对应收账款的管理，就是要在扩大销售增加收益与占用资金的成本及收账费用、坏账损失之间权衡作出选择，其目标是使企业能够持久地获得较多的利润。

二、应收账款政策

应收账款政策也称信用政策，是企业对应收账款进行控制而确立的基本原则与行为规范。企业要想管好应收账款，首先应制定合理的应收账款政策。

（一）信用标准

信用标准，是指企业同意授予客户商业信用（延期付款）时，要求客户所应具备的条件。如客户的资产负债率、流动比率、净资产收益率应在多少以上才能提供商业信用。如果客户达不到信用标准，便不能享受企业的信用或只能享受最低的信用优惠。如果企业把信用标准定得过高，将使一些客户因达不到信用标准而被拒之门外，这虽然有利于减少应收账款，从而减少或避免应收账款的成本费用和坏账损失的发生，但对企业的竞争能力和销售收入有一定不利影响。如果企业把信用标准定得过低，虽然有利于吸引客户来扩大销售收入和增强市场竞争力，但会导致应收账款增加，从而使应收账款的成本费用和坏账损失增加。所以，企业在选择信用标准时应考虑能否增加企业的收益和客户到期或延期后付款的可能性。

（二）信用期限

信用期限，是企业允许客户购货后延期付款的时间。如果信用期限较长，意味着给顾客的信用条件优越，自然会吸引更多的现金支付能力不强的客户，可以增强企业销货的竞争能力，增加销售收入，但会使应收账款增加，从而使应收账款的成本费用增加、发生坏账的可能性增大。如果信用期限较短，或坚持现款销售，这有利于减少或避免应收账款的成本费用和坏账损失的发生，但会将现金支付能力不强的客户拒之门外，会使销售收入减少。因此，企业应恰当地规定信用期限，使延长信用期限所获得的收益必须大于由此发生的费用和损失。

（三）现金折扣

现金折扣，是企业为了防止应收账款被长期占用而采取的策略措施。采用现金折扣或给予较多的现金折扣，客户可能会在现金折扣期内付款，有可能尽早地收回货款，加速资金周转，减少或避免应收账款的成本费用和坏账损失的发生，但会减少企业的收益。如果不给现金折扣或折扣较少，虽然会使销售价格不变或少减少收益，但客户不会尽早付款，会使应收账款增加，从而使应收账款的成本费用增加、发生坏账的可能性增大。所以，企业在确定给客户多少现金折扣时，应考虑采用现金折扣所减少的费用支出和损失是否大于因此所减少的收益。

（四）收账政策

收账政策，是企业对不同过期应收账款所采取的收款策略与措施，包括准备为此付出的代价。采用较严格的收账政策，如催款措词严厉、提起诉讼，可以提高应收账款的收回率，减少应收账款的资金成本和坏账损失，但可能会使与客户关系恶化，减少未来销售额，增加收账费用。宽松的收账政策，可能会增加未来销售额，但可能会使应收账款拖欠时间较长，使资金成本增加和发生坏账的可能性增大。因此，企业应权衡目前与长远的利弊，慎重选择收账政策。

三、客户信用评估

(一) 信用评估应考虑的因素

企业在授予客户信用交易前,往往要对客户的资信状况进行调查分析,进而评估客户的信用等级。通常是利用"五 C"系统来评价客户的资信状况。

1. 品质 (character)。指客户试图履行偿还其债务的可能性,即顾客赖账的可能性。每一笔信用交易都隐含着客户对企业支付的承诺,所以,这一点被视为评估顾客信用的首要因素。企业应了解客户过去的付款记录,看其是否具有按期如数偿债的一贯做法。可通过计算按期付款占赊购额的比率,调查货款拖欠时间长短来判断其履约情况。

2. 能力 (capacity)。指客户的偿债能力,通常用其流动资产的数量和质量与流动负债的比例来判断。如计算客户的流动比率、速动比率等指标,根据指标高低来判断。客户的流动资产越多,变现能力越强,流动负债越少,偿债能力就越强,货款被拖欠的可能性就越小。

3. 资本 (capital)。指客户的财务实力和财务状况,表明客户可能偿还债务的背景。通常看其资本金的多少、资本与负债的比例和资本收益率的高低。客户资本金越多,资本占资金来源的比例越大,资本收益率越高,意味着偿付货款的可能性越大。

4. 抵押 (collateral)。指客户为获得企业的信用而提供给企业作为担保抵押品的资产。这对于不知底细或信用状况有争议的客户尤为重要。如果客户能提供足够的抵押,就可以考虑提供相应的信用。作为抵押品,必须是客户具有所有权的、有经济价值的、能够变现的资产,应以目前可变现价值来衡量。

5. 行情 (conditions)。指可能影响顾客偿债能力的经济环境。如经济发展趋势,某一特定地区或部门的特殊发展方向等。如果客户所处的经济环境有可能向好的、有利的方面发展,将可增强客户的支付能力;反之,将会减弱客户的支付能力。

(二) 信用评估方法

以上"五 C"系统是评价客户信用状况应考虑的相关因素。为了确认客户的信用水平,可对客户的一系列财务比率和信用状况进行评分,按事先确定的各种财务比率和信用状况的权数进行加权平均,得出客户的综合信用分数,以此来划分信用等级,确定是否赊销和赊销多少。信用评估的基本程序是:

1. 选定指标,按其重要性给予权数。指标的选定应着重看其支付能力和守信情况,一般为 8~10 项,应尽量用定量指标表示,也可有定性指标,如赊购履约情况。定量指标应是用数值越高越好的表述方法,不要用数值越低越好的表述方法,如产权比率是越低越好,可以改成资本负债倍数(资本÷负债)。根据每项指标对支付货款影响的大小给予适当的权数,总权数为 100 分。

2. 确定理想值(最佳值)。即确定每项定量指标在最好状态下的数值。这里说的最好状态数值,是指对支付能力能起保障作用的、没有不利影响的和不会发生违约事件的数值。可参照信用优良企业的指标和结合社会经济发展情况来确定。

3. 搜集确定客户值。即搜集客户有关指标的实际数值。定性指标只能搜集相关资料。

4. 计算客户信用分数。单项定性指标由评估人员考虑有关情况评定分数。单项定量指标得分计算公式是:

单项定量指标得分 = 该项指标客户值 ÷ 该项指标理想值 × 100

需注意的是，每项指标得分最高不得超过100分，最低为0分，不能为负分，以免在合计时对其他指标得分具有增减调节作用。

计算确定了单项指标得分后，就可以按照权数计算加权分。计算公式是：

单项指标加权分 = 每项指标得分 × 该项指标权数 ÷ 100

客户信用评估总分 = 各单项指标加权分之和

信用评估计分表如表5-3所示。

表5-3　　　　　　　　　　　信用评估计分表

指　标	权数	理想值	客户值	指标得分	加权分
赊购履约情况	16			80	12.8
流动比率	10	2.5	1.5	60	6
资本负债倍数	9	1.5	1	67	6
净资产收益率	10	16%	17%	100	10
……					
合　计	100	—	—	—	—

一般来说，信用分数在70分以上才认为信用状况较好，收回货款的风险较小。信用等级可在50分以上每间隔10分确定一个等级，从高到低依次为优（90~100分）、良（80~89分）、中（70~79分）、较差（60~69分）、差（50~59分）。

从以上计算可看出，每项指标的权数和理想值的高低对最终得分有很大影响，所以应慎重确定权数和理想值。

四、信用政策选择

应收账款信用政策的选择，主要是考虑信用政策的严格与宽松对企业收益的影响而作出的选择。一般来说，能够增加企业收益的信用政策，则可采用；不能增加企业收益的信用政策，则不能采用。当然，应尽量选用能够较多地增加企业收益的信用政策。

（一）是否采用赊销方式的选择

企业是否采用赊销方式，要看赊销可获得的利润是否大于现款销售获得的利润。如果赊销可获利润大于现款销售利润，则可采用赊销方式；反之，则不能采用赊销方式。就要分别计算出现款销售利润和赊销可获利润，其计算公式是：

现款销售利润 = 现款销售量 × (单价 − 单位变动成本) − 固定成本

赊销可获利润 = 赊销销售量 × (单价 − 单位变动成本) − 固定成本 − 信用成本

信用成本也称赊销成本，包括应收账款利息、收账费用和坏账损失。应收账款利息即为应收账款占用资金应负担的利息，是随着赊销期的延长而增加的。赊销期一般是指从商品发出到收回该批货款为止的天数。应收账款的每日平均收账费用占赊销额的比率称为日均收账费率。应收账款的每日平均坏账损失占赊销额的比率称为日均坏账损失率。假定收账费用和坏账损失是随着赊销期的延长而增加，则赊销信用成本的计算公式是：

$$\text{信用成本（赊销成本）} = \text{赊销销售量} \times \text{单价} \times \text{赊销期} \times \left(\text{贷款日利率} + \text{日均收账费率} + \text{日均坏账损失率} \right)$$

【例 5-3】某商品如果一律采用现款销售方式,每年可销售 5000 件,单价 400 元,每件变动成本 280 元,全年固定成本 350000 元。如果按 30 天付款期赊销商品,预计全年销售量可扩大 5%。如果按 60 天付款期赊销商品,预计全年销售量可扩大 16%。估计日均收账费率为 0.025%,日均坏账损失率为 0.01%,银行流动资金贷款日利率为 0.02%。则:

现款销售利润 = 5000 × (400 - 280) - 350000 = 250000(元)
赊销期 30 天信用成本 = 5000 × (1 + 5%) × 400 × 30 × (0.02% + 0.025% + 0.01%)
   = 34650(元)
赊销期 30 天利润 = 5250 × (400 - 280) - 350000 - 34650 = 245350(元)
赊销期 60 天信用成本 = 5000 × (1 + 16%) × 400 × 60 × (0.02% + 0.025% + 0.01%)
   = 76560(元)
赊销期 60 天利润 = 5800 × (400 - 280) - 350000 - 76560 = 269440(元)

从以上计算结果可看出,如果采用赊销期为 30 天的销售策略,比现款销售获得利润少 4650 元,因而不可以采用付款期为 30 天的赊销方式。如果采用赊销期为 60 天的销售策略,比现款销售获得利润多 19440 元,因而可以采用付款期为 60 天的赊销方式。

(二)是否采用现金折扣策略的选择

企业能否采用现金折扣策略,要看采用现金折扣策略后的所有信用成本是否小于没有现金折扣的信用成本,即给予了现金折扣的赊销利润是否大于没有现金折扣的赊销利润。采用现金折扣策略后的所有信用成本,包括应收账款利息、收账费用、坏账损失和现金折扣损失。现金折扣损失计算公式是:

现金折扣损失 = 赊销销售量 × 单价 × 现金折扣率

【例 5-4】接例 5-3,假定在 60 天的赊销期中现金折扣条件为 2/10,1/20,n/60,估计有 30% 货款的客户会在 10 天内付款,20% 货款的客户会在 20 天内付款。则:

将发生现金折扣损失 = 5800 × 400 × (30% × 2% + 20% × 1%) = 18560(元)

在有现金折扣情况下,要计算应收账款利息,先要计算平均收现期(赊销期)。其计算公式是:

平均收现期(赊销期) = ∑(某期内付款比例 × 该期天数)

购货单位准备在现金折扣期内付款,一般是在折扣期的最后一天付款,以便最大限度地无偿占用销货单位的资金。按上述现金折扣条件:

平均收现期(赊销期) = 30% × 10 + 20% × 20 + (1 - 30% - 20%) × 60 = 37(天)
应收账款利息 = 5800 × 400 × 37 × 0.02% = 17168(元)

在有现金折扣情况下,应收账款的收账费用和坏账损失,可只按没有现金折扣的赊销额计算,因为在现金折扣期内能收到货款,就意味着没有发生收账费用和坏账损失。这样:

给予现金折扣后的收账费用 = 5800 × 400 × 50% × 60 × 0.025% = 17400(元)
给予现金折扣后的坏账损失 = 5800 × 400 × 50% × 60 × 0.01% = 6960(元)
给予了现金折扣的所有信用成本 = 18560 + 17168 + 17400 + 6960 = 60088(元)
给予了现金折扣的赊销利润 = 5800 × (400 - 280) - 350000 - 60088 = 285912(元)

从上述计算可看出,给予了现金折扣的所有信用成本(60088 元)比没有现金折扣的信用成本(76560 元)要少,给予了现金折扣的赊销利润(285912 元)比没有现金折扣的赊销利润(269440 元)要多,因此,可采用 2/10,1/20,n/60 的现金折扣条件。

五、应收账款控制

(一) 赊销保利期和保本期的测算

赊销保利期,就是采用赊销方式销售商品收回的货款,能够保住现金折扣损失以后销售利润的赊销期限。根据上述现金折扣策略的道理,采用赊销方式要发生赊销成本(信用成本),不赊销采用现款销售方式要发生现金折扣损失。如果两者必具其一,那么现金折扣损失与按赊销期计算的赊销成本相等,这个赊销期就是赊销保利期。按以上现金折扣损失和赊销成本(信用成本)的计算方法推算赊销保利期的计算公式是:

$$赊销销售收入 \times 现金折扣率 = 赊销销售收入 \times 赊销期 \times \left(\frac{贷款}{日利率} + \frac{日均收账费率}{} + \frac{日均坏账损失率}{}\right)$$

$$赊销保利期 = \frac{现金折扣率}{贷款日利率 + 日均收账费率 + 日均坏账损失率}$$

计算赊销保利期的现金折扣率如何确定,如果只有一个现金折扣,就按该折扣率计算;如果同时有几个现金折扣,可按加权平均折扣率计算。按例5-3和例5-4数据,计算为:

$$平均现金折扣率 = \frac{18560}{5800 \times 400 \times (30\% + 20\%)} \times 100\% = 1.6\%$$

$$赊销保利期 = \frac{1.6\%}{0.02\% + 0.025\% + 0.01\%} = 29.1 \approx 29 \text{(天)}$$

根据以上条件计算,可认为赊销期超过29天,将使赊销成本大于1.6%的现金折扣损失,所以赊销期最好应控制在29天之内。

赊销保本期,就是采用赊销方式销售商品收回的货款,既无利润,又不亏本,能保住销售成本的赊销期限。它表示赊销发生的应收账款,按赊销期计算的占用资金应付利息与收账费用之和,同现款销售该货款可实现的利润相等。或者说,如果采用现款销售可实现的利润,被没有采用现款销售即赊销发生的应收账款占用资金的利息和收账费用抵销了。其计算公式推导是:

$$销售收入 \times 现款销售利润率 = 销售收入 \times 赊销期 \times (贷款日利率 + 日均收账费率)$$

$$赊销保本期 = \frac{现款销售利润率}{贷款日利率 + 日均收账费率}$$

就一笔货款来说,收回时可保住销售成本,表明没有发生坏账损失,所以在计算赊销保本期时,可以不考虑坏账损失。

根据例5-3计算数据,则:

$$现款销售利润率 = \frac{250000}{5000 \times 400} \times 100\% = 12.5\%$$

$$赊销保本期 = \frac{12.5\%}{0.02\% + 0.025\%} = 277.8 \approx 278 \text{(天)}$$

根据以上条件计算,可认为赊销期超过278天,将意味着收回的货款连销售成本就保不住,所以赊销期最长界限应控制在278天之内。

(二) 应收账款账龄分析

应收账款账龄分析,是对现有应收账款被拖欠的时间进行分析,通常是计算应收账款逾期的各时间段金额占全部应收账款的比重,来观察应收账款风险的大小以及收回的可靠程度,以便采取相应的措施。

一般来说,应收账款被拖欠的时间越长,催收的难度就越大,收回的可能性就越小,成为坏账的可能性就越大。因此,进行应收账款的账龄分析,列示各账龄段的金额和比重,就可以为制定收账政策提供有用信息。

【例5-5】某企业上年和本年的应收账款账龄分析计算如表5-4所示。

表5-4　　　　　　　　　　应收账款账龄分析表

应收账款账龄	上　年			本　年			累计比重差异(%)
	金额(万元)	阶段比重(%)	累计比重(%)	金额(万元)	阶段比重(%)	累计比重(%)	
信用期内	18	22.5	22.5	16	18.2	18.2	-4.3
逾期1~30天	10	12.5	35	20	22.7	40.9	5.9
逾期31~60天	8	10	45	16	18.2	59.1	14.1
逾期61~90天	16	20	65	18	20.5	79.6	14.6
逾期91~180天	14	17.5	82.5	8	9.1	88.7	6.2
逾期181~270天	6	7.5	90	6	6.8	95.5	5.5
逾期271~360天	4	5	95	4	4.5	100	5
逾期一年以上	4	5	100	0			
合　计	80	100	—	88	100	—	

利用应收账款账龄分析表,可以提供有多少应收账款尚在信用期内,有多少应收账款超过了信用期,超过时间长短的款项各有多少等信息。

从表5-4中看出,应收账款拖欠的时间本年比上年有所好转,虽然在信用期内的比重本年比上年降低了4.3%,但逾期在3个月以内的比重本年比上年提高了14.6%,本年近80%的应收账款是在逾期3个月以内,而上年逾期在3个月以内的应收账款是65%,这说明企业在应收账管理方面有些成效。但仍要采取措施积极催收,因为毕竟逾期的应收账款占的比重较大。

(三) 应收账款日常控制措施

只有真正收回了应收账款,企业的盈利才能真正实现,才能使资金再次循环周转。所以,企业应加强应收账款的日常控制。可从以下几个方面采取措施:

1. 认真签订经济合同,使应收账款具有法律保障。通过签订经济合同,以法律形式来约束拖欠货款的行为,使应收账款从发生开始就受到法律保护。所以,经济合同中要明确信用交易发生的原因、还款期限、还款方式、交货方式、货物质量、交货时间、双方不能履行合同的责任等内容,以便日后作为纠纷仲裁的依据。

2. 详细记载应收账款的发生和收回情况,掌握购货单位的履约情况。只有有了应收账款的详细记录,才便于按时催收应收账款和发现不正常的应收账款,才能为正确评价客户信用状况提供可靠依据。企业除会计账簿记录外,还应编制账龄分析表,将超过信用期较长和信用状况较差的应收账款作为管理重点。

3. 制定收账政策,妥善催收应收账款。企业财务部门应经常清查应收账款,特别是对近期有可能收回的货款,应积极查询弄清原因,以便采取恰当的措施催收。在催收工作中,应讲究策略。对过期较短的客户,应客气地、措辞婉转地通知对方,不应要求过严,以免影响未来的销售市场。客户因暂时的财务困难而过期的账款,应妥善协商解决。如果双方有分歧,无法解决,可提请有关部门仲裁或向司法机关诉讼。企业在催收应收账款时,应注意收账效益,不能使收回的账款低于收账费用。

4. 适当计提坏账准备,减少财务风险。企业计提坏账准备,不仅是在实际发现坏账时有一定的准备金可供冲减,以免造成财务困难,而且在没有坏账时给企业提供了一笔无偿的资金来源。企业应在国家制度允许的范围内,适当计提坏账准备,建立一定数量的风险基金,以保证经营活动的正常进行。

第三节 存货管理

一、存货的特点和必要性

存货,是指企业在日常生产经营过程中为准备销售或消耗而持有,或为销售而处在生产过程中的各种实物资产,包括原材料、燃料、低值易耗品、包装物、在产品、半成品、产成品、商品等。

(一) 存货的特点

企业的存货,相对于其他方面的资产而言,具有以下特点:

1. 存货是实物资产。存货都有物质实体,不同于无形资产、货币资金、债权资产。具有物质实体的存货,就需要具有一定物质技术条件的地方(仓库)存放,在保管、收发过程中需要进行搬移、整理和运输。因此,拥有存货就要发生保管费用、运输费用等,就要在存货的原有成本(买价或制造成本)上追加耗费。

2. 存货具有变动性。就工业企业而言,随着生产经营活动的不断进行,需要不断地购买材料物品,不断地领用投入生产过程,产品生产完工后要适时地发售出去。因此,存货的形态在生产经营过程中是不断变化的,从材料变为在产品,再变为产成品,最后发售出去。存货的形态每变动一次,就要发生一定的人力、物力耗费,其成本就要增加一部分。因此,存货的资金占用量也是在经常变动的。

3. 存货具有时效性。任何存货都是具有一定特定用途的,只能在一定时期内发挥效用。如具有季节性消费的商品,过了季节其价值就要降低;部分化学生物制品及食品,存放时间长就会失效或变质;部分科学技术含量高的机器用品,存放时间长物体虽然完好,但新的、性能更好的物品出现会取代原有物品的功能,就使它失去了使用价值。所以,存货有发生潜在损失的可能性。

(二) 存货的必要性

企业拥有存货主要出于以下几个方面的考虑:

1. 为了保证生产经营耗费的需要。企业从事生产经营活动必然要耗费一定数量的物质资料,必须适当地、经常地储存一些材料用品,以防止供求脱节。为了防止各生产阶段、各环节的不均衡、不协调,也需要经常储存一定数量的半成品。所以,在市场物资供求波动时,在生产不均衡时,存货可以起到"蓄水池"的作用。

2. 为了保证销售和便利实现销售。有的商品销售具有很强的季节性,为了保证旺季销售,取得较好的收益,必须在淡季生产或采购建立一定的储备量。产品的销售往往是成批进行的,在产品陆续产出的情况下,为了组织成批发货、发运,必然会有一定的产成品储存。

3. 为了节约成本、费用支出。市场供求状况是经常在变化的,货物的价格有时会涨落。企业应在市场供应较好,价格水平较低时,大量购入货物,以节约购买成本。有时整批大量购入货物,可以获得价格优惠,从而节约购买成本。这样,大量购入,分批陆续耗用,必然形成一定的库存量。

从存货的特点来看,存货越少越好。但企业为了保证和便利从事经营活动,又必须要有一定数量的存货。所以,存货的管理目标是,在保证生产经营需要的前提下,尽量减少存货的数量,降低存货的成本,以获得较大的长期利益。

二、经济采购批量的确定

经济采购批量,是在基本保证生产或销售需要的前提下,使存货(材料、商品)相关成本最低的每次购买的货物数量。

(一) 存货购置和储存的成本

存货购置和储存的相关成本,应该包括买价、采购费用、保管费用和短缺损失,可相应称为购买成本、订货成本、储存成本和缺货成本。

买价即购买成本,指购买存货时销货单位所开发票上的价格。

采购费用即订货成本,指企业为组织进货所开支的费用,如材料采购时所发生的办公费、运输搬运费、电讯费、差旅费等。这些费用大部分与采购次数成正比例关系变化,一定时期内采购次数越多,发生的采购费用也越多。

保管费用即储存成本,指企业为保持存货而发生的费用,包括仓库费用(折旧费、维修费)、保管人工费用、保险费用、存货破损霉变损失、存货占用资金应负担的利息等。这些费用大部分与存货的数量成正比例关系变化,仓库储存的货物越多,发生的保管费用也越多。

短缺损失即缺货成本,指由于存货量不足,供应中断而给企业造成的损失。如材料供应中断而造成的停工损失,商品供应中断而丧失的销售机会或延期发货造成的信誉损失。通常用因停工待料而发生的费用支出和因无货销售而减少的收益来计算短缺损失。短缺损失与存货的数量成反方向变化,库存的货物数量越少,发生短缺损失的可能性越大。

(二) 经济采购批量的基本计算模式

在研究经济采购批量的基本计算模式时,其条件假定是:(1)所需货物市场供应良好,即可随时购买;(2)每次购买量都是集中到货,即一次购买量在一天内全部运回入库,不是陆续运回入库;(3)不允许缺货,即无缺货成本;(4)不考虑商业折扣,即无论购买批量大小其价格不变;(5)货物的每次采购费用基本相同,即无论购买批量大小每次采购费用基本不变;(6)存货的耗用或销售比较均衡,即每日耗用或销售量基本相同。这样,可只考虑采购批量的大小对采购费用和保管费用的影响。下面以采购材料为例说明。

在一定时期内,材料采购总量一定和费用水平基本不变时,每次采购材料批量大,采购次数就少,所支付的采购费用也少;但材料采购批量大,采购间隔期长,平均库存量就多,占用的资金和发生的保管费用也多。每次采购批量小,采购次数就多,所支付的采购费用也多;但采购批量小,可以缩短材料的周转库存期,可以减少库存材料数量和占用资金数量,发生的保管费用也少。在只考虑采购费用和保管费用对采购批量影响时,其费用与批量的关系如图5-4所示。

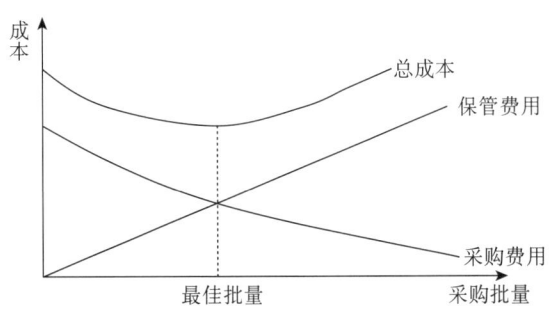

图5-4 采购批量与成本关系图

确定经济采购批量,就是要找出使全年的采购费用与全年的保管费用之和为最低的最佳采购批量。

设:Q——某材料年度采购总量;

F——每次采购费用;

C——单位材料年平均保管费用;

A——经济(最佳)采购批量。

则:年采购次数 = $\frac{Q}{A}$ 年采购费用 = $F \cdot \frac{Q}{A}$

平均库存量 = $\frac{A}{2}$ 年保管费用 = $C \cdot \frac{A}{2}$

年采购、保管费用总额 = $F \cdot \frac{Q}{A} + C \cdot \frac{A}{2}$

【例5-6】某企业全年需采购甲材料1800吨,每次采购费用500元,每吨材料年平均保管费用80元。不同批量下的有关成本计算如表5-5所示。

表5-5   采购批量成本计算表

采购批量(吨)	100	120	150	180	200
采购次数(次)	18	15	12	10	9
平均库存量(吨)	50	60	75	90	100
采购费用(元)	9000	7500	6000	5000	4500
保管费用(元)	4000	4800	6000	7200	8000
费用合计(元)	13000	12300	12000	12200	12500

从表5-5计算看出,在只考虑采购费用和保管费用的情况下,每次购买量为150吨时,两者之和为最低,即每次购150吨为经济采购批量。

从表 5-5 计算看出，当总采购费用与总保管费用两者相等时，两者之和为最低。即：

$$F \cdot \frac{Q}{A} = C \cdot \frac{A}{2}$$

从而可推算出经济采购批量的基本计算模型公式是：

经济采购批量 $A = \sqrt{\dfrac{2 \cdot Q \cdot F}{C}}$

按例 5-6 数据，用公式计算为：

经济采购批量 $= \sqrt{\dfrac{2 \times 1800 \times 500}{80}} = 150$（吨）

年采购费用 $= 500 \times \dfrac{1800}{150} = 6000$（元）

年保管费用 $= 80 \times \dfrac{150}{2} = 6000$（元）

年采购次数 $= 1800 \div 150 = 12$（次）

采购间隔期 $= 360 \div 12 = 30$（天）

（三）考虑价格优惠的经济采购批量

在货物供过于求的情况下，采购批量大，销货单位则可能给予一定的价格优惠。购买批量越大，价格越便宜，这个低于标价的差额通常称为商业折扣（也称数量折扣）。这种情况下求经济采购批量，除了考虑采购费用和保管费用外，还应考虑节省的货款，可计算出无商业折扣、有商业折扣各种批量的总成本进行比较判定，选择总成本较低的采购批量。

总成本 = 购买总价 + 采购费用 + 保管费用

接例 5-6，假定供货单位规定，甲材料每吨基本价格为 240 元，如果每次购买量达到 200 吨时，价格折扣率为 1%。计算各种批量的总成本选择采购批量。

无商业折扣，每次购买量为 150 吨，则：

总成本 $= 1800 \times 240 + 500 \times \dfrac{1800}{150} + 80 \times \dfrac{150}{2} = 432000 + 6000 + 6000 = 444000$（元）

有商业折扣，每次购买量为 200 吨，则：

总成本 $= 1800 \times 240 \times (1 - 1\%) + 500 \times \dfrac{1800}{200} + 80 \times \dfrac{200}{2} = 427680 + 4500 + 8000$

$\qquad = 440180$（元）

由此看出，每次购买量为 200 吨的总成本比每次购买量为 150 吨的总成本要少，应以 200 吨为经济采购批量。全年应采购 9 次（1800÷200），采购间隔期为 40 天（360÷9）。

（四）存货在陆续入库和陆续领用发出情况下的经济采购批量

上述经济采购批量的计算，是假定每批购进存货一次全部入库。在实际生活中，每批购进的存货有可能是陆续收到入库（销货单位陆续送货），使库存量陆续增加。在陆续领用发出（耗用）的情况下，每次购买量并不是最高库存量，其库存量要受到收货期的影响，如图 5-5 所示。

在陆续入库和陆续领用情况下，求最高库存量时，应在一次进货量中扣除收货期内的领用发出（耗用）量。

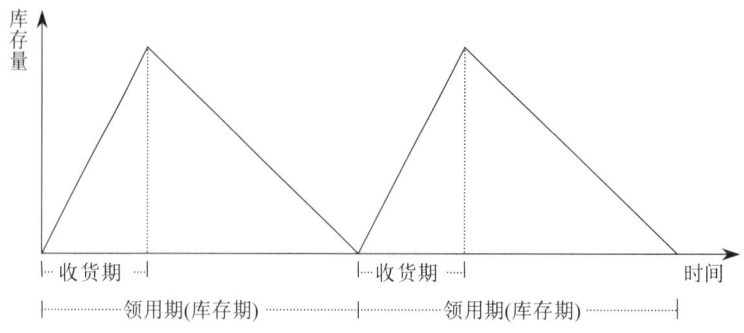

图 5-5 存货在陆续入库和领用情况下的库存变动图

设：b——每日收货（入库）量；
　　d——每日领用发出（耗用）量；
　　A——采购批量。

则：一批材料全部收到所需日数（收货期）= $\dfrac{A}{b}$

收货（入库）期内耗用量 = $\dfrac{A}{b} \cdot d$

每批材料收完时最高库存量 = $A - \dfrac{A}{b} \cdot d$

平均库存量 = $\dfrac{1}{2}\left(A - \dfrac{A}{b} \cdot d\right) = \dfrac{A}{2}\left(1 - \dfrac{d}{b}\right)$

年保管费用 = $\dfrac{A}{2}\left(1 - \dfrac{d}{b}\right) \cdot C$

年采购、保管费总额 = $F \cdot \dfrac{Q}{A} + \dfrac{A}{2}\left(1 - \dfrac{d}{b}\right) \cdot C$

要求费用总额最低的批量，根据数学推算，两者相等两者之和为最低。即：

$$F \cdot \dfrac{Q}{A} = \dfrac{A}{2}\left(1 - \dfrac{d}{b}\right) \cdot C$$

经济采购批量 $A = \sqrt{\dfrac{2 \cdot Q \cdot F}{\left(1 - \dfrac{d}{b}\right) \cdot C}}$ 　　或：$A = \sqrt{\dfrac{2 \cdot Q \cdot F}{C} \cdot \dfrac{b}{b - d}}$

【例 5-7】某企业全年需用甲材料 1800 吨，每日领用发出（耗用）量 5 吨，供货单位每日送货 20 吨（入库），每次采购费用 500 元，每吨年平均保管费用 80 元。则：

经济采购批量 = $\sqrt{\dfrac{2 \times 1800 \times 500}{\left(1 - \dfrac{5}{20}\right) \times 80}} = 173.2$（吨）

年采购费用 = $500 \times \dfrac{1800}{173.2} = 5196$（元）

年保管费用 = $\dfrac{173.2}{2} \times \left(1 - \dfrac{5}{20}\right) \times 80 = 5196$（元）

在实际工作中，采购批量一般按整数（当然要看计量单位的大小）计算。

三、存货保险储备量和库存占用的资金

(一) 存货保险储备量的确定

存货保险储备量,是指为了防止货物因意外原因造成供应偶然中断,以保证生产经营耗用的需要而建立的储备量。因意外原因通常是指:供货单位不能按期交货,运输受阻,虽运回但质量不符,或者耗用量增大等情况。这些情况发生在没有保险储备的情况下,就会造成缺货损失(停工或无货销售)。但保险储备在正常情况下是备而不用的,因此,它是长期占用着资金。

例如:某材料每日耗用5吨,采购间隔期为40天,确定保险储备量为50吨。则:

在正常情况下每次购买量 = $40 \times 5 = 200$(吨)

在每次购买集中到货情况下最高库存量 = $200 + 50 = 250$(吨)

保险储备可供耗用日数 = $50 \div 5 = 10$(天)

有关库存量(集中到货)与时间的关系如图5-6所示。

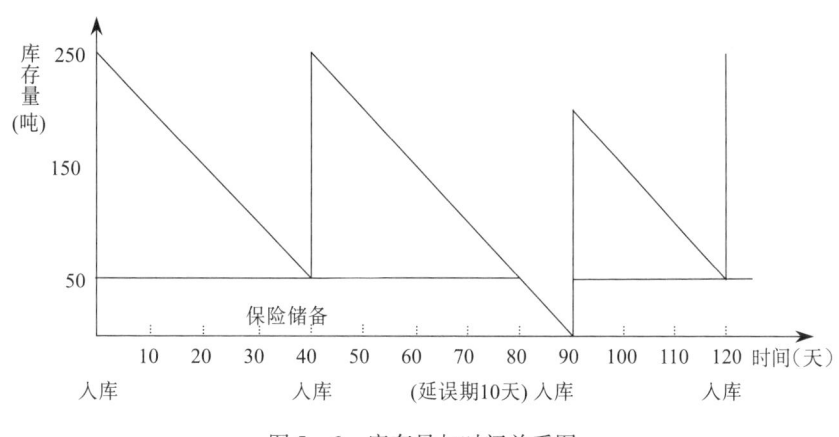

图5-6 库存量与时间关系图

从图5-6中看出,不建立保险储备,存货的平均库存量少使保管费用较少,但如果供应中断会发生缺货损失;建立保险储备,可以避免供应中断造成的缺货损失,但存货的平均库存量增大会使保管费用增加。因此,研究存货保险储备就是要找出合理的保险储备量,使缺货损失和保管费用之和为最小。其方法是先分别计算出各种不同保险储备量的总成本,然后再对总成本进行比较,选定其中最低者。这里说的总成本可只计算缺货损失和保险储备量的保管费用。其计算公式是:

缺货损失 = 一次缺货量 × 年采购次数 × 单位缺货损失

保险储备量的保管费 = 保险储备量 × 单位存货年保管费用

在实际经济生活中,缺货具有随机性,可根据历史经验用概率表示缺货的可能性,从而计算出估计加权平均缺货量。保险储备量可选择而定。

【例5-8】某种材料全年需采购1800吨,每吨年平均保管费用80元,每吨缺货损失60元,已计算出经济采购批量为200吨。则:

年采购次数 = $1800 \div 200 = 9$(次)

日均耗用量 = $1800 \div 360 = 5$(吨)

估计到货延误期的概率（比重）和缺货量如表5-6所示。

表5-6 延误期缺货量计算表

延误期（天）	0	2	4	6	8	10	12
概率（比重%）	40	15	12	10	10	8	5
缺货量（吨）	0	10	20	30	40	50	60

注：缺货量＝延误期×日均耗用量

1. 如果不设保险储备量（保险储备量为0），则：

缺货的概率＝15%＋12%＋10%＋10%＋8%＋5%＝60%

估计加权平均缺货量＝∑（各种情况下缺货量－保险储备量）×各种情况下概率

估计加权平均缺货量＝(10－0)×15%＋(20－0)×12%＋(30－0)×10%＋(40－0)×10%＋(50－0)×8%＋(60－0)×5%

＝17.9（吨）

缺货损失＝17.9×9×60＝9666（元）

保险储备保管费＝0×80＝0

2. 如果设置保险储备量为10吨（延误2天时不缺货），则：

缺货的概率＝12%＋10%＋10%＋8%＋5%＝45%

估计加权平均缺货量＝(20－10)×12%＋(30－10)×10%＋(40－10)×10%＋(50－10)×8%＋(60－10)×5%

＝11.9（吨）

缺货损失＝11.9×9×60＝6426（元）

保险储备保管费＝10×80＝800（元）

各种不同保险储备量的总成本计算如表5-7所示。

表5-7 不同保险储备量总成本计算表

保险储备量（吨）	0	10	20	30	40	50	60
缺货的概率（%）	60	45	33	23	13	5	0
估计加权平均缺货量（吨）	17.9	11.9	7.4	4.1	1.8	0.5	0
缺货损失（元）	9666	6426	3996	2214	972	270	0
保险储备保管费（元）	0	800	1600	2400	3200	4000	4800
总成本（元）	9666	7226	5596	4614	4172	4270	4800

从表5-7看出，设置保险储备为40吨，总成本最低。

（二）再订货点的确定

再订货点，是指企业再次发出订货单时，存货尚有的库存量。即随着存货被陆续领用至库存量下降到某一点时应开始再次订货。一般来说，企业的存货不能做到随用随买，因此不能等存货用完时再去订货，而需要在存货没有用完时提前订货，所以就要确定再订货点。

相对于货物运回入库日期来说，距离再订货时的日期称为订货提前期。再订货时的日期至货物运回入库的日期这段时间称为交货期。交货期就是订货提前期。

为了保证生产经营活动的连续进行,就要在上次采购入库的货物还没有用完之前订货,就要考虑在交货期内货物耗用量,从而确定再订货点货物库存量。

交货期内耗用量 = 平均交货时间(天) × 平均每天需要量
= 无保险储备再订货点库存量

有保险储备再订货点库存量 = 保险储备量 + 平均交货时间(天) × 平均每天需要量

再订货点库存量的确定如图 5-7 所示。

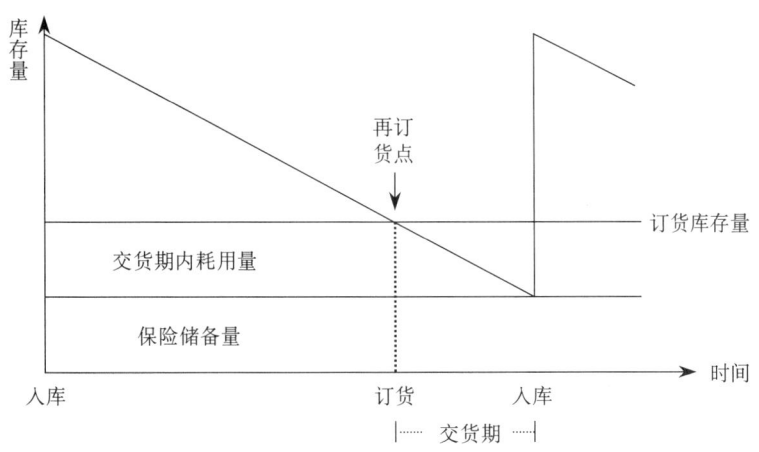

图 5-7 再订货点库存量图

需说明的是,订单虽然提前发出,但订货间隔时间、订货（采购）批量、订货次数不变,故提前订货期对经济订货（采购）批量并无影响。

(三) 存货库存平均占用的资金

按照上述经济采购批量平均库存量的计算方法,和保险储备量的使用情况（正常情况备而不用）,库存材料平均占用的资金计算公式是:

库存材料平均占用的资金 = 材料平均库存量 × 材料单位成本

为了计算简便,存货的单位成本可只按买价或制造成本计算。

在材料有保险储备量和每次采购批量集中到货的情况下:

材料平均库存量 = 保险储备量 + 经济采购批量 ÷ 2

按例 5-6 资料,甲材料每吨基本价格为 240 元,已计算出经济采购批量为 200 吨,价格折扣率为 1%；并设置保险储备 30 吨。则:

库存甲材料平均占用的资金 = (30 + 200 ÷ 2) × 240 × (1 - 1%) = 30888 (元)

在材料有保险储备量和每次采购批量陆续运回入库并陆续领用发出的情况下:

$$\text{材料平均库存量} = \text{保险储备量} + \frac{\text{经济采购批量}}{2} \times \left(1 - \frac{\text{每日领用发出量}}{\text{每日运回入库量}}\right)$$

四、经济投产批量的确定

(一) 经济投产批量的基本计算模式

在成批生产的企业里,经常会遇到究竟每批生产多少数量,全年分几批生产最为经济的问题。要对这个问题作出决策,主要需考虑调整准备成本和储存成本的影响。

调整准备成本，是指每批投产前需要进行一些调整准备工作而发生的成本。如调整机器、清理现场、准备或补充工卡模具、布置生产线、编制派工计划、领取原材料、准备生产作业记录等都要发生相关费用。这种成本与产品生产批数成正比例关系变化，批数越多，调整准备成本也越多。这种成本不随每批产品数量的变动而变动，具有固定费用的性质。

储存成本也称保管费用，是指产品在储存保管过程中所发生的成本，如仓库费用（维修费、折旧费）、保险费用、保管人工费用、产品储存占用资金的利息支出等。这些费用大部分与储存的产品数量成正比例关系变化，一般来说，储存的产品数量越多，储存总成本会越多，但储存成本与产品批数的多少无关。

在全年总产量（需要量）一定的情况下，每批产量越大，全年生产的批数就越少，发生的调整准备成本就少，但发生的储存成本就多；每批产量越小，全年生产的批数就越多，发生的调整准备成本就多，但发生的储存成本就少。确定经济投产批量，就是要找出使全年的调整准备成本与全年的储存成本之和为最低的最佳生产批量。

假定每批投产的产品都在生产周期的最后一天同时完工入库，并是陆续领用或销售。

设：Q——某产品年度生产总量；

　　A——产品的每批产量；

　　F——生产每批产品的调整准备成本；

　　C——单位产品年储存成本。

则：全年生产批数 = $\dfrac{Q}{A}$　　　年调整准备成本 = $F \cdot \dfrac{Q}{A}$

　　平均库存量 = $\dfrac{A}{2}$　　　年储存成本 = $C \cdot \dfrac{A}{2}$

根据数学推算，当年调整准备成本与年储存成本两者相等时，两者之和为最低。即：

$$F \cdot \dfrac{Q}{A} = C \cdot \dfrac{A}{2}$$

从而推算出经济投产批量基本模型的计算公式是：

$$\text{经济生产批量 } A = \sqrt{\dfrac{2 \cdot Q \cdot F}{C}}$$

（二）产品在陆续完工和陆续领用发出情况下的经济投产批量

上述经济投产批量的基本模式是假定每批产品一同完工一次全部入库，并是陆续领用或销售。在实际生活中，每批投产的产品有可能是陆续生产完工入库，在每天完工入库量大于每天领用发出量的情况下，产品库存量会逐渐陆续增加，到每批生产完工的最后一天，库存量达到最高，但比一批的产量要低些。如图5-8所示。

在产品是陆续完工入库和陆续领用发出情况下，求产品最高库存量时，应在一批完工产量中扣除入库期内的耗用（领用发出）量。

设：b——每日完工入库量；

　　d——每日领用发出量；

　　A——每批投产量。

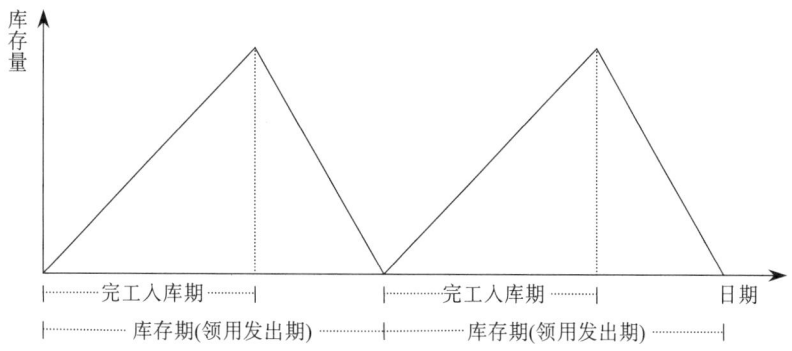

图 5-8 产品陆续完工和领用情况下的库存量图

则：一批产品全部完工入库所需的日数（完工入库期）= $\dfrac{A}{b}$

完工入库期内的耗用（领用发出）量 = $\dfrac{A}{b} \cdot d$

每批产品全部完工入库时最高库存量 = $A - \dfrac{A}{b} \cdot d$

平均库存量 = $\dfrac{1}{2}\left(A - \dfrac{A}{b} \cdot d\right) = \dfrac{A}{2}\left(1 - \dfrac{d}{b}\right)$

年储存成本 = $\dfrac{A}{2} \cdot \left(1 - \dfrac{d}{b}\right) \cdot C$

年调整准备、储存成本总额 = $F \cdot \dfrac{Q}{A} + \dfrac{A}{2}\left(1 - \dfrac{d}{b}\right) \cdot C$

年调整准备、储存成本总额最低的投产批量即为经济生产批量，其计算公式是：

经济生产批量 $A = \sqrt{\dfrac{2 \cdot Q \cdot F}{\left(1 - \dfrac{d}{b}\right) \cdot C}}$

【例 5-9】某零件年需用量 9000 个，该企业每天能生产完工（入库）60 个，每天一般领用发出 40 个，每批投产调整准备成本为 300 元，每个零件年平均储存成本为 7.2 元。则：

最佳生产批量（经济投产批量）= $\sqrt{\dfrac{2 \times 9000 \times 300}{\left(1 - \dfrac{40}{60}\right) \times 7.2}} = 1500$（个）

最佳生产批次（经济投产批次）= $9000 \div 1500 = 6$（批）

年调整准备成本 = 300×6（批）= 1800（元）

年储存成本 = $\dfrac{1500}{2} \times \left(1 - \dfrac{40}{60}\right) \times 7.2 = 1800$（元）

（三）自制或外购零部件的选择

企业生产需用的某种零部件，可以从外部购入，也可以自制，如何选择？可运用经济批量的原理，分别计算出外购的总成本和自制的总成本，选择其成本低者作为最佳方案。

零件外购的成本包括买价、采购费用和储存保管费用。零件自制的成本包括生产制造成本、调整准备成本和储存成本。一般来说，外购买价比生产制造成本要高，并由于外购集中到货使储存成本比自制边完工边领用的高；但外购的采购费用一般要比自制的调整准备成本低，这就要分别计算出外购和自制的总成本来比较。

【例 5-10】 某企业全年需耗用甲零件 9000 个，若外购每个单价为 50 元，每次采购费用为 450 元；若自制每个生产制造成本为 45 元，每批生产调整准备成本 800 元，每天可生产完工 150 个，每天一般领用发出 50 个。每个零件的年储存成本为零件价值的 20%。总成本计算为：

外购：经济批量 $= \sqrt{\dfrac{2 \times 9000 \times 450}{50 \times 20\%}} = 900$（个）

$$总成本 = 9000 \times 50 + 450 \times \dfrac{9000}{900} + \dfrac{900}{2} \times 50 \times 20\%$$

$$= 450000 + 4500 + 4500 = 459000（元）$$

自制：经济批量 $= \sqrt{\dfrac{2 \times 9000 \times 800}{\left(1 - \dfrac{50}{150}\right) \times 45 \times 20\%}} = 1549$（个）

$$总成本 = 9000 \times 45 + 800 \times \dfrac{9000}{1549} + \dfrac{1549}{2} \times \left(1 - \dfrac{50}{150}\right) \times 45 \times 20\%$$

$$= 405000 + 4648 + 4647 = 414295（元）$$

由此计算看出，自制总成本比外购总成本低，因此应选择自制。

接例 5-10，如果设置甲零件保险储备 100 个，结合自制经济批量，计算甲零件库存平均占用的资金。

$$库存甲零件平均占用的资金 = \left[100 + \dfrac{1549}{2} \times \left(1 - \dfrac{50}{150}\right)\right] \times 45 = 27735（元）$$

五、存货控制

（一）实行归口分级控制

企业的存货分布在生产经营活动的主要阶段，占流动资产甚至全部资产的比重较大，根据使用资金与管理资金相结合、资金管理与物资管理相结合的原则，应对存货占用的资金实行归口分级控制。存货的归口分级控制，就是在财务部门对存货资金实行集中统一管理情况下，按照各职能部门的业务范围，将相应的资金指标归由各部门管理；各部门再将有关资金指标逐级分解，落实到各级单位及个人管理，形成齐抓共管的局面。其基本做法是：

1. 财务部门对存货所需资金实行统一管理。为了促进购买、储存、生产、销售互相协调，实现资金使用的综合平衡，使资金能够顺利快速周转，必须加强存货所需资金的集中统一管理。财务部门对存货所需资金统一管理应做的工作主要是：根据有关法规和企业具体情况，制定企业资金管理制度，以便指导和约束与资金有关的活动。认真测算各种形态资金需要量，编制资金占用和利用效率计划。将资金有关计划指标分解到各使用部门单位，并明确相关责任。对各部门单位使用资金情况进行检查和分析，评价考核资金使用的合法性、合理性。

2. 实行资金归口管理。企业的每项资金由哪个部门单位使用，就归哪个部门单位管理。各项资金归口管理的划分一般是：原材料、燃料、包装物等占用的资金归由负责采购和保管的部门单位管理；在产品、自制半成品占用的资金归由负责生产和保管的部门单位管理；产成品占用的资金归由负责销售和保管的部门单位管理;设备修理用备件占用的资金归由设备修理部门管理。各部门要编制相应的年度、月份或各时间段的采购、或生产、或销售计划,设置及控制不同时点的最高和最低库存量,均衡组织相关活动,尽量减少资金占用量。

3. 实行资金分级管理。各归口管理的部门单位要根据具体情况,将资金计划指标进行层层分解,分配给所属的单位或个人具体负责管理。如:原材料资金计划指标可分配给采购、材料仓库、整理准备各业务组管理。在产品资金计划指标可分配给各生产车间、半成品库管理。成品资金计划指标可分配给销售、成品仓库、发运各业务组管理。

(二) 存货储存期的控制

存货的储存保管费用,有一部分是随着储存期的延长而增加的。存货储存期越长,发生的储存保管费用越多。如存货储存占用资金应付利息、保管人工费用、保险费用、存货破损霉变损失等,这些费用基本是与存货储存时间长短和储存量多少成比例增减变动。

如果存货购进或生产完工后立即销售可实现的利润,被没有立即销售而在储存中发生的费用抵销了,利润为零;或者是存货立即销售可实现的利润,与没有立即销售而在储存中发生的费用相等,这个储存期就是存货储存保本期。计算公式是:

$$存货立即销售可实现的利润 - 储存期 \times 每天储存费用 = 0$$

$$存货储存保本期 = \frac{存货立即销售可实现的利润}{每天储存费用}$$

存货立即销售可实现的利润,可按照销售收入减销售成本费用、销售税金计算。这里说的销售成本费用,包括直接成本(购进价)和期间费用,可分为固定成本和变动成本。即:

$$存货立即销售可实现的利润 = 销售收入 - 销售成本费用 - 销售税金$$
$$= 销售收入 - 变动成本 - 固定成本 - 销售税金$$

【例 5-11】某商品流通企业购进甲商品 400 件,每件进价 500 元,每件售价 580 元,经销该批商品应负担固定成本 3600 元,销售税率 5%。目前银行贷款年利率 7.2%,其他方面的日均储存费用为购进价的 0.04%。则:

商品立即销售可实现的利润 = 400 × (580 - 500) - 3600 - 400 × 580 × 5% = 16800 (元)
商品每天储存费用 = 400 × 500 × (7.2% ÷ 360 + 0.04%) = 120 (元)
商品储存保本期 = 16800 ÷ 120 = 140 (天)

即在该条件下,商品储存期如果超过了 140 天将要亏损。

如果要求销售存货必须达到一定的利润水平,即在立即销售可实现的利润中扣除了储存保管费用后还要有一定的目标利润,这个考虑目标利润而计算的储存期就是存货储存保利期。计算公式是:

$$存货立即销售可实现的利润 - 储存期 \times 每天储存费用 = 目标利润$$

$$存货储存保利期 = \frac{存货立即销售可实现的利润 - 目标利润}{每天储存费用}$$

目标利润可按销售收入的一定比率计算,也可按投资(购进价)必要报酬率计算。

接例 5-11,该企业要求经销甲商品的目标利润为其购进价的 6%。则:

商品储存保利期 = (16800 - 400 × 500 × 6%) ÷ 120 = 40 (天)

即在该条件下,商品储存期如果在 40 天之内可实现目标利润。

所以,在采购及其他条件允许的情况下,存货储存期越短越好。

(三) 实行 ABC 分类控制

存货的 ABC 分类控制，也称重点控制，其基本原理是把品种繁多的物资，按其重要程度、价格高低、耗用量大小和采购难易等进行分类排队，分为 A、B、C 三类（也可分为四类、五类），分别采用不同的管理方法，以便抓住重点，有效地控制，提高管理工作的效率。一般把成本价格高、品种少、耗用量大和供应紧张的物资列为 A 类，把成本价格低、品种多、耗用量小和容易采购的物资列为 C 类，介于 A、C 之间的列为 B 类。以 A 类为最重要，B 类次之，C 类又次之。A、B、C 三类之间的比例，按品种划分一般是 1:3:6，按金额划分一般是 6:3:1。

例如：某企业所有材料按其重要性分类整理如表 5-8 所示。

表 5-8　　　　　　　　　　　材料按重要性分类表

类别	品种数量	品种构成（％）	耗用金额（万元）	金额构成（％）
A	6	12	468	65
B	16	32	180	25
C	28	56	72	10
合计	50	100	720	100

从表 5-8 中可以看出，A 类材料虽然品种少，但耗用金额较多。因此，对 A 类材料的管理是否得当，对材料占用资金额有很大的影响，做好 A 类材料管理比做好其他材料管理收效大。对 A 类材料应实行严格控制，应按材料品种、各阶段资金占用时间详细计算资金需要量，并按采购运输、周转库存、保险库存等环节分解下达资金占用指标；对其收发及库存周转情况按品种规格详细记录，以便及时提供溢缺的信息；要适当建立保险储备量，并要经常检查库存是否合理和采购工作进展情况。

对 B 类材料可实行较为严格的控制，资金需要量可采用因素调整法计算，对其收发及库存周转情况按品种适时记录，一般是建立较少的保险储备量，对库存和采购情况可实行定期检查。

对 C 类材料不必严格控制，资金需要量可按比例匡算，收、发、存情况可按品种或用途相近类别记录，一般不建立保险储备量，只是在必要时对库存情况进行检查。

(四) 存货日常控制措施

1. 材料用品日常控制措施。应考虑市场供应状况和生产经营特点，尽早与供货商认真签订符合经济采购批量的购买合同，使购买及储存具有计划性。应合理安排各种各批材料用品进货时间及次序，使支付采购货款的时间分开，以降低货款支付压力；使到货时间与领用时间尽可能紧密衔接，适当降低库存量。应关注市场供求动态，尽可能选购符合本企业要求的、价格较低的材料用品，尽量就近组织货源，以降低采购成本。做好收、发、存的相关记录和验收、清查工作，及时发现余缺和处理积压物资。

2. 在产品日常控制措施。应考虑市场需求状况和经济投产批量要求，合理安排投产时间和数量，使生产各环节紧密衔接，以便有计划地均衡组织生产，尽量降低半成品存量。实行车间、班组经济核算制，以便控制和降低生产耗费。做好生产各环节的各种耗费和半成品转移记录工作,以便作为分析考核的依据。

3. 产成品日常控制措施。应考虑市场需求状况和生产经营特点,尽早与购货商认真签订销售合同,使生产与销售环节紧密衔接,以便有计划地均衡组织生产和销售活动,尽量降低产成品存量。做好收、发、存相关记录和验收、清查工作,及时发现和处理呆滞积压产品。选择合适的货款结算方式,适时与购货单位办理结算手续,尽可能在最有利的条件下收回货款。

第四节 营运资金政策

一、营运资金的含义

(一) 通用会计报表体系算法

营运资金,通常是指企业投入日常经营活动中运转的资金。广义的营运资金是指企业全部流动资产方面占用的资金。狭义的营运资金是指企业长期资金来源用于流动资产的部分,即长期筹资净值,从数额看是流动资产大于流动负债的差额。即:

$$营运资金 = 流动资产 - 流动负债$$

从狭义的营运资金来看,当流动资产大于流动负债时,营运资金是正值,表示企业所持有的流动资产(金)有一部分是由流动负债方面的资金来源提供形成的,另一部分是由长期资金来源提供形成的。

由于:资产 = 所有者权益 + 负债

流动资产 + 长期资产 = 所有者权益 + 长期负债 + 流动负债

所以:流动资产 - 流动负债 = 所有者权益 + 长期负债 - 长期资产

营运资金 = 长期筹资 - 长期资产 = 长期筹资净值

流动资产 = 流动负债 + 长期筹资净值

由于营运资金是流动资产大于流动负债的差额,因此,营运资金政策涉及流动资产和流动负债两部分。营运资金政策包括流动资产持有政策和营运资金筹集政策,分别研究如何确定流动资产持有量和如何筹集营运资金两个方面的问题。

(二) 流动资产与流动负债的分类

1. 流动资产的分类。流动资产按稳定性可以分为临时性流动资产和永久性流动资产。

临时性流动资产,是指受季节性、经营周期性影响而临时需要的流动资产。其占用量起伏不定,具有较大的波动性。如经营旺季需要的存货量、应收款较多,经营淡季需要的存货量、应收款较少。临时性流动资产是短期的资金需求。

永久性流动资产,是指企业经常性需要保留的、用于满足企业长期稳定运行的流动资产。无论何时,即使企业处于经营淡季,也仍须经常保持一定数额不变,所以,也称流动资产的最低需要量。永久性流动资产是长期的资金需求,甚至可以说是永久需求。

临时性流动资产和永久性流动资产的状况如图 5-9 所示。

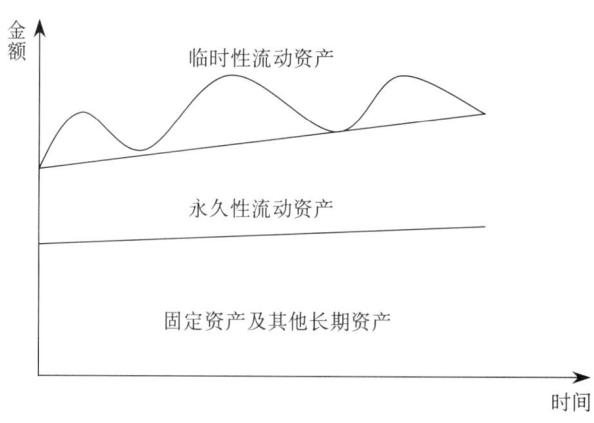

图 5-9 资产稳定性状况图

2. 流动负债的分类。流动负债按其形成的条件分为临时性负债和自发性负债。

临时性负债,是指为了满足临时性流动资金需要所发生的负债。如季节性生产经营的企业在经营旺季需要大量购入和储存货物而临时借款。临时性负债主要是短期借款,所以临时性流动负债就是金融性流动负债或称短期金融负债,是一项短期资金来源。

自发性负债,是指在持续的生产经营活动中自发形成的负债。如购货形成的应付款,工资结算形成的应付薪酬,计算有关税金和费用过程中形成的应交税费等。所以自发性负债就是经营性流动负债。由于自发性流动负债是在经营活动中不断地形成、不断地偿还,具有滚动存在的长期性,经常有一定余额,因此被视为一项长期资金来源。

二、流动资产持有政策

(一) 持有流动资产的成本

流动资产持有政策,是指确定流动资产持有量的政策。主要考虑流动资产的持有成本和短缺成本来确定。

流动资产的持有成本,是指因持有流动资产而发生的费用或丧失的投资收益。如:持有流动资产而发生的利息费用,持有存货而发生的保管费用,持有应收账款而发生的收账费用和坏账损失,因持有流动资产而丧失其他方面投资应获得的收益。持有成本与流动资产的持有量成同方向变化,流动资产持有量增加其持有成本也增加,流动资产持有量减少其持有成本也减少。

流动资产的短缺成本,是指因持有的流动资产不能满足经营活动需要而发生的费用和损失。如:因现金持有量不足发生现金支付短缺,需要出售有价证券来补充现金就要承担交易成本;出售有价证券不足以解决问题时,需要紧急借款就要承担较高的利息费用;借不到足够的款项便失去支付能力就要违约就要承担违约成本,或者被迫紧急抛售存货就要承担低价出售损失。又如存货不足会停工待料或无货销售,就会发生停工损失和失去销售赚取收益的机会。短缺成本与流动资产持有量成反方向变化,即流动资产持有量越少短缺成本越多,流动资产持有量越多短缺成本越少。

由此可见,流动资产持有政策就是要确定流动资产的持有成本与短缺成本两者之和为最少的持有量。

(二) 流动资产持有政策类型

根据流动资产持有量与需要量的关系,流动资产持有政策可分为三种类型。

1. 宽松(保守)的流动资产持有政策。就是安排较多的流动资产以便随时可以满足经营活动的需要。使企业拥有较多的现金、充足的存货,给客户提供较宽松的付款条件而持有较多的应收账款。这种政策使流动资产占销售收入的比率较高,流动资产数量相对较多,支付的风险低,短缺成本较少或不易发生;但有可能闲置资金较多,资金周转速度慢,储存成本多,机会成本多,即持有成本多。

2. 紧缩(冒险)的流动资产持有政策。就是平时安排较少的流动资产以保证基本经营活动的需要,在临时需要增加流动资产时再临时筹措资金。使企业尽可能持有较少的现金、较少的存货、较少的应收账款。这种政策使流动资产占销售收入的比率较低,流动资产数量相对较少,没有闲置资金,可以降低存货的储存成本,节约资金的利息支出,减少坏账损失,即持有成本少;但有时不能满足经营活动的需要,支付的风险高,可能发生较多的短缺成本。

3. 适中(中庸)的流动资产持有政策。就是按照预期的流动资产周转天数、销售额、成本水平和通货膨胀等因素确定流动资产的持有数量。这种政策使流动资产占销售收入的比率适中,持有成本和短缺成本两者之和较少,其持有量和优缺点介于上述两者之间。

因此,确定流动资产持有量,要考虑企业的收益(持有成本多收益少)和风险(支付能力弱风险大),要在收益(持有成本)和风险(短缺成本)之间进行权衡。

三、营运资金筹集政策

营运资金筹集政策,就是如何安排临时性流动资产和永久性流动资产的资金来源政策,即流动负债与流动资产如何配合的策略。一般分为三种类型:

(一) 配合(中庸)型筹资政策

配合(中庸)型筹资政策的做法是,对临时性流动资产采用临时性负债(银行短期借款)筹资满足其资金需要,对于永久性流动资产和固定资产及其他长期资产采用长期负债、自发性负债和权益资本筹资满足其资金需要。即:

临时性流动资产=临时性流动负债(短期性金融负债)

长期资产+永久性流动资产=所有者权益+长期负债+自发性流动负债

例如:某企业配合型筹资政策的资产、负债和所有者权益数额如表5-9所示。

表5-9 配合型筹资政策表

项目		金额	项目		金额
流动资产	临时性	100	流动负债	临时性	100
	永久性	200		自发性	110
长期资产	固定资产	430	长期负债		140
	其他	70	所有者权益		450
合计		800	合计		800

从表5-9中看出，临时性流动负债与临时性流动资产相等，属于典型的配合型筹集政策。需注意的是，临时性流动负债与临时性流动资产的配合型筹集政策，只是相对而言的，是一种战略上的大致地相匹配，而不是要求完全相等。相等是偶然的，不相等是必然的。

配合型筹资政策的特点是，临时性流动负债所占比重适中，偿还债务的风险和筹资的综合平均成本适中。对临时性流动资产需要时借，不需要时还，可以减少短期负债占用时间，节约利息费用。要达到这种状态，就要求对临时性负债筹资安排非常周密。但是，资金市场不一定以企业意愿为转移，不一定刚好同时满足企业需要，所以，这只是一种理想的营运资金筹集政策。

（二）激进（冒险）型筹资政策

激进（冒险）型筹资政策的做法是，不仅对临时性流动资产采用临时性负债筹资满足其资金需要，而且对部分永久性流动资产也采用临时性负债筹资满足其资金需要。即对永久性流动资产采用临时性负债、自发性负债、长期负债筹资满足其资金需要。即：

临时性流动资产 < 临时性流动负债（短期性金融负债）

长期资产 + 永久性流动资产 > 所有者权益 + 长期负债 + 自发性流动负债

例如：某企业激进型筹资政策的资产、负债和所有者权益数额如表5-10所示。

表5-10　　　　　　　　　　激进型筹资政策表

项　目		金　额	项　目		金　额
流动资产	临时性	100	流动负债	临时性	150
	永久性	200		自发性	110
长期资产	固定资产	430	长期负债		90
	其他	70	所有者权益		450
合　计		800	合　计		800

从表5-10中看出，临时性流动负债大于临时性流动资产，有一部分临时性流动负债被用于永久性流动资产，基本属于激进型筹集政策。这种政策的特点是，临时性流动负债所占比重较大，需要经常借、经常还，经常举债还债，资金市场不一定能随时满足其需要，筹资风险较大，稍有不慎、不测，就会陷于财务困难。但是，短期（临时）负债所占比重较大，比长期负债的筹资成本低，因而筹资的综合平均成本较低。

（三）保守（稳健）型筹资政策

保守（稳健）型筹资政策的做法是，部分临时性流动资产采用临时性负债筹资，另一部分临时性流动资产和永久性流动资产、固定资产及其他长期资产采用长期负债、自发性负债和权益资本筹资作为资金来源。即用一部分长期资金来源满足部分临时性流动资产的资金需要。即：

临时性流动资产 > 临时性流动负债（短期性金融负债）

长期资产 + 永久性流动资产 < 所有者权益 + 长期负债 + 自发性流动负债

例如：某企业保守型筹资政策的资产、负债和所有者权益数额如表5-11所示。

从表5-11中看出，临时性流动资产大于临时性流动负债，有一部分长期负债被用于永久性流动资产，基本属于保守型筹集政策。这种政策的特点是，临时性流动负债所占比重较

表 5-11			保守型筹资政策表		
项目		金额	项目		金额
流动资产	临时性	100	流动负债	临时性	50
	永久性	200		自发性	110
长期资产	固定资产	430	长期负债		190
	其他	70	所有者权益		450
合计		800	合计		800

小，企业偿还短期债务的风险较小；但长期负债成本（利息）高于短期负债成本（利息），淡季时有闲置资金，从而使筹资的综合平均成本较高。

本章复习思考题

1. 现金有何特点？企业为什么要持有现金？
2. 说明现金控制的做法与要求。
3. 企业为什么要持有应收账款？各项信用政策对费用、收益有何影响？
4. 说明应收账款控制的做法与要求。
5. 存货有何特点？企业为什么要有存货？
6. 确定存货经济采购批量应考虑哪些成本费用？
7. 说明存货归口分级控制的基本做法。
8. 说明存货 ABC 分类控制的基本做法。
9. 对流动资产持有政策作出评价。
10. 对营运资金筹集政策作出评价。

本章练习计算题

计算题 5-1：熟悉信用政策的选择。

资料：某企业的产品如果一律采用现款销售方式，每年可获销售收入 500 万元，变动成本率 70%，全年固定成本 80 万元。如果按 30 天付款期赊销商品，预计全年销售收入可增加 8%。如果按 60 天付款期赊销商品，预计全年销售收入可增加 20%。估计日均收账费率为 0.03%，日均坏账损失率为 0.015%，银行贷款年利率为 9%。假定收账费用和坏账损失随着账款收回期延长而增加。

要求：

1. 试计算说明能否赊销？赊销期多长较好？
2. 如果现金折扣条件为 2.2/10,1.2/20,n/30，估计有 30% 货款的客户在 10 天内付款，25% 货款的客户在 20 天内付款，试计算说明能否采用此折扣条件；
3. 如果现金折扣条件为 2.2/10,1.2/20,n/60，估计有 30% 货款的客户在 10 天内付款，25% 货款的客户在 20 天内付款，试计算说明能否采用此折扣条件。
4. 按 60 天付款期的条件计算赊销保利期和赊销保本期。

计算题 5-2：熟悉信用政策的选择。

资料：某公司全年赊销收入为 720 万元，平均收账期为 60 天，坏账损失为赊销额的 8%，年收账费用为 8 万元。该公司认为通过增加收账人员等措施，可以使平均收账期降为 45 天，坏账损失降为赊销额的 5%。该公司投资最低收益率为 9%。

要求：试计算说明新增收账费用的上限。

计算题 5-3：熟悉材料经济采购批量的计算。

资料：某企业计划全年采购甲材料 1200 吨，每次采购费用 250 元，每吨年平均保管费用 60 元。供货单位规定：甲材料每吨基本价格 220 元，如果每次购买量达到 150 吨，价格折扣率为 1.5%；如果每次购买量达到 200 吨，价格折扣率为 2.5%。

要求：
1. 根据资料计算最佳采购批量及采购间隔期。
2. 如果设置甲材料保险储备 40 吨，结合最佳采购批量，计算库存平均占用的资金。

计算题 5-4：熟悉材料保险储备量的计算。

资料：某种材料年需用 2160 吨，每吨年平均保管费用 100 元，每吨缺货损失 50 元，已计算出经济采购批量为 300 吨，估计到货延误期及概率如下：

延误期（天）	0	3	6	9	12	15	18
概率（%）	35	20	15	12	10	5	3

要求：试计算说明保险储备量为多少时最恰当。

计算题 5-5：熟悉零件自制或外购的选择。

资料：某企业全年需耗用甲零件 1800 个，若外购每个单价 480 元，每次采购成本 500 元；若自制每个制造成本 450 元，每批生产调整准备成本 900 元，每天可生产 15 个，每天一般领用 8 个，每个零件的年储存成本为零件价值的 10%。

要求：
1. 试计算说明该零件是自制好还是外购好。
2. 如果设置甲零件保险储备 20 个，结合经济批量计算库存平均占用的资金。

计算题 5-6：熟悉存货储存保本期、保利期的测算。

资料：某企业一年生产甲产品 1000 件，每件制造成本 4 万元，每件售价 5 万元，销售管理该产品一年的固定成本 160 万元（不含储存保管费），销售税为售价的 4%，产品每天储存保管费用为直接成本的 0.08%，该产品目标利润为产品售价的 8%。

要求：
1. 试计算该产品的储存保本期和保利期；
2. 如果该产品的储存期为 100 天，计算可获得的利润。

第六章 Chapter 6

项目投资管理

学习目标：
- 明确项目投资的特点和基本程序
- 了解项目投资可行性研究内容
- 掌握项目投资现金流量的内容及计算方法，明确估计现金流量注意的事项
- 掌握投资效益评价各指标的含义、计算方法及说明问题，明确各种指标的优缺点
- 掌握项目投资方式选择所使用的方法
- 掌握投资项目敏感分析方法
- 掌握投资项目现金流量现值风险调整方法

第一节 项目投资概述

一、企业投资的动机

投资是为了在可预见的时期内获得相关利益，而向一定对象投放资金的经济行为。

从投资的功能作用上可将投资动机大致分为以下四种：

（一）获利

获利动机是指通过投资取得更多的收益，提高资金利用率。不论以何种方式进行的投资，最终目的是想获得一定的利益，即在收回的资金中获得大于投资额以上的收益，或获得获取利益的资源条件。不准备获得利益的现金流出是消费支出，不是投资行为。

（二）扩张

扩张动机是指通过投资扩大企业的经营规模或范围，甚至开拓新领域，增强企业整体经营能力。如企业的产品有较好的市场前景，或为了开拓新领域，需要增加扩大生产经营用房屋面积、增添机器设备、开发新项目生产新产品等而在企业内部进行投资。或由于企业自身条件的限制，利用被投资单位的房屋、场地和设备等资源，来拓展经营规模或范围而进行投资。

（三）控制

控制动机是指通过投资获得对其他企业或实体的控制权，以便取得所需原材料或能源供

应的便利，或取得销售本企业产品的便利，或取得与本企业生产经营配套服务、优势互补的便利。可以通过购买一个公司较多的股票，收购兼并其他企业等方式，来实现对被投资企业的控制。

（四）分散风险

在经济活动市场化条件下，各种经营活动都或多或少地存在着风险。分散风险动机是指通过投资于多种行业，经营多种商品、领域或项目，从而增加企业销售和盈余的稳定性，达到分散风险、降低风险的目的。

二、项目投资方式和特点

项目投资，是指将资金用于本企业生产经营性资产购建、更新改造、开发项目，从而形成生产经营能力和条件的投资。这部分投资是为企业直接创造财富服务，获取经营收益的投资，因此是直接投资。

（一）项目投资方式

项目投资主要是固定资产方面的投资。固定资产投资方式一般有：

1. 新购建固定资产。指投资企业通过购置、建筑或制造全新的固定资产投入生产经营活动。随着社会发展，市场需求会不断变化，新技术会不断出现，就需要进行固定资产方面的投资，新建成一个企业或者一个分部，新建造一个生产车间或专用设施，从而形成新的生产经营能力或扩大企业生产经营能力（规模）。这种投资方式对于投资企业来说，将会使企业的产销量增加，收益增加。

2. 更新固定资产。一般是设备更新，是指购建新的设备来替换在技术上或经济上不宜使用的旧设备，将旧设备报废或淘汰变卖。由于设备的不断使用，其物理性能会逐渐降低，物体也会损坏，到了一定时间就不宜继续使用，就要将其报废更新。由于科学技术的发展，会不断出现生产效率更高、性能更好的设备。使用新设备，可能会提高产品质量，提高劳动生产率，降低材料能源消耗，因此就必须适时更新设备。

3. 改造固定资产。是在原有固定资产基础上扩大增添某主要组成部分，或用性能更好的零部件更换原来性能差的主要部件。固定资产改造有可能扩大经营规模；一般会采用新技术，从而会提高设备的性能、效率，或者会降低耗费，或者会延长固定资产的使用期。

4. 大修理固定资产。是将固定资产进行大面积的修理，它往往要更换较多的或主要的零部件。一般来说，大修理只是恢复固定资产的原样（功能），延长其使用年限，采用新技术的成分低。固定资产大修理与改造有可能同时进行。

（二）项目投资的特点

项目投资相对于其他方面的投资而言，其特点是：

1. 投资数额较多。项目投资一般需要大量资金在较短时间的建设期内集中投放，其投资额往往是投资方多年的积累，或需在短期内筹措较多资金。特别是增加扩大生产经营能力的投资，往往需要数以百万、千万、亿计的金额，可能在企业的总资产中占有相当大的比重，对企业的现金流量和财务状况有着重要影响。

2. 影响时间较长。对于大型设施项目来说，建设工期可能较长，项目建成后发挥作用的时间较长。项目投资完成后基本决定着企业的技术装备水平、经营方向和经营规模，影响着企业未来的生产经营活动和经济效益，对企业未来的生存发展有决定性的作用。

3. 变现能力较差。每个投资项目一般都有各自的性能特点，项目投资一旦完成形成特定功能和经营能力后，不会随便改变其功能用途，或不便改变其功能用途，只能长期使用，收回投资的时间较长。

4. 需考虑的因素较多。项目投资需要考虑多方面的因素，每一方面都要考虑周全。经济方面要考虑有没有效益，社会方面要考虑环境污染、民族风俗、是否符合政策法规，商品市场方面要考虑物资供应、产品销售情况，金融市场方面要考虑筹措资金的可能性，等等。

由此可见，项目投资风险较大，必须慎重地进行可行性研究，进行投资效益的比较。

三、项目投资的基本程序

（一）提出投资项目

投资项目是由企业内部有创意的部门或人员提出。企业的高层管理人员提出的投资项目一般是具有战略意义的项目或扩大生产经营能力的项目，企业的中层管理部门及人员或基层人员提出的投资项目一般是战术性项目或维持性项目。不论谁提出或提出何种类型的投资项目，都要在经过调研、搜集信息，考虑企业发展战略、市场等各方面因素的基础上提出。

（二）估计现金流量

投资是面向未来的，为了防止投资失误，事先要做好各种估计。估计现金流量就是估计与投资项目各方案有关的各项现金收入、现金支出的数量。为了慎重起见，每一个投资项目一般应设计几个方案以备评选。在每个方案中，都要估计各个因素的影响变化，分别测算出项目在建设（投资）期、生产经营期、终结（报废）时的各项现金收入、现金支出的数量。

（三）评价投资效益

评价投资效益就是根据估计投资方案的现金流量，计算有关经济效益指标，并对各方案的各种效益指标进行比较评价，对涉及的各种影响因素数据进行核实论证，从中选择相对优良的方案或项目。如果认为各方案都不理想，可以拒绝这个项目，或要求项目提出部门重新调查和修改方案。评价投资效益的过程也就是做出投资决策的过程。

（四）实施投资方案

投资项目和方案一经选定后，就要对如何实施投资方案做出周密细致的安排，即做出具体的实施方案或工作进程计划，并积极认真组织实施。适时筹措合理安排资金，严格监管工程质量和进程，对工程概算和发生的工程成本费用进行监督、控制和审核，在保证质量和工期的前提下尽量节约成本费用。如果在实施投资方案过程中，发现物资、技术及市场条件达不到预定要求，应根据不同情况做出延迟投资、放弃投资或缩减投资的决策。

（五）鉴别实际效果

鉴别实际效果是将项目投资的实际情况与预计情况相比较，对项目投资实施方案进行检验。检验投资购建工程完成后，是否达到预计的生产经营能力，物资供应和产品销售市场是否良好，产生的经济效益与预计的是否有差异，从而评价投资决策的合理性。一旦出现不良的情况变化，应采取措施，及时更正，以避免更大的损失。

只有严格按以上程序运作，才有可能防止投资失误，取得较好投资效益。

四、项目投资可行性研究的内容

项目投资可行性研究，是在正式投资前对工程项目所进行的考察、评价和鉴定，通过对拟建工程项目进行全面的、综合的技术经济分析和论证，判断它是否可行，并通过多种方案的比较，选择出最佳方案，以保证取得较好的投资效益。

可行性研究的内容主要包括以下几个方面：

（一）投资的必要性

研究投资的必要性，就是研究投资项目是否确实为企业所需要，对内部其他部门有何影响，投资形成的经营能力是否符合社会需要。对于工业企业来说，应进行产品的供应量、需求量的调查测算，看其新增产品的市场需求量和同种产品的市场供应量是否均衡。产品的供应量包括现有企业生产能力和在建项目生产能力。如果供应量小于需求量，则说明进行投资扩大该种产品的生产能力是必要的。如果供应量与需求量基本平衡，则说明不需投资扩大生产能力，可投资用于提高产品质量、降低材料能源消耗和人工。如果供应量大于需求量，则说明无投资的必要。

（二）技术上的先进性和适用性

研究技术上的先进性和适用性，就是研究投资项目所采用的技术、工艺和设备是否既先进又适用。主要看需要采用的技术是否已正式使用或已试制成功，并有定型产品；该项技术在其他地区、国家的发展水平如何，是否在短时间内有更先进的技术所取代，从而确定技术的成熟和先进程度。在适用性方面，主要看本企业现有物质条件（配套设施）是否相适应，以及维护修理的难易。

（三）经济上的效益性

研究经济上的效益性，就是研究投资项目的投资额与收益额之间的关系，能否以较少的投资较快地取得较多的经济收益。为此，应对准备投资项目拟定几种不同的投资方案，从投资额、建设工期、生产能力、产品质量、物资消耗、成本水平、销售收入和盈利等方面进行比较，从中选出产品质量好、消耗省、成本低、能较快实现收益和盈利能力强的方案。

（四）投资条件的可能性

研究投资条件的可能性，就是研究投资项目在购建过程中所需要的材料、设备、施工力量和资金来源有无保障，投资项目完工后生产产品所需耗用的原材料、能源能否保证供应。如果这些条件已具备，则可进行投资；如果不具备，则会拖长建设工期，或不能形成经营能力，或形成经营能力后达不到预期的经济效益，将会浪费人力、物力、财力。

以上几个方面的研究都比较满意，则可做出决定进行投资。

第二节 项目投资的现金流量

一、项目投资现金流量的内容

项目投资的现金流量，是指一个项目投资引起的在未来一定时期内所发生的现金流出量与现金流入量。本节主要叙述新建项目投资引起的现金流量。

（一）现金流出量

一个新建项目投资引起的现金流出量主要包括以下内容：

1. 固定资产投资额，指由于投资所增加的固定资产在购买、建造、安装等方面的成本。该成本以后在经营期间通过计提折旧逐渐转移到生产经营费用中。

2. 无形资产、开办费投资，指由于投资所发生的无形资产的开发成本或购买成本，支付的开办费（或正式投资施工前准备工作发生的费用）。该成本费用以后在经营期间分期摊销计入生产经营费用中。

3. 垫支的流动资金，指由于投资扩大了生产经营能力，需要追加的流动资金，即在原材料、在产品、产成品及货币资金方面的垫支额。投资形成生产经营能力后，在经营期间需要经常储存占用一定数量的存货，经常备用一定数量的货币资金，并要长期保持一定数额。

以上三项通常称为一个新建项目或方案的投资额。

4. 营业成本，指由于投资扩大了生产经营能力而在经营活动中发生的各项费用。包括消耗的材料费、人工费，发生的维修费、管理费、推销费等，但不包括新增固定资产的折旧费，无形资产、开办费摊销额，折旧、摊销在营业期间不引起现金流出。因此，这里说的营业成本实际是付现营业成本，可分为固定成本和变动成本两部分。

5. 税金，指由于投资扩大了生产经营能力而获得的经营性收入所应交纳的税金，如消费税、资源税、城乡维护建设税、所得税等。

（二）现金流入量

一个新建项目投资引起的现金流入量主要包括以下内容：

1. 营业收入，指项目投资形成生产经营能力后所取得的经营性收入。如项目投资完成后新增产品销售收入、营运服务性收入等。

2. 固定资产残值收入，指投资形成的固定资产在将来不宜继续使用时变价的净收入，或称为净残值。

3. 收回的流动资金，指投资项目在将来报废或出售时收回原来垫支的流动资金，包括存货变现、收回应收款。投资时垫支流动资金列作了现金流出，收回时就作为一项现金流入。

一个新建项目投资的现金流量按照时间来划分，分为初始现金流量、营业现金流量、终结现金流量三部分。

初始现金流量是在项目投资阶段（建设期）发生的现金流量，通常包括固定资产投资额、无形资产和开办费投资、流动资金垫支额、原有固定资产的变价收入等。投资阶段以现金流出为主，也可能有些设备边安装边试用产生少量的现金流入，但总的来看，初始现金流出量会大于现金流入量。

营业现金流量是指项目投资建设完成投入使用后，在生产经营活动中发生的现金流量，通常包括营业现金收入、支付营业成本费用和交纳税金方面的现金流出。这种现金流量通常按年度计算，一般是营业现金流入量会大于营业现金流出量。

终结现金流量是指项目不宜继续使用完结报废时发生的现金流量，通常包括固定资产残值收入、收回原来垫支的流动资金。

二、项目投资现金净流量的计算

项目投资的现金净流量，是指项目投资在一定期间的现金流入量与流出量的差额。

$$经营现金净流量 = 营业收入 - (营业成本 - 折旧、摊销) - 税金$$
$$= 营业收入 - 付现成本 - 税金$$

因为：营业收入 - 营业成本 - 税金 = 净利润

所以：经营现金净流量 = 净利润 + 折旧、摊销

将上述一个新建项目投资现金流入量与现金流出量的内容共8项写成一个算式，即：

项目累计现金净流量 = 累计营业收入 + 固定资产残值收入 + 收回流动资金 - 固定资产投资 - 无形资产、开办费投资 - 垫支流动资金 - （累计营业成本 - 累计折旧、摊销） - 累计税金

上式在垫支流动资金与收回流动资金相等，固定资产投资与累计折旧、残值收入相等，无形资产、开办费投资与累计摊销相等，以及没有或不考虑其他因素影响的情况下，就是：

项目投资累计现金净流量 = 该项目经营期累计净利润

经营期间的现金净流量一般按年度计算。有了各年的经营现金净流量，再加入固定资产、无形资产、开办费、流动资产的现金流量，就可以计算某一投资方案的全部现金流量。

【例6-1】某企业准备购建一套新设备用来生产新产品，固定资产投资总额400万元，用两年时间建成，每年投资200万元。建成投产时需垫支流动资金100万元。预计固定资产建成后使用（经营）7年，每年产销量为60件，单位产品付现变动成本为4万元，每年付现固定成本（增加）为58万元。预计在经营期第一至第七年每年单位产品售价依次分别为：8万元、8万元、8万元、7.6万元、7.6万元、7万元、7万元（估计由于供求关系和竞争，价格会逐渐下降）。该固定资产采用年限平均法折旧，报废时可收回净残值22万元，企业所得税率为25%。

假定固定资产各年投资额在建设期各年中多次（各月）投入，每年收入均在当年收到现金，每年付现成本费用均在当年支付现金，各年现金流量计算如表6-1所示。

表6-1　　　　　　　　　　项目投资现金流量计算表　　　　　　　　　　单位：万元

项　目	建设期（年）		经　营　期（年）							合计
	1	2	3	4	5	6	7	8	9	
固定资产投资	200	200								400
垫支流动资金		100								100
销售收入			480	480	480	456	456	420	420	3192
变动成本（现）			240	240	240	240	240	240	240	1680
固定成本（现）			58	58	58	58	58	58	58	406
折旧费			54	54	54	54	54	54	54	378
营业利润			128	128	128	104	104	68	68	728
所得税（25%）			32	32	32	26	26	17	17	182
净利润			96	96	96	78	78	51	51	546
固定资产残值									22	22
收回流动资金									100	100
现金净流量	-200	-300	150	150	150	132	132	105	227	546
累计现金净流量	-200	-500	-350	-200	-50	82	214	319	546	

注：年折旧额 = （固定资产原值 - 净残值） ÷ 使用年限

三、估计投资项目现金流量需注意的事项

(一) 要充分考虑企业有关部门的意见

估计一个项目投资的现金流量要考虑很多因素,涉及很多变量,因此需要企业有关部门共同参与配合,从而使各项数额指标尽量符合实际,使各项工作能够相互衔接。如:技术研究开发部门应提出产品的性能、规格、质量;销售部门应根据市场行情提出产品销售量和价格水平;生产部门应提出产品生产耗费的各种成本费用水平;设备管理部门应提出机器设备的性能、数量、价格水平;财务部门应在各职能部门提供的有关信息基础上,测算出收入、成本费用、利润水平和现金流量,进行投资效益的预测、评价和论证。

(二) 项目投资的现金流量是广义的现金流量

项目投资广义的现金流量是指项目投资所引起的各种财物的价值。凡是与投资项目有关的各项资产数额变动都是该项目的现金流量,它不仅包括各种货币资金,而且还包括投资项目需要使用的企业现有的非货币资源的变现价值。如一个投资项目需要使用企业原有的厂房、设备、材料等,则相关的现金流量是指它们的变现价值,而不是其账面价值。

(三) 计算项目投资的现金流量应是计算增量

项目投资现金流量的增量是指项目投资引起的现金流入量、流出量的增加额。它是相对于不进行该项投资而言的,即相对于投资前来说的。只有采纳了某个投资方案引起的现金流入增加额,才是该方案的现金流入量;只有采纳了某个投资方案引起的现金流出增加额,才是该方案的现金流出量。

(四) 要区分项目投资的相关成本和非相关成本

相关成本是指与某个项目投资有关的,在分析评价时必须加以考虑的成本。如投资于固定资产的购建成本,固定资产购建完工后生产产品的成本,投资项目的谈判费、职工培训费,新增固定资产的维修费等属于相关成本。凡是与某个项目投资无关的,在分析评价时不必加以考虑的成本是非相关成本。如前年对准备投资开发生产新产品的市场调查花去费用3万元,由于一些原因,当时决定暂不开发生产新产品,今年准备投资开发生产该种新产品时不应将这3万元列作投资额。因为这笔支出已经发生,前年已计入费用,无论企业现在是否决定投资开发生产这种新产品,它都沉没而无法收回,因此它与企业未来的现金流量无关。如果将非相关成本计入投资额中,有可能使原本较好的项目变为较差项目,造成决策失误。

(五) 要考虑项目投资方案对企业内部其他方面的影响

项目投资方案对企业内部其他方面的影响包括有利的影响和不利的影响。如新建一个项目生产一种新产品,会带动老产品的销售量及相关收益增加;如对生产设备进行更新或技术改造,会降低产品的生产成本;会增加产品的性能、提高产品的质量,从而提高产品的售价,这些是有利的影响。如果新建一个项目生产一种新产品,会减少老产品的销售量或会降低老产品的售价;如果投资项目需要使用企业原有实物资源,从而失去的相关实际收益,这些是不利的影响。如果是有利的影响,在计算投资项目现金净流量时应加上;如果是不利的影响,在计算投资项目现金净流量时应扣除。

(六) 要正确估计投资项目收付款的时间点

要按照收付实现制来估计投资项目的现金流量,要考虑收入是否会发生应收款项,在何时可以收到;支出是否会发生应付款项,在何时必须支付。如本年销售收入200万元,当年

收现款约为85%，则本年经营现金流入量只计170万元，另30万元计入以后年度的现金流入量。再如本年购买货物总额100万元，当年需支付货款80%，则本年现金流出量只计80万元，另20万元计入以后年度的现金流出量。在这种情况下，应对有关项目的各年现金流量作出相应的调整，以便较为客观或恰当地计算出各时期的现金流量。

（七）投资项目各年的现金流量一般不包括利息和股利

在投资项目的现金流量中不包括利息和股利，便于计算项目投资报酬率与筹集资金成本率相比较。筹集资金成本率包括负债利息率和所有权资本收益率，是满足企业所有投资者（债权人和股东）要求的报酬率。若项目投资报酬率低于筹集资金成本率，一般来说投资不合算。对项目投资效益评价要按照筹集资金成本率对其现金流量进行折现计算辨别，将后期的现金净流入量折算成现值，这种计算本身就是在现金净流入量中扣除利息和股利。由于股利是在净利润中分配，如果将项目投资而采用负债方式筹资应付的利息列作现金流出量（资产或费用），就不便与相同或类似项目投资而采用权益方式筹资所计资产数额及产生的效益相比较评价。所以，在进行项目投资可行性研究时，项目投资各年的现金流量不应包括利息和股利。

（八）恰当进行投资项目的现金流量时间排序

应将投资项目涉及的建设（投资）期和经营（收益）期年限合在一起连续排序。如果项目的各年投资额和经营收益额是在各年中多次（各月）发生，到年末累计达到当年应计数额，都将其视为各年末发生额，现金流量时间排序从1算起，顺序为1.2.3.4……如果项目投资额是在项目涉及的年限内开始一次全部投入，或项目各年投资额在建设期内各年初一次投入，将投资额视为各年初发生额，则投资期现金流量时间排序从0算起；经营收益在各年中多次（各月）发生，视为各年末发生额，投资期和经营期现金流量合在一起连续排序为0.1.2.3……终结现金流量均作为项目终了期末发生。

四、评价项目投资经济效益使用现金流量的原因

在评价项目投资的经济效益时，主要用现金流量作为基础，把利润放在次要地位，其原因是：

1. 一般情况下，在投资项目涉及的年限内（含投资建设期和经营收益期），累计现金净流量与累计净利润是相等的，这就为用现金净流量指标取代净利润指标提供了可能性。

2. 由于项目投资影响时间长，评价投资方案的经济效益就要考虑资金的时间价值。这就要明确投资方案在预期每笔收入和支出款项的具体时间，即何时收、何时付。因为不同时间的现金具有不同的价值，所以就必须弄清楚不同时间的现金流量。而利润的预计是以权责发生制为基础的，含有应收应付的因素，不考虑现金收付的具体时间。若以实际未收到现金的收入来计算投资收益，就具有较大风险，容易高估投资项目的经济效益。

3. 现金流量是实实在在的资金流动，可以反映不同时间的资金不足或多余，便于确定所需筹资的数量和安排资金的使用，使筹资和用资的时间相吻合。而利润的预计比现金流量的预计有更大的主观随意性，它要受选择费用分摊方法人为因素的影响，有可能出现有盈利时不一定有现金，有现金时不一定有盈利。仅预计利润，就不知道资金需求的数量和时间。

因此，在项目投资经济效益测算中必须重视现金流量的估计。

第三节 项目投资经济效益评价指标

项目投资经济效益的评价指标，按照性质不同分为投资收益和投资回收期两方面，按照是否考虑资金时间价值分为折现评价指标和非折现评价指标两类。

一、非折现的评价指标

非折现的评价指标，是指不考虑资金时间价值的评价指标，通常称为静态评价指标。

（一）投资净利率

投资净利率，是指投资项目预计在经营使用过程中可能获得的年均净利润与投资总额的比率，表示100元投资每年获得多少净利润。计算公式是：

$$投资净利率 = \frac{年均净利润}{投资总额} \times 100\%$$

年均净利润，指预计投资项目在经营使用过程中年平均新增的税后利润（未扣除借款筹资的利息）。由于一个投资项目预计获得的累计净利润与累计现金净流量可能是相等的，所以，就可以按累计现金净流量除以经营使用年限计算年均净利润。

投资总额，也称原始投资额，是企业为使项目完全达到设计生产经营能力，开展正常经营活动而投入的全部资金，包括固定资产的购建成本、无形资产开发或购买成本、开办费投资和垫支的流动资金。

根据表6-1的现金流量资料，计算：

$$投资净利率 = \frac{546 \div 7}{400 + 100} \times 100\% = 15.6\%$$

某个投资方案的投资净利率较高，意味着用较少的投资每年可获得较多的利润，说明该方案的投资效益较好。所以，一般选择投资净利率高的方案。

用投资净利率指标评价投资效益的优点：一是计算简单，易于理解和掌握；二是在没有建设期的情况下，便于与筹资成本率相比较，看是否合算（因在计算投资项目利润时未扣除利息和股利）。其缺点：一是忽略了各方案投产使用期的不同，只按年平均利润计算，未考虑使用期内的利润总额；二是没有考虑资金的时间价值，把不同时间点的收支等量齐观。

（二）静态投资回收期

静态投资回收期，是指不考虑资金时间价值时收回某项投资额所需要的时间。即从某个投资项目投资开始，到该投资项目建设完成投入使用后收回的资金（现金净流量）补偿投资总额所需要的时间。其计算公式是：

$$投资回收期 = \left(\frac{累计现金净流量}{开始出现正值年份} - 1\right) + \frac{上年止累计现金净流量绝对值}{该年现金净流量}$$

根据表6-1的现金流量资料，计算：

$$投资回收期 = (6-1) + \frac{50}{132} = 5.38（年）$$

某个投资方案的投资回收期越短，意味着收回投资的速度越快，可说明该方案比较安全。所以，一般选择投资回收期短的方案。

用静态投资回收期指标评价投资效益的优点是：概念明确（一项投资需要多长时间收回），计算简单。其缺点是：只考虑了投资的安全性，未考虑投资的经济性，即未考虑收回投资以后的收益情况，会促使投资者只顾眼前利益，忽略长期利益。

二、折现的评价指标

折现的评价指标，即考虑资金时间价值的评价指标，通常称为动态评价指标。

（一）净现值

投资方案的净现值，是将与投资项目有关的各年现金流入量和流出量，按照相同利率折算成同一个时间点上的现值，以现金流入量现值减去现金流出量现值的差额。即：

净现值 = 现金流入量现值 − 现金流出量现值

= ∑（各年现金流入量 × 各年复利现值系数）

− ∑（各年现金流出量 × 各年复利现值系数）

= ∑[（各年现金流入量 − 各年现金流出量）× 各年复利现值系数]

= ∑（各年现金净流量 × 各年复利现值系数）

根据资金时间价值的原理，不同时间点的现金流入与流出是不能直接进行比较的，为了消除时间因素的影响，需要把各年的现金流入量和流出量折算成同一个时间点上的价值后相比较，从而计算出净现值。

现值的计算方法一般按复利计算。折现利率一般用投资者要求的报酬率或资金成本率，因项目投资就是要满足投资者的要求。现值的时间点一般选择在投资开始的第一年初，这样可以充分考虑资金的时间价值。

设：A_t——t 年现金净流量；

i——折现率；

n——投资涉及的年限（项目计算期）。

则：净现值 $= \sum_{t=0}^{n} \dfrac{A_t}{(1+i)^t}$

根据表 6 − 1 的现金流量资料，假定折现利率为 10%，其净现值计算如表 6 − 2 所示。

表 6 − 2　　　　　　　　　投资方案净现值计算表　　　　　　　　　金额单位：万元

年序 t	$\dfrac{1}{(1+10\%)^t}$	收回额		投资额		累计净现值
		现金	现值	现金	现值	
1	0.9091			200	181.82	−181.82
2	0.8264			300	247.92	−429.74
3	0.7513	150	112.7			−317.04
4	0.683	150	102.45			−214.59
5	0.6209	150	93.14			−121.45
6	0.5645	132	74.51			−46.94
7	0.5132	132	67.74			20.8
8	0.4665	105	48.98			69.78
9	0.4241	227	96.27			166.05
合计		1046	595.79	500	429.74	

如果固定资产的每年投资额在建设期各年初投入（支付），则投资期现金流量时间排序从0算起。假如前例6-1固定资产的每年投资额200万元是在建设期每年初投入（支付）的，其他资料及有关条件不变，其净现值计算如表6-3所示。

表6-3　　　　　　　　　　　　投资方案净现值计算表　　　　　　　　　金额单位：万元

年序 t	$\frac{1}{(1+10\%)^t}$	收回额		投资额		累计净现值
		现金	现值	现金	现值	
0	1			200	200	-200
1	0.9091			200	181.82	-381.82
2	0.8264			100	82.64	-464.46
3	0.7513	150	112.7			-351.76
4	0.683	150	102.45			-249.31
5	0.6209	150	93.14			-156.17
6	0.5645	132	74.51			-81.66
7	0.5132	132	67.74			-13.92
8	0.4665	105	48.98			35.06
9	0.4241	227	96.27			131.33
合计		1046	595.79	500	464.46	

如果固定资产购建期（投资期）在很短的几个月之内，以后每年的现金净流入量相同，可将年现金净流入量按年金现值计算方法计算出现值后，减去投资额计算出净现值。即：

净现值 = 每年现金净流入量（年金）× 年金现值系数 - 投资额

净现值的计算相当于投资额是按预定利率借来的。当净现值为正数时，意味着用项目的现金收益偿付投资本息后有盈利；当净现值为零时，意味着用项目的现金收益刚好补偿投资本息，还本付息后一无所获；当净现值为负数时，意味着项目的现金收益不足以偿付投资本息，还本付息后要亏损。一般来说，净现值越多的方案其经济效益越好。所以，一般选择净现值较多的方案。

用净现值指标评价投资效益的优点：一是考虑了投资项目在整个使用期内的收益情况，各年的收益都计算在内；二是考虑了资金时间价值，消除了资金收付的时间不同而造成的价值差异。其缺点是：会促使人们偏向投资多收益多的方案，而忽略收益现值虽少但投资更省、经济效益更好的方案。

（二）现值指数

为了克服净现值指标的缺点，可计算现值指数来评价。现值指数，亦称现值比率，是指投资项目在经营使用中及以后各年收回资金（现金净流量）的现值，与投资额现值的比率，表示每元投资在未来可收回资金的现值是多少。其计算公式是：

$$现值指数 = \frac{各年收回资金现值之和}{投资额现值} = 1 + \frac{净现值}{投资额现值} = 1 + 净现值率$$

根据前面表6-2的净现值资料，计算：

$$现值指数 = 1 + \frac{166.05}{429.74} = 1.386$$

现金流入量现值等于现金流出量现值净现值为0,现值指数为1。现值指数越大于1,或净现值率越大,说明投资的经济效益越好。所以,一般选择现值指数较大的方案。

用现值指数指标评价投资效益的优点是:考虑了资金时间价值,能真实地反映投资项目的盈亏程度(现值指数1.386,意味着用项目投资的现金收益还本付息后历年累计现值盈利率为38.6%),便于在投资额不同的方案之间进行比较选择。其缺点是:不便于一般人理解,人们不能了解投资项目的实有报酬率是多少,所创造的价值是多少。

需注意的是,净现值多的方案其现值指数不一定高于净现值少的方案。如果甲方案比乙方案的现金流入量现值、流出量现值和净现值都大一倍,则两方案的现值指数相同。

(三) 动态投资回收期

动态投资回收期,是指从某个投资项目投资开始,到该项投资完成投入使用后收回的资金(现金净流量)补偿投资本息所需要的时间,也就是累计净现值为零时对应的年数。其计算公式是:

$$\text{动态投资回收期} = \left(\text{累计净现值开始出现正值年份} - 1\right) + \frac{\text{上年止累计净现值绝对值}}{\text{该年现金净流量现值}}$$

根据表6-2的净现值资料,计算:

$$\text{动态投资回收期} = (7-1) + \frac{46.94}{67.74} = 6.69 \text{(年)}$$

某个投资方案的动态投资回收期越短,意味着用该方案获得的现金收益还本付息期越短,收回投资本息的速度越快,可说明该方案比较安全。所以,一般选择投资回收期短的方案。

用动态投资回收期指标评价投资效益的优点是:概念明确(一项投资需要用多长时间的现金收益才能补偿投资本息),考虑了资金时间价值。其缺点是:只考虑了投资的安全性,未考虑投资的经济性,即未考虑收回投资本息以后的收益情况,会促使投资者只顾眼前利益,忽略长期利益。

(四) 内含报酬率

从以上净现值的计算可看出,对于一个投资方案来说,在投资项目涉及的年限及每年的现金流量已确定的条件下,折现率越大净现值越少,折现率越小净现值越多。所以,净现值是随着折现率的增大而变少,随着折现率的变小而增多。当折现率大到一定程度时,必然会使净现值等于零。这个使投资方案净现值等于零的折现率被称为内含报酬率,或称为内部收益率。所以,内含报酬率,就是用来对投资方案各年的现金净流量折算成现值,使净现值为零时的折现率,也就是使投资方案的未来现金流入量现值等于未来现金流出量现值的折现率。它是投资项目可望达到的报酬率,也就是下列公式中的i。

$$\sum_{t=0}^{n} \frac{A_t}{(1+i)^t} = 0$$

式中 A_t 为 t 年的现金净流量。

直接求解这个方程中的i是不容易的,因为将各年的现金净流量A_t折现是个多项式,不便直接计算出i是多少。通常做法是:先估计一个利率,将各年的现金净流量折算为现值,并求和,即为净现值。如果净现值为正数,说明该投资方案的内含报酬率比折现所用的利率大,应再用高一点的折现率进一步测试;如果净现值为负数,说明该投资方案的内含报酬率比折现所用的利率小，应再用低一点的折现率进一步测试。通过逐次试算，可得到净现值由正到负两个相邻的折现率。

根据表 6-1 的现金流量资料试算净现值如表 6-4 所示。

表 6-4　　　　　　　　投资方案内含报酬率测试表　　　　　　　金额单位：万元

年序	现金净流量	i = 19%		i = 20%	
		现值系数	现值	现值系数	现值
1	-200	0.8403	-168.06	0.8333	-166.66
2	-300	0.7062	-211.86	0.6944	-208.32
3	150	0.5934	89.01	0.5787	86.76
4	150	0.4987	74.81	0.4823	72.35
5	150	0.4191	62.87	0.4019	60.29
6	132	0.3521	46.48	0.3349	44.21
7	132	0.2959	39.06	0.2791	36.84
8	105	0.2487	26.11	0.2326	24.42
9	227	0.209	47.44	0.1938	43.99
合计	546		5.86		-6.12

注：一般要测算到净现值由正到负两个相邻的利率。

从表 6-4 看出，当折现率为 19% 时有净现值 5.86 万元，说明该投资方案的内含报酬率高于 19%；当折现率为 20% 时净现值为负 6.12 万元，说明该投资方案的内含报酬率低于 20%。由此可见，该投资方案的内含报酬率在 19% 至 20% 之间，再按照净现值与折现率之间的等比例关系求出近似的内含报酬率。由此计算：

$$内含报酬率 = 19\% + \frac{5.86 - 0}{5.86 - (-6.12)} \times (20\% - 19\%) = 19.489\%$$

如果除投资额之外的各年现金净流入量相同，可采用计算年金现值的方法来测算内含报酬率。因为要计算现金流入量现值等于现金流出量现值（净现值为零）的折现率，所以，每年现金净流入量（年金）的现值应该与投资额（现金流出量）现值相等。按此道理，按年金形式推算年金现值系数公式是：

$$年金现值系数 = \frac{投资额（现金流出量）现值}{每年现金净流入量（年金）}$$

有了计息期数和年金现值系数，可以利用年金现值系数的计算公式逐步测算出折现率，也可以利用"年金现值系数表"查找折现率，然后按照年金现值系数与折现率之间的等比例关系求出近似的内含报酬率。

一般来说，投资项目的内含报酬率越高，意味着经济效益越好。所以，一般选择内含报酬率高的方案。如果投资项目的内含报酬率还低于资金市场税后利率或投资必要报酬率，则不能投资。

用内含报酬率指标评价投资效益的优点是：在考虑资金时间价值的基础上，标明了投资方案的预期收益率。其缺点是：计算较复杂，会使投资者忽略净现值较多的方案。

(五) 年均净回收额

年均净回收额,从计算过程看是投资项目的总净现值按投资回收系数(年金现值系数的倒数)折算的年均现金净流入额。其计算公式是:

因为:净现值 = 年均现金净流入量(年均净回收额) × 年金现值系数

所以:年均净回收额 = 净现值 ÷ 年金现值系数

年均净回收额 = 净现值 × 投资回收系数

这种算法要先计算出投资项目的总净现值,然后再按年金现值系数计算年均净回收额。按表6-2数据,项目建设期和经营期共为9年,净现值166.05万元,折现利率为10%,则:

$$年均净回收额 = 166.05 \div \frac{(1+10\%)^9 - 1}{10\% \times (1+10\%)^9} = 166.05 \div 5.759 = 28.833(万元)$$

年均净回收额,实际是在项目涉及的年限内,年均营业现金净流量(回收额)扣除了项目年均净投资本息额后的余额。年均净投资本息额,是项目初始现金流量(投资额)现值扣除了项目终结现金流量现值后,按投资回收系数折算的年均现金流出额。用公式表述为:

$$年均净回收额 = 年均营业回收额 - \left(项目初始现金流量现值 - 项目终结现金流量现值\right) \times \frac{i(1+i)^n}{(1+i)^n - 1}$$

按表6-1、表6-2数据,项目初始现金流量(投资额)现值429.74万元,项目终结现金流量现值51.74万元[122×(P/F,10%,9)],营业现金净流量(回收额)现值544.05万元(595.79 - 51.74),则:

年均净回收额 = 544.05 ÷ (P/A,10%,9) - (429.74 - 51.74) ÷ (P/A,10%,9)
= 544.05 ÷ 5.759 - 378 ÷ 5.759 = 94.4695 - 65.6364 = 28.8331 (万元)

上式中表示在该条件下,年均营业回收额为94.4695万元,年均净投资本息额为65.6364万元,年均净回收额为28.8331万元。

年均净回收额指标计算结果大于零,说明在项目涉及的年限内,每年平均营业现金净流量能够补偿年均净投资本息额,每年有现金净流入。年均净回收额越多,意味着投资项目的经济效益越好。

如果各投资方案(项目)的使用年限不同,特别在各方案净现值与内含报酬率两个指标表示优劣好坏不一致时,一个方案净现值多些,但内含报酬率低些;另一个方案净现值少些,但内含报酬率高些,要在方案之间作出取舍,可通过计算年均净回收额来比较,选择年均净回收额较多的方案。

用年均净回收额指标评价投资效益的优点是:标明了投资方案在扣除了投资本息之后年均可获得的净收益额,便于在使用年限不同的投资方案(项目)之间比较选择。其缺点是:只看年平均收益(净回收)额会使投资者忽略使用期较长净现值较多的方案。

在实际工作中,以上各种指标应结合起来评价。如果一个方案的所有评价指标,包括投资净利率、投资回收期、净现值、现值指数、内含报酬率、年均净回收额均比另一个方案好一些,就可选择各个指标较好的方案。如果有些指标是这个方案好,有些指标是另一方案好,一般情况下,选择净现值和年均净回收额多的方案,因为净现值和年均净回收额代表着创造的财富数额。如果净现值和年均净回收额两个指标出现矛盾,可选择折现(动态)评价指标较好指标多些的方案。

三、投资必要报酬率的确定

投资必要报酬率是计算投资项目净现值的折现率,是投资者评价投资经济效益的参照依据,是决定投资项目或方案是否取舍的重要标准。这个报酬率(折现率)如果估计过高,会使效益较好的项目变为效益较差;如果估计过低,会使效益较差的项目变为效益较好,从而作出错误的判断。所以,必须估计好投资必要报酬率。

企业的资金来源可归为两类:一是债权人借入,二是所有者(股东)投入。

债权人把钱借给企业使用,是以还本付息为条件的。债权人不仅要按期收回本金,而且要按事先约定的利率获得利息收入。所以,债权人的投资报酬就是利息,债权人的投资报酬率就是利息率。

企业是所有者的企业,所有者向企业投入资金,是想通过企业经营活动获得收益,即利润。这就是说,所有者的投资报酬就是企业的净利润。净利润除以资本金(期初所有者权益)就是所有者的投资报酬率。

企业的投资收益应当同时满足债权人和所有者的期望收益。所以将债权人和所有者的期望投资报酬率进行加权平均计算,就是企业的投资必要报酬率。须注意的是,债权人的利息是在所得税前支付的,所有者的净利润是所得税后利润,两者计算口径不同,所以要将税前支付的利息折成税后利息才能相加。

按照上述道理,投资必要报酬率算式为:

$$\text{投资必要报酬率} = \frac{\text{负债} \times \text{利息率} \times (1-\text{所得税率}) + \text{所有者权益} \times \text{权益净利率}}{\text{负债} + \text{所有者权益}}$$

$$= \text{资产负债率} \times \text{利息率} \times (1-\text{所得税率}) + \text{资产权益率} \times \text{权益净利率}$$

■ 第四节 项目投资方式的选择

项目投资方式不同,其投资额也不相同,投资后的使用效益也可能有所不同。为了节约地使用资金,提高投资的经济效益,避免投资失误造成损失浪费,应慎重地选择投资方式。

一、年均成本比较法

这里说的年均成本,是指由于固定资产投资本身引起的年平均成本,或年平均现金流出量,包括固定资产投资每年摊销额(年折旧费)和使用该固定资产的每年维护修理费用(通常称为运行成本),不包括除此之外的产品生产成本。不考虑资金时间价值计算基本模式是:

$$\text{使用设备年平均成本} = \text{年折旧额} + \text{年运行成本}$$

$$= \frac{\text{设备投资额(现值)} - \text{净残值}}{\text{尚可使用年限}} + \text{年运行成本}$$

$$= \text{投资额每年摊销} - \text{残值每年抵销} + \text{年运行成本}$$

(一)固定资产是否需要更新或改造的选择

采用年均成本来选择旧固定资产是否需要更新或改造或大修理等投资方式,其前提条件是：不论何种投资方式,固定资产的性能不变(相同),用于生产出产品的性能和每年的产销量也不变(相同),产品的售价相同。这样就没有销售现金流入量的差别,就不必考虑销售收入的现金流量,可以只考虑投资对经营成本的影响,以投资引起的经营成本高低来选择。由于各种投资方式的尚可使用年限不同,所以只能用年平均成本相比较。如果使用新固定资产能降低产品的生产成本,形成成本节约额,可以从新固定资产的运行成本中扣除。根据计算,哪种投资方式的年均成本较低就选择哪种投资方式。

由于固定资产的投资额是在使用期内分期摊销(折旧)的,因此在使用期内每年都占用一定数量的资金,就应考虑占用资金的代价,即资金的时间价值。假定固定资产的投资额和占用资金的代价是分期平均摊销的,这个摊销额就是年金形式。考虑资金时间价值的固定资产投资额就是年金现值。所以,就可按照年金现值的计算模式推算固定资产投资额年均摊销数。

投资额年均摊销数(年金) = 设备投资额(年金现值) ÷ 年金现值系数

固定资产残值是在使用期满收回的,并且要每年平均抵减固定资产投资额的分摊数。相对于投资额现值来说,残值就是终值,残值年平均抵减数就是年金。所以,就可按照年金终值的计算模式推算残值每年抵减的摊销额。

残值年均抵摊额(年金) = 设备残值(年金终值) ÷ 年金终值系数

假定运行成本在各年的发生额相同,其本身就是年金形式。

按照上述道理,使用固定资产的年均成本,在考虑资金时间价值的情况下,计算公式是:

$$使用设备年均成本 = \frac{设备投资额}{年金现值系数} - \frac{设备残值}{年金终值系数} + 年运行成本$$

【例6-2】某公司有一台旧设备,有关人员提出更新或改造的要求,假定企业要求的最低收益率为9%,有关数据如表6-5所示。

表6-5　　　　　　　　　　　　设备更新改造资料

项目	单位	旧设备	改造后	更新后
原值	元	50000	70000	58000
尚可使用年限	年	3	5	7
期满残值	元	4000	5000	5500
目前变现价值	元	25000	45000	58000
年运行成本	元	4500	4000	3500

注:设备改造原值70000元是指改造支出20000元和改造前原值50000元,设备改造目前变现价值45000元是指改造支出20000元和旧设备目前变现价值25000元。设备的目前变现价值在未变现时就是继续使用的投资额。

假定旧设备、或改造、或更新其每年产品的产销量相同、售价相同,不考虑折旧、残值对所得税的影响,考虑资金时间价值的年均成本计算为:

$$旧设备年均成本 = 25000 \div \frac{(1+9\%)^3 - 1}{9\% \times (1+9\%)^3} - 4000 \div \frac{(1+9\%)^3 - 1}{9\%} + 4500 = 13156(元)$$

$$改造后年均成本 = 45000 \div \frac{(1+9\%)^5 - 1}{9\% \times (1+9\%)^5} - 5000 \div \frac{(1+9\%)^5 - 1}{9\%} + 4000 = 14734(元)$$

$$更新后年均成本 = 58000 \div \frac{(1+9\%)^7 - 1}{9\% \times (1+9\%)^7} - 5500 \div \frac{(1+9\%)^7 - 1}{9\%} + 3500 = 14426(元)$$

计算结果，旧设备的年均成本较低，应继续使用旧设备。

上述年均成本的计算不足是未考虑折旧、残值对所得税的影响。如果各种投资方案的设备生产能力不同，从而引起收入不同、成本不同、利润不同，则要分别计算各方案的现金流量，从而计算出各方案的净现值、现值指数、内含报酬率、年均净回收额进行比较选择。

（二）设备最优更新期的选择

设备的最优更新期，是指使用设备的年平均成本达到最低时的使用年限。使用设备的年均成本包括持有成本和运行成本。持有成本在不考虑资金时间价值的情况下，就是设备的各年折旧额。运行成本是指在设备使用中发生的维护修理费、能源消耗费用。

设备更新需一次支付较多的资金，设备更新后又可以使用若干年。如果设备更新过早，使设备的有效使用期缩短，在使用期间每年分摊的折旧费就会较多，各年的持有成本相对较高。但设备更新早，维护修理费用发生较少，能节约能源消耗，使每年的运行成本相对较低。如果设备更新过迟，设备使用年限延长，每年分摊的折旧费就会较少，使每年的持有成本相对较低。但设备使用年限越长，设备的有形损耗逐渐加大，设备的技术性能逐渐降低，每年的运行成本逐渐增加。因此，设备的合理更新年限应在每年的持有成本和运行成本之和为最低时的年份。如图6-1所示。

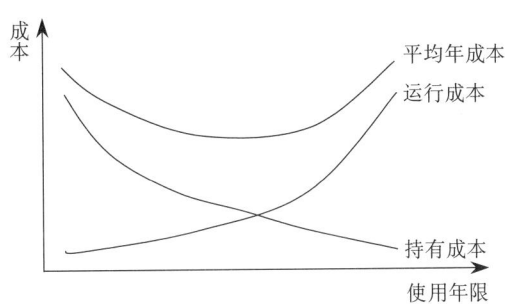

图6-1 设备使用年限与成本关系图

设：P——设备原始价值；

n——设备使用年限；

P_n——第n年后设备净值（残值）；

b_1——设备使用第一年的运行成本；

d——设备运行成本每年递增额。

在考虑资金时间价值的情况下，各年持有成本就是设备的投资额扣除残值现值后的余额和占用资金的代价在使用年限内平均分摊的数额。设备的原值（投资额）是现值，残值是终值（在使用期结束时才能收回），所以应将残值折成现值从设备的原值中扣除。因此，各年持有成本就可按照年金现值计算模式计算。即：

$$年均持有成本 = \left[P - \frac{P_n}{(1+i)^n} \right] \div \frac{(1+i)^n - 1}{i(1+i)^n}$$

由于各年运行成本是随着设备使用年限延长逐期递增的，就使各年运行成本不相等。在考虑资金时间价值时求各年平均的运行成本，可将各年发生的运行成本分别折成现值，并求和就是运行成本累计现值，再按照年金现值计算模式计算各年的等额（平均）运行成本。即：

$$\text{年均运行成本} = \sum_{t=1}^{n} \frac{b_1 + (t-1)d}{(1+i)^t} \div \frac{(1+i)^n - 1}{i(1+i)^n}$$

根据上述道理，使用设备年平均成本（A）的计算公式是：

$$A = \left[P - \frac{P_n}{(1+i)^n} + \sum_{t=1}^{n} \frac{b_1 + (t-1)d}{(1+i)^t} \right] \div \frac{(1+i)^n - 1}{i(1+i)^n}$$

【例6-3】某设备原始价值50000元，每年末的净值为上年末净值的70%（余额递减法折旧率为30%），使用第一年的运行成本为3000元，以后每年递增2100元，企业要求的投资报酬率最低为10%。则使用设备的年平均成本计算如表6-6所示。

表6-6　　　　　　　　　使用设备年平均成本计算表　　　　　　　　　　单位：元

使用年数 n	设备原值 ①	年末净值 ②	复利现值系数 ③	净值现值 ④=②×③	运行成本 ⑤	运行成本现值 ⑥=⑤×③	运行成本现值累计 ⑦=Σ⑥	总成本现值 ⑧=①-④+⑦	年金现值系数 ⑨	年均成本 ⑩=⑧/⑨
1	50000	35000	0.9091	31819	3000	2727	2727	20908	0.9091	22999
2	50000	24500	0.8264	20247	5100	4215	6942	36695	1.7355	21144
3	50000	17150	0.7513	12885	7200	5409	12351	49466	2.4869	19891
4	50000	12005	0.683	8199	9300	6352	18703	60504	3.1699	19087
5	50000	8404	0.6209	5218	11400	7078	25781	70563	3.7908	18614
6	50000	5882	0.5645	3320	13500	7621	33402	80082	4.3553	18387
7	50000	4118	0.5132	2113	15600	8006	41408	89295	4.8684	18342
8	50000	2882	0.4665	1344	17700	8257	49665	98321	5.3349	18430
9	50000	2018	0.4241	856	19800	8397	58062	107206	5.759	18615

从表6-6中看出，设备使用7年的年平均成本最低，应使用7年后更新。

二、现金流量净现值比较法

按现金流量净现值的多少来选择投资方式，首先要明确各种投资方式现金流量的内容及算法，然后按折现率将现金流量折成现值。

（一）税后成本和税后收入

税后成本，是指可以在税前列支的成本费用扣除了所得税影响后的净额。即：

　　成本费用×(1 - 所得税率) = 税后成本

税后收入，是指企业获得的收入扣除了所得税后的余额。即：

　　营业收入×(1 - 所得税率) = 税后收入

需注意的是，在一定时期内，有利润才需交纳所得税，有收入无利润一般不交纳所得税，有成本费用无利润也不能抵减所得税。所以，税后成本和税后收入是以有利润为前提的。但是，在项目投资决策时，一般是假定企业有利润。

税后成本和税后收入的相互关系用公式表示为：

因为：(营业收入 - 成本费用)×(1 - 所得税率) = 税后净利

　　　营业收入×(1 - 所得税率) - 成本费用×(1 - 所得税率) = 税后净利

所以：税后收入 – 税后成本 = 税后净利

（二）折旧的抵税作用

其他因素不变，计提折旧费越多，利润就越少，交纳的所得税也就越少。折旧可以起到少交所得税，增加企业现金净流量的作用，这种作用称为"折旧抵税"，如表6–7所示。

表6–7　　　　　　　　　　　　折旧抵税比较表　　　　　　　　　　　　单位：元

项　目	无折旧	有折旧	差异
销售收入（收现）	50000	50000	0
销售成本（付现）	30000	30000	0
折旧费		10000	10000
税前利润	20000	10000	–10000
所得税（30%）	6000	3000	–3000
税后净利	14000	7000	–7000
现金净流量	14000	17000	3000

从表6–7中看出，在所得税率为30%情况下，计提折旧费10000元使现金净流量（流入）增加3000元，即折旧10000元的抵税额为：10000×30% = 3000元。

（三）营业现金净流量

根据"税后收入 – 税后成本 = 税后净利"和"折旧抵税"的计算方法，营业现金净流量与它们的关系式推导如下：

营业现金净流量 = 税后净利润 + 折旧
　　　　　　　 = (收入 – 成本)×(1 – 所得税率) + 折旧
　　　　　　　 = 收入×(1 – 所得税率) – 成本×(1 – 所得税率) + 折旧
　　　　　　　 = 税后收入 – (付现成本 + 折旧)×(1 – 所得税率) + 折旧
　　　　　　　 = 税后收入 – 付现成本×(1 – 所得税率) – 折旧×(1 – 所得税率)
　　　　　　　　 + 折旧
　　　　　　　 = 税后收入 – 付现税后成本 – 折旧 + 折旧×所得税率 + 折旧
　　　　　　　 = 税后收入(收现) – 税后成本(付现) + 折旧抵税

有了营业现金净流量，再加入初始和终结现金流量就可以计算出项目现金净流量。

项目现金净流量 = 营业现金净流量 + 终结现金流量(收回) – 初始现金流量(投资)

（四）按现金净流出量现值选择投资方式

在设备更新改造决策中，一般不便计量使用某项设备给企业带来的经营利润和营业现金流量；或者是各种投资方式产生的销售收入，除投资本身收支外的经营利润和营业现金流量相同，不必计算营业现金流量，可采用上述税后收入、税后成本、折旧抵税等公式计算出投资本身的现金净流出量，再按折现率计算出现金净流出量现值，以现金净流出量现值较少来选择投资方式（案）。

现金净流出量是指现金流出量大于现金流入量的差额。设备更新改造投资方式本身的现金流出量一般包括设备投资额（购置成本）、运行成本，现金流入量包括设备折旧抵税、设备变价残值收入。继续使用旧设备本身的现金流出量一般包括旧设备目前变现价值、变现损失减税、大修理成本、运行成本，现金流入量包括设备折旧抵税、设备变价残值收入。对成本费用和残值收入都按税后数额计算。

根据资金时间价值的原理，不同时间点的收支不能直接比较价值的大小，应折算到同一个时间点上的价值相比较，就应将投资方式的现金流入量、流出量都折算到同一个时间点上的价值来计算净现值。如果各投资方式使用年限不相同，应计算年平均现金流出量即年平均成本相比较。

使用新设备年平均成本计算的基本模式是：

$$\text{使用新设备年平均成本} = \left(\text{设备投资额} + \text{累计税后运行成本现值} - \text{累计折旧抵税现值} - \text{残值税后净收入现值}\right) \div \frac{(1+i)^n - 1}{i(1+i)^n}$$

式中：i 为折现率，n 为使用年数。

上式中括号内为使用新设备现金净流出总现值（现金流出现值 - 现金流入现值）。

如果每年的折旧相同、运行成本相同，上式可改为：

$$\text{使用新设备年平均成本} = \left(\text{设备投资额} - \text{残值税后净收入现值}\right) \div \frac{(1+i)^n - 1}{i(1+i)^n} - \text{每年折旧抵税} + \text{每年税后运行成本}$$

如果设备更新改造后因产量增加可增加收入和要垫支流动资金，应分别计算各项现金流量的现值，然后计算净现值。

继续使用旧设备现金净流出现值和年平均成本计算的基本模式是：

$$\text{继续使用旧设备现金净流出总现值} = \text{旧设备目前变现价值} + \text{变现损失减税现值} + \text{大修理税后成本现值}$$
$$+ \text{税后运行成本现值} - \text{设备折旧抵税现值} - \text{设备残值税后净收入现值}$$

$$\text{使用旧设备年平均成本} = \text{使用旧设备现金净流出总现值} \div \frac{(1+i)^n - 1}{i(1+i)^n}$$

【例 6-4】某企业有一台已使用 3 年的旧设备，原购置成本 70000 元，规定该设备采用年限平均法折旧，折旧年限为 6 年，残值率为 10%。现在将旧设备进行大修理，需支付修理费 29000 元，修理后尚可使用 5 年，每年运行成本 8400 元，最终报废可收回残值 7400 元。如果目前将旧设备变卖，可收到现款 25000 元。如果目前将其更新，新设备购置成本 80000 元，每年运行成本 7000 元，预计最终报废可收回残值 7500 元。规定新设备采用年数总和法计提折旧，折旧年限为 6 年，残值率为 10%。该企业所得税率为 30%，资金市场利率为 10%。使用新、旧设备除投资本身收支外的各年营业收入、利润和现金流量相同，计算说明是否需要立即更新设备。

1. 计算更新设备的现金净流出量现值。
（1）更新设备现金流出现值：
①新设备投资额即购置成本现值 80000 元
②累计税后运行成本现值 = 7000 × (1 - 30%) × (P/A,10%,6) = 4900 × 4.3553
　　　　　　　　　　　　= 21341（元）
（2）更新设备现金流入现值：
①累计折旧抵税现值计算如表 6-8 所示。

表 6-8　　　　　　　　　　折旧抵税现值计算表　　　　　　　　　　单位：元

年序	年折旧额(元)	折旧抵税(元)	P/F,10%,n	抵税现值
1	80000×90%×(6/21)=20571	20571×30%=6171	0.9091	5610
2	80000×90%×(5/21)=17143	17143×30%=5143	0.8264	4250
3	80000×90%×(4/21)=13714	13714×30%=4114	0.7513	3091
4	80000×90%×(3/21)=10286	10286×30%=3086	0.683	2108
5	80000×90%×(2/21)=6857	6857×30%=2057	0.6209	1277
6	80000×90%×(1/21)=3429	3429×30%=1029	0.5645	581
合计	72000	21600		16917

②设备残值税后净收入现值 = [7500 − (7500 − 80000×10%)×30%] × (P/F,10%,6)
　　　　　　　　　　　　　= [7500 + 500×30%] × 0.5645 = 4318(元)

使用新设备现金净流出总现值 = 80000 + 21341 − 16917 − 4318 = 80106(元)

使用新设备年平均成本 = 80106 ÷ (P/A,10%,6) = 80106 ÷ 4.3553 = 18393(元)

2. 计算继续使用旧设备的现金净流出量现值。

(1) 继续使用旧设备现金流出现值：

①旧设备目前变现价值 25000 元（仍使用未获得的变现收入即为投资额）

②旧设备变现损失减税（仍使用未变现丧失的减税现金流入）：

　　旧设备年折旧额 = 70000 × (1 − 10%) ÷ 6 = 10500(元)

　　旧设备变现损失减税现值 = (70000 − 10500×3 − 25000) × 30% = 4050(元)

③大修理税后成本现值 = 29000 × (1 − 30%) = 20300(元)

④税后运行成本现值 = 8400 × (1 − 30%) × (P/A,10%,5) = 5880 × 3.7908
　　　　　　　　　 = 22290(元)

(2) 继续使用旧设备现金流入现值：

①旧设备折旧抵税现值 = 10500 × 30% × (P/A,10%,3) = 3150 × 2.4869 = 7834(元)

②旧设备残值税后净收入现值 = [7400 − (7400 − 70000×10%)×30%] × (P/F,10%,5)
　　　　　　　　　　　　　 = [7400 − 400×30%] × 0.6209 = 4520(元)

继续使用旧设备现金净流出总现值 = 25000 + 4050 + 20300 + 22290 − 7834 − 4520
　　　　　　　　　　　　　　　 = 59736(元)

继续使用旧设备年平均成本 = 59736 ÷ (P/A,10%,5)
　　　　　　　　　　　　 = 59736 ÷ 3.7908 = 15758 (元)

通过计算看出，继续使用旧设备比更新设备年平均成本低，因此应继续使用旧设备。

三、资金限量情况下的投资项目（方式）选择

企业的资金来源总是有限的，并且是要花费一定的代价才能取得的。在企业有很多有利的投资项目（方式）时，由于无法筹措到足够的资金，只能在有限资金来源的情况下，选择能给企业带来最大投资收益的投资项目组合。这就是多项目组合排队决策问题。

(一) 多项目组合排队决策的特征

1. 项目多样性。同时投资于几个项目，每个项目都可以独立地获得收益。

2. 方案多样性。每一个项目又可能有几个方案,一个项目只能选取一种方案,各方案之间具有排他性。

3. 资金有限性。可用于投资的资金来源是有限的,不能满足所有项目的需要。

4. 以效益较大、风险较小作为排队选择标准。

(二) 多项目组合排队决策方法

选择最大投资收益的投资项目组合,一般是运用净现值和现值指数来衡量选择。其基本步骤是:

1. 计算所有投资项目的净现值和现值指数,并列出每一项目的投资额;
2. 按照资金限额进行投资项目组合,所组合的项目投资总额不应超过资金限额;
3. 计算各种组合的净现值总数和加权平均现值指数;
4. 按照净现值最大和现值指数最高来选择组合项目。

【例 6-5】某公司只能筹措到 70 万元资金,现有可供选择的投资项目及已计算出的净现值和现值指数如表 6-9 所示。

表 6-9   可供选择的投资项目资料

项目	投资额(万元)	净现值(万元)	现值指数
A	30	7.8	1.26
B_1	25	7.5	1.3
B_2	20	4	1.2
C_1	20	5	1.25
C_2	15	2.7	1.18
D	15	2.1	1.14

注:B_1 与 B_2、C_1 与 C_2 是两对互斥方案(项目),两者只能选其一,不能在同一组合中出现。

根据表 6-9 资料,进行投资项目组合,并计算各种组合的净现值总数和加权平均现值指数,如表 6-10 所示。

表 6-10   投资项目净现值和现值指数计算表

项目组合	投资额(万元)	净现值(万元)	加权平均现值指数
$A + B_1 + C_2$	30 + 25 + 15 = 70	7.8 + 7.5 + 2.7 = 18	1.257
$A + B_2 + C_1$	30 + 20 + 20 = 70	7.8 + 4 + 5 = 16.8	1.24
$A + B_1 + D$	30 + 25 + 15 = 70	7.8 + 7.5 + 2.1 = 17.4	1.249
$A + B_2 + C_2$	30 + 20 + 15 = 65	7.8 + 4 + 2.7 = 14.5	1.223
$B_1 + C_1 + D$	25 + 20 + 15 = 60	7.5 + 5 + 2.1 = 14.6	1.243

表 6-10 中加权平均现值指数计算方法为:

$A + B_1 + C_2$ 组合　$1.26 \times 30/70 + 1.3 \times 25/70 + 1.18 \times 15/70 = 1.257$

$A + B_2 + C_2$ 组合　$1.26 \times 30/65 + 1.2 \times 20/65 + 1.18 \times 15/65 = 1.223$

从表 6-10 中看出,$A + B_1 + C_2$ 组合满足资金限额的要求,组合的净现值较多,加权平均现值指数较高,理应选择此种组合投资。

如果项目组合的多种方案中,没有出现净现值和现值指数两者都较多(高)的组合方案,有的组合方案净现值较多但现值指数较低,有的组合方案净现值较少但现值指数较高,在这种情况下,如果投资所需资金充裕,一般应选择净现值较多的组合方案,因为净现值代表着财富的数量。

第五节 项目投资敏感与风险分析

项目投资决策是面向未来而言的,未来有很多不确定性的因素,所以项目投资在未来实现的收益或现金流量具有一定的不确定性,或称为不稳定性,即项目投资是有风险的。如果决策面临的现金流量不确定性比较小,一般可忽略它们的影响,把决策视为确定情况下的决策。如果决策面临的现金流量不确定性较大,即风险较大,对投资方案的选择具有较大影响,就应对不确定性进行计量,并在决策时加以考虑。

一、项目投资敏感分析

项目投资敏感分析通常是按照项目投资净现值计算模式,在求得投资项目在一般或正常状态下可能实现的净现值后,假定其他变量(因素)不变,计算某个变量允许变动的界限,测定某个变量发生变化时对净现值的影响程度,以便对有关变量如何调整控制指明方向。

在前面项目投资决策的分析中,都是认为求净现值的变量(因素)是确定的、已知的、不会发生变化。在实际经济生活中,各种因素是经常在变化的,如设备的价格、材料和产品的供求数量和价格、人工成本、负债利率等会经常发生变动,每个因素变动都会给净现值产生影响。企业管理人员希望事先知道哪一个变量对净现值影响小,哪一个变量对净现值影响大,允许变化的最大幅度是多少。掌握这些数据,以便在情况发生变化时及时采取对策,调整投资和经营活动,使投资和经营活动被控制在比较有利的状态下。

敏感分析的方法主要有最大最小法和敏感程度法。

(一)最大最小法

项目投资敏感分析的最大最小法,就是按照项目投资净现值计算模式,先根据在一般或正常状态下可能发生的现金流量、折现率计算预期净现值,然后假定其他变量不变,求净现值为零时某个变量的现金流入量最小值是多少,或现金流出量最大值是多少。

按照"净现值=经营现金流量现值+终结现金流量现值-初始投资额现值"和"经营现金净流量=净利润+折旧"计算模式,一个新建投资项目各项现金流量均列出的净现值计算公式是:

{[销售量×(单价-单位变动成本)-固定成本-折旧]×(1-所得税率)+折旧}×现值系数+(固定资产残值+收回流动资金)×现值系数-项目投资额×现值系数=净现值

【例6-6】 某企业准备购建一套新设备用来生产新产品,固定资产投资总额400万元,用两年时间建成,每年投资200万元(年中多次投入)。建成投产时需垫支流动资金100万元。预计固定资产建成后使用(经营)7年,每年产销量为6000件,单位产品现金售价为750元,单位产品付现变动成本为400元,每年付现固定成本(增加)为56万元。该固定资产用年限平均法折旧,残值率为5.5%。企业所得税率为25%。该项目折现率为10%。

计算允许各项因素变化的最大值或最小值。

先计算在一般或正常状态下可能发生的净现值（现值时间点为投资开始的第一年初，产销量6000件即为0.6万件）：

每年折旧费 =（400 – 400×5.5%）÷7 = 54（万元）

净现值 = {[0.6×(750 – 400) – 56 – 54]×(1 – 25%) + 54}×(P/A,10%,7)×(P/F,10%,2) + (400×5.5% + 100)×(P/F,10%,9) – 200×(P/F,10%,1) – 300×(P/F,10%,2)

= {100×75% + 54}×4.8684×0.8264 + 122×0.4241 – (200×0.9091 + 300×0.8264)

= 518.9987 + 51.7402 – 429.74 ≈ 141（万元）

然后分别计算每个因素允许变化的最大值或最小值。

1. 令净现值为0，其他因素不变，每年产销量最少为多少件？

按照上述算式，设产销量为 y 求解：

{[y·(750 – 400) – 56 – 54]×(1 – 25%) + 54}×(P/A,10%,7)×(P/F,10%,2) + (400×5.5% + 100)×(P/F,10%,9) – 200×(P/F,10%,1) – 300×(P/F,10%,2) = 0

y = 0.4664912（万件）≈ 4665（件）

即每年产销量最低为4665件。如果每年产销量高于4665件，将有净现值。如果每年产销量低于4665件，下降幅度超过22.25%（4665÷6000 – 1），净现值将为负数。即盈亏平衡（分界）点每年产销量为4665件。

2. 令净现值为0，其他因素不变，单位产品售价最少为多少元？

按照上述算式，设单位产品售价为 y 求解：

{[0.6×(y – 400) – 56 – 54]×(1 – 25%) + 54}×(P/A,10%,7)×(P/F,10%,2) + (400×5.5% + 100)×(P/F,10%,9) – 200×(P/F,10%,1) – 300×(P/F,10%,2) = 0

y = 672.12（元）

即单位产品售价最低为672.12元。如果单价高于672.12元，将有净现值。如果单价低于672.12元，下降幅度超过10.384%（672.12÷750 – 1），净现值将为负数。即盈亏平衡（分界）点的单价为672.12元。

3. 令净现值为0，其他因素不变，单位产品变动成本最多为多少元？

按照上述算式，设单位产品变动成本为 y 求解：

{[0.6×(750 – y) – 56 – 54]×(1 – 25%) + 54}×(P/A,10%,7)×(P/F,10%,2) + (400×5.5% + 100)×(P/F,10%,9) – 200×(P/F,10%,1) – 300×(P/F,10%,2) = 0

y = 477.8803（元）

即单位产品变动成本最高为477.88元。如果单位产品变动成本低于477.88元，将有净现值。如果单位产品变动成本高于477.88元，上升幅度超过19.47%（477.88÷400 – 1），净现值将为负数。即盈亏平衡（分界）点的单位产品变动成本为477.88元。

4. 令净现值为0，其他因素不变，最低经营年限为多少年？

同一固定资产使用年限不同，每年折旧数额也不相同。要使固定资产投资额在使用（经营）期间全部收回，计算净现值为零时的最低经营年限，就要调整每年的折旧额，就要逐步试算出最低经营年限。

接例6 – 6资料（固定资产投资400万元），假定固定资产每使用一年其变现价值（残余价值）为使用前价值的60%，即每年折旧额为本年折旧前价值的40%，使用（经营）期

间应计折旧总额每年平均分摊。如果最低经营年限为4年,则净现值计算过程如下:

固定资产在4年后的折余价值 = 400 × 60% × 60% × 60% × 60% ≈ 52(万元)

固定资产在4年中应计折旧总额 = 400 - 52 = 348(万元)

每年平均折旧 = 348 ÷ 4 = 87(万元)

经营年限为4年的净现值(终结现金流量折现期 = 经营期4年 + 购建期2年):

净现值 = {[0.6 × (750 - 400) - 56 - 87] × (1 - 25%) + 87} × (P/A,10%,4) × (P/F,10%,2) + (52 + 100) × (P/F,10%,6) - 200 × (P/F,10%,1) - 300 × (P/F,10%,2)

= 359.5408 + 85.804 - 429.74 = 15.6048(万元)

计算结果,经营年限为4年有净现值(净现值为正数),意味着最低经营年限要小于4年,再按经营3年计算净现值。

固定资产在3年后的折余价值 = 400 × 60% × 60% × 60% = 86.4(万元)

固定资产在3年中应计折旧总额 = 400 - 86.4 = 313.6(万元)

每年平均折旧 = 313.6 ÷ 3 = 104.5333(万元)

为了便于计算,年均折旧按104.5万元计算。

固定资产在3年后的折余价值 = 400 - 104.5 × 3 = 86.5(万元)

经营年限为3年的净现值(终结现金流量折现期 = 经营期3年 + 购建期2年):

净现值 = {[0.6 × (750 - 400) - 56 - 104.5] × (1 - 25%) + 104.5} × (P/A,10%,3) × (P/F,10%,2) + (86.5 + 100) × (P/F,10%,5) - 200 × (P/F,10%,1) - 300 × (P/F,10%,2)

= 291.064 + 115.7979 - 429.74 = -22.8781(万元)

计算结果,经营年限为3年没有净现值(净现值为负数),意味着最低经营年限要大于3年。由此看出,该项目最低经营年限在3~4年之间,可按"内插比例法"求近似年限。

$$最低经营年限 = 3 + \frac{-22.8781 - 0}{-22.8781 - 15.6048} × (4 - 1) ≈ 3.59(年)$$

上述计算过程如表6-11所示(有些数是约等于,最低经营年限有小数,不便列表)。

表6-11　　　　　　　　　　　　项目投资敏感分析表

项　目	基本预期值	产销量最小值	单价最小值	变动成本最大值
产销量(件)	6000	4664.91	6000	6000
单价(元)	750	750	672.12	750
单位变动成本(元)	400	400	400	477.88
销售收入(万元)	450	349.868	403.272	450
变动成本(万元)	240	186.596	240	286.728
固定成本(万元)	56	56	56	56
折旧费(万元)	54	54	54	54
营业利润(万元)	100	53.272	53.272	53.272
所得税(万元)	25	13.318	13.318	13.318
净利润(万元)	75	39.954	39.954	39.954
经营现金净流量(万元)	129	93.954	93.954	93.954
P/A,10%,7(经营)	4.8684	4.8684	4.8684	4.8684

续表

项 目	基本预期值	产销量最小值	单价最小值	变动成本最大值
P/F,10%,2（投资）	0.8264	0.8264	0.8264	0.8264
经营现金净量现值（万元）	519	378	378	378
固定资产残值（万元）	22	22	22	22
收回流动资金（万元）	100	100	100	100
终结现金流量（万元）	122	122	122	122
P/F,10%,9	0.4241	0.4241	0.4241	0.4241
终结现金流量现值（万元）	51.74	51.74	51.74	51.74
原始投资额（万元）	500	500	500	500
投资额现值（万元）	429.74	429.74	429.74	429.74
项目净现值（万元）	141	0	0	0

注：投资额现值 429.74 = 200 × (P/F,10%,1) + 300 × (P/F,10%,2)

按上述方法同样可以计算净现值为 0，其他因素不变，每年固定成本最高数额、最高折现率（内含报酬率）。

（二）敏感程度法

项目投资敏感分析的敏感程度法，就是按照项目投资净现值计算模式，在求得投资项目在一般或正常状态下可能实现的净现值后，假定其他变量不变，计算某个变量发生变动对净现值的影响程度，变量变动一定幅度净现值是多少。

从敏感分析的最大最小法计算看出，各变量（因素）变化都会引起净现值发生变化，但其变化程度不一定相同。可能有的变量发生较小的变化，会使净现值发生较大的变动，意味着净现值对这些变量的变化十分敏感，称这类变量为敏感因素。可能有些变量发生较大的变化，引起净现值的变动却较小，即对净现值的影响比较迟钝，称这类变量为不敏感因素。

反映敏感程度的指标是敏感系数，其计算公式是：

$$敏感系数 = \frac{目标值（净现值）变动百分比}{变量值变动百分比}$$

接例 6-6，各因素敏感程度计算如下：

1. 销售量的敏感程度。假定每年销售量增加 20%。

销售量增 20% 后，每年销售量 = 6000 × (1 + 20%) = 7200（件），即为 0.72 万件。

净现值 = {[0.72 × (750 - 400) - 56 - 54] × (1 - 25%) + 54} × (P/A,10%,7)
× (P/F,10%,2) + (400 × 5.5% + 100) × (P/F,10%,9) - 200 × (P/F,10%,1)
- 300 × (P/F,10%,2)

= 645.7309 + 51.7402 - 429.74 = 267.7311（万元）

净现值变化率 = 267.7311 ÷ 141 - 1 = 89.88%

销售量的敏感系数 = 89.88% ÷ 20% = 4.494

即其他变量不变，每年销售量增加或减少 10%，会使净现值增加或减少 44.94%。

2. 单价的敏感程度。假定单价增加 10%。

单价增加 10% 后，单价 = 750 × (1 + 10%) = 825（元）

净现值 = {[0.6×(825−400)−56−54]×(1−25%)+54}×(P/A,10%,7)
　　　　×(P/F,10%,2)+(400×5.5%+100)×(P/F,10%,9)−200×(P/F,10%,1)
　　　　−300×(P/F,10%,2)
　　　= 654.7832+51.7402−429.74 = 276.7834(万元)

净现值变化率 = 276.7834÷141−1 = 96.3%

单价的敏感系数 = 96.3%÷10% = 9.63

即其他变量不变，单价增加或减少10%，会使净现值增加或减少96.3%。

3. 单位变动成本的敏感程度。假定单位变动成本增加10%。

单位变动成本增加10%后，单位变动成本 = 400×(1+10%) = 440元。

净现值 = {[0.6×(750−440)−56−54]×(1−25%)+54}×(P/A,10%,7)
　　　　×(P/F,10%,2)+(400×5.5%+100)×(P/F,10%,9)−200×(P/F,10%,1)
　　　　−300×(P/F,10%,2)
　　　= 446.5803+51.7402−429.74 = 68.5805(万元)

净现值变化率 = 68.5805÷141−1 = −51.361%

单位变动成本的敏感系数 = −51.361%÷10% = −5.1361

即其他变量不变，单位变动成本增加10%，会使净现值减少51.36%。单位变动成本减少10%，会使净现值增加51.36%。

4. 固定成本（不包括折旧费）的敏感程度。假定每年固定成本增加20%。

固定成本增加20%后，每年固定成本 = 56×(1+20%) = 67.2万元。

净现值 = {[0.6×(750−400)−67.2−54]×(1−25%)+54}×(P/A,10%,7)
　　　　×(P/F,10%,2)+(400×5.5%+100)×(P/F,10%,9)−200×(P/F,10%,1)
　　　　−300×(P/F,10%,2)
　　　= 485.2034+51.7402−429.74 = 107.2036(万元)

净现值变化率 = 107.2036÷141−1 = −23.969%

固定成本的敏感系数 = −23.969%÷20% = −1.1985

即其他变量不变，每年固定成本增加或减少10%，会使净现值减少或增加11.98%。

某个变量（因素）的敏感系数为正值，表示它与净现值同向增减；敏感系数为负值，表示它与净现值反向增减。某个变量的敏感系数绝对值越大，就是该因素变化引起净现值变化幅度越大；反之，净现值变化幅度越小。所以，应重点控制敏感系数绝对值较大的变量。

从上面计算看出，单价的敏感程度最大，固定成本的敏感程度最小，所以要特别关注单价的变动，其次要关注变动成本的变动。

敏感系数虽然提供了各变量变动百分比和引起净现值变动百分比的倍数关系，但不能直接显示变化后的净现值。为了能够掌握各变量变动的各种幅度下的净现值是多少，可以编制敏感分析表来显示。按照上述计算的敏感系数，编制净现值敏感分析表如表6−12所示。

表6−12中净现值计算方法是：

单价升20%，净现值 = 141×(1+9.63×20%) = 412.57

单价降20%，净现值 = 141×(1−9.63×20%) = −130.57

变动成本升20%，净现值 = 141×(1−5.1361×20%) = −3.84

变动成本降20%，净现值 = 141×(1+5.1361×20%) = 285.84

表 6-12　　　　　　　　　　　净现值敏感分析表　　　　　　　　　　　金额单位：万元

净现值 变量敏感系数	变动百分比	-20%	-10%	0	+10%	+20%	+30%
销售量	4.494	14.27	77.63	141	204.37	267.73	331.1
单价	9.63	-130.57	5.22	141	276.78	412.57	548.35
变动成本	-5.1361	285.84	213.42	141	68.58	-3.84	-76.26
固定成本	-1.1985	174.8	157.9	141	124.1	107.2	90.3

也可按每间隔5%编表。

通过对各变量在不同变动幅度下的净现值计算列示，可以明确某个变量在某个变动幅度下净现值是多少，可以对有关变量如何控制调整指明方向。

从上述敏感系数的计算可看出，在进行敏感性分析时，只允许一个变量发生变动，而假定其他变量保持不变，这往往是与事实不符的。在现实经济生活中这些变量通常是相互关联的，一个变量发生变动会引起相关变量同时发生变动，但变动幅度不同。如销售量增加可能引起价格降低，固定成本增加可能引起变动成本降低。

尚需注意的是，各变量变化引起净现值变化幅度的大小，不仅取决于净现值变化的数额，而且还取决于原来确定的预期净现值数额。假定原来确定的销售量为7000件，净现值就不是141万元了，则净现值变化率和相关变量的敏感系数与上面计算就不相同，但各变量的敏感系数大小的顺序不变。

二、项目投资情景分析

项目投资情景分析，就是分别估计各种情景下各种变量的数值，并据以计算净现值，再按照估计各种情景出现的概率来计算预期加权平均净现值和标准离差率，凭以判断项目风险大小。情景分析一般假定未来现金流量有中等情况、最好情况、最坏情况三种，中等情况应是各变量处于一般较稳定或最可能出现的状况，最好情况是指各变量处于最理想的状况，最坏情况是指各变量处于最不利的状况。也可根据实际情况和需要，设计更多的情景。

【例 6-7】某企业准备购建一套新设备用来生产新产品，固定资产投资总额400万元，用两年时间建成，每年投资200万元（年中多次投入）。固定资产采用年限平均法折旧，净残值率为5.5%。建成投产时需垫支流动资金100万元。企业所得税率为25%。该项目折现率为10%。预计固定资产建成后使用（经营）7年，每年产销量、单位产品售价（收现）、单位产品变动成本（付现）及每年增加固定成本（付现）等数值估计如表 6-13 所示。

表 6-13　　　　　　　　　　　项目投资情景估计

项　目	中等值	最好值	最坏值
概率（可能性）	50%	30%	20%
每年产销量（件）	6000	7000	5000
单价（元）	750	800	680
单位变动成本（元）	400	360	450
每年固定成本（元）	560000	540000	600000

根据表 6-13 估计数值计算如表 6-14 所示。

按表 6-14 数据，

预期加权平均净现值 = 141 × 50% + 442.74 × 30% - 157.73 × 20% = 171.776(万元)

净现值方差(δ^2) = (141 - 171.776)^2 × 50% + (442.74 - 171.776)^2 × 30% + (-157.73 - 171.776)^2 × 20%

= 473.58 + 22026.45 + 21714.84 = 44214.87

表 6-14　　　　　　　　　　项目投资情景分析　　　　　　　　　　单位：万元

项　目	中等值	最好值	最坏值
销售收入	450	560	340
变动成本	240	252	225
固定成本	56	54	60
折旧费	54	54	54
营业利润	100	200	1
所得税	25	50	0.25
净利润	75	150	0.75
经营现金净流量	129	204	54.75
P/A,10%,7	4.8684	4.8684	4.8684
P/F,10%,2	0.8264	0.8264	0.8264
经营现金净流量现值	519	820.74	220.27
固定资产残值	22	22	22
收回流动资金	100	100	100
终结现金流量	122	122	122
P/F,10%,9	0.4241	0.4241	0.4241
终结现金流入量现值	51.74	51.74	51.74
原始投资额	500	500	500
投资额现值	429.74	429.74	429.74
项目净现值	141	442.74	-157.73

净现值标准离差(δ) = $\sqrt{44214.87}$ = 210.27

标准离差率 = 210.27 ÷ 171.776 = 1.2241

从上述计算看出，该项目在最好的情况下净现值为 442.74 万元，在最坏的情况下净现值为负 157.73 万元，估计预期加权平均净现值为 171.776 万元，项目风险标准离差率为 1.2241。如果企业原来经营风险标准离差率与此基本相同，或该项目风险标准离差率在可承受的范围内，意味着该项目可以接受。如果企业原来经营风险标准离差率小于该项目标准离差率，意味着该项目风险较大，采纳该项目会使企业经营风险增加，就要重新考虑或详细制定防范风险的措施，或放弃该投资项目。

还要说明的是，上述举例只提出了影响营业利润的变量（因素），决策是面临未来，在未来时期，折现率、使用年限、投资额、残值也有不确定性，也可能在不同情景下的数额不相同，也是变量因素，也可以分别估计各种情景下的数值，并据以计算净现值。

还需注意的是，如果投资项目的利润为负数即亏损，企业其他经营活动处于盈利状态，投资项目亏损可以抵减其他经营活动的盈利，从而可以少交所得税。如果投资项目的利润为负数即亏损，企业其他经营活动没有盈利，或企业还没有其他经营活动，投资项目的亏损额就不能抵减所得税，亏损额不应乘"1－所得税率"。

情景分析与敏感分析的区别是：情景分析每次计算允许多个变量（因素）同时变动，敏感分析每次计算只允许一个变量（因素）变动。情景分析需要估计未来可能出现某种状态下的各个变量和可能性（概率），其结论的可信性依赖于分析人员的经验和判断能力，包含的主观成分较多。敏感分析不需要估计未来状态和变量，只需计算某个变量允许变动的界限，有利于决策者在一定幅度内进行调控，其结论包含的主观成分较少，但不知道每个变量（因素）发生变动的可能性和风险有多大。

三、项目现金流量现值风险调整方法

项目投资的风险对净现值的影响调整方法有两种：一种是风险调整贴现率法，另一种是风险调整现金流量法。前者是扩大净现值模型的分母，使净现值减少；后者是缩小净现值模型的分子，使净现值减少。

（一）风险调整贴现率法

风险调整贴现率法的基本思路是，按照风险与报酬（收益）相均衡的原则，高风险的投资项目，所得到的报酬率应较高，应采用较高的贴现率去计算现金流量净现值；低风险的投资项目，所得到的报酬率应较低，应采用较低的贴现率去计算现金流量净现值。然后根据净现值的多少来判断投资方案（项目）的优劣，从而选择投资方案。

净现值计算模式是：

$$净现值 = \sum_{t=0}^{n} \frac{A_t}{(1+k)^t}$$

式中：A_t——为 t 年现金流量（预期值）；

　　　k——风险调整贴现率。

风险调整贴现率法的关键是根据风险的大小来确定具有风险因素的贴现率，即风险调整贴现率。风险调整贴现率是风险项目应当满足的投资人要求的报酬率（包括无风险报酬率和风险报酬率），项目的风险越大要求的报酬率越高。

投资项目要求的报酬率计算模式是：

$$项目要求的报酬率 = 无风险报酬率 + \beta(市场平均报酬率 - 无风险报酬率)$$

无风险报酬率一般可按国库券利率或银行定期存款利率确定，市场平均报酬率可按行业或社会统计指标确定，所以，按此模式计算就要先计算确定 β 系数。

β 系数是反映个别项目风险相对于市场平均风险变动程度的指标。作为整体投资市场风险的 β 系数为 1。如果某个投资项目的 β 系数等于 1，表示该项目的风险情况与整体投资市场的风险情况一致（相同），该项目的风险收益率与整体市场平均风险收益率呈相同比例变化。如果某项目的 β 系数等于 2，表示该项目的风险是整体投资市场风险的两倍，若整体市场风险收益率上升或下降 10%，该项目的风险收益率则上升或下降 20%。如果某项目的 β 系数小于 1，表示该项目的风险程度小于整体投资市场风险。

【例 6－8】 当前的无风险报酬率为 5%，市场平均报酬率为 13%，企业有两个投资机会，甲项目的 β 值为 1.25，乙项目的 β 值为 0.75。则：

甲项目的风险调整贴现率 = 5% + 1.25 × (13% － 5%) = 15%

乙项目的风险调整贴现率 = 5% + 0.75 × (13% － 5%) = 11%

由于风险调整贴现率是含有风险的期望报酬率,就可按照预期的现金流量计算净现值。

接例6-8,各项目各年现金流量(单位:万元)及现值计算如表6-15、表6-16所示(注:投资在年初发生,收益在年末实现)。

表6-15 甲项目风险调整现金流量现值

年份	现金流量	现值系数(5%)	未调整现值	现值系数(15%)	调整后现值
0	-45	1	-45	1	-45
1	15	0.9524	14.286	0.8696	13.044
2	14.5	0.907	13.152	0.7561	10.963
3	14	0.8638	12.093	0.6575	9.205
4	13	0.8227	10.695	0.5718	7.433
5	13.5	0.7835	10.577	0.4972	6.712
合计	25		15.803		2.357

表6-16 乙项目风险调整现金流量现值

年份	现金流量	现值系数(5%)	未调整现值	现值系数(11%)	调整后现值
0	-50	1	-50	1	-50
1	15.5	0.9524	14.762	0.9009	13.964
2	15	0.907	13.605	0.8116	12.174
3	15	0.8638	12.957	0.7312	10.968
4	15	0.8227	12.341	0.6587	9.881
5	15.5	0.7835	12.144	0.5935	9.199
合计	26		15.809		6.186

从表6-15、表6-16的计算看出,如果不考虑风险因素,即贴现率不作调整,甲项目的净现值与乙项目的净现值基本相同;但考虑风险因素调整贴现率后,乙项目的净现值比甲项目多。也可进一步计算现值指数比较选择。

(二) 风险调整现金流量法

风险调整现金流量法也称肯定当量法,基本思路是,用一个系数把有风险的现金收支(流量)调整为无风险的现金收支(流量),然后用无风险的贴现率去计算净现值,以便根据净现值的多少来判断投资项目的可取程度。净现值计算模式是:

$$净现值 = \sum_{t=0}^{n} \frac{b_t \cdot A_t}{(1+i)^t}$$

式中:b_t——为t年现金流量的肯定当量系数,在0~1之间;

A_t——为t年现金流量(预期值);

i——为无风险的贴现率(报酬率)。

风险调整现金流量法的关键是确定肯定当量系数。肯定当量系数,是指预期不肯定的1元现金流量相当于投资者满意的无风险金额的系数,即预计的现金流量中使投资者满意的无风险的份额。其关系式是:

$$肯定当量系数 = \frac{肯定的现金流量}{不肯定的现金流量}$$

事实上,肯定的1元钱比不肯定的1元钱受欢迎,不肯定的1元钱只相当于不足1元的金额,两者的差额与现金流量不确定性程度的高低有关。

肯定当量系数的确定可能因人而异,敢于承受风险的人可能使用较高的肯定当量系数,不愿意冒风险的人可能会取较低的肯定当量系数。为了防止因决策者的风险偏好不同造成投资决策失误,可以用标准离差率来表示现金流量的不确定性程度。则标准离差率与肯定当量系数的经验关系(估计)如下:

标准离差率　0.00~0.07　0.08~0.15　0.16~0.23　0.24~0.32　0.33~0.42　0.43~0.54
肯定当量系数　　1　　　　0.9　　　　0.8　　　　0.7　　　　0.6　　　　0.5

利用肯定当量系数,可以把不肯定的现金流量换算成肯定的现金流量,或者说去掉了现金流量中有风险的部分,使之成为"安全"的无风险的现金流量。所以,就可以用无风险的贴现率(报酬率)将肯定(安全)的现金流量折成现值,从而计算净现值。

【例6-9】当前的无风险报酬率为5%,企业有两个投资机会,各项目各年预期现金流量(单位:万元)、标准离差及现金流量现值计算如表6-17、表6-18所示。

表6-17　　　　　　　　　　甲项目风险调整现金流量现值

年序	预期现金流量	标准离差	标准离差率	肯定当量系数	肯定现金流量	现值系数(5%)	现金流量现值
0	-45	0	0	1	-45	1	-45
1	15	2.6	0.173	0.8	12	0.9524	11.429
2	14.5	2.6	0.179	0.8	11.6	0.907	10.521
3	14	2.7	0.193	0.8	11.2	0.8638	9.675
4	13	3.3	0.254	0.7	9.1	0.8227	7.487
5	13.5	4.7	0.348	0.6	8.1	0.7835	6.346
合计	25				7		0.458

标准离差÷预期现金流量=标准离差率

表6-18　　　　　　　　　　乙项目风险调整现金流量现值

年序	预期现金流量	标准离差	标准离差率	肯定当量系数	肯定现金流量	现值系数(5%)	现金流量现值
0	-50	0	0	1	-50	1	-50
1	15.5	1.5	0.097	0.9	13.95	0.9524	13.286
2	15	2	0.133	0.9	13.5	0.907	12.245
3	15	3	0.2	0.8	12	0.8638	10.366
4	15	4	0.267	0.7	10.5	0.8227	8.638
5	15.5	4.5	0.29	0.7	10.85	0.7835	8.501
合计	26				10.8		3.036

上述例6-8与例6-9的现金流量是相同的,从表6-15、表6-16看出,如果不考虑风险因素,即现金流量不作调整,甲项目的净现值与乙项目基本相同;从表6-17、表6-18看出,考虑风险因素确认肯定现金流量后,乙项目的净现值比甲项目多。

上述两种方法的区别是，风险调整现金流量法是用调整净现值模式中分子的办法来考虑风险，风险调整贴现率法是用调整净现值模式中分母的办法来考虑风险。

风险调整现金流量法在理论上受到好评，该方法将时间价值和风险价值分别进行调整，先调整风险，对不同年份的现金流量，按照风险的差别用不同的肯定当量系数进行调整，计算出肯定现金流量，然后把肯定现金流量用无风险的贴现率（报酬率）进行折现。

风险调整贴现率法在理论上受到批评，该方法用单一的折现率同时完成风险调整和时间调整，把时间价值和风险价值混在一起，意味着风险随着时间的推移而加大，夸大了远期现金流量的风险，有时与事实不符。

在实际工作中，经常采用的是风险调整贴现率法，主要原因是风险调整贴现率比肯定当量系数容易估计。此外，大部分财务决策都使用报酬率来决策，调整折现率更符合人们的习惯。

本章复习思考题

1. 项目投资有何特点？如何进行可行性研究？
2. 新建项目投资引起的现金流量通常包括哪些内容？更新改造项目投资引起的现金流量通常包括哪些内容？
3. 估计项目投资的现金流量应该注意哪些事项？
4. 不考虑资金时间价值评价项目投资的经济效益可以应用哪些指标？这些指标各有何优缺点？
5. 考虑资金时间价值评价项目投资的经济效益可以应用哪些指标？这些指标各有何优缺点？
6. 在何种情况下应使用年均成本比较法评价选择投资项目方案？
7. 在投资机会较多，资金有限的情况下如何选择投资项目（方式）？
8. 项目投资的敏感分析与情景分析各是如何进行的？两者有何区别？
9. 风险调整贴现率法与风险调整现金流量法各是如何处理风险的？两种方法有何区别？

本章练习计算题

计算题 6-1：熟悉项目投资经济效益测算。

资料：某企业准备购建一套新设备，初步拟定了两个投资方案，预计有关资料如下：

1. 甲方案固定资产投资总额 30 万元，即第一年投资 20 万元，第二年投资 10 万元；固定资产建成投产时需垫支流动资金 10 万元。固定资产使用（经营）8 年报废时可收回残值 2 万元，按年限平均法折旧。预计投产后第一年营业现金收入 35 万元，以后每年递减 1 万元；每年营业付现成本 20 万元。该企业所得税率 20%。

2. 乙方案固定资产投资总额 24 万元，即第一年投资 14 万元，第二年投资 10 万元；固定资产建成投产时需垫支流动资金 8 万元。预计投产后经营使用 7 年，预计使用期内每年现金净流量为：1 至 6 年每年 9.1 万元，第 7 年 17 万元（含终结现金流量）。

3. 固定资产各年投资额在建设期各年中多次投入，企业要求的投资报酬率为 9%。

要求：

1. 根据资料1计算甲方案的各年现金净流量和累计现金净流量；
2. 根据资料2计算乙方案的各年现金净流量和累计现金净流量；
3. 分别计算甲、乙两方案的投资净利率、静态投资回收期、净现值、现值指数、动态投资回收期、内含报酬率、年均净回收额，并提出哪种方案为最优方案。
4. 假定甲方案的固定资产投资额在建设期各年初一次投入，试计算甲方案的净现值、现值指数、动态回收期。

（注：金额在万元后保留3位小数，百分点后保留2位小数）

计算题6-2： 熟悉项目投资期限的选择。

资料： 某企业准备投资一个项目，如果投资建设期限为3年，每年投资固定资产200万元，3年共投资固定资产600万元；如果投资建设期限为2年，每年投资固定资产320万元，2年共投资固定资产640万元；项目建成时需垫支流动资金100万元。

该项目建成后可使用10年，每年可收到营业收入现金500万元，每年要用现金支付营业成本300万元。固定资产用年限平均法折旧，报废时无净残值。

企业所得税率25%，企业要求的投资报酬率为15%。

要求： 分别计算投资建设期3年和2年的净现值，说明应选择哪种建设期较好。

计算题6-3： 熟悉项目投资时机的选择。

资料： 某公司有1000亩森林准备采伐并加工成木材出售，计划分5年采伐，每年采伐200亩。采伐开始需购置机械设备150万元，垫支流动资金50万元。设备使用5年后无净残值，按年限平均法折旧。如果现在开始采伐，第1年每亩可获销售收入现金1万元，每亩付现成本0.3万元。估计随着时间推移树木生长，每年每亩销售收入将增加16%，每年付现成本将增加10%。有人提出是否可在3年后开始采伐。

公司所得税率25%，公司要求的投资报酬率为12%。

要求： 分别计算现在和3年后开始采伐的净现值，说明何时投资开始采伐较好。以万元为单位，万元后保留两位小数。

计算题6-4： 熟悉项目投资现金流量计算。

资料： 某企业准备投资一个项目用来生产新产品，预计新产品生产销售期为5年，每年产销量4000件，每件产品现金售价800元，每件产品直接材料和人工费用400元，每年需用现金支付新增制造费用、管理费用、销售费用100万元。生产销售新产品会带动老产品销售量增加，使老产品边际贡献每年增加28万元。

为生产新产品需购买安装设备成本200万元，在两个月内安装调试完成交付使用，购买时支付50万元，安装调试合格后再支付100万元，使用1年后再支付50万元。该设备使用5年后残值约为8万元，可按双倍余额递减法折旧。

可利用原有厂房进行新产品生产活动，原厂房目前变现价值60万元，估计该厂房为生产新产品使用5年后仍可在其他方面再使用5年后报废，报废时基本无净残值，按年限平均法折旧。但该厂房目前正在出租，每年可收取租金10万元。

新产品投产时需垫支流动资金 80 万元。该企业所得税率 25%。

要求：

1. 试计算项目投资涉及年限的各年现金净流量；
2. 如果企业要求的投资报酬率为 6%，在 5 年中每年平均至少应收回多少现金？年均净回收额是多少？（购买安装期两个月忽略不计）

计算题 6-5：熟悉设备更新改造的选择。

资料：某台旧设备，有关人员要求更新或改造，预计有关资料如下表所示。

设备更新改造资料

项　　目	单位	旧设备	改造后	更新后
原　　值	元	70000	90000	80000
预计使用年限	年	9	7	9
已使用年限	年	5	0	0
期满残值	元	3500	3600	3860
目前变现价值	元	30000	50000	80000
年运行成本	元	5800	4500	4000

（注：改造后原值 9 万元是指改造前原值 7 万元和改造支出 2 万元之和）

固定资产折旧采用年限平均法，资金市场上的投资报酬率为 10%。

要求：

1. 按不考虑资金时间价值计算各方案的年均成本，提出采用何种方案；
2. 按考虑资金时间价值计算各方案的年均成本，提出采用何种方案。

计算题 6-6：熟悉设备最佳更新期的确定。

资料：某设备原值 4 万元，每年末的净值为上年末净值的 75%，使用第一年的运行成本为 2000 元，以后每年递增 1500 元，企业要求的投资报酬率为 9%。

要求：在考虑资金时间价值的情况下计算最佳更新年限。

计算题 6-7：熟悉设备是继续使用或更新的分析选择。

资料：某企业有一台旧设备，原购置成本 20 万元，规定该设备采用年限平均法折旧，折旧年限为 5 年，残值率为 10%。该设备已使用 3 年，如果目前将其变卖，可收到现款 7 万元。如果目前将其进行大修理，需支付修理费 6 万元，修理后尚可使用 3 年，每年运行成本 2 万元，最终报废可收回残值 1.8 万元。

如果目前将其更新，新设备购置成本 25 万元，每年运行成本 1.6 元，预计最终报废可收回残值 2.4 万元。规定新设备采用双倍余额递减法计提折旧，折旧年限为 5 年，残值率为 8%。

该企业所得税率为 25%，资金市场利率为 10%。

使用新、旧设备的各年经营收入相同。

要求：计算说明是否需要立即更新设备。

计算题6-8：熟悉项目投资的敏感分析。

资料：某企业准备投资建设一个新项目用来生产新产品，固定资产投资总额60万元，用两年时间建成，每年初投资30万元；固定资产建成时需垫支流动资金20万元。预计该固定资产可使用8年，报废时可收回残值4万元，按年限平均法折旧。预计投产后每年产销量为1200件，每件产品售价为600元，单位产品付现变动成本为300元，每年付现固定成本为10万元。该企业所得税率25%，企业要求的投资报酬率为10%。

要求：

1. 根据资料计算该项目的净现值、现值指数、年均净回收额、内含报酬率（现值的时间点选择在投资开始的第一年初，金额算至元位，小数点后保留2位）；

2. 分别计算盈亏平衡（分界）点的每年产销量、每件产品售价、单位产品付现变动成本、每年付现固定成本是多少（金额算至元位后保留2位小数）；

3. 分别计算产销量、产品售价、产品付现变动成本、付现固定成本的敏感系数（系数保留4位小数）；

4. 分别计算产销量、产品售价、产品付现变动成本、付现固定成本分别在增加15%、减少15%情况下的净现值（金额算至元位）。

计算题6-9：熟悉项目投资现金流量现值风险调整方法。

资料：

1. 某企业提出了两个投资项目，各项目现金流量和标准差如下表所示。

项目现金流量和标准差　　　　　　　　　　　　　　　单位：万元

年序		0	1	2	3	4
预期现金流入量	A项目	-45	18.5	20.2	18.3	18
	B项目	-40	17	18	16	16
标准离差	A项目	0	2.3	3.5	3.7	4.1
	B项目	0	2.8	4.1	4.5	4.5

2. 当前无风险报酬率为7%，市场平均报酬率为12%，A方案的β值为0.8，B方案的β值为1.4。

3. 肯定当量系数见书中列示。

要求：

1. 按风险调整贴现率法计算A、B项目的现金流量净现值；

2. 按风险调整现金流量法计算A、B项目的现金流量净现值。

计算题6-10：熟悉项目投资经济效益测算和敏感分析。

资料：某企业准备生产一种新产品，为了观察市场行情，近几年拟分两个阶段投资。20×2年新购建固定资产支出500万元；20×4年再新购建固定资产支出400万元，并利用企业原有（20×2年之前）部分闲置的固定资产，估计被利用闲置资产的变现价值为100万元。每阶段投资建设期为1年，固定资产投资额在建设期中多次投入。每阶段投资的固定资产完工后在不进行大修理情况下可使用4年，折旧年限为4年，按年限平均法折旧，净残值率为4%。为了保证20×2年投资的固定资产能够使用到20×8年末（与20×4年投资的固定资产一起同时报废），在20×5年末对其进行大修理需支付费用100万元，在20×6年末对其进行大修理需支付费用80万元。大修理费用直接列作当期费用，大修理后净残值不变，大修理时不影响产销量。

20×2年投资完工后，每年可生产销售新产品2000件，需用现金支付固定成本100万元（未包括大修理费用）；20×4年投资完工后，每年可增加生产销售新产品2000件，需用现金支付增加固定成本60万元。新产品每件单位售价5000元，变动成本率为60%，均在当年收付现金。

由于生产了新产品，新产品每增加1000件会使老产品的销售收入减少100万元，老产品的变动成本率为64%。

生产销售产品每年初需垫支的流动资金为当年销售收入的20%。

企业要求的投资报酬率为10%，企业所得税率为25%。

要求：

1. 计算与新产品项目有关的各年投资现金流量、营业现金流量、终结现金流量、累计现金净流量；

2. 计算与新产品项目有关的项目净现值、折现投资回收期、现值指数、年均净回收额，并判断项目可行性；

3. 为分析未来不确定性对新产品项目净现值的影响，运用最大最小法分别计算单位变动成本最大值和单位售价最小值；

4. 为分析未来不确定性对新产品项目净现值的影响，运用敏感程度法分别计算单位变动成本和单位售价变动对净现值的敏感系数。

第七章 Chapter 7

证券投资管理

学习目标：
- 了解证券投资的类别，明确证券投资的目的
- 明确债券和股票的基本特征
- 掌握债券投资价值和收益率的计算
- 明确债券投资的风险
- 掌握股票投资价值和收益率的计算
- 了解股票投资决策需要考虑的因素
- 明确投资组合种类的相关性对风险的影响，掌握证券投资组合风险收益的计算

第一节　证券投资概述

一、证券的分类

证券的含义比较广泛，从理财角度来说，证券通常是指可作为融通资金工具的有价证券，它是筹资者承诺代表一定的财产权利，投资者认购并期望获得收益的书面凭证。可供企业投资的有价证券主要有：股票、债券、可转让存单、基金证券、商业汇票、银行本票等。

（一）证券按发行的主体不同分为公司证券、金融证券、政府证券

公司证券，或称企业证券，是指从事商品生产流通和技术服务的经济法人为筹集资金而发行的有价证券，主要是公司股票、公司债券。

金融证券，是指银行、保险公司、投资公司等金融机构为筹集资金而发行的有价证券，主要有金融机构股票、金融债券、定期存款单、可转让大额存款单等。

政府证券，是指政府财政部门或其他代理机构为筹集资金，以政府名义发行的有价证券，主要有国库券和公债。国库券一般由财政部发行，用以弥补财政收支不平衡。公债是指为筹集建设资金而发行的一种债券。政府债券按发行主体分为中央政府债券和地方政府债券，按用途分为一般债券和专项债券。

一般来说，政府证券的风险较小，金融机构证券的风险次之，公司证券的风险相对要大些，但要根据各公司的具体情况而定。

（二）证券按交易的地点不同分为上市证券和非上市证券

上市证券，又称挂牌证券，是指经证券主管机关批准，并向证券交易所注册登记，获得在交易所内公开买卖资格的证券。只有符合规定的上市条件并遵守交易所的规章制度的公司，其发行的证券才允许上市。证券上市可以扩大发行公司的社会影响，提高公司的名望和声誉，使其能以较为有利的条件筹集资金，扩大经济实力。对投资者来说，证券上市提供了一个连续的市场，有利于保持证券的流动性；同时由于上市公司必须定期公布其经营业绩及财务状况，有利于投资者作出正确的决策。

非上市证券，也称未挂牌证券或场外证券，指未申请上市或不符合在证券交易所挂牌交易条件的证券。非上市证券不允许在证券交易所内交易，但可以在场外市场交易。有些公司的经营规模较大、社会信誉较好，为了节约交易费用和免去向交易所呈送财务报表的麻烦，即使符合交易所规定的条件，也有可能不愿在交易所注册上市。

（三）证券按其收益是否固定分为固定收益证券和变动收益证券

固定收益证券，是指在证券票面上规定有固定利息率和固定付息时间的证券。如债券票面上一般要规定利息率和付息时间，优先股票票面上规定有股息率并一般按年支付。

变动收益证券，是指证券的票面不标明固定的收益率，其收益情况随企业经营状况而变动的证券。普通股票是最典型的变动收益证券，其股利多少随公司税后利润多少而定。浮动利率债券也属于变动收益证券。

一般来说，变动收益证券比固定收益证券的风险大些、收益可能高些，但在通货膨胀条件下，变动收益证券的风险比固定收益证券的风险要小些。

（四）证券按其所体现的权益关系分为所有权证券和债权证券

所有权证券，是指证券的持有人（投资者）被公认为是证券发行单位的所有者的证券，这种证券的持有人一般对发行单位具有一定的管理权和控制权。如股票是最典型的所有权证券，股东便是发行股票企业的所有者。

债权证券，是指证券的持有人（投资者）被公认为是证券发行单位的债权人的证券，证券持有人与证券发行者是债权债务关系，持有人一般无权对发行单位进行管理和控制。当一个发行债权证券的单位破产清算时，债权证券有在所有权证券之前优先清偿的权力。

一般来说，债权证券的收益比较固定且不高，风险较小；所有权证券的收益不固定且可能较高，但风险较大。

二、证券投资的分类

证券投资，是指以有价证券为购买对象并凭以获取收益的投资行为。企业的投资行为有多种，证券投资属于间接投资。

（一）证券投资按权益关系分为股权投资和债权投资

股权投资的典型形式是股票，是指投资者以购买股票的方式向股票发行者进行的投资。投资者拥有股票发行企业的股权，股票投资形成股票发行企业的资本金。

债权投资的典型形式是债券，是指投资者以购买债券的方式向债券发行者进行的投资。投资者是债券发行企业的债权人，债券投资形成债券发行企业的负债。

债券发行者应按票面规定按期还本付息，在企业破产解散时可在股票之前清偿债务。股票不还本，只按股份参与税后利润分配，股东负有以出资额为限承担公司债务的责任，股利多少随公司盈利情况而定。所以,债券投资的风险较小,但收益不一定高;股票投资的风险较大,但有可能获得较高的收益。

(二) 证券投资按持有时间分为短期投资和长期投资

短期投资,是指投资者能够随时变现,并且持有时间不准备超过一年的投资。短期投资的目的:主要是利用暂时多余的资金,在资金市场上购买有价证券,以求获得一定收益;不准备长期持有,准备随时变现,以供经营业务周转之用。所以,短期投资是剩余资金的存放形式,其投资对象必须具有较好的流动性。

有时购入有价证券后,由于资金不紧张或市价不利,可能在一年内未出售,但仍然是准备随时变现的,这种情况仍作为短期投资。

长期投资,是指投资者不准备或不能在一年内变现的股权和债权投资。长期投资的目的:一是为了获得较长时间较稳定的收益;二是为了控制其他企业,开拓市场,加强与其他企业的联系,配合本企业经营,借以提高本企业的效益和社会声誉。

相对而言,长期投资比短期投资的风险要大,但有可能获得较高的收益。

三、证券投资的目的

企业进行证券投资的目的主要有以下几个方面:

(一) 充分利用闲置资金,增加企业收益

企业在经营活动中,有时会有一定数量的闲置资金,如季节性经营的企业在一年中的某些月份有剩余的现金,企业本身又没有其他有利可图的机会,或为了逐渐积累资金以备将来大批支付使用,就可以将暂时闲置的资金投放于有收益性的证券,以获取高于银行存款利率以上的收益,使非盈利性的资产在投资活动中得到保值与增值。

(二) 提高资产的流动性,增强支付能力

提高企业资产的流动性是增强支付能力的重要手段。在企业的全部资产中,证券投资的流动性仅次于货币资金。企业可经常有一些证券投资,作为现金的替代物。在遇到特殊情况,需要大量支付货币资金时,在货币资金不足的情况下,可将有价证券变现来满足需要。所以,进行证券投资,既可以保持资产的流动性,满足现金支付需求,又可以获得一些证券投资带来的收益。

(三) 分散资金投向,降低经营风险

如果某一企业只经营一个种类的产品或一个项目,有时会遇到行业不景气和竞争的压力,就意味着有经营风险。而通过证券投资,实现多元化经营,可以优劣互补,就可以降低经营风险。证券投资是一种流动性强的金融投资,在承担风险的同时又创造了分散风险的机制,通过购买不同的证券,进行证券投资组合,可以起到分散风险的作用。

(四) 获得对相关企业的控制权,稳定供销渠道

在企业所需原材料或商品短缺的情况下,通过购买供货商发行的证券,并达到一定比例,就能影响或控制其经营活动,从而保障原材料或商品有稳定的供货来源。为了疏通销售渠道扩大销售量,企业也可以购买销售商发行的证券,投入一定数量的资金,以维护良好的合作关系;或进行股权投资达到影响其经营决策的程度,以稳固销售网点。

四、证券资产的特点

投资于有价证券后形成证券资产,也称金融资产。该资产是由过去的交易形成的,代表

拥有生产经营资产、预期会带来经济利益的所有权凭证。证券资产具有资产的一般属性，一是收益性，即预期可以产生回报；二是风险性，即预期回报具有不确定性。

证券资产与实物资产相比，具有以下特点：

1. 易变现性。是指非现金资产能在短期内不受损失地变为现金的属性。一般来说，证券资产的流动性比实物资产强，容易转化为货币。所以可以将短期证券投资作为现金的替代品。

2. 人为的可分性。是指证券资产可以人为设定最小的交换单位。如债券经常以1000元为发行单位，股票是按1股为发行单位。这种可分性为聚集小额资金投入大项目提供了方便。实物资产的单位由其物理属性决定，不可以人为划分。

3. 人为的期限性。是指证券资产具有事先人为规定的期限。债务证券的期限是有限的，权益证券的期限从理论上讲是无限的，或者说事先规定期限为无限长。实物资产的期限不是人为设定的，而是由其自然属性决定的。

4. 名义价值不变性。是指证券资产在通货膨胀时其名义价值不变，而按购买力衡量的价值下降。实物资产与之不同，在通货膨胀时其名义价值上升，而按购买力衡量的价值不变。

5. 不是社会的实际财富。是指证券资产只代表着社会财富，是社会财富的符号，社会实际财富是由具有使用价值的实物组成。如果没有具有使用价值的实物存在，证券资产就是废纸或是毫无意义的记录。

6. 收益取决于被投资者的效益和资信状况。证券资产是以信用为基础的，投资者买了有价证券之后，资金的使用权控制在他人（被投资者）手中，其收益是否能按契约取得或风险大小，取决于被投资者的经营业绩和财务能力及信用状况。

五、证券投资管理的要求

根据证券资产的特点，就应加强证券投资的管理，其管理的要求是：

（一）认真进行可行性研究，选择好投资对象

选择投资对象就是把资金投向哪个单位的选择。把资金投向何处、是长期或是短期，在投资之前都必须认真考虑。应从企业的投资目的，被投资单位的筹资目的、经营范围、盈利能力、财务状况、行业发展趋势等方面进行分析评价，选择安全有效的投资对象。

（二）量力而行，正确选择投资方式

从事证券投资要符合企业自身的利益，根据企业的实际财力量力而行。不能顾此失彼，因小失大，影响本企业正常经营，影响本企业的支付能力。选择投资方式就是选择何种有价证券进行投资，要考虑资金可投出时间长短、风险大小和收益多少来判断。

（三）注意搜集被投资企业和资金市场的信息，灵活调度资金

通过搜集信息，对被投资企业的盈利能力、发展前景进行评价，将实际投资效果与预期投资效果和市场上其他方面的投资报酬相比较，来评价投资是否合算得当。通过评价分析利弊得失，为是否继续投资或改变投资对象提供依据。

（四）积极参与受资企业管理，力争取得较好的投资效益

对于有影响力和控制权的股权投资，应加强对被投资企业的监控，积极参与被投资企业的重大经营决策，及时提出改进工作的建议和措施，在提高被投资企业效益基础上提高投资效益。

第二节　债券投资管理

一、债券的概念和特征

（一）债券的有关概念

公司债券，是以发行公司为筹资者，向投资者（债券购买者）出具的，承诺在一定时期支付利息和到期还本的有价证券。

债券作为证明债权债务关系的凭证，一般是用一定格式的书面形式来表现。通常，债券票面上要载明债券的票面金额、偿还期限、利率水平、发行者名称等基本要素。

1. 债券面额，指债券票面标明的金额。它代表债券发行者在未来某一特定日期偿付给债券持有者（购买者）的金额，一般被称为"本金"。

2. 偿还期限，或称到期日，指债券票面标明的偿还本金的时间。债券都是有期限规定的，发行者要在规定的日期向持有者归还本金。

3. 票面利率，指债券票面标明的发行者将向投资者支付的利息占票面金额的比率，一般标明年利率是多少以及付息时间。

4. 债券价值，也称债券的内在价值，是指购买债券后预期现金流入的现值。债券预期现金流入是指在未来按票面规定可收到的本金和利息。这个预期还本付息额，按市场利率或投资者要求的报酬率，折算到投资时的现值就是债券的价值。

（二）债券的基本特征

债券与其他有价证券相比，具有以下基本特征：

1. 债券是一种债权证书。债券是一种证明债权债务关系的凭证，是债券发行者为筹集资金向投资者出具的债务凭证，是投资者持有的凭以获取本息的债权凭证。债券发行者是债务人，债券投资者是债权人。

2. 债券有明确的期限规定。债券的券面必须标明偿还本金的期限，有到期日，债券发行者必须按照券面规定的时间偿还本金（面额），但一般不能提前兑付。

3. 债券有明确的利率规定。债券的券面一般要标明利率是多少，何时支付。债券发行者必须按照券面规定的时间、利率计算支付利息。对债券购买者来说，其投资收益比较固定。

4. 债券投资具有一定安全性。正常情况下，债券发行者会按规定还本付息，否则将被追究法律责任；对债券购买者来说，能按规定收回本金和利息，其投资风险较小，安全性较大。

5. 债券投资者无权参与发行公司管理。由于债券购买者与发行者是债权债务关系，只要发行者能按规定还本付息，债券持有者无权干预债券发行公司的事务。

二、债券投资价值的估算

债券投资价值，是指购买的债券内在价值，即购买债券时愿意付出的代价（购买价），它应与预期收回面额（本金）和收到利息按市场利率计算的现值相当。因此，估算债券投资价值应考虑债券面额、券面利率、市场利率或投资者期望的报酬率、期限等因素计算。

一般情况下，债券发行后，无论市场利率怎样变化，债券发行者只能或必须按照债券面额、券面利率和计息期数计算支付利息，并于到期日按面额还本。作为投资者，无论债券发行者将来如何还本付息，一般要求按购买价（投资额）、市场利率和期数采用复利法（中、长期债券）计算到期应得本利和，即投资者期望得到的报酬率应与市场利率基本相当。如果债券发行者所支付的报酬低于投资者期望的报酬，则此种债券不值得投资（购买）。

由于债券有不同的还本付息方式，所以债券投资价值即买价就有几种计算方法。

设：M——债券面额（一般为本金，到期还本额）；
   r——券面利率；
   i——市场利率（投资者期望得到的报酬率）；
   N——债券发行者还本付息期（r 的计息期数）；
   n——投资者持有期（i 的计息期数）；
   P——债券价值（购买价格、投资额）。

如果是单利计息，到期一次还本付息的债券，发行者还本付息总额为 $M(1+r \cdot N)$，购买者要求收回本息总额为 $P(1+i)^n$，只有当 $M(1+r \cdot N) = P(1+i)^n$ 时才能兼顾两方利益，保证债券到期收益率与市场利率相等。其购买价格的计算公式是：

$$P = \frac{M(1+r \cdot N)}{(1+i)^n}$$

如果是复利计息，到期一次还本付息的债券，发行者还本付息总额为 $M(1+r)^N$，购买者要求收回本息总额为 $P(1+i)^n$，当 $M(1+r)^N = P(1+i)^n$ 时，其购买价格的计算公式是：

$$P = \frac{M(1+r)^N}{(1+i)^n}$$

如果是在债券存续期内分次付息，到期一次还本的债券，债券发行者每次应付的利息为 $M \cdot r$，债券购买者在债券未到期之前如果将每次收到的利息用于再投资，也可按市场利率得到再投资的报酬。在每期末支付债券利息的情况下，债券发行者每次支付的利息（购买者每次收到的利息）的利生利之和与到期还本（面额）的总值为 $M \cdot r \cdot \frac{(1+i)^n - 1}{i} + M$，购买者要求收回本息总额为 $P(1+i)^n$，在要求 $M \cdot r \cdot \frac{(1+i)^n - 1}{i} + M = P(1+i)^n$ 时，其购买价格的计算公式是：

$$P = M \cdot r \cdot \frac{(1+i)^n - 1}{i(1+i)^n} + M \cdot \frac{1}{(1+i)^n}$$

【例 7-1】某债券面额为 1000 元，票面年利率为 8%，期限为 4 年，每年付息一次。某企业准备购买该种债券。

（1）若只要求得到 6% 的年报酬率，该债券价格为多少时可以购买？

$$P = 1000 \times 8\% \times \frac{(1+6\%)^4 - 1}{6\% \times (1+6\%)^4} + 1000 \times \frac{1}{(1+6\%)^4} = 1069.31(元)$$

即这种债券价格必须等于或低于 1069.31 元时才能购买，否则得不到 6% 的报酬率。

（2）若要求得到 10% 的年报酬率，该债券价格为多少时可以购买？

$$P = 1000 \times 8\% \times \frac{(1+10\%)^4 - 1}{10\% \times (1+10\%)^4} + 1000 \times \frac{1}{(1+10\%)^4} = 936.59(元)$$

即这种债券价格必须等于或低于 936.59 元时才能购买,否则得不到 10% 的报酬率。

(3) 若该债券是半年付息一次,要求得到 10% 的年报酬率,该债券价格为多少时可以购买?

$$P = 1000 \times \frac{8\%}{2} \times \frac{(1+5\%)^8 - 1}{5\% \times (1+5\%)^8} + 1000 \times \frac{1}{(1+5\%)^8} = 935.33(元)$$

即这种债券价格必须等于或低于 935.33 元时才能购买,否则得不到 10% 的年报酬率。

如果是贴现债券,债券发行者将债券面额按一定利率折成现值作为发行价格,到期一次按面额偿付的金额 M 就是本息总额,即债券面额等于本金与利息之和;购买者要求收回本息总额为 $P(1+i)^n$,在要求 $M = P(1+i)^n$ 时,其购买价格的计算公式是:

$$P = \frac{M}{(1+i)^n}$$

如果购买的债券是已流通的债券,即不是在债券发行时购买的,式中 n 很有可能不是整数,为小数,其购买价格要依据持有时间计算。

【例 7 - 2】 甲企业准备在 20×4 年 8 月 5 日购买乙公司于 20×3 年 2 月 5 日发行的 5 年期债券,该债券面额为 1000 元,年利率为 8%,甲企业要求得到的年投资报酬率为 9%。试计算该债券的交易价格在多少时才能购买。

此例债券到期日是 20×8 年 2 月 5 日,甲企业购买至到期日即持有期为 3.5 年,应得 3.5 年利息。投资者的持有期(i 的 n)与发行者的还本付息期(r 的 N)不相同。

在债券按单利计息、到期一次还本付息的情况下,可将债券到期本利和采用复利法折算到购买日的现值,即为交易价格。

假定乙公司债券是按单利计息到期一次还本付息,其交易价格计算为:

$$P = \frac{1000 \times (1 + 8\% \times 5)}{(1+9\%)^{3.5}} = \frac{1400}{1.352} = 1035.5(元)$$

在债券利息是分次支付、到期一次还本的情况下,若是在两个付息日之间购买,其交易价格可分两步计算,第一步将购入后可收本息折算到购入后的第一个收息日的现值,第二步再将其折算到购买日的现值。

接例 7 - 2,假定乙公司债券是按年付息(每年 2 月 5 日付息),到期还本。甲企业在购入后至到期的 3.5 年中可收到 4 次利息,每次可收利息 80 元(1000×8%),到期可收本金(面额)1000 元,其交易价格计算为:

$$P = \left[80 + 80 \times \frac{(1+9\%)^3 - 1}{9\% \times (1+9\%)^3} + 1000 \times \frac{1}{(1+9\%)^3}\right] \times \frac{1}{(1+9\%)^{0.5}}$$

$$= [80 + 80 \times 2.5313 + 1000 \times 0.7722] \times 0.9578 = 1010.2(元)$$

即这种债券价格必须等于或低于 1010.2 元时才能购买,否则得不到 9% 的年报酬率。

三、债券投资收益率的计算

债券投资的收益,包括购买债券后持有期实际收到的利息和到期收回面额或转让价格与购买成本的差额。债券投资收益率指债券投资的年收益与购买成本的比率,也就是投资于债券未来收入的现值等于购买成本的年折现率。债券的购买成本一般包括买入价格、佣金、手续费等。由于债券的还本付息方式不同,其收益率的计算方法也有区别。

(一) 到期一次还本付息债券投资收益率的计算

设:P——购买债券价格(成本);

F——债券到期本利和或转让收款额;

n——债券自购入至到期或转让时止的年数;

i——债券投资收益率(年)。

因为投资者要求收回的本利和为$P(1+i)^n$,只有$F=P(1+i)^n$才能购买,所以,收益率的计算公式是:

$$i = \sqrt[n]{\frac{F}{P}} - 1$$

【例7-3】甲企业在20×4年8月5日购买了乙公司于20×3年2月5日发行的5年期债券,该债券面额为1000元,年利率为8%,到期一次还本付息,购买价1040元。计算投资收益率。

该债券到期日是20×8年2月5日,购入后持有至到期的年数为3.5年。

如果债券是按单利计息:$F = 1000 \times (1 + 8\% \times 5) = 1400(元)$

则投资收益率为:$i = \sqrt[3.5]{\frac{1400}{1040}} - 1 = 8.864\%$

如果债券是按复利计息:$F = 1000 \times (1 + 8\%)^5 = 1469.33(元)$

则投资收益率为:$i = \sqrt[3.5]{\frac{1469.33}{1040}} - 1 = 10.378\%$

【例7-4】甲企业在20×5年8月5日购买了到期一次还本付息的债券,成本(买价)为1040元,持有2.5年后于20×8年2月5日卖出,收到价款1300元,计算投资收益率。

投资收益率为:$i = \sqrt[2.5]{\frac{1300}{1040}} - 1 = 9.336\%$

(二) 分次付息、到期一次还本债券投资收益率的计算

由于将分次收到的利息折现是个多项式,所以不便直接计算其收益率,可参照债券价格的计算公式,将可收本息额用估计折现率逐次试算出与购买成本最接近的上下两个价格,再按利率与价格之间的等比例关系求出折现率,即为收益率。

如果购买债券后债券的持有期与付息期同步,即 n 为整数,将可收本息额按估计利率折算到购买日的现值,逐步试算出与购买成本 P 最接近的上下两个价格的折现率(收益率)。

【例7-5】丙在20×3年6月5日购买了丁公司于当日发行的4年期债券,该债券面额为1000元,票面年利率为8%,每年付息一次,购买价为950元。计算投资收益率。

丙在购入后持有至到期的4年中,每年可收利息80元(1000×8%),到期可收本金(面额)1000元。购买价950元是现值,其债券价值计算模式为:

$$950 = 80 \times \frac{(1+i)^4 - 1}{i(1+i)^4} + 1000 \times \frac{1}{(1+i)^4}$$

要求债券现值为950元时的收益率,就要估计折现率将可收本息额折算到购买日的现值,逐次试算出与购买价格950元最接近的上下两个价格:

当 i = 9% 时：80 × 3.2397 + 1000 × 0.7084 = 967.576（元）

当 i = 10% 时：80 × 3.1699 + 1000 × 0.683 = 936.592（元）

由此看出，实际收益率在 9% 至 10% 之间，可按利率与价格之间的等比例关系计算。

投资收益率 $i = 9\% + \dfrac{967.576 - 950}{967.576 - 936.592} \times (10\% - 9\%) = 9.567\%$

如果是在两个付息日之间购买的债券，即 n 为小数，可按估计利率，将可收本息额先折算到购入后的第一个收息日的现值，然后再折算到购买日的现值，逐步试算出与购买成本 P 最接近的上下两个价格的折现率（收益率）。

【例 7 - 6】 甲企业在 20×4 年 8 月 5 日购买了乙公司于 20×3 年 2 月 5 日发行的 5 年期债券，该债券面额为 1000 元，年利率为 8%，按年付息，购买价为 1020 元。计算投资收益率。

甲在购入后持有至到期的 3.5 年中，可收到 4 次利息，每次可收利息 80 元（1000 × 8%），到期可收本金（面额）1000 元。应将购入后每次收到的利息和到期收到的面额，先折算到购入后第一个收息日（20×5 年 2 月 5 日）的现值，再将其折算到购买日（20×4 年 8 月 5 日）的现值，使债券现值等于购买价 1020 元的折现率就是债券投资收益率。债券价值计算模式为：

$$1020 = \left[80 + 80 \times \dfrac{(1+i)^3 - 1}{i(1+i)^3} + 1000 \times \dfrac{1}{(1+i)^3}\right] \times \dfrac{1}{(1+i)^{0.5}}$$

要求债券现值为 1020 元时的收益率，就要估计折现率将可收本息额折算到购买日的现值，逐次试算出与购买价格 1020 元最接近的上下两个价格：

当 i = 8% 时：[80 + 80 × 2.5771 + 1000 × 0.7938] × 0.96225 = 1039.2（元）

当 i = 9% 时：[80 + 80 × 2.5313 + 1000 × 0.7722] × 0.95783 = 1010.23（元）

由此看出，实际收益率在 8% 至 9% 之间，可按利率与价格之间的等比例关系计算。

投资收益率 $i = 8\% + \dfrac{1039.2 - 1020}{1039.2 - 1010.23} \times (9\% - 8\%) = 8.663\%$

假定例 7 - 6 的债券在 20×7 年 8 月 5 日卖出，收到价款 1035 元，计算投资收益率。

该债券在购入后的持有期 3 年中（20×4 年 8 月 5 日至 20×7 年 8 月 5 日）可收到 3 次利息，应将购入后每次收到的利息，先折算到购入后第一个收息日（20×5 年 2 月 5 日）的现值，再将其折算到购买日（20×4 年 8 月 5 日）的现值；由于持有期为整 3 年，可将卖出收到的价款直接折算到购买日的现值。使债券现值等于购买价 1020 元的折现率就是债券投资收益率。债券价值计算模式为：

$$1020 = \left[80 + 80 \times \dfrac{(1+i)^2 - 1}{i(1+i)^2}\right] \times \dfrac{1}{(1+i)^{0.5}} + 1035 \times \dfrac{1}{(1+i)^3}$$

当 i = 8% 时：[80 + 80 × 1.7833] × 0.96225 + 1035 × 0.7938 = 1035.84（元）

当 i = 9% 时：[80 + 80 × 1.7591] × 0.95783 + 1035 × 0.7722 = 1010.65（元）

投资收益率 $i = 8\% + \dfrac{1035.84 - 1020}{1035.84 - 1010.65} \times (9\% - 8\%) = 8.629\%$

四、债券投资风险

尽管债券有还本期、利率固定、应按期还本付息这些规定，但债券投资仍然具有一定的风险。

(一) 违约风险

债券的违约风险指债券发行人无法按期还本付息的风险。一般来说,国家财政发行的债券几乎没有违约风险,金融机构发行的债券违约风险可能较小,商品生产流通企业发行的债券违约风险相对较大。债券违约风险的大小取决于发行人还本付息的资金来源,对于企业来说又取决于债券筹资使用的效益或经营能力,可以利用企业会计报表资料来分析判断偿债能力。避免或降低违约风险的基本办法是不买质量(盈利水平)差的债券。

(二) 利率风险

债券的利率风险是指由于市场利率上升而使债券投资者遭受损失的风险。由于债券发行后,无论市场利率怎样变化,债券发行者只能按照债券面额、券面利率和计息期数计算支付利息,并于到期按面额还本。所以,债券即使没有违约风险,也会有利率风险,并且债券期限越长,利率风险越大。市场利率上升而使债券投资者遭受的损失,可按购买价和市场利率计算的到期值减去按券面规定计算的到期值计算。

【例 7-7】 某债券面额 50000 元,票面年利率为 8%,期限为 4 年。如果该债券是按年付息,到期一次还本,购买价为 48379 元,一年后市场利率上升到 10%,到期值损失多少?

券面到期值 $= 50000 \times 8\% \times \dfrac{(1+10\%)^3 - 1}{10\%} + 50000 = 63240(元)$

按市场利率到期值 $= 48379 \times (1+10\%)^3 = 64392(元)$

到期值损失额 $= 64392 - 63240 = 1152(元)$

接例 7-7,如果该债券是按单利计息,到期一次还本付息,购买价为 46755 元,一年后市场利率上升到 10%,到期值损失多少?

券面到期值 $= 50000 \times (1 + 8\% \times 4) = 66000(元)$

投资者购买债券时的期望报酬率(买时市场利率):

$50000 \times (1 + 8\% \times 4) = 46755 \times (1+i)^4$

$i = 9\%$

按市场利率到期值 $= 46755 \times (1 + 9\%) \times (1 + 10\%)^3 = 67832(元)$

到期值损失额 $= 67832 - 66000 = 1832(元)$

降低利率风险的基本办法是分散债券的到期日。

(三) 购买力风险

债券的购买力风险是指由于通货膨胀而使债券投资以后获得的货币资金购买力下降的风险。通货膨胀使物价上涨,用同样的金额原来能买到的物品现在买不到,或者说现在购买与原来相同质量性能的物品所需支付的价款比原来多。在这种情况下,由于债券利率固定,将来收回本金和得到利息的款项其购买能力就会下降。避免或降低购买力风险的基本办法是购买浮动利率的债券。

(四) 变现力风险

债券的变现力风险也称为流动性风险,是指无法在短期内以合理价格卖出债券的风险。如果投资人急需现金使用,或有了更好的投资机会,想立即将持有的债券出售变为现金,但无法以合理的价格出售变现,就会丧失再投资获得较高报酬的机会,或者没有现金使用会带来损失,或者只能以较低的价格出售就会发生变现损失,这就是变现力风险的表现。避免或降低变现力风险的基本办法是购买企业经济效益好、能上市交易的债券。

(五) 再投资风险

债券的再投资风险是指将来收回本次债券的投资额后，将其再投资所获得的收益低于本次投资收益的风险。这主要体现在目前是购买长期债券或是购买短期债券。例如，目前长期债券利率为9%，短期债券利率为8%，为降低利率风险而购买了短期债券；但在收回短期债券投资时市场利率已下降到7%，如果再投资只能获得7%的收益，还不如当期就购买长期债券，现在仍可获得9%的收益。降低再投资风险的基本办法是长期债券、短期债券各买一部分。

第三节　股票投资管理

一、股票的概念和特征

(一) 股票的有关概念

股票，是股份有限公司为筹集自有资金而签发的，以证明股东所持股份的凭证。股票的发行主体必须是股份有限公司，股票投资者（购买者）即为股份有限公司的股东。

1. 股票面额，或称股票面值，指股票票面标明的金额，是投资者享有权利和承担责任的界限。

2. 股票价格，指股票在市场上交易（买卖）的价格，它应以股票所代表的财产价值为基础，考虑将来盈利能力和社会经济因素来确定。股市上的价格有开盘价、收盘价、最高价、最低价等，投资者在进行股票评价分析时主要使用收盘价。

3. 股票价值，即股票的内在价值，指股票预期现金流入的现值。股票预期现金流入包括预期可收股利和转让出售时所得的价款。这个预期现金流入额，按市场利率或投资者要求的报酬率，折算到投资时的现值就是股票的价值。

4. 股票投资账面价值，一般为股票投资账户余额，计提有股权投资减值准备的，应扣除减值准备。

5. 股利，是股息和红利的总称，是股份公司从其税后利润中分配给股东的一种投资报酬。

(二) 股票的基本特征

股票与其他有价证券相比，具有以下基本特征：

1. 股票是一种财产所有权证书。股票是一定量价值的代表，发行股票所筹集的资金即为公司的财产。谁持有某股份公司的股票，就意味着对该公司的财产有一定的所有权。

2. 股票是以营利为目的的证券。股东有领取股息、分享红利的权利。股票购买者一方面是为了发展壮大公司的生产经营规模，另一方面是为了分享公司盈利。公司盈利多，股东有可能分得较多的股利。

3. 股票是具有一定风险性的证券。股利的多少主要受到公司盈利多少的影响。当公司经营不佳无盈利时，就不能发放股利；当公司破产时，负有以购股额为限的责任，有可能蚀本。

4. 股票是一种不还本的永久性证券。股票无期限规定，投资者购买股票后不允许退股，只能转让。

5. 股票是代表一定权利的证书。股东对公司的重大经营事项有表决权和质询权；对公司领导有选举、罢免的权力；有优先认购新股权；有盈利分配权和剩余财产分配权。

二、股票价值的估算

股票的价值体现在将来可以获得一定数额的现金流入，如持有期分得的股息、转让出售股票所得价款，公司解散分得剩余财产。评价股票的价值就是估算将来各期分得股利和转让可得价款的现值是多少，应考虑股票发行公司可能支付的股利水平、投资者要求得到的报酬率、准备持有期、预期转让可得价款等因素来计算。

由于股票的持有（投资）期和每期股利数额形式不同，股票价值就有不同计算模式。

（一）股票估价的基本模式

股票估价的基本模式，就是持有（投资）期限很明确情况下的股票价值计算模式。

设：P——股票价值（内在现值）；

P_n——预计未来出售时股票的价格；

R——投资者要求的必要报酬率；

D_t——预计在第 t 期可收股利；

n——预计持有股票的期数。

按照资金时间价值原理，股票估价（现值）的基本模式为：

$$P = \frac{D_1}{(1+R)^1} + \frac{D_2}{(1+R)^2} + \cdots + \frac{D_n}{(1+R)^n} + \frac{P_n}{(1+R)^n}$$

$$P = \sum_{t=1}^{n} \frac{D_t}{(1+R)^t} + \frac{P_n}{(1+R)^n}$$

如果每年的股利数额相同，就是年金形式，就可以按照年金现值的公式计算。

$$P = D \cdot \frac{(1+R)^n - 1}{R(1+R)^n} + P_n \cdot \frac{1}{(1+R)^n}$$

股票估价关键是要确定好每年股利和投资者必要报酬率两个数据。股份公司每年支付多少股利，取决于每股盈利和股利支付率两个因素，可根据公司以前实际支付的股利和将来的发展情况预计。但将来的发展情况很难准确预计，只能考虑近几年的情况作出大概的估计。以投资者必要的报酬率作为折现率，对现值有着重要的影响，如何确定？有三种观点：一是按历史上股票的平均收益率来确定；二是参照现实的债券收益率，加上一定的风险报酬来确定，因为股票投资风险比债券投资风险大；三是按现行市场利率来确定，因为现行市场利率是股票投资的机会成本，可以此为依据。

（二）准备长期持有，股利稳定不变的股票估价

在投资人准备长期持有股票，每年股利稳定不变（年金形式）的情况下，股票的估价模式可按上述基本模式推导出以下简化的模式：

$$P = \frac{D}{R} \cdot \frac{(1+R)^n - 1}{(1+R)^n} + P_n \cdot \frac{1}{(1+R)^n}$$

当 n→∞ 时，$\frac{(1+R)^n - 1}{(1+R)^n} \to 1$，$\frac{1}{(1+R)^n} \to 0$，所以：$P = \frac{D}{R}$

即永续年金现值的计算公式。这种模式也称为"零成长股票"的估价模式。

(三) 准备长期持有,股利固定增长的股票估价

如果一个公司的股利每年基本按一个固定比例不断增长,投资人的投资(持有股票)期限又非常长,股票的估价就比较困难,只能计算近似值。

设:D_0——上年股利;

g——每年股利比上年增长率。

则:$P = \dfrac{D_0(1+g)}{(1+R)} + \dfrac{D_0(1+g)^2}{(1+R)^2} + \cdots + \dfrac{D_0(1+g)^n}{(1+R)^n} + \dfrac{P_n}{(1+R)^n}$

当 $n \to \infty$ 时,$\dfrac{P_n}{(1+R)^n} \to 0$,$P = \sum\limits_{t=1}^{\infty} \dfrac{D_0(1+g)^t}{(1+R)^t}$ ……………………(1)

将(1)式两边同乘 $\dfrac{1+R}{1+g}$ 得:$\dfrac{P(1+R)}{(1+g)} = D_0 + \dfrac{D_0(1+g)}{(1+R)} + \cdots + \dfrac{D_0(1+g)^{n-1}}{(1+R)^{n-1}}$ …………(2)

用(2)式减(1)式得:$\dfrac{P(1+R)}{(1+g)} - P = D_0 - \dfrac{D_0(1+g)^n}{(1+R)^n}$ ……………………(3)

假定 $R > g$,当 $n \to \infty$ 时,$\dfrac{(1+g)^n}{(1+R)^n} \to 0$,所以(3)式可简化为:$\dfrac{P(1+R)}{(1+g)} - P = D_0$

整理得:$P = \dfrac{D_0(1+g)}{R-g}$,$P = \dfrac{D_1}{R-g}$ (D_1 为以后第1年的股利)

【例 7-8】 丙准备购买股票,期望投资报酬率为12%,有两家股票可供选择,购买何种股票较好。

(1) A公司股票上年每股分利1.2元,估计每年股利增长5%,目前每股市价20元。

(2) B公司股票上年每股分利1.5元,估计未来三年每年股利增长10%,之后每年股利增长6%,目前每股市价28元。

A 股票目前价值 = $\dfrac{1.2 \times (1+5\%)}{12\% - 5\%}$ = 18(元)

通过计算可知,A股票目前内在价值低于目前每股市价20元,一般来说不值得购买。

B 股票第1年股利 = $1.5 \times (1+10\%)$ = 1.65(元)

B 股票第2年股利 = $1.5 \times (1+10\%)^2$ = 1.815(元)

B 股票第3年股利 = $1.5 \times (1+10\%)^3$ = 1.9965(元)

B 股票第3年末价值 = $\dfrac{1.9965 \times (1+6\%)}{12\% - 6\%}$ = 35.2715(元)

B 股票目前价值 = $1.65 \times (P/F, 12\%, 1) + 1.815 \times (P/F, 12\%, 2) + 1.9965$
$\times (P/F, 12\%, 3) + 35.2715 \times (P/F, 12\%, 3)$
= $1.65 \times 0.8929 + 1.815 \times 0.7972 + 1.9965 \times 0.7118 + 35.2715 \times 0.7118$
= 29.45(元)

B 股票目前内在价值高于目前每股市价28元,一般来说购买B种股票较好。

对于长期持有,股利非固定增长的股票估价,只能分各个时段计算。当然非固定增长的股利也是难以预计的。

股票价值估算的意义就是为是否购买股票提供决策依据。按上述模式估算的价值往往与以后实际发展情况存在较大差异,其估计值是否可作为决策依据呢?产生差异的原因是未来

的股利是预计的,不是现实的;而且又忽略了影响股价的社会因素,如市场利率变化、股市兴衰、经济政策变化等未考虑。但不能因此而否定股票估价的必要性和有用性,因为被忽略的因素通常对所有的股票都有大致相同程度的影响。在所有企业的内部因素都向有利方面发展的情况下,其社会因素可以影响股票的价格,一般不会影响股票的优先次序,所以股票估价对购买何种股票还是具有参考价值的。

三、股票投资收益率的计算

股票投资的收益,包括购买股票后持有期实际收到的股利和转让股票收到的价款与购入成本的差额。股票投资收益率指股票投资的年收益与购买成本的比率。由于股票无期限规定,所以只能计算持有期的收益率。

(一) 按股票估价的基本模式逐步测算股票收益率

设:P——购买股票价格(成本、现值);

P_n——转让出售股票价款(未转让出售的目前市场价格);

D_t——第 t 年获得的股利;

i 或 R——股票投资收益率(年);

n——投资期限(持有股票年数)。

若每年收到的股利数额相同,可按股票价值计算模式"$P = D \cdot (P/A, i, n) + P_n \cdot (P/F, i, n)$",估计折现率逐步试算出与购买价格 P 最接近的上下两个价值,再按价格与折现率的等比例关系求折现率 i,这个折现率 i 就是股票投资收益率。

若每年收到的股利数额不相同,应将各年的股利和卖出股票收到的价款分别按估计折现率的复利现值系数折成现值,逐步测算出与购买价格 P 相当的股票投资收益率 i。股票价值计算模式为:

$$P = \sum_{t=1}^{n} \frac{D_t}{(1+i)^t} + \frac{P_n}{(1+i)^n}$$

【例 7-9】甲在 20×6 年 4 月购买了乙公司股票 5 万股,实际支付价款(成本)26 万元;近三年每年实收股利为:20×7 年 3 月 2.4 万元,20×8 年 3 月 2.7 万元,20×9 年 3 月 2.9 万元;于 20×9 年 5 月将其全部卖出,收到价款 28 万元,计算该股票的投资收益率。

该股票投资 3 年共获收益:$2.4 + 2.7 + 2.9 + 28 - 26 = 10$(万元)

要求收益率是多少,先列出股票价值计算的基本模式算式(按年度算,忽略月数):

$260000 = 24000 \times (P/F, i, 1) + 27000 \times (P/F, i, 2) + 29000 \times (P/F, i, 3) + 280000 \times (P/F, i, 3)$

再估计折现率按股票价值计算模式逐次试算出与购买价格 26 万最接近的上下两个价格:

$i = 12\%$:$24000 \times 0.8929 + 27000 \times 0.7972 + 29000 \times 0.7118 + 280000 \times 0.7118$

$= 21430 + 21524 + 20642 + 199304 = 262900$(元)

$i = 13\%$:$24000 \times 0.885 + 27000 \times 0.7831 + 29000 \times 0.6931 + 280000 \times 0.6931$

$= 21240 + 21144 + 20100 + 194068 = 256552$(元)

从试算过程看出,投资收益率在 12% 至 13% 之间。要求股票现值为 26 万元时的收益率,按股票现值与折现率之间的等比例关系计算:

股票投资收益率 $i = 12\% + \dfrac{262900 - 260000}{262900 - 256552} \times (13\% - 12\%) = 12.457\%$

如果各年持有股票月数差异较大,也可将期数年按小数计算。

对于长期股票投资的收益率按照上述模式计算还需注意两点:一是投资当年收到的股利可从购买价(成本)中扣除,因为投资当年收到的股利一般是分派上年的股利。二是在股票尚未转让出售时,可以目前股票市场价格为依据来计算。

(二)按简便模式计算股票收益率

股票收益率计算的简便模式,就是不考虑资金时间价值来计算股票投资收益率。计算模式是:

$$i = \frac{\sum D + (P_n - P)}{P \cdot n} \times 100\%$$

【例7-10】本年3月购买股票成本为60000元,4月收到股利7000元,10月出售该股票收到价款57000元。则:

股票投资收益率(年)$i = \frac{7000 + (57000 - 60000)}{60000 \times 7 \div 12} \times 100\% = 11.429\%$

按简便模式只能计算出大概的投资收益率,对于持有期在一年以内的投资来说计算是正确的,所以这种模式只适用于短期投资收益率的计算。

(三)按股利固定增长估价模式推算股票收益率

如果是预计将来长期(无限期)持有股票,假定股利是固定增长的,可按长期持有、股利固定增长的股票估价模型推算股票投资的收益率。

因为:$P = \frac{D_0(1+g)}{R-g} = \frac{D_1}{R-g}$

所以:$R = \frac{D_1}{P} + g$(R为股票投资收益率)

这个公式表明,股票的总收益率包括两部分,一部分是股利率(D_1/P 股利与购买成本的比率),另一部分是股利增长率(g)。因为股利增长率与股票市价增长率基本相同,所以股利增长率可称为资本利得收益率。按照这个模式来预计股票投资收益率,关键是要预计股利增长率(g),因为上年股利(D_0)和购买成本(P)是已知数。

预计股利固定增长率,可以按照上年留存收益率和净资产净利率计算。算式推导如下:

上年净利润×(1-股利支付率)=上年净利润×留存收益率=上年留存收益额

因为:(上年初股东权益+上年末留存收益)×净资产净利率=下年净利润

所以:上年留存收益额(下年净资产增加数)×净资产净利率=下年净利增加额

上式两边同除"上年净利润":

$$\frac{上年留存收益}{上年净利润} \times \frac{净利润}{净资产} = \frac{下年净利增加额}{上年净利润}$$

即:上年留存收益率×净资产净利率=下年净利增长率

下年净利增长率就是股利固定增长率(g)。

这种预计股利固定增长率的前提条件是:以后每年的净资产净利率、股利支付率或留存收益率、股本都不变,与原来即上年相同。在这种条件下,如果留存收益增加,就使净资产增加,由于净资产净利率不变,将净资产再投资获得的净利润等比例增加;净利润增加后,由于股利支付率不变,就使每股股利等比例增加,所以净利增长率就是股利增长率。这就是说,股利增长的来源完全是留存收益带来的报酬(净利)。每年的股利按同一比例增长,就是股利固定增长率(g)。

【例 7-11】 某公司年初股东权益即净资产为 2500 万元,本年实现净利润 500 万元,决定分配股利 300 万元。如果以后每年的净资产净利率、股利支付率和股本不变,试计算股利固定增长率。

本年净资产净利率 = 500 ÷ 2500 = 20%
本年股利支付率 = 300 ÷ 500 = 60%
股利固定增长率 = (1 - 60%) × 20% = 8%

四、影响股票投资决策的因素分析

投资者在进行股票投资决策时,除了需要衡量收益率之外,还应注意分析国民经济形势、行业发展趋势、企业经营管理能力等因素的变化。

(一)国民经济形势

股票投资的国民经济形势分析,是指从宏观经济角度考察一些经济因素对股市或股票价格和收益的影响。分析的内容主要是国内生产总值、通货膨胀、银行或债券利率水平。

国内生产总值,是一国或地区在一定时期内所生产的全部最终产品和劳务的价值,是反映一国或地区在一定时期内经济发展状况和趋势的综合性指标。如果国内生产总值呈不断增长趋势,此时进行股票投资一般会获得较好的收益;反之,投资会带来不利。

通货膨胀,主要是货币供应量增多从而使物价上涨,它对股票价格有着重要影响。一般来说,通货膨胀开始并且幅度较低时,由于货币供应量有所增加,会刺激生产,增加企业利润,从而增加可分派股利。由于股利增加会使股票价格上涨。但是,当通货膨胀持续增长时,货币购买力会下降,经济形势会变得不稳定,此时进行股票投资风险较大。如果在通货膨胀情况下政府提高利率水平,会使股价下降。

利率与股价成反比例变化。银行或债券的利率较高时,投资者选择储蓄或债券投资既安全而又有较高的收益,不必冒风险进行股票投资,此时股票价格会下跌。同时,利率较高,会使股份公司的筹资成本增加,利润减少,分派股利减少或无利可分,进行股票投资多有不利。反之,利率较低,会使股份公司的筹资成本降低,利润增加,可分股利增加,此时进行股票投资可能获得较好收益。由于利率较低,股票收益较好,会使购买股票的资金增加,从而使股票价格也会上涨。

(二)行业发展趋势

股票投资的行业发展趋势分析,是指考察某种行业在未来的发展变化趋势,对该行业股票价格和收益的影响。主要看某行业在市场上所处的状态和生命周期。

行业在市场上的状态基本可分为垄断和竞争两种类型。如果某个行业在市场上只有极少的经营单位,所提供的产品或服务是社会必需的,其他行业不可能替代,那么,它就对所经营的商品(产品或服务)价格具有控制能力,该行业就处于垄断状态。这种类型企业的盈利较稳定,破产的可能性极小,投资于该行业的股票风险就小。如果某个行业在市场上有较多的经营单位,所提供的产品或服务质量与其他行业的差异较小,就使该行业的商品价格自主控制能力较差,受市场冲击波动的幅度较大,该行业就处于竞争状态。这种类型企业的盈利易受市场供求关系的影响,盈利具有不稳定性,破产的可能性较大,投资于该行业的股票风险就大。有的行业可能处于不完全垄断或不完全竞争状态，那么，投资于该行业的股票风险就比完全垄断型的大，比完全竞争型的小。

对于竞争型的行业而言，行业的生命周期，一般可分为初创期、成长期、成熟期和衰退期四个阶段。不同阶段的经营收益稳定性和数额也是不相同的，也应注意判断分析。

(三) 企业经营管理能力

作为理智的投资者，究竟应该购买哪一家公司的股票，就必须对拟投资公司的竞争能力、创新能力、盈利能力、营运能力、偿债能力等进行分析。

公司的竞争能力可以用销售额、销售增长率、利润增长率、市场占有率等指标进行分析评价，这些指标越高，说明公司的竞争能力越强，公司发展前景越好。

公司的创新能力可以用人才和产品的技术含量、投入的科研和技改经费、创新机制等情况来说明，技术含量高、科研经费多、创新机制好，说明公司的创新能力强。

公司的盈利能力可以用销售利润率、成本费用利润率、资产报酬率、净资产净利率等指标进行分析评价，这些指标越高，说明公司的盈利能力越强，发展的后劲越强。

公司的营运能力可以用存货周转率、应收账款周转率、总资产周转率或变现率等指标进行分析评价，这些指标越高，说明公司的营运能力越强，资源配置越合理，资金周转速度越快，经营情况越好。

公司的偿债能力可以用流动比率、速动比率、资产权益率、利息保障倍数、负债现金保障率等指标进行分析评价，这些指标越高，说明公司的偿债能力越强，不会出现因还债而破产。

公司的这些能力越强，说明公司的风险越小，收益越有保障；反之，说明公司的风险大，收益的保障程度差。

第四节 证券投资组合

一、证券投资组合的意义

证券投资组合，是指在进行证券投资时，不是将所有的资金都投向单一的某种证券，而是有选择地投向一组（多种）证券。

证券投资的盈利性吸引了众多投资者，但证券投资的风险又使许多投资者望而却步。怎样才能有效地解决这一难题，科学地进行证券投资组合就是一个比较好的方法。通过有效地进行证券投资组合，便可降低证券投资风险，达到既可降低风险，又有较好收益的目的。

证券投资是在未来才能获得收益（利益），未来有很多不确定性因素，某些因素发生变化就会使某些证券的收益也发生变化。当某一因素变化时，并不是所有证券的收益按同一比例向同一方向变化，而是有的证券收益变化大，有的变化小；有的与影响因素相同方向变化，有的可能反方向变化。简单地把资金全部投向某一种证券，便会承受巨大的风险，一旦失误，就会全盘皆输。把资金投向若干种证券，形成投资组合，其收益是这些证券收益的加权平均数，但其风险可能比这些单个证券风险的加权平均程度低。所以，证券投资组合可以帮助投资者全面捕捉获利机会,降低投资风险。

二、证券投资组合风险的衡量

单个证券投资的风险可计算方差、标准离差来衡量,证券投资组合的风险也应计算方差、标准离差来衡量。但证券投资组合的标准离差不是各单个证券标准离差的简单加权平均数,它不仅取决于单个证券投资收益的标准离差,而且还取决于各种证券投资收益之间的关系。在统计学中,测定任意两个投资报酬率之间的变动关系是用协方差和相关系数来表示的。

(一) 协方差

衡量证券投资组合的风险,不但要对每个证券投资的风险进行计量,而且还要计量组合内各种证券收益的相互影响程度。协方差就是一个用来测量投资组合中两种证券收益变动相互(共同)影响的程度,是两种投资收益偏差相乘积的算术平均数。其计算公式是:

$$\sigma(R_1, R_2) = \frac{1}{n} \sum_{k=1}^{n} (R_{1k} - E_1)(R_{2k} - E_2)$$

式中:$\sigma(R_1, R_2)$——第1种与第2种证券组合的协方差;

R_{1k}和R_{2k}——分别为第1种或第2种证券在k种情况的收益;

E_1和E_2——分别为第1种或第2种证券投资收益的平均值。

从公式中看出,协方差就是根据一种证券在k种情况的收益与其平均收益值的偏差,同另一种证券在k种情况的收益与其平均收益值的偏差相乘的积,将n种情况偏差的积求和后再除以n计算求得。

【例7-12】 A、B两种股票在过去不同时期的实际收益率如表7-1所示,计算A、B两种股票的协方差。

表7-1 股票收益率表

时期	一	二	三	四
A股票收益率	5%	9%	12%	18%
B股票收益率	15%	13%	11%	9%

在有历史数据情况下,历史平均收益值E就可按照n期收益之和除以n来计算。

A股票历史平均收益率 E = (5% + 9% + 12% + 18%) ÷ 4 = 11%

B股票历史平均收益率 E = (15% + 13% + 11% + 9%) ÷ 4 = 12%

A、B两种股票收益的协方差 = [(5% - 11%) × (15% - 12%) + (9% - 11%) × (13% - 12%) + (12% - 11%) × (11% - 12%) + (18% - 11%) × (9% - 12%)] ÷ 4 = -0.105%

协方差的正负显示了两种证券投资收益率之间变动的方向。协方差为正表示两种投资的收益率呈同方向变动;协方差为负表示两种投资的收益率呈反方向变动。协方差的绝对值越大,表示这两种投资收益率的关系越密切;协方差的绝对值越小,表示这两种投资收益率的关系越疏远。

(二) 相关系数

两种证券的相关系数,是表示两种证券投资收益率变化的相关(联系)程度。将协方差除以两种投资收益率的标准离差之积,得出一个与协方差具有相同性质但却没有量化的

数,这个数就称为这两种投资收益率的相关系数,它介于 -1 与 +1 之间。相关系数计算公式是:

$$\rho_{AB} = \frac{\sigma(R_A, R_B)}{\delta_A \cdot \delta_B}$$ （ρ_{AB} 为 A、B 两种股票收益的相关系数）

接上例 7-12,A、B 两种股票收益率的相关系数计算步骤如下:

第一步,计算收益率的方差。有历史实际资料,计算总体方差公式是:

$$总体方差 \delta^2 = \frac{1}{n} \sum_{i=1}^{n} (R_i - E)^2$$

$$\delta_A^2 = [(5\% - 11\%)^2 + (9\% - 11\%)^2 + (12\% - 11\%)^2 + (18\% - 11\%)^2] \div 4$$
$$= 0.225\%$$

$$\delta_B^2 = [(15\% - 12\%)^2 + (13\% - 12\%)^2 + (11\% - 12\%)^2 + (9\% - 12\%)^2] \div 4$$
$$= 0.05\%$$

第二步,计算收益率的标准离差。计算公式是:$\delta = \sqrt{\delta^2}$

$$\delta_A = \sqrt{0.225\%} = 4.7434\%, \qquad \delta_B = \sqrt{0.05\%} = 2.2361\%$$

第三步,计算 A、B 两种股票收益率的相关系数。

$$\rho_{AB} = \frac{-0.105\%}{4.7434\% \times 2.2361\%} = -0.99$$

相关系数的正负与协方差的正负相同。相关系数为正值,表示两种投资收益率呈同方向变化;相关系数为负值,表示两种投资收益率呈反方向变化。相关系数总是在 -1 与 +1 之间的范围内变动。+1 代表两种投资的收益完全正相关,表示一种投资收益率的增减与另一种投资收益率的增减成比例;-1 代表两种投资的收益完全负相关,表示一种投资收益率的增长与另一种投资收益率的减少成比例;0 则表示两种投资的收益完全不相关。

（三）投资组合的总风险

证券投资组合的总风险由投资组合收益率的方差和标准离差来衡量。由 n 种证券投资组合的方差计算公式是:

$$\delta_P^2 = \sum_{j=1}^{n} \sum_{k=1}^{n} W_j \cdot W_k \cdot \sigma(R_j, R_k)$$

有了投资组合的方差就可以计算投资组合的标准离差,计算公式是:

$$\delta_P = \sqrt{\delta_P^2} = \sqrt{\sum_{j=1}^{n} \sum_{k=1}^{n} W_j \cdot W_k \cdot \sigma(R_j, R_k)}$$

式中:W_j 和 W_k——分别为 j 种投资、k 种投资在投资总额中所占的比重;

$\sigma(R_j, R_k)$——第 j 种投资与第 k 种投资收益率的协方差;

n——组合内投资种类总数;

δ_P^2——投资组合的方差;

δ_P——投资组合的标准离差。

双重求和符号（ΣΣ）的含义是:在投资组合中,把由各种可能配对组成的所有协方差项（含方差项）相加。简言之,要加 n^2 项。

如果是 A、B 两种证券投资组合,其方差计算公式是:

$$\delta_P^2 = W_A^2 \cdot \delta_A^2 + W_B^2 \cdot \delta_B^2 + 2 \cdot W_A \cdot W_B \cdot \sigma(R_A, R_B)$$

上述 A、B 两种证券投资组合方差计算公式用矩阵表示配对组合如下：

	A	B
A	$W_{AA}\delta_{AA}$	$W_{AB}\delta_{AB}$
B	$W_{BA}\delta_{BA}$	$W_{BB}\delta_{BB}$

矩阵中左上角 δ_{AA} 表示 A 的标准离差自乘（$\delta_A \cdot \delta_A$）的积，即 A 标准离差的平方，称为方差。W 表示某种投资在组合总额中的比重，在式中起加权计算的作用，在自乘（如 $W_A \cdot W_A$）时也用平方表示。$W_{AA}\delta_{AA}$ 称为证券 A 的加权方差，$W_{BB}\delta_{BB}$ 称为证券 B 的加权方差。所以，对于矩阵对角线位置上的投资组合（自己与自己组合）的协方差就是各种投资自身的方差。矩阵中 δ_{AB} 表示 A 的标准离差与 B 的标准离差相乘（$\delta_A \cdot \delta_B$）的积，称为协方差。$W_{AB}\delta_{AB}$ 称为证券 A 和证券 B 的（收益率）加权协方差，$W_{BA}\delta_{BA}$ 也是证券 A 和 B 的加权协方差。从两种证券投资组合的矩阵中可看出，有两个加权方差项（$W_{AA}\delta_{AA}$ 和 $W_{BB}\delta_{BB}$），以及两个加权协方差项（$W_{AB}\delta_{AB}$ 和 $W_{BA}\delta_{BA}$）。由于两个加权协方差项相同，所以乘以 2。求证券投资组合的方差，就是将组合的矩阵中可能形成的每两种证券组合（含自身组合）的加权方差和加权协方差进行加总。

由相关系数的计算公式推导协方差的计算公式是：

$$\sigma(R_j, R_k) = \rho_{jk} \cdot \delta_j \cdot \delta_k$$

式中：ρ_{jk}——为第 j 种投资与第 k 种投资收益率之间的相关系数；

δ_j 和 δ_k——分别为第 j 种、第 k 种投资收益率的标准离差。

按例 7 – 12 计算的 A、B 两种股票的相关系数、标准离差计算协方差为：

$\sigma(R_A, R_B) = -0.99 \times 4.7434\% \times 2.2361\% = -0.105\%$

假定 A 种股票投资占 60%，B 种股票投资占 40%，A、B 两种股票组合收益率的方差为：

$\delta_P^2 = 0.6^2 \times 4.7434\%^2 + 0.4^2 \times 2.2361\%^2 + 2 \times 0.6 \times 0.4 \times (-0.105\%)$

$= 0.0386\%$

组合的标准离差为：$\delta_p = \sqrt{0.0386\%} = 1.9647\%$

由此看出，只要两种证券的相关系数小于 1，组合的标准离差就要小于两种证券的标准离差的加权平均数。当两种证券的相关系数小于 1 时，投资组合能够降低风险。

根据协方差与相关系数的关系式，上述 A、B 两种股票组合的方差计算公式为：

$$\delta_P^2 = W_A^2 \cdot \delta_A^2 + W_B^2 \cdot \delta_B^2 + 2 \cdot W_A \cdot W_B \cdot \rho_{AB} \cdot \delta_A \cdot \delta_B$$

自己变动与自身的变动是完全正相关的，相关系数为 1，在算式中可省略。

如果是 3 种投资组合，所有可能配对组合的协方差矩阵如下：

	A	B	C
A	$W_{AA}\delta_{AA}$	$W_{AB}\delta_{AB}$	$W_{AC}\delta_{AC}$
B	$W_{BA}\delta_{BA}$	$W_{BB}\delta_{BB}$	$W_{BC}\delta_{BC}$
C	$W_{CA}\delta_{CA}$	$W_{CB}\delta_{CB}$	$W_{CC}\delta_{CC}$

从上述矩阵看出，3 种投资组合，一共有 9 项，由 3 个方差项和 6 个协方差项（3 个计算了两次的协方差项）组成。其方差计算公式是：

$$\delta_P^2 = W_A^2 \cdot \delta_A^2 + W_B^2 \cdot \delta_B^2 + W_C^2 \cdot \delta_C^2 + 2 \cdot W_A \cdot W_B \cdot \sigma(R_A, R_B)$$

$$+2 \cdot W_A \cdot W_C \cdot \sigma(R_A, R_C) + 2 \cdot W_B \cdot W_C \cdot \sigma(R_B, R_C)$$

如果在4种投资组合中,矩阵中就有4个方差项和12个协方差项。如果有30种投资进行组合,矩阵中就有30个方差项和870个协方差项。所以,当投资的种类数量较多时,总方差主要取决于各种投资间的协方差,方差项将变得微不足道,只有协方差项对总方差起重要作用。因此,充分投资组合的风险,只受各种投资之间协方差的影响,与各种投资本身的方差无关。

三、证券投资组合风险分散原理

(一)投资种类相关性与风险的关系

上述投资组合风险可知,通过不同种类的证券投资组合,可以降低风险,即分散风险。但有时证券投资的种类较多,组合的总风险不一定较低,因为证券投资组合的总风险要取决于组合中各种证券之间的收益率相关性是强还是弱。如果投资组合中多种证券都是同一行业,它们之间的收益率的相关性就很强,投资组合收益率的变动性就较高,风险较大;如果投资组合中多种证券分别是不同的行业,它们之间的收益率的相关性就很弱,投资组合收益率的变动性就较低,风险较小。

【例7-13】假定将A股票和B股票各占50%进行组合投资,其各自收益和组合收益并据以计算的标准离差(风险)如表7-2所示。

表7-2 两种股票组合比较表 单位:%

年度	A股票和B股票完全负相关			A股票和B股票完全正相关		
	A股票报酬	B股票报酬	组合报酬	A股票报酬	B股票报酬	组合报酬
20×5	35	-10	12.5	35	35	35
20×6	-10	35	12.5	-10	-10	-10
20×7	12.5	12.5	12.5	12.5	12.5	12.5
20×8	20	5	12.5	20	20	20
20×9	5	20	12.5	5	5	5
平均值	12.5	12.5	12.5	12.5	12.5	12.5
标准离差	15	15	0	15	15	15

表7-2组合报酬算式:$A \cdot 50\% + B \cdot 50\%$

表7-2标准离差算式(按总体方差算):

$$\sqrt{\frac{(35-12.5)^2+(-10-12.5)^2+(12.5-12.5)^2+(20-12.5)^2+(5-12.5)^2}{5}}=15$$

从表7-2看出:在A股和B股的收益是完全负相关(当A收益下降时,B收益正好上升,或A收益上升时,B收益正好下降,并且幅度相同,相关系数为-1)的情况下,某投资者同时持有A、B两种股票,并且各占50%(等量),则每年组合的报酬相同(均衡、稳定),组合的风险被全部抵消,标准离差为0,可称为没有风险。如果甲、乙两投资者分别持有A股、B股,则报酬的波动幅度较大,即投资风险较大。在A股和B股的收益是完全正相关(A和B收益同时增加,同时下降,并且幅度一致,相关系数为+1)的情况下,某投资者同时持有A、B两种股票,并且各占50%(等量),则各年组合报酬的波动幅度较大,组合的风险(标准离差)既不减少也不扩大,即不能抵消风险。

(二) 投资组合种类的相关程度与风险分散

如果投资组合内各种证券收益的相关系数较低,则该组合的标准离差也较低,意味着该投资组合的风险较小,组合可分散风险;反之,该投资组合的风险较大,组合不能分散风险。

【例 7-14】假定已经测定出 A 股票的平均收益率(E)为 8%,标准离差(δ)为 10%(0.1);B 股票的平均收益率(E)为 12%,标准离差(δ)为 16%(0.16)。A、B 两种股票在不同相关系数和不同组合比例的组合标准离差计算如表 7-3 所示。

表 7-3 投资组合的标准离差

投资组合 (W_A, W_B)	平均收益率(%)	各种相关系数下投资组合的标准离差(%)							
		+1	+0.7	+0.5	+0.3	0	-0.3	-0.5	-1
1, 0	8	10	10	10	10	10	10	10	10
0.8, 0.2	8.8	11.2	10.49	9.99	9.47	8.62	7.68	6.97	4.8
0.6, 0.4	9.6	12.4	11.43	10.74	10	8.77	7.34	6.21	0.4
0.4, 0.6	10.4	13.6	12.72	12.11	11.45	10.4	9.23	8.35	5.6
0.2, 0.8	11.2	14.8	14.27	13.91	13.54	12.96	12.35	11.93	10.8
0, 1	12	16	16	16	16	16	16	16	16

表 7-3 组合的平均收益率算式是:$R_p = W_A \cdot E_A + W_B \cdot E_B$

$8.8\% = 8\% \times 0.8 + 12\% \times 0.2$

表 7-3 各种相关系数下投资组合的标准离差数字计算过程是:

$9.99\% = \sqrt{0.8^2 \times 0.1^2 + 0.2^2 \times 0.16^2 + 2 \times 0.8 \times 0.2 \times 0.5 \times 0.1 \times 0.16}$

$6.21\% = \sqrt{0.6^2 \times 0.1^2 + 0.4^2 \times 0.16^2 + 2 \times 0.6 \times 0.4 \times (-0.5) \times 0.1 \times 0.16}$

其余计算依此类推。

从表 7-3 计算中看出,随着相关系数的降低,投资组合的标准离差也在降低。在各种投资组合中,当相关系数为 -1 时,投资组合的标准离差最小,当 A 与 B 为 6:4 时,投资组合的标准离差为 0.4%(接近于 0),说明风险几乎全被分散了。当相关系数为 +1 时,投资组合的标准离差最大,这种组合不会产生任何分散风险效应。

从以上计算分析可知,当两种股票完全负相关(相关系数为 -1)时,同时持有两种股票,两公司的风险都可以分散掉;当两种股票完全正相关(相关系数为 +1)时,从降低风险的角度来看,同时或分别持有两种股票没有好处。实际经济生活中,各种股票之间不可能完全正相关,也不可能完全负相关,大部分股票的报酬率趋于同向变动,有的变动幅度相对较大,有的变动幅度相对较小,相关程度(系数)多为小于 1 的正值。在这种相关系数小于 1 的正值情况下,不同股票的投资组合可以降低风险,但不能完全消除风险。如果投资的股票种类较多,则能分散掉大部分风险。投资的股票种类越多,其风险越小,但其报酬率并不是最高,趋于平均水平。

四、证券投资组合的风险收益

作为投资者承担了风险就要求得到相应的补偿即收益,承担的风险越大,要求得到的收益越高。证券组合投资要求补偿的风险只是市场风险,而不要求对公司特有风险进行补偿。因为公司特有风险可以通过组合而消除,可通过多投资几家相关程度较低的公司股票,其中某些公司的股票收益下降,另一些公司的股票收益上升,从而将风险抵消。

(一) 证券投资组合市场风险的计量

市场风险的程度通常用 β 系数来计量。β 系数可以反映个别股票风险收益率相对于整体股票市场平均风险收益率的变动程度。证券投资组合的 β_p 系数可按各种证券投资额在组合中所占的比重计算。即:

$$\text{证券投资组合的 β 系数 } \beta_p = \sum_{i=1}^{n} \beta_i \cdot W_i$$

式中:β_i——第 i 种证券的 β 系数;

W_i——第 i 种证券在组合投资总额中所占比重。

证券投资组合的 β 系数,可以反映特定证券投资组合的风险和报酬率相对于整个市场综合平均风险和报酬率的变异程度。

(二) 证券投资组合风险收益的计量

正因为证券组合投资要求补偿的风险只是市场风险,所以,证券组合的风险收益,是指投资者因承担市场风险而要求的超过无风险收益那部分额外收益。计算公式是:

$$\text{证券投资组合的风险收益率 } R_\beta = \beta_p \cdot (R_m - R_f)$$

式中:β_p——证券组合的 β 系数;

R_m——市场所有股票的平均收益率,简称市场收益率;

R_f——无风险收益率,一般用政府公债利息率来衡量。

【例 7-15】整个股票市场的平均收益率为 12%,无风险收益率为 8%。某企业持有 A、B、C 三种股票,它们的 β 系数依次分别为 2、1、0.5,投资额在组合中所占比重依次分别为 50%、30%、20%。则:

证券投资组合的 β 系数 $\beta_p = 2 \times 50\% + 1 \times 30\% + 0.5 \times 20\% = 1.4$

证券投资组合的风险收益率 $R_\beta = 1.4 \times (12\% - 8\%) = 5.6\%$

计算出风险收益率之后,便可根据投资额和风险收益率计算出风险收益额。

从以上计算看出,β 系数越大,应得到的风险收益越多;组合的 β_p 系数又取决于每种证券的 β 系数和投资额在组合中所占比重。所以,调整各证券在投资组合中的比重,可改变证券组合的市场风险和风险收益。

按单个股票 β 系数和股票市场平均收益率及无风险收益率,可计算出单个股票的预期收益率。如果有各种股票的预期收益率,就可按各股票的投资比重计算出组合的预期收益率。其计算公式是:

$$R_p = \sum_{j=1}^{n} W_j \cdot R_j$$

式中:R_p——投资组合的预期收益率;

W_j——j 种证券投资额在组合投资总额中占的比例;

R_j——j 种证券的预期收益率;

n——投资组合中证券种类总数。

【例 7-16】A、B、C、D 四种股票的 β 系数依次分别为 2、1.5、1、0.75,假定无风险收益率为8%，证券市场所有股票的平均收益率为12%，则四种股票的预期收益率为：

A 股票预期收益率 = 8% + 2×(12% - 8%) = 16%

B 股票预期收益率 = 8% + 1.5×(12% - 8%) = 14%

C 股票预期收益率 = 8% + 1×(12% - 8%) = 12%

D 股票预期收益率 = 8% + 0.75×(12% - 8%) = 11%

方案Ⅰ，如果 A、B、C、D 四种股票的投资额依次分别占组合投资总额的 40%、30%、20%、10%，则投资组合的 β_p（风险）系数为：

$\beta_p = 2×40\% + 1.5×30\% + 1×20\% + 0.75×10\% = 1.525$

投资组合的预期收益率 R_p 为：

$R_p = 16\%×40\% + 14\%×30\% + 12\%×20\% + 11\%×10\% = 14.1\%$

或：$8\% + 1.525×(12\% - 8\%) = 14.1\%$

方案Ⅱ，如果 A、B、C、D 四种股票的投资额依次分别占组合投资总额的 10%、20%、30%、40%，则投资组合的 β_p（风险）系数为：

$\beta_p = 2×10\% + 1.5×20\% + 1×30\% + 0.75×40\% = 1.1$

投资组合的预期收益率 R_p 为：

$R_p = 16\%×10\% + 14\%×20\% + 12\%×30\% + 11\%×40\% = 12.4\%$

或：$8\% + 1.1×(12\% - 8\%) = 12.4\%$

由此看出，由于组合的比重不同，方案Ⅰ的风险比方案Ⅱ大，但方案Ⅰ的收益比方案Ⅱ高。如果某种组合的预期报酬率高于投资者要求的水平，并且风险适中，则该种组合可行，否则应进行调整。调整方法：改变各种投资比例，选择更换其他证券重新组合。

本章复习思考题

1. 企业为什么要进行证券投资？
2. 评估债券投资价值要考虑哪些因素？
3. 债券投资有何风险？如何避免或降低这些风险？
4. 股票与债券有何区别？
5. 评估股票投资价值要考虑哪些因素？
6. 在进行股票投资决策时，除了需要衡量收益率之外，还应注意分析哪些因素的变化？
7. 投资组合种类的相关性对风险有何影响？
8. 证券组合投资要求补偿的风险是何种风险？为什么？

本章练习计算题

计算题 7-1：熟悉债券价值和收益率的计算。

资料与要求：

1. 某企业准备在 20×3 年 3 月购买甲公司于 20×2 年 3 月发行的 5 年期债券，该债券面额为 1000 元，年利率为 9%；该企业要求得到 10% 的年投资报酬率。根据下列条件试分别计算购买该债券可以接受的价格。

(1) 如果甲公司债券是按单利计息，到期一次还本付息；
(2) 如果甲公司债券是按复利计息，到期一次还本付息；
(3) 如果甲公司债券是每半年付息一次，到期还本。

2. 某公司准备发行 3 年期到期一次还本付息的债券，该债券面额为 1000 元，发行价为 800 元，到期还本付息总额就是债券面额。

(1) 如果按发行价购买，该债券的年度收益率是多少？
(2) 如果要求每年得到 9% 的报酬率，该债券价格为多少时可以购买？

3. 某企业在 20×3 年 3 月购买甲公司于 20×2 年 3 月发行的 5 年期债券，该债券面额为 1000 元，年利率为 8%，购买价为 990 元。根据下列条件试分别计算该债券的年度收益率。

(1) 如果甲公司债券是按单利计息，到期一次还本付息；
(2) 如果甲公司债券是按复利计息，到期一次还本付息；
(3) 如果甲公司债券是每半年付息一次，到期还本。

4. 丙欲在市场上购买丁曾在 20×3 年 6 月 1 日发行的 5 年期债券，该债券面额为 1000 元，年利率为 10%，每年 5 月 31 日付息一次。

(1) 如果 20×5 年 6 月 1 日市场利率为 8%，丙认为丁债券价格为多少时才能购买？
(2) 如果 20×5 年 6 月 1 日债券市价为 920 元，丙购买丁债券持有到期的收益率是多少？
(3) 如果 20×5 年 6 月 1 日市场利率为 12%，此时丁债券市价为 950 元，是否可以购买？

5. 甲于 20×4 年 7 月 1 日购买了乙于 20×3 年 4 月 1 日发行的 4 年期债券，该债券面额为 2000 元，年利率为 8%，半年付息一次，购买价为 1970 元。

(1) 试计算该债券的到期年度收益率；
(2) 假定该债券于 20×6 年 8 月 15 日卖出，收到价款 2020 元。试计算该债券的持有期年度收益率。

6. 已购买甲债券，面额 20000 元，年利率 9%，5 年期，两年后市场年利率上升到 12%。根据下列条件试分别计算利率变动造成的到期值损失。

(1) 在甲债券是按年付息，到期一次还本的情况下，买价为 19241 元；
(2) 在甲债券是按单利计息，到期一次还本付息的情况下，买价为 18007 元。

计算题 7-2：熟悉股票投资价值的计算。

资料和要求：

1. 某人准备购买一种股票，该股票去年每股分利 0.8 元，要求得到 9% 的投资报酬率，根据下列条件计算该股票价值。

(1) 如果每年股利不变，持有 3 年后将其卖出，估计价款为 20 元；
(2) 如果股利每年增长 5%，持有 3 年后将其卖出，估计价款为 20 元；
(3) 如果准备长期持有，每年股利不变；
(4) 如果准备长期持有，预计股利每年增长 5%。

2. 某公司股票的 β 系数为 1.6，目前无风险收益率为 7%，市场上所有股票的平均报酬率为 12%，该股票每股已分去年股利 1.5 元，预计该股票收益每年增长 4%，试计算该股票价格为多少时可以购买。

3. 某公司股票目前每股市价为 12 元，预计该股票每年固定发放股利 0.4 元，5 年后该股票市价可能增长1倍,试计算该股票的投资收益率。

4. 某公司股票20×3年每股净利6元;预计该股票收益在20×4～20×7年每年增长10%,以后每年增长5%;估计该公司股票的β系数在20×4～20×7年为1.5,以后为2;目前长期国库券利率为6%,市场综合的收益率为10%。若该股票目前(20×4年初)每股市价为50元,试计算说明购买该股票是否合算。

计算题7-3:熟悉证券投资组合风险的计算。

资料:A、B、C三种股票投资比例依次分别为25%、35%、40%。各股票在过去实际收益率如下:

股票实际收益率

时 期	1	2	3	4
A股票收益率(%)	10	9	7	6
B股票收益率(%)	7	9	11	13
C股票收益率(%)	9	11	12	16

要求:

1. 分别计算每种股票的历史平均收益率;
2. 分别计算任意两种股票收益的协方差和相关系数;
3. 计算A、B、C三种股票投资组合的标准离差。

计算题7-4:熟悉证券投资组合风险和收益的计算。

资料:目前股票市场平均收益率为10%,国库券收益率为6%,该企业现有80万元闲置资金,准备购买A、B、C三种股票,投资额分别占40%、30%、30%,A、B、C三种股的β分别为1.8、1.2、0.8。

要求:

1. 分别计算各股票的风险报酬(收益)率和预期收益率;
2. 计算三种股票组合的风险系数$β_p$、风险报酬(收益)率$R_β$、预期收益率R_p和收益额;
3. 假定将A、B、C三种股票组合比例调整为5:3:2,试计算组合的风险系数$β_p$、风险报酬(收益)率、预期收益率和收益额。

第八章 Chapter 8

成本费用管理

学习目标：
- 明确成本费用的性质和作用
- 了解成本费用管理的基本要求
- 掌握成本费用计划编制的过程和方法
- 掌握成本费用控制的基本方法
- 掌握成本费用分析计算方法
- 明确标准成本的制定方法及标准成本与实际成本差异的基本原因
- 明确作业成本法的基本做法

第一节 成本费用概述

一、成本费用的内容及分类

企业的费用通常是指为了获取经济利益而在生产经营活动中耗费的资产（资金）。企业的成本通常是指在某种生产经营活动中发生的，并归集到该活动对象（产品、劳务）上的费用。

（一）企业费用的内容

工业企业在生产经营活动中发生的费用，按其经济性质不同，可以概括为以下几类：

1. 外购材料，指企业在生产经营活动中耗用的一切从外部购进的原料及主要材料、辅助材料、半成品、包装物、修理用备件、低值易耗品等。

2. 外购燃料，指企业在生产经营活动中耗用的一切从外部购进的可用作燃烧的物料，如煤炭、天然气、汽油等。

3. 外购动力，指企业在生产经营活动中耗用的从外部购进的各种动力，如电力。

4. 职工薪酬，指为企业生产经营活动提供了劳动服务的各类人员的工资、奖金、津贴、补贴、社会保险费等。

5. 折旧费，指企业在生产经营活动中使用固定资产而应计提其损耗的价值。

6. 修理费，指企业为修理固定资产而发生的费用支出。

7. 利息支出，指企业因举借债务而支付给债权人的报酬。

8. 税金，指企业从事生产经营活动而向国家交纳的各种税金。

9. 其他费用，指不属于以上类别的各项费用支出，如通讯费、差旅费、广告费、咨询审计费、诉讼费等。

上述按经济性质划分的费用类别通常称为费用要素。这种分类突出了物化劳动的耗费和活劳动的耗费，即突出了劳动对象、劳动手段、活劳动方面的耗费。依此进行核算，可以反映企业在一定时期的生产经营活动中消耗了什么，数额各是多少，可以为计算净产值和国民收入提供资料。这种分类反映了企业在一定时期的外购及费用支出，可以为计算材料资金、货币资金需要量，编制材料采购计划提供依据。但这种分类不能说明费用的用途，因而不便分析这些费用是否合理、节约。

（二）费用按经济用途分类

工业企业的各种费用按照经济用途不同，可分为计入产品成本的费用和不计入产品成本的费用两大类：

1. 计入产品成本的费用，是指企业可以确认是为产品生产活动而发生的费用。在产品生产过程中发生的费用通常称为生产费用，可计入所生产的产品成本中。计入产品成本的生产费用按其用途不同划分的项目通常称为成本项目，主要有：

（1）直接材料，是指直接用于产品生产并构成产品实体的原料及主要材料、外购半成品（本企业不需再加工的部件），以及有助于产品形成的辅助材料。

（2）直接人工，是指直接参加产品生产职工的薪酬。

（3）燃料和动力，是指直接用于产品生产的外购和自制的燃料及动力费。

（4）制造费用，是指产品的生产单位（车间）在组织和管理生产过程中发生的费用，以及在生产单位发生的不便直接计入产品成本的费用。如：管理及辅助人员薪酬、固定资产折旧和修理费、水电费、机物料消耗、劳动保护费、财产保险费、办公费等。

上述成本项目的划分，可根据企业的生产特点和成本管理的需要，适当增设或简并。如果企业直接用于产品生产的外购半成品成本所占比重较大，可单设"外购半成品"成本项目；如果企业在产品生产过程中会发生相对较多的废品及相关费用，为了考核废品损失的发生情况，可单设"废品损失"成本项目；如果企业产品成本中燃料和动力费所占比重很小，可不设"燃料和动力"成本项目，将其并入"制造费用"成本项目中。

以上各项目之和通常称为制造成本或生产成本。

2. 不计入产品成本的费用，是指企业在本期发生的，不能归集计入某种产品成本的、直接计入当期损益的各项费用，通常称为期间费用。包括：

（1）管理费用，是指企业行政管理部门为组织和管理生产经营活动而发生的各项费用。如管理人员的薪酬，管理部门消耗的材料用品，使用固定资产的折旧费、修理费、董事会费、研究费用，有关税金、规费，筹建期间发生的开办费摊销，技术转让费、无形资产摊销、财务报告审计费、咨询费、办公费、诉讼费及其他管理费用。

（2）销售费用，是指企业在销售产品和提供劳务等过程中发生的各项费用。如由企业负担的产品包装费、运输费、广告费、装卸费、保险费、委托代销手续费、展览费、销售服务费、销售部门的人员薪酬、使用固定资产的折旧费及修理费、物料用品消耗等。

（3）财务费用，指企业在生产经营过程中为筹集和使（占）用资金而发生的各项费用。如企业生产经营期间发生的利息支出（减利息收入）、汇兑损益、金融机构手续费，企业发生的现金折扣或收到的现金折扣等。

如果企业的产品科技含量高，更新换代速度快，经常发生的研究费用较多，可单设一项"研究费用"。

制造成本加上期间费用可称为全部成本或完全成本，通常作为产品定价决策的依据。

费用按经济用途分类的特点是把用途相同的耗费归并在一个项目中，便于按照活动对象进行费用归集，计算成本；便于考核各项费用定额或计划的执行情况，分析各种耗费是否合理、节约。

（三）费用按与活动对象的关系分类

企业的各种费用按照与活动对象的关系，可分为直接费用和间接费用两类。

直接费用，也称直接成本，通常是指在产品生产、劳务提供过程中直接耗费的经济资源，及直接参与产品生产、劳务提供过程的人工费用。如构成产品实体和有助于产品形成的原材料成本，产品专用生产线的工人薪酬，产品生产直接消耗的动力费用等。

间接费用，也称间接成本，通常是指在管理活动中和间接为生产经营活动提供服务发生的费用。如生产车间辅助人员和管理人员的薪酬、企业管理人员的薪酬，车间和企业管理部门的办公费及消耗性支出，厂房的折旧费及修理费等。

因为是要计算活动对象的成本，所以活动对象也称为成本对象。工业企业的活动对象或结果主要是产品，以产品为对象归集费用计算的成本称为产品成本。

费用按照与活动对象的关系分类，有利于正确计算各活动对象的成本，便于选择费用的归集和分配方法，便于正确反映和考核各活动对象的直接耗费和间接耗费水平。一般来说，企业应尽量将直接耗费的费用列作直接成本项目，使各对象的成本费用符合客观实际。

（四）费用按与责任单位的关系分类

将费用按照与责任单位的影响关系，可分为可控费用和不可控费用两类。

可控费用，也称可控成本，是指一个责任单位（如部门、车间、班组）或个人在其职责范围内可以掌握控制，其工作好坏对数额有重要影响的费用。

不可控费用，也称不可控成本，是指一个责任单位或个人在其职责范围内不能掌握控制，其工作好坏对数额没有影响的费用。

这里说的可控与不可控，不是固定指费用的项目，而是指责任单位或个人的行动对费用数额有无影响，有影响的则属于可控，无影响的就是不可控。某项费用对某一责任单位或个人来说是不可控，而对另一责任单位或个人来说则是可控。如对产品生产单位来说，材料消耗量是可控的，材料价格则是不可控的，材料价格应是材料采购供应部门可控的。

费用按照与责任单位的关系分类，便于分清经济责任，对责任单位或有关人员的工作进行评价。只有根据可控费用来考核责任单位或有关人员的业绩才有意义，不可控费用不能作为考核责任单位或有关人员业绩的依据。

企业的费用按照与产量（业务量）的关系，可分为固定成本、变动成本、半变动成本。这在第三章已叙述。

二、成本费用的性质和作用

（一）成本费用的性质

1. 成本费用是企业资金（资产）的耗费。企业的生产经营过程，既是为社会提供产品或劳务的过程，同时又是经济资源的耗费过程。在商品货币经济社会里，各项经济资源、生产经营耗费及成果都要以货币形式来计量，用货币计量的经济资源称为资产或资金。企业的成本费用就是企业耗费的各种资产的价值，即在各种形态上的资金耗费。如：企业生产经营活动中耗费的机器设备、房屋、建筑物的价值，就是企业固定资产方面的资金耗费，以折旧费的形式计入成本费用中；企业生产经营活动中耗费的原材料、辅助材料的价值，就是企业存货方面的资金耗费，以材料费的形式计入成本费用中；企业生产经营活动中使用的劳动力，以货币资金支付的劳动报酬，以职工薪酬的形式计入成本费用中。所以，企业的成本费用是由企业资金（资产）耗费形成的，是企业在生产经营过程中耗费资金的数量，是企业资产价值的转化形式。

2. 成本费用是产品（劳务）价值中的补偿价值。在社会化生产条件下，整个社会的生产过程，不仅要以产品的使用价值实现社会再生产，而且要以货币形式衡量产品的价值量，实行等价交换。产品的价值量从理论上讲取决于：生产经营过程中已耗费的生产资料转移价值，劳动者为自己劳动创造的价值，劳动者为社会劳动创造的价值。企业的性质要求，必须以自己的收入抵补自己的支出，预付垫支的资金必须收回，耗费的价值必须得到补偿，以便再生产顺利进行。所以，成本费用是产品（劳务）价值的组成部分，是产品价值中的补偿价值，即补偿企业在生产经营过程中耗费的价值。

3. 成本费用的经济内容具有社会性。企业可以列作成本费用的项目及具体内容，是由社会公认的权威组织机构统一规定的，企业不能随意调整列支范围。即在同一社会体制内各企业列作成本费用的项目及具体内容口径相同，这样才能使不同企业的成本费用及利润具有可比性，便于统一计算国民经济的有关指标。成本费用的内容还体现着时代特征，社会发展不同时期及不同社会经济体制，其具体内容并不完全相同。所以，成本费用的实际内容，是随着社会经济的不断发展而有所变化的，但要受到社会经济体制的约束。

按照上述性质，企业的成本费用也可表述为：是指企业为了获取经济利益，在正常生产经营活动中耗费的，符合制度规定开支范围的，并要求从经营收入中得到补偿的，可用货币形式表现的价值量。

（二）成本费用的作用

1. 成本费用是补偿生产经营耗费的尺度。企业为了保证生产经营活动的不断进行，必须以自己的营业收入来补偿生产经营耗费。补偿多少，成本费用就是衡量企业在生产经营过程中耗费的尺度，就为企业维持简单再生产明确地指出了资金补偿的标准。企业取得营业收入以后，必须把相当于成本费用的数额划分出来，用以补偿在生产经营过程中的耗费，这样，企业的资金才能以原有数量实现周转，从而保证再生产顺利进行。如果企业不能按照成本费用来补偿生产经营耗费，就意味着企业不能收回在生产经营过程中耗费的资金，就要发生资金短缺，再生产将难以原有规模继续进行。

2. 成本费用是制定商品价格的重要依据。从理论上讲，商品价格是商品价值的货币表现，商品价格应大体符合商品价值，能够体现消耗的社会必要劳动量。但在实践中，在人类社会的现阶段，还不能直接计算商品的价值，只能以商品的成本费用为基础，再考虑有关因素，来确定商品价格。所以，成本费用就成为制定商品价格的重要依据。这样，在制定商品价格时，必须考虑商品的成本费用多少，使商品价格大于商品的成本费用，使企业能够取得合理的盈利。

3. 成本费用是企业进行经营决策的重要依据。企业进行经营决策时，必须考虑多方面的因素，其中成本费用是经常要考虑的重要因素之一。因为在一定的销售价格下，成本费用的多少，直接影响着企业盈利的多少和市场竞争能力。如项目投资决策要考虑将来生产的产品成本和盈利水平；安排产量、品种决策，提高产品质量、增加或改进产品功能决策，也要考虑产品成本和盈利水平；调整产品价格决策，也要考虑产品成本和盈利水平。所以，企业的很多决策要涉及成本费用，有时要以成本费用为主要依据来判断，成本费用是影响企业经营决策的重要因素。

三、成本费用管理的基本要求

收入一定，成本费用与利润是互为消涨的关系。成本费用管理的目的，在于动员全体职工积极参与，力求合理节约使用资源，减少支出，降低成本，取得较好的经济效益。这就可以使经济资源得到充分有效的利用，为社会提供价廉物美的产品，增强企业竞争能力。

（一）处理好节约费用、降低成本的几个关系

节约费用、降低成本意味着物化劳动和活劳动耗费减少，可以较少的资源创造较多的财富，获取较好的经济效益。但要处理好以下几种关系：

1. 处理好降低成本与产品质量的关系。成本降低表现为：产品性能质量不变，成本减少；产品性能质量提高，成本不变或增加较少。提高产品质量可以减少废品损失和售后服务费用，可以增强产品的竞争能力。但是，企业要提高产品质量，在一定时期内需要增加一些费用支出，成本就会提高。企业应将产品质量与成本两者结合考虑，既不能为了降低成本而不顾产品质量，也不能因为要提高产品质量就不管成本的多少。而应该权衡利弊，使在一定时期内提高产品质量所获得的收益大于因提高产品质量增加的费用。不能片面强调某一方面，应考虑企业的综合经济效益。

2. 处理好节约费用与开发新产品的关系。不断开发新产品，增加质量更好的新品种，既是企业生存发展的需要，又是社会发展和人民生活提高的需要。但在新产品研究与开发阶段，往往需要投入较多的费用。在新产品开始生产阶段，成本可能较高，效益不一定较好。对于开发新产品与节约费用之间的矛盾，应用发展的眼光看待，既要在新产品的研究与开发及开始生产阶段保证必要的投资费用支出，又要在各个阶段环节尽量节约费用支出，将品种、成本费用、长期利益结合考虑。

3. 处理好节约费用与必要费用支出的关系。企业从事生产经营活动，必然要发生一定的费用支出。企业不能为了节约费用而减少必要的费用支出，如为了节约而削减固定资产的正常维修费，削减必要的安全生产和合理改善劳动条件方面的费用支出，削减技术创新方面的费用支出，这种节约会影响生产能力、劳动效率、市场占有率，反而得不偿失。企业应保证必要的费用开支，创造较好的生产经营环境，使生产经营活动顺利进行并不断发展，不一定必须绝对节约，也可以相对节约，以获得较好经济效益为原则。

（二）正确划清成本费用的几个界限

为了使成本费用具有真实性、可比性，企业应遵守有关组织机构规定的费用列支范围，在计算成本费用过程中应划清以下几个界限：

1. 划清建设性投资与经营性耗费的界限。建设性投资是用于固定资产的新建、改建、扩建等方面的投资，属于长期投资支出，以后通过折旧逐渐转入生产经营费用。经营性耗

费通常是指为生产销售产品及相应管理活动而发生的费用,直接从相应期间收入中扣除补偿。如果两者相互混淆不清,就会使资产、成本费用及利润不真实,不利于资产和盈利管理。

2. 划清正常费用支出与非常支出的界限。正常费用支出是指在正常生产经营活动中的必要费用支出,如在正常的购置、生产、销售及管理服务活动中发生的费用。非常支出是指与正常生产经营活动无直接关系的支出或损失,如固定资产毁损报废损失、债务重组损失、公益性捐赠支出、非常支出、盘亏损失等,这些通常称为营业外支出。如果两者相互混淆不清,既会影响成本费用的真实性,又不利于营业外支出的管理。

3. 划清各期间的成本费用界限。对于生产经营活动的正常耗费,还应正确划分归属期间。根据配比和权责发生制原则,由本期生产经营活动引起的并应由本期负担的费用,不论是否实际支付,都应计入本期成本对象或期间费用;凡是不应由本期负担的费用,既使已经支付,也不计入本期成本对象或期间费用,而是通过预提或待摊处理,以便正确计算考核各期间的耗费与盈利。

4. 划清不同成本对象的费用界限。对于应计入本期生产经营成本的费用,还应正确划分各成本对象的耗费。能够直接分清为某种产品、劳务活动发生的费用,就直接计入某种产品、劳务的成本;为几种产品、劳务共同发生的费用,应采用合理的方法分配计入各种产品、劳务的成本。只有明确了各对象的耗费内容和数额,才能分别考核各种经营活动的效益。

(三) 实行全面成本费用管理

全面成本费用管理,就是动员企业全体人员参加,对生产经营的全过程、全部成本费用进行管理。

1. 实行全员参加管理。企业的生产经营耗费水平,是企业所有部门、所有人员工作质量的综合反映,与每个部门、每个人员有着密切联系。因此,不仅财务部门的专职人员要进行成本费用管理,而且研究设计、项目建设、采购供应、生产制造、销售、管理服务等各部门的每个人员都要参加管理,出谋献策,都要在各自的职责范围内,处处精打细算,厉行节约,力求生产经营耗费既合理又较少。

2. 实行全过程管理。成本费用的形成过程包括产品设计、试制、正式生产、销售、售后服务等阶段,每个阶段的耗费都会直接或间接地在不同程度上影响着成本费用的多少。因此,不仅在正式生产阶段要进行成本费用管理,而且要从产品设计开始到售后服务为止的各个阶段都要进行成本费用管理。在产品设计阶段,要对工艺制定、材料选用、专用设备购置、生产流程等进行可行性分析,设计出质量较好、成本较少的产品。售后服务除了要既好又省外,还应反馈信息,促进企业改进生产工艺,提高产品质量,减少包修包换包退的损失。

3. 实行全部成本费用管理。企业的成本费用包括在各个部门、各个阶段所发生的各种耗费支出,因此,应对每一项成本费用都要进行管理。企业既要做好产品生产耗费的管理,又要做好材料采购、产品销售的费用管理;既要做好物资消耗的管理,又要做好人力、财力消耗的管理;既要重点做好占比重较大项目的费用管理,同时要做好占比重较小项目的费用管理。不能顾此失彼,在保证产品和服务质量的前提下,尽量节约费用支出,力求避免损失,达到较为理想的成本费用水平。

第二节 成本费用计划

一、成本费用计划的内容和编制要求

成本费用计划,或称成本费用预算,是以货币形式预先确定企业在计划期内各种产品计划成本水平和各部门生产经营耗费计划数额的指标。通过编制成本费用计划,可促使有关部门及职工在开展生产经营活动之前树立节约意识和思想准备,明确在生产经营活动中如何合理使用人力、物力、财力;可以为检查考核成本费用管理责任制执行情况,分析评价各项实际耗费的合理性提供依据;可以为编制利润计划、资金需要量计划、货物采购计划提供依据。

(一)成本费用计划的内容

成本费用计划的内容在不同时期、不同行业并不完全相同,一般要编制以下几种计划或预算:

1. 单位产品制造成本计划。是按成本项目确定计划期内各种产品的单位制造成本计划数,及可比产品比基期实际单位制造成本升降情况。是反映每种产品每一成本项目及其主要构成内容的详细情况,如原料及主要材料、辅助材料、燃料、动力、工时的计划耗用量和计划单价。每种产品编制一张计划表。

2. 全部商品产品制造总成本计划。是反映企业在计划期内所生产的可对外销售的全部产品制造总成本计划数,以及可比产品计划总成本比基期实际总成本升降情况。一般要编制按产品品种反映的商品产品总成本和按成本项目反映的商品产品总成本两个计划表。编制这个成本计划可以了解整个企业各种产品的计划总成本水平及比基期升降情况,可以了解整个企业各项目总成本水平及比基期升降情况。

3. 生产经营耗费总额计划,或称费用预算。是按照生产经营费用支出的原始形态或用途反映企业在计划期内各项费用支出的预计发生总额,一般按照各部门单位的各项费用支出汇总编制。编制这个费用计划可以了解各种类费用支出预计发生情况,可以为编制其他计划提供依据。

(二)成本费用计划编制要求

为了保证成本费用计划的先进性和可行性,便于发挥成本费用计划的作用,在编制成本费用计划时应注意以下几点:

1. 编制成本费用计划要以先进合理的技术经济定额为基础。与成本费用计划有关的技术经济定额主要有原材料、燃料、动力、工具等物资消耗定额,人工或机器工时定额,费用定额。这些定额必须是先进合理的,否则,将难以体现成本费用计划指标的先进性和可行性。只有以技术经济定额为基础,才便于进行物资消耗和费用的控制。

2. 成本费用计划指标要与其他计划指标相衔接。成本费用计划与生产销售、物资供应、劳动工资、技术组织措施等计划有着密切的联系。编制成本费用计划一方面要以这些计划为依据,另一方面要从成本费用计划水平角度对这些计划的数量和质量指标提出改进建议,保

证各项计划指标之间的衔接平衡。

3. 编制成本费用计划要有切实可行的措施方案。技术组织措施方案既是编制成本费用计划的依据，又是保证成本费用计划实现的条件。该方案应反映采取的措施、影响的费用项目、预期效益、负责执行方案的单位和执行时间，以便监督实施。如果没有相应的措施作保证，成本费用计划就很有可能落空。

4. 成本费用计划体系应与实际成本费用核算体系相一致。成本费用计划中项目、费用归集和分配方法、计划编制方式等，与实际成本费用核算要保持一致。这样有利于分析考核成本费用计划执行情况，实行成本费用管理责任制，使成本费用管理与核算相结合。

二、成本费用计划编制的基本方法

成本费用计划编制方法要根据各个企业的生产经营特点和成本费用管理要求来确定，但仍有其基本相同的方法。

（一）收集和整理有关数据资料

编制成本费用计划所需的数据资料主要有以下几个方面：

1. 计划期产品产量。生产周期较短或期初期末在产品数量变动不大的产品，可按计划期完工产量作为计划期产量。如果期初期末在产品数量差异较大，则应以完工产量加或减期初期末在产品数量差异作为计划期产量。

2. 企业制定的各种消耗定额、计划价格、费用开支标准。

3. 可比产品上年实际成本水平。

4. 不可比产品的设计资料。

5. 其他有关计划资料。如固定资产折旧和修理计划，员工薪酬政策制度规定，外部劳务、规费收费标准。

6. 同行业其他企业的成本费用水平。

（二）单位产品制造成本计划编制的基本方法

产品单位制造成本计划应分别按各种产品及成本项目进行编制，其计算的基本方法是：

1. 原材料、燃料、动力项目。这些项目一般可根据企业制定的各项消耗定额和计划价格计算。其计算公式是：

$$单位产品计划材料成本 = \sum(某种材料单位产品消耗定额 \times 某种材料计划单价)$$

如果某种产品耗用的材料种类较多，而其中有的材料种类耗用量不大，又没有制定消耗定额的，可参照基期实际发生额，考虑计划期材料消耗量和价格变动水平来确定。其计算公式是：

$$\genfrac{}{}{0pt}{}{单位产品计}{划材料成本} = \genfrac{}{}{0pt}{}{基期单位产品}{实际材料成本} \times \left(1 \pm \genfrac{}{}{0pt}{}{计划期材料}{消耗量增减率}\right) \times \left(1 \pm \genfrac{}{}{0pt}{}{计划期材料}{价格升降率}\right)$$

2. 职工薪酬项目。生产工人实行计件工资制的，单位产品人工计划成本直接按计件工资标准计算。生产工人实行计时工资制的，如果能分清各种产品的生产工人，可将生产该种产品工人的计划期薪酬总额，除以该种产品计划产量计算出单位产品人工计划成本；如果不能分清各种产品的生产工人，可按单位产品定额工时分配计划期工人薪酬总额。其计算公式是：

$$\genfrac{}{}{0pt}{}{计划工时}{薪酬率} = \frac{计划期生产工人薪酬总额}{\sum(某产品计划产量 \times 单位产品定额工时)}$$

单位产品计划职工薪酬 = 单位产品定额工时 × 计划工时薪酬率

3. 制造费用项目。在编制出计划期制造费用总额之后，可采用定额工时、直接成本来分配计算单位产品计划制造费用。如果制造费用按产品定额工时分配，其计算公式是：

$$\text{计划制造费用分配率} = \frac{\text{计划期制造费用总额}}{\sum (\text{某产品计划产量} \times \text{单位产品定额工时})}$$

单位产品计划制造费用 = 单位产品定额工时 × 计划制造费用分配率

如果制造费用按产品直接成本分配，其计算公式是：

$$\text{计划制造费用分配率} = \frac{\text{计划期制造费用总额}}{\sum (\text{某产品计划产量} \times \text{单位产品直接成本})}$$

单位产品计划制造费用 = 单位产品直接成本 × 计划制造费用分配率

产品直接成本一般包括直接材料和直接人工，如果将燃料和动力单独作为成本项目，也应包括燃料和动力。

4. 废品损失项目。如果在计划期内允许考虑并需单独核算考核废品损失的产品，就应编制废品损失计划。生产中的废品损失应由同种合格产品负担，可根据计划废品单件损失和工艺部门拟定的计划废品率来计算。其计算公式是：

$$\text{每件合格产品计划废品损失} = \left(\text{单位产品计划直接成本} - \text{外购件成本} - \text{废品残值}\right) \times \text{计划废品率}$$

外购件成本已包括在直接材料费用中，虽然产品是废品，但外购件本身不是废品，可继续用于其他产品上。如果废品有回收利用的价值即残值，应从原成本中扣除。计划废品率是指计划废品数量占合格产品数量的比率。

对于可比产品的计划废品损失，也可参照上年实际废品损失，并考虑计划期要求的废品损失降低率来确定。如果计划期内不允许有废品，就不必计算该项目。

（三）制造费用和期间费用计划编制的基本方法

制造费用和期间费用中，可能有一部分是在生产经营活动中发生的直接耗费，有一部分是为管理服务生产经营活动而发生的间接耗费；有些是变动费用，有些是固定费用。制造费用的发生额最终要分摊计入产品成本中，期间费用的发生额直接从发生当期的营业收入中抵补，因此要预计它们在计划期的发生总额。应分别按照各费用项目计算，其计算方法可归纳为以下几种：

凡是有消耗定额的，可根据计划业务（产品或劳务）量、单位业务消耗定额和计划价格计算。

凡是有规定开支标准的，则按有关标准计算。

凡是其他计划中已列出的费用项目，可根据其他计划有关资料确定。

凡是没有消耗定额和开支标准的费用项目，可根据基期实际发生额，结合计划期业务量增减情况和节约费用要求调整确定。其计算公式是：

$$\text{某项费用计划数} = \text{该费用基期实际数} \times (1 \pm \text{计划期业务量增减率}) \times (1 - \text{计划费用节约率})$$

凡是比较固定的费用，可根据基期实际数确定。

（四）辅助生产成本计划编制的基本方法

辅助生产单位的主要任务是为基本生产单位提供产品或劳务，也可能为企业管理等部门、在建工程等项目提供少量的产品或劳务。因此,辅助生产单位按上述方法编出辅助生产费用总额计划后,应将全部费用按各单位受益量分配给各受益单位。辅助生产费用计划分配方法一般采用直接分配法或交互分配法。

辅助生产费用直接分配法,是将辅助生产单位计划的费用总额,直接按辅助生产单位以外的各受益单位的受益量分配。如果企业有几个辅助生产单位相互提供了产品或劳务,则不进行相互分配费用。

辅助生产费用交互分配法,是在企业有几个辅助生产单位情况下,并且相互提供了产品或劳务,先将辅助生产单位初步计划的费用,在几个辅助生产单位内部按各受益量分配;然后将初步计划的费用加上其他辅助生产单位分来的费用,减去分给其他辅助生产单位的费用,即为某辅助生产费用计划总额,再按辅助生产单位以外的各受益单位的受益量分配。

(五) 全部商品产品成本计划编制的基本方法

商品产品是指本企业生产完工可作为商品对外销售的产品。全部商品产品成本计划即上述全部商品产品制造总成本计划,一般按产品品别和成本项目分别编制。其计算指标及公式是:

某产品计划总成本 = 该产品计划产量 × 计划单位成本

可比产品总成本计划升降额 = 计划产量按上年单位成本计算的总成本 − 本年计划总成本

$$可比产品成本计划升降率 = \frac{可比产品总成本计划升降额}{计划产量按上年单位成本计算的总成本} \times 100\%$$

三、成本费用计划编制

成本费用计划编制,在第三章财务预算中已有简单叙述,此处再举一例。

【例 8 - 1】 某企业设有第一、第二两个基本生产车间,以及供水和修理两个辅助生产车间。第一车间生产甲产成品和乙半成品;第二车间除将乙半成品加工成丙产成品外,还生产丙成品(丙是计划年度新产品)。辅助生产费用采用交互分配法,制造费用按各产品工时分配,半成品成本采用平行结转分步法。假定不考虑期初期末在产品差异。有关资料及成本费用计划编制如下:

1. 计划年度基本生产各产品产量。甲产品 800 件,乙产品 1000 件,丙产品 500 件。
2. 计划年度基本生产各产品单位消耗定额和计划单价,如表 8 - 1 所示。

表 8 - 1　　　　　　　　　　单位消耗定额和计划单价表

项 目		计量单位	单位消耗定额				计划单价（元）
			一车间		二车间		
			甲产品	乙半成品	乙产品	丙产品	
直接材料	A 材料	kg	100	80			25
	B 材料	kg	50	60		90	20
	C 材料	m²			160	100	18
	辅助材料	元	260	200	400	300	
直接人工工资		工时	120	100	90	110	16

社会保险费假定按职工工资的25%计算。

3. 可比产品上年实际单位成本。甲产品：直接材料3900元，直接人工2358元，制造费用1512元，合计7770元。乙产品：一车间直接材料3530元，直接人工1970元，制造费用1265元，小计6765元；二车间直接材料3156元，直接人工1780元，制造费用1310元，小计6246元；合计13011元。

4. 计划年度辅助生产产品、劳务供应量，如表8-2所示。

表8-2　　　　　　　　　　　辅助生产计划供应情况表

受益单位 供应单位	计量 单位	辅助生产车间		基本生产车间		企业管理部门	合计
		供水	修理	一车间	二车间		
供水车间	吨		1500	32000	30000	8000	71500
修理车间	工时	500		5400	4600	2000	12500

5. 计划年度制造费用、辅助生产费用和期间费用计划，如表8-3所示。

表8-3　　　　　制造费用、辅助生产费用和期间费用计划表　　　　　单位：百元

项目	基本生产 制造费用		辅助生产 费用		期间费用			合计
	一车间	二车间	供水	修理	销售 费用	财务 费用	管理 费用	
一般消耗材料	4100	3200	540	960	700		1500	11000
电力	4600	4130	550	400	20		1000	10700
职工工资	2400	1800	1000	1800	2000		6000	15000
社会保险费	600	450	250	450	500		1500	3750
折旧费	8200	7500	430	650	400		1000	18180
办公费	40	35	20	25	40		800	960
差旅费					1500		1600	3100
财产保险费	110	100	20	30			60	320
利息支出						6200		6200
税金							900	900
其他费用	193	177	50	60	1400		1518	3398
原始合计	20243	17392	2860	4375	6560	6200	15878	73508
修理费（辅分）	1917	1633	175	-4435			710	0
水费（辅分）	1360	1275	-3035	60			340	0
辅分后合计	23520	20300	0	0	6560	6200	16928	73508

表8-3中说明：项目可尽量按费用支出原始形态列示；社会保险费假定按工资的25%计算；该费用计划表应按部门单位分别编制，在各项费用中列出计算依据和方法，此处是为了书中叙述简便；利息支出应按计划期需要的有息负债数额和利率计算。

6. 根据计划年度辅助生产产品、劳务供应量和辅助生产费用计划编制辅助生产费用分配表，如表8-4所示。

表 8-4　　　　　　　　　　　　　辅助生产费用计划分配表

供应单位 受益单位	供 水			修 理		
	数量（吨）	分配率	费用（元）	数量（工时）	分配率	费用（元）
交互分配合计	71500	4	286000	12500	35	437500
供水车间				500		17500
修理车间	1500		6000			
对外分配合计	70000	4.25	297500	12000	35.5	426000
第一车间	32000		136000	5400		191700
第二车间	30000		127500	4600		163300
企业管理	8000		34000	2000		71000

7. 根据计划年度各产品产量、单位工时定额和制造费用计划编制制造费用分配表，如表 8-5 所示。

表 8-5　　　　　　　　　　　　　制造费用计划分配表　　　　　　　　　　　　单位：元

车间	产品名称	计划产量	单位工时	总工时	分配率	制造费用
第一	甲产品	800	120	96000		1152000
	乙半成品	1000	100	100000		1200000
	合计			196000	12	2352000
第二	乙产品	1000	90	90000		1260000
	丙产品	500	110	55000		770000
	合计			145000	14	2030000

8. 根据计划年度各产品单位消耗定额和制造费用分配表，及可比产品上年实际单位成本，编制单位产品成本计划表，如表 8-6 至 8-9 所示。

表 8-6　　　　　　　　　　　一车间甲产品单位成本计划表　　　　　　　　　　单位：元

项 目	本年计划单位成本			上年实际 单位成本	计划升降额	计划升降率
	单位用量	单价	金额			
直接材料：			3760	3900	-140	-3.59%
A 材料	100 kg	25	2500			
B 材料	50 kg	20	1000			
辅助材料	260 元		260			
直接人工：			2400	2358	42	1.781%
工资	120 工时	16	1920			
社会保险费		(25%)	480			
制造费用	120 工时	12	1440	1512	-72	-4.762%
合 计			7600	7770	-170	-2.188%

225

表 8-7　　　　　　　　　　一车间乙半成品单位成本计划表　　　　　　　　金额单位：元

项目	本年计划单位成本			上年实际单位成本	计划升降额	计划升降率
	单位用量	单价	金额			
直接材料：			3400	3530	-130	-3.683%
A 材料	80 kg	25	2000			
B 材料	60 kg	20	1200			
辅助材料	200 元		200			
直接人工：			2000	1970	30	1.523%
工资	100 工时	16	1600			
社会保险费		(25%)	400			
制造费用	100 工时	12	1200	1265	-65	-5.138%
合计			6600	6765	-165	-2.439%

表 8-8　　　　　　　　　　二车间乙产品单位成本计划表　　　　　　　　　　　单位：元

项目	本年计划单位成本			上年实际单位成本	计划升降额	计划升降率
	单位用量	单价	金额			
直接材料：			3280	3156	124	3.929%
C 材料	160 m²	18	2880			
辅助材料	400 元		400			
直接人工：			1800	1780	20	1.124%
工资	90 工时	16	1440			
社会保险费		(25%)	360			
制造费用	90 工时	14	1260	1310	-50	-3.817%
合计			6340	6246	94	1.505%

表 8-9　　　　　　　　　　二车间丙产品单位成本计划表　　　　　　　　　　　单位：元

项目	本年计划单位成本			上年实际单位成本	计划升降额	计划升降率
	单位用量	单价	金额			
直接材料：			3900			
B 材料	90 kg	20	1800			
C 材料	100 m²	18	1800			
辅助材料	300 元		300			
直接人工：			2200			
工资	110 工时	16	1760			
社会保险费		(25%)	440			
制造费用	110 工时	14	1540			
合计			7640			

乙产品是经过两个车间生产完工的，应编制乙产品单位成本计划汇总表。经计算，乙产品单位成本计划直接材料6680元（3400+3280），直接人工3800元（2000+1800），制造费用2460元（1200+1260），合计12940元。

9. 根据计划年度各产品产量、单位成本和上年实际单位成本，编制全部商品产品总成本计划表，如表 8-10、8-11 所示。

表 8-10　　　　　　　　　　按品种反映的商品产品总成本计划表

产品名称	计量单位	计划产量	单位成本（元）		总成本（百元）			
			上年实际	本年计划	按上年单位成本算	按计划单位成本算	计划升降额	计划升降率%
①	②	③	④	⑤	⑥)=③×④	⑦=③×⑤	⑧=⑥-⑦	⑨=⑧/⑥
可比产品					192270	190200	-2070	-1.077
甲产品	件	800	7770	7600	62160	60800	-1360	-2.188
乙产品	件	1000	13011	12940	130110	129400	-710	-0.546
不可比产品								
丙产品	件	500		7640		38200		
全部产品						228400		

表 8-11　　　　　　　　　　按项目反映的商品产品总成本计划表　　　　　　　　　　单位：百元

产品名称		项　目	直接材料	直接人工	制造费用	合计
可比产品总成本	甲产品 800件	按上年实际单位成本算	31200	18864	12096	62160
		按本年计划单位成本算	30080	19200	11520	60800
	乙产品 1000件	按上年实际单位成本算	66860	37500	25750	130110
		按本年计划单位成本算	66800	38000	24600	129400
	合计	按上年实际单位成本算	98060	56364	37846	192270
		按本年计划单位成本算	96880	57200	36120	190200
		计划成本升降额	-1180	836	-1726	-2070
		计划成本升降率（%）	-1.203	1.483	-4.561	-1.077
不可比丙产品500件计划总成本			19500	11000	7700	38200
全部商品产品计划总成本			116380	68200	43820	228400

10. 根据计划年度各种成本费用计划，编制按支出原始形态和用途反映的生产经营耗费总额计划，如表 8-12 所示。

表 8-12　　　　　　　　　　生产经营耗费总额计划表　　　　　　　　　　单位：百元

项目	基本生产		辅助生产		期间费用			合计
	一车间	二车间	供水	修理	销售费用	财务费用	管理费用	
外购材料	68180	55500	540	960	700		1500	127380
外购电力	4600	4130	550	400	20		1000	10700
职工工资	33760	25000	1000	1800	2000		6000	69560
社会保险费	8440	6250	250	450	500		1500	17390
折旧费	8200	7500	430	650	400		1000	18180

续表

项目	基本生产		辅助生产		期间费用			合计
	一车间	二车间	供水	修理	销售费用	财务费用	管理费用	
办公费	40	35	20	25	40		800	960
差旅费					1500		1600	3100
财产保险费	110	100	20	30			60	320
利息支出						6200		6200
税金							900	900
其他费用	193	177	50	60	1400		1518	3398
原始合计	123523	98692	2860	4375	6560	6200	15878	258088
修理费（辅分）	1917	1633	175	-4435			710	0
水费（辅分）	1360	1275	-3035	60			340	0
辅分后合计	126800	101600	0	0	6560	6200	16928	258088

表8-12中，基本生产的外购材料包括产品生产耗用的直接材料和制造费用中的一般消耗材料；基本生产的职工工资和社会保险费包括产品生产的直接人工工资、社会保险费和制造费用中的职工工资、社会保险费。

第三节 成本费用控制与分析

一、成本费用控制

成本费用控制应主要在事前和事中进行，通常要做好以下几方面的工作：

（一）制定各项成本费用定额

成本费用定额是对某项耗费规定的限额，是进行成本费用控制的数量标准，是编制成本费用计划的依据，是衡量工作好坏的尺度。进行成本费用控制，首先必须制定出既先进又可行的各种消耗定额。

1. 定额的种类。成本费用定额主要有如下几种：

（1）材料消耗定额，是指在一定生产技术条件下，制造单位产品或零部件需要消耗的材料数量或金额。对原料及主要材料应分产品、分零件、分工序制定消耗定额；对辅助材料、工艺用燃料、低值易耗品可按产量、工作时间制定消耗定额。材料消耗定额应尽量按材料品种制定实物数量定额，对于用量较小、品种较多的辅助材料可按种类制定金额定额。

（2）工时耗用定额，是指在一定技术装备水平下，制造单位产品或零部件需要耗用的人力工作小时或机器运转加工小时。制定出单位工时数量后，再根据总产量和日、年工作时间测算所需一线生产人员数量、机器数量，再按一定比例配备辅助人员、管理人员数量。

（3）动力消耗定额，是指在一定生产技术条件下，制造单位产品或零部件需要消耗的动力数量。对电力消耗可根据需要机器设备运转加工时间和小时耗用量来测算,小时耗用量应考虑机器设备的功率确定。

(4) 各项费用定额,是指在现行的生产工作环境中,开展某项活动、执行某项任务或完成某项工作所必须发生的费用金额。各项费用定额应考虑各部门单位的工作性质、用途及有关规定标准来制定,如办公费、通讯费可以按不同单位、不同人员及外单位收费标准分别制定费用限额。

2. 定额制定方法。制定成本费用定额常用的方法有:

(1) 技术测算法,是根据生产技术工艺的要求,在考虑可能采取技术组织措施的基础上,进行测算来确定定额的方法。如:

$$\frac{\text{单位产品某种}}{\text{材料消耗定额}} = \frac{\text{单位产品某种}}{\text{材料净有量}} + \frac{\text{工艺性}}{\text{损耗量}} + \frac{\text{非工艺性}}{\text{损耗量}}$$

单位产品工时定额 = 单位产品工艺加工时间 + 单位产品必要的非工艺工作时间

技术测算法确定的定额比较准确、先进,但需要有系统的技术资料,计算较复杂。

(2) 统计分析法,是根据过去的统计资料,考虑当前有关因素变化,经过分析研究确定定额的方法。如:

$$\frac{\text{单位产品}}{\text{工时定额}} = \frac{\text{上期实际工作时间}}{\text{上期实际产量}} \times \left(1 - \frac{\text{本期工时}}{\text{耗用降低率}}\right)$$

$$\frac{\text{某项费}}{\text{用定额}} = \frac{\text{该费用上期}}{\text{实际发生额}} \times \left(1 \pm \frac{\text{本期业务}}{\text{量增减率}}\right) \times \left(1 - \frac{\text{本期费用}}{\text{节约率}}\right)$$

统计分析法确定的定额比较符合实际,但其先进性易受过去平均统计数字的影响,其准确性易受过去平均统计资料真实可靠程度的影响。

(3) 经验估计法,是由有关人员根据自己的经验,参考有关资料,估计确定定额的方法。这种方法简便易行,其准确性易受有关人员主观因素的影响,一般只在缺乏技术资料的情况下或临时性需要才采用这种方法。

定额的制定必须体现先进性、客观性、易行性。定额不能一成不变,应随着生产技术条件、客观环境的变化和管理水平的提高,适时地修订定额。但定额又不能随时变动,应在一定时期内保持稳定,以维护定额的严肃性,否则将影响执行者努力完成定额的积极性。

(二) 做好原始记录和计量检测工作

原始记录,是按照一定格式,对生产经营活动中的具体事实所做的最初记载,是反映企业生产经营活动的第一手资料。原始记录是加强成本费用管理的必要手段,是检查控制标准执行情况和考核经济责任制的依据,也是企业经济核算的基础。

企业应根据生产经营的特点,设计好既符合成本费用核算和管理需要的,又易于操作的单证表格,建立健全原始记录制度。如:领用材料物品记录,应记录各部门单位、各种用途、各种材料物品的定额需要量、实际耗用量及特殊原因说明,一般要填制"领料单""退料单""领用发出材料汇总表"。工时耗用记录,应记录各部门单位、各类人员、各种用途的定额人工工时、实际人工工时及非劳动时间,各种机器设备为某种加工服务对象的运转时间,一般要逐日填制"工时记录单",并定期汇总。产品生产及完工记录,应记录各种产品在各个阶段环节的生产状态和数量,包括在产品、半成品、产成品、废品,一般要填制"产品生产验收转移单"。

原始记录一般由参与相关活动的有关人员录制，要求做到内容真实、项目齐全、字迹清晰、录制及时。企业还应做好原始记录的整理、归档、保管工作。

计量检测，是运用一定的器械和技术手段，来确定财产物资的数量和质量，是保证财产物资安全完整的有效措施，是保证原始记录准确性的重要环节。企业应配备标准的计量检测器械，建立科学的计量检测制度，认真做好计量检测工作。

原始记录和计量检测工作是进行成本费用控制的基础，如果这些基础工作做不好，有可能造成财产、资金、成本费用、利润不真实，就不能划清各单位的经济责任和效果，就会使成本费用控制以及其他方面的财务管理工作失去客观依据，有可能给企业造成浪费和损失。

（三）明确各部门单位的职责

企业的成本费用多少，与各部门各环节的工作好坏有着密切的联系，所以，应明确各部门单位及有关人员在成本费用管理中的职责，应将各项成本费用控制指标（定额或计划）分解到相关部门管理，以便各负其责和便于考核。

1. 财务管理部门的职责。财务部门是企业成本费用控制的总枢纽，应对企业成本费用控制负总责。财务管理部门应负责制定并解释全企业的成本费用管理制度；指导协助各部门制定并审核各项费用定额；指导协助各部门编制并审核汇总成本费用计划；将成本费用定额或计划报经企业管理层审定后，再向有关部门分解下达有关指标；制定企业内部物品劳务转移结算价格；严格审查经费支出报销，杜绝违规违法行为；检查、分析成本费用计划执行情况，查明偏差形成的原因，提出解决问题的措施。可设制"部门单位费用限额使用登记簿"，逐笔记载，使有关部门单位对费用限额的使用情况随时心中有数。

2. 生产管理部门的职责。生产部门是直接生产产品、提供劳务、创造价值的部门，也是生产经营性耗费较多的部门，是企业成本费用控制的重点部门，应对企业生产经营性成本费用控制负直接责任。生产管理部门应结合部门生产特点制定产品生产成本费用管理实施细则；制定产品生产物资消耗或费用定额，或提出耗费定额建议；编制产品生产成本费用计划，或提出编制成本费用计划建议；编制产品生产进度计划，组织均衡生产；做好在产品和半成品的实物管理；适时做好各种相关的原始记录；检查、分析成本费用定额和计划执行情况，查明偏差形成的原因，提出解决问题的措施并付诸实施；探索工艺改革和技术革新，在保证和提高产品质量前提下尽量降低耗费、节约费用。

3. 研究开发部门的职责。研究开发部门是研究开发企业新产品，设计产品性能、用途、结构、用料、工艺的部门，直接关系到将来产品生产成本水平的高低，是产品成本费用控制的首要环节。研究开发部门应有经济效益和社会效益观念，尽量研究开发符合社会需要的、质量和经济效益较好的新产品；在保证和提高产品质量前提下不断改进产品设计，使产品耗费相对较低，避免先天性的损失浪费；尽可能节约研究开发费用，以产品的性能与价值之比作为部门考核标准；精心组织产品试制，做好在试制中发生的料、工、费记录，为产品大量生产时制定成本费用定额和编制成本费用计划提供参考依据。

4. 材料供应部门的职责。材料供应部门是负责企业材料用品的采购、收发、保管的部门，直接关系到企业材料用品费用水平的高低，应对材料用品的质量和采购成本、保管费用控制负直接责任。在生产制造企业里材料费用占产品成本比例较大，材料采购成本控制是生产制造企业成本费用控制的重要环节。材料供应部门应慎重选择供货单位，尽可能购买符合产品生产质量要求的、价格较低的材料，并使运杂费较少；适时采购进货，在保证生产需要的前提下，尽量降低库存量，节约保管费用；做好材料用品验收保管工作，适时盘点，防止损失发生；做好材料用品收发的原始记录，定期按供货单位、品种和费用项目编制"收入材料用品汇总表"，以便分析考核采购工作效益；定期按领用部门、用途、品种编制"发出材料用品汇总表"，以便进行成本费用核算与分析考核。

5. 设备管理部门的职责。机器设备是企业的劳动手段，其先进程度、利用率高低对劳动生产率和成本费用有直接影响，设备管理部门应对机器设备的质量、购置成本和维修费用控制负直接责任。应购置符合企业需要的质优价廉的设备投入使用，使折旧费较少；做好使用技术操作培训工作，以提高效率、避免事故损失；协助做好维修保养工作，力求设备效用较大、使用成本较低。

此外，企业还有一些职能部门，对成本费用的发生或多或少有着直接或间接的影响，也要相应明确控制责任。如销售部门应对产品推销费用控制负责，劳动人事部门应对职工薪酬标准控制负责。当然，各企业部门设置不同，其职责范围也有区别。

（四）分析纠正偏差

成本费用的偏差是指成本费用的实际数偏离定额或计划数的差异。由于生产经营活动受各种主客观因素的影响，这种偏差会经常发生。成本费用的实际数低于定额或计划数称为节约差异，一般为好现象；成本费用的实际数高于定额或计划数称为超支差异，一般为不好现象。成本费用控制应适时分析差异形成的原因，分清正常原因和不正常原因，采取措施及时纠正不正常的超支差异；正常原因形成的差异可作为修订定额的参考依据。

二、成本费用分析

成本费用是反映企业生产经营工作质量的综合性指标，直接影响着企业的盈利水平。劳动生产率和机器设备利用率的高低，材料、燃料、动力等各种耗费的节约或浪费，最终都在成本费用中表现出来。成本费用分析的任务，就是要查明影响成本费用升降的因素，揭示成本费用增减的原因，寻求降低成本费用的正确途径，为合理使用资源、提高资金利用率指明方向。

（一）全部产品总成本计划完成情况分析

由于成本计划是按照先进合理的技术经济定额编制的，所以，成本计划完成情况一般能反映企业节约使用资源、降低耗费的努力程度。全部产品总成本计划完成情况分析是一种总括性分析，这种分析就是了解全部产品总成本计划执行结果是节约或是超支，查明脱离计划是由哪些产品成本升降造成的，为进一步分析提供线索和方向。

由于产品成本计划中的总成本是按照计划产量和计划单位成本计算的，分析时为了剔除产量变动对总成本的影响，应将计划总成本按实际产量和计划单位成本进行调整，然后再分析总成本计划完成情况。其计算公式是：

$$总成本实际比计划升降额 = 本期实际产量 \times 计划单位成本 - 本期实际产量 \times 本期实际单位成本$$

$$实际比计划成本升降率 = \frac{总成本实际比计划升降额}{实际产量按计划单位成本计算的总成本} \times 100\%$$

【例 8-2】某企业全部产品总成本资料及计划完成情况分析计算如表 8-13 所示。

表 8-13　　　　　　　　全部产品总成本计划完成情况分析表　　　　　　　　　单位：元

产品名称	本年实际产量	单位成本		总成本		实际比计划	
		本年计划	本年实际	按计划单位成本计算	按实际单位成本计算	升降额	升降率（%）
甲产品	760 件	7600	7828	5776000	5949280	173280	3
乙产品	1020 件	12940	12900	13198800	13158000	-40800	-0.309
丙产品	520 件	7640	7650	3972800	3978000	5200	0.131
合计				22947600	23085280	137680	0.6

从表 8-13 中看出，全部产品总成本实际比计划增加 137680 元，成本上升率 0.6%。其中：乙产品成本实际比计划降低 40800 元，成本降低率 0.309%；甲产品成本实际比计划增加 173280 元，成本上升率 3%；丙产品成本实际比计划增加 5200 元，成本上升率 0.131%。由此可见，应以甲产品成本作为重点分析对象。

（二）主要产品单位成本分析

通过总成本计划完成情况分析，可以总括评价企业成本计划执行情况，但不能了解每种产品成本升降的原因是什么因素引起的，这些变动是否合理。因此，在对全部产品总成本计划完成情况分析之后，还应对各种产品的单位成本进行深入细致的分析。通过产品单位成本分析，弄清各种产品成本的各个项目和各项消耗定额的节约或超支情况，查明成本升降的具体原因，以便准确地评价成本计划完成情况。

产品单位成本分析，可先从总的方面分析产品单位成本变动幅度，然后进一步按成本项目分析其成本变动的原因。

1. 产品单位成本变动总情况分析。这种分析可将本期实际数与计划数、上期实际数相比较，求其升降的幅度。

【例 8-3】某企业甲产品单位成本资料及分析计算如表 8-14 所示。

表 8-14　　　　　　　　　甲产品单位成本分析表　　　　　　　　　　　单位：元

成本项目	单位成本			本年实际比计划		本年实际比上年	
	上年实际	本年计划	本年实际	升降额	升降率（%）	升降额	升降率（%）
直接材料	3900	3760	3942	182	4.84	42	1.077
直接人工	2358	2400	2378	-22	-0.917	20	0.848
制造费用	1512	1440	1508	68	4.722	-4	-0.265
合计	7770	7600	7828	228	3	58	0.746

从表 8-14 中看出，甲产品单位成本本年实际比计划增加 228 元，上升率 3%。从成本项目来看，直接材料增加 182 元，上升率 4.84%；制造费用增加 68 元，上升率 4.722%；直接人工减少 22 元，降低率为 0.917%。还可看出，甲产品单位成本本年实际比上年实际增加 58 元，上升率 0.746%，体现在直接材料和直接人工两个项目。为了查明成本升降的原因，便于有效控制耗费，就需要对各个成本项目作深入地分析。

2. 直接材料项目分析。产品成本材料费用的多少，是由各种材料消耗数量和材料价格两个因素决定的，因此，就要分别计算材料消耗量差异和材料价格差异对成本的影响。这里只介绍实际数与计划数对比差异的因素分析。

【例 8-4】某企业甲产品单位材料费用资料及分析计算如表 8-15 所示。

表 8-15　　　　　　　　　　甲产品单位直接材料费用分析表

材料名称	计量单位	单位消耗量		单价（元）		单位成本（元）			因素差异（元）	
		计划	实际	计划	实际	计划	实际	差异	量差	价差
A 材料	Kg	100	108	25	24.5	2500	2646	146	200	-54
B 材料	Kg	50	47.5	20	22	1000	1045	45	-50	95
辅助材料	元					260	251	-9		-9
合计						3760	3942	182	150	32

注：辅助材料也有量差和价差，这里是为了书中叙述简便，未写数量差异。

表 8-15 中材料费用实际与计划差异计算方法为：

A 材料量差 = (108 - 100) × 25 = 200（元）

A 材料价差 = (24.5 - 25) × 108 = -54（元）

从表 8-15 中看出，甲产品单位成本中直接材料费用实际比计划增加 182 元，属于材料消耗量变动影响 150 元，属于材料单价变动影响 32 元。其中：A 材料消耗量增加使单位成本增加 200 元，单价降低使单位成本减少 54 元；B 材料消耗量降低使单位成本减少 50 元，单价提高使单位成本增加 95 元；辅助材料减少 9 元。因此，还应查找 A 材料消耗量和 B 材料单价上升的原因。

引起材料消耗量变动的原因主要有：产品部件结构变化，材料质量变化，加工操作方法变化，材料配方比例变化等。引起材料单价变动的原因主要是材料买价和采购费用的变化。应从这些方面作进一步的分析，以便找出主观的和客观的原因。

3. 直接人工项目分析。在生产一种产品的车间里，单位产品应分摊的人工费用取决于生产工人的薪酬总额和产品产量两个因素。在生产多种产品的车间里，并实行计时工资制条件下，单位产品应分摊的人工费用，一般是按照产品生产职工薪酬总额和生产工时数计算分配的。这种情况下，单位产品成本中的人工费用，就要受到单位产品耗用工时数和小时人工费用两个因素的影响，就要分别计算单位产品耗用工时差异和小时人工费用差异对成本的影响。

【例 8-5】某企业甲产品单位人工费用资料及分析计算如表 8-16 所示。

表 8-16　　　　　　　　　　甲产品单位直接人工费用分析表

项目	计划	实际	差异	因素变动对单位成本影响
单位产品耗用工时	120	116	-4	-4 × 20 = -80（元）
小时人工费用（元）	20	20.5	0.5	0.5 × 116 = 58（元）
单位成本中人工费用	2400	2378	-22	-80 + 58 = -22（元）

从表 8-16 中看出，甲产品单位成本中直接人工费用实际比计划降低 22 元，是由于单位产品耗用工时减少从而使单位成本降低 80 元，由于小时人工费用增加从而使单位成本上升 58 元。

单位产品耗用工时多少，一般取决于劳动生产率高低。劳动生产率越高，单位产品耗用工时越少；反之，单位产品耗用工时越多。所以，表8-16中单位产品耗用工时减少使单位成本降低80元，应是劳动生产率提高的结果，可能与采用新设备新技术有关。

小时人工费用是生产人员薪酬（工资及社会保险费）总额与产品生产工时总数的比率。因此，生产人员薪酬总额和生产工时总数变动，会引起小时人工费用变动，可结合这两个因素作进一步分析。其计算公式是：

$$\frac{总工时变动}{对人工费影响} = \frac{计划职工薪酬总额}{实际总工时} - \frac{计划职工薪酬总额}{计划总工时}$$

$$\frac{薪酬总额变动}{对人工费影响} = \frac{实际职工薪酬总额}{实际总工时} - \frac{计划职工薪酬总额}{实际总工时}$$

【例8-6】某企业甲产品小时人工费用资料及分析计算如表8-17所示。

表8-17　　　　　　　　　　　　甲产品小时人工费用分析表

项　目	计划	实际	差异	因素变动对小时人工费影响
生产总工时	91200	88160	-3040	1824000÷88160-20=0.69（元）
生产人员薪酬总额	1824000	1807280	-16720	20.5-1824000÷88160=-0.19（元）
小时人工费用（元）	20	20.5	0.5	0.69-0.19=0.5（元）

从表8-17中看出，小时人工费用增加0.5元，是由于产品生产工时总数减少使小时人工费用增加0.69元，由于生产人员薪酬总额减少使小时人工费用减少0.19元。在产量不变时，生产工时总数减少应是劳动生产率提高。所以，这里计划生产总工时和计划生产人员薪酬总额都应按实际产量换算（本例为760×120×20）。还应注意的是，单位产品生产工时减少是否对产品质量有影响，如果通过降低产品质量来节约工时是不允许的。

4. 制造费用项目分析。在生产一种产品的车间里，单位产品应分摊的制造费用取决于制造费用总额和产品产量两个因素。在生产多种产品的车间里，制造费用应由多种产品共同负担，需按一定标准进行分配。如果以生产工时为标准进行分配，单位产品成本中的制造费用，就要受到单位产品耗用工时数和小时制造费用两个因素的影响，就要分别计算单位产品耗用工时差异和小时制造费用差异对成本的影响，其分析方法与上述人工费用相同。

制造费用中有一部分属于固定费用或半变动费用，有可能占较大比重，这部分费用增减与产量和工时的增减不成比例，即有一部分制造费用变动与产量和工时变动无比例关系。所以，对制造费用进行分析，应着重分析总额增减变动原因。如折旧费的多少取决于固定资产原值和折旧率，可分别计算固定资产原值和折旧率变动对折旧费变动的影响，再结合机器运转工作时间分析小时折旧费变化的原因。

（三）期间费用变动情况分析

期间费用中可能有一部分属于变动费用，这可以按照因素分析法分析各因素变动的影响，再结合实际情况判断说明因素变动的结果是否合理。期间费用中较多部分属于固定费用，不随着业务量增减变化，但其数额变动总是有原因引起的，可先对比看有无差异，再分析差异形成的原因。所以，对期间费用分析，首先应运用比较分析法看各项目费用有无增减变动，变动幅度多大，然后再分析查找变动原因。

【例8-7】某企业销售费用资料及分析计算如表8-18所示。

表 8-18　　　　　　　　　　　销售费用比较分析表　　　　　　　　　　单位：百元

项　目	上年实际	本年计划	本年实际	本年实际比计划		本年实际比上年	
				升降额	升降率%	升降额	升降率%
一般消耗材料	（略）	700	680	-20	-2.847		
电力		20	22	2	10		
职工薪酬		2500	2510	10	0.4		
折旧费		400	400				
办公费		40	43	3	7.5		
差旅费		1500	1590	90	6		
其他费用		1400	1370	-30	-2.143		
合计		6560	6615	55	0.838		

从表 8-18 中看出，一般消耗材料和其他费用两项目本年实际比计划有所降低，这一般来说是好现象，但要看对工作质量有无影响。差旅费增加数额较多，应重点关注。

期间费用总额增减原因分析方法也适用于制造费用总额增减原因分析。

第四节　标准成本法和作业成本法

一、标准成本法的基本做法

标准成本，是为控制和评价某种生产经营活动实际耗费水平，通过调查、分析与技术测定而制定的，体现在一定环境和条件下，所必须耗费的比较合理的预计成本水平。在标准成本中，基本上排除了不应该发生的"浪费"，所以标准成本是一种"应该成本"。

生产成本管理的标准成本法，就是先制定生产产品各项成本费用标准，在实际生产活动中费用发生时，按标准费用计入成本对象账户，将实际发生的费用与标准费用的差异另设账户反映，以便随时发现费用差异，分析查找差异原因，及时采取措施控制。

（一）标准成本的类型

1. 基本标准成本。是以某一特定时期生产经营环境和条件为基础而制定的成本水平。基本标准成本一经制定，只要产品的结构和工艺不变，设备性能和主要原材料消耗品种不变，就不予修订变动。基本标准成本可以使以后各时期的实际成本在同一基础上进行比较，以观察成本变动趋势。由于基本标准成本一般不根据实际情况及时修订，一定几年不变，所以有时不能有效发挥成本控制作用，不能较好评价工作效率。

2. 理想标准成本。是以现有生产经营环境和条件处于最优状态为基础而制定的成本水平。最优状态通常是指：原材料等经济资源消耗无任何浪费，生产设备利用水平达到最高状态，劳动者以最娴熟技能全力投入工作，各种经济资源的价格水平处于最低状态，不存在停工时间和废品损失。这是一种完美无缺的最低的成本水平，在实际工作中很难实现。所以，理想标准成本只能作为成本控制的战略目标，不宜作为日常成本控制的标准。

3. 正常标准成本。是以现有生产经营环境和条件处于正常状态为基础而制定的成本水平。正常状态通常是指：生产设备和人力资源能够正常发挥作用，原材料等经济资源能够得到较为合理利用,资源价格适中,考虑了在生产经营中一般不可避免的正常损耗和损失。正常标准成本意味着经过努力是可以达到的,既不是轻而易举,又不是高不可攀。因此,正常标准成本可以作为日常成本控制的标准,在实际工作中得到广泛的应用。

（二）标准成本的制定

制定标准成本是成本控制的基础性工作,应认真合理地制定出标准成本。标准成本的构成项目和实际成本项目一样,一般包括直接材料标准成本、直接人工标准成本、制造费用标准成本。即：

$$单位产品标准成本 = 直接材料标准成本 + 直接人工标准成本 + 制造费用标准成本$$

制定各项目标准成本时,一般要分别确定用量标准和价格标准,两者乘积为成本标准或标准成本。即：

$$成本标准 = 某项标准成本 = 单位产品该项标准消耗量 \times 标准单价$$

单位产品消耗量一般有材料消耗量、人工或机器工时耗用量,标准消耗量应由熟悉产品生产工艺的技术部门主持,吸收执行标准的部门人员参与制定。价格一般有材料单价、小时人工费、小时制造费用,价格标准应由财务管理部门、材料采购部门、人力资源管理部门、生产部门等共同研究制定。

1. 直接材料标准成本的制定。材料标准成本应以材料用量标准和价格标准来确定。即：

$$\begin{matrix}单位产品直接\\材料标准成本\end{matrix} = \sum \begin{pmatrix}单位产品某种\\材料用量标准\end{pmatrix} \times \begin{pmatrix}该种材料\\价格标准\end{pmatrix}$$

材料用量标准,是指在现有生产技术条件下,生产单位产品所需耗用的材料数量,包括构成产品实体和有助于产品形成的材料,以及在生产过程中必要损耗和难以避免损失的材料。应以产品工艺设计材料用量为基础,考虑必要损耗和难免损失来确定。

材料价格标准,是指在现时的市场环境下,采购材料必需支付的买价和运杂费。应根据近期市场行情,测算出必需支付的相关费用来确定。

2. 直接人工标准成本的制定。人工标准成本在计时工资制下,应以工时用量标准和小时人工费用标准来确定。即：

$$单位产品直接人工标准成本 = 单位产品工时用量标准 \times 小时人工费用标准$$

工时用量标准,是指在现有生产技术和现时人工技能条件下,生产单位产品所必需的工作时间,包括对产品直接加工时间、必要间歇或停工时间、不可避免的废次品耗用时间。应以产品工艺设计人工工时用量为基础,考虑必要的停歇时间和难免损失时间来确定。

小时人工费用标准,是指在现时人工技能和人力资源条件下,每一工作小时所必需支付的薪酬。通常考虑社会经济发展状况、国家有关政策和本企业效益来确定。一般先测算出部门单位在一定时期的职工薪酬总额,再除以一定时期标准总工时计算出来。

3. 制造费用标准成本的制定。制造费用标准成本一般按照工时用量标准和小时制造费用标准来确定。即：

$$单位产品制造费用标准成本 = 单位产品工时用量标准 \times 小时制造费用标准$$

制造费用的工时用量标准,可以按照生产单位产品所必需的人力工作小时或机器工作小时来确定。小时制造费用标准,一般先按照各项费用的构成和影响因素及有关费用标准,计算一定时期所需各项费用数额,进而计算一定时期所需制造费用总额,再除以一定时期标准总工时来确定。

制造费用的标准成本,也可分别按变动制造费用、固定制造费用确定。

(三) 成本差异的计算与分析

这里成本差异,是指一定时期所发生的实际成本与标准成本的差额。实际成本大于标准成本的称为超支差异,即不利差异;实际成本小于标准成本的称为节约差异,即有利差异。成本差异是成本管理的重要信息,从成本角度反映了生产活动在哪些方面有成绩,在哪些方面存在问题,便于查找原因,划分责任,采取措施,改进或加强管理。

由于标准成本是按用量标准和价格标准两个因素计算的,所以,成本差异的计算与分析一般应分别从用量差异和价格差异两方面进行。按照因素分析法原理,其计算公式是:

成本用量差异(量差) = (实际用量 - 标准用量) × 标准价格

成本价格差异(价差) = (实际价格 - 标准价格) × 实际用量

如果是计算总成本差异,实际总成本和标准总成本都应按实际产量计算。

1. 直接材料成本差异的计算与分析。直接材料成本差异,是指直接材料的实际成本与标准成本的差额,应分别按照材料种类从材料耗用量差异和价格差异两方面计算与分析。其计算公式是:

某种材料成本量差 = (该材料实际消耗量 - 该材料标准用量) × 该材料标准价格

某种材料成本价差 = (该材料实际价格 - 该材料标准价格) × 该材料实际消耗量

材料成本耗用量差异,是指由于材料实际消耗量脱离标准耗用量而形成的材料成本差异。材料用量差异意味着在产品生产过程中材料实际消耗可能有节约或浪费行为,其形成的原因可能有:产品工艺结构变化、材料质量变化、工人技术熟练程度、操作失误、意外事故等。要分析查找具体原因,划清责任单位。如工人技术熟练程度、操作失误造成材料用量超支一般是生产单位的责任。

材料成本价格差异,是指由于材料采购成本脱离标准价格而形成的材料成本差异。其形成的原因可能有:市场供应价格、供货单位、运输方式、采购批量等变化,及不合理损耗发生。材料价格超支一般是采购部门的责任,但要分清是主观原因还是客观原因。

2. 直接人工成本差异的计算与分析。直接人工成本差异,是指直接人工的实际成本与标准成本的差额,应从工时用量差异和小时人工费差异两方面计算与分析。其计算公式是:

直接人工成本量差 = (实际耗用工时 - 标准工时) × 标准小时人工费

直接人工成本价差 = (实际小时人工费 - 标准小时人工费) × 实际耗用工时

人工成本工时用量差异,也称效率差异,是指由于人工实际工作时数脱离标准工作时数而形成的人工成本差异。工时用量差异意味着实际劳动生产率比标准有所提高或降低,其形成的原因可能有:工人技术水平和责任感、工作环境和设备条件、工序衔接、材料质量等状况。这些原因造成工时用量增加即劳动生产率降低,除材料质量外,一般是生产单位责任。

小时人工费差异,是指由于人工实际小时人工费脱离标准小时人工费而形成的人工成本差异。其形成的原因可能有:人员结构变化、工资制度变化、工资级别变化、出勤率变化、意外事故等,有些不利差异可能是生产单位的主观原因。

3. 制造费用成本差异的计算与分析。制造费用成本差异是指实际制造费用与标准制造费用的差额。制造费用中有一部分属于固定费用,有一部分属于变动费用。变动制造费用差异的计算与分析,与直接人工成本差异相同。

固定制造费用的发生与费用项目和项目标准有关,其增减与产量和工时增减不成比例关系,所以,在计算分析考核固定制造费用成本差异时,不考虑产量变动的影响,应剔除产量变动的影响。在按产量工时分配固定制造费用的情况下,应计算固定制造费用的实际总额与实际产量的标准总额的差异来分析。即:

$$制造费用成本差异 = 实际制造费用 - 实际产量的标准制造费用$$
$$= 实际制造费用 - 实际产量 \times 标准工时 \times 标准小时制造费用$$

由此看出,固定制造费用成本差异的计算与分析与其他项目方法有所不同,可用两差异法或三差异法。

(1) 两差异法。是将制造费用总额差异分为耗费差异和能量差异两种。耗费差异是指制造费用的实际发生额与计划(预算)数额之间的差额。能量差异是指由于生产能力利用程度不同所产生的成本差异,可按计划产量的标准制造费用减去实际产量的标准制造费用计算。其计算公式是:

$$制造费用耗费差异 = 实际制造费用 - 计划产量 \times 标准工时 \times 标准小时制造费用$$
$$制造费用能量差异 = (计划产量 - 实际产量) \times 标准工时 \times 标准小时制造费用$$

(2) 三差异法。是将制造费用总额差异分为耗费差异、产量差异和效率差异三种。耗费差异与两差异中相同,将两差异中能量差异分解为产量差异和效率差异。产量差异是指实际产量的实际工时与计划产量的标准工时之差而产生的制造费用差异。效率差异是指生产效率变化形成的实际工时与标准工时之差而产生的制造费用差异。其计算公式是:

$$\frac{制造费用}{产量差异} = \left(\frac{计划}{产量} \times \frac{标准}{工时} - \frac{实际}{产量} \times \frac{实际}{工时} \right) \times \frac{标准小时}{制造费用}$$

$$\frac{制造费用}{效率差异} = \left(\frac{实际}{产量} \times \frac{实际}{工时} - \frac{实际}{产量} \times \frac{标准}{工时} \right) \times \frac{标准小时}{制造费用}$$

尽管制造费用差异分析可按上述方法计算,但还是应从各项费用总额变化查找原因。

(四) 成本差异的处理

标准成本法在会计核算时,存货账户都按标准成本记录,实际成本与标准成本的差异另设账户单独记录。企业可设置直接材料成本差异、直接人工成本差异、制造费用成本差异等账户,或进一步将各成本差异分设用量差异、价格差异等账户。

对本期所发生的成本差异如何处理,通常有以下两种做法:

1. 将成本差异转入产成品、在产品和已售产品成本。在会计期末,将本期所发生的各项成本差异按照以实际数量计算的标准成本比例分配,转给产成品、在产品、销售成本等相关账户,将其调整为实际成本。这种做法在理论上是合理的,因为成本差异就是为生产产品产生的,无论完工或未完工产品都应负担。

2. 将成本差异全部转入销售成本。在会计期末,将本期所发生的各项成本差异全部转入销售成本,调节本期利润。这种做法的理由是:成本差异体现了管理工作的质量和效果,当期的成本差异应在当期的经营成果中体现,便于进行成本控制的绩效考核与评价;也为了简化成本核算。

成本管理采用标准成本法的意义是:标准成本可以作为有关决策的依据,用来规划未来经济活动;通过计算成本差异可以及时发现问题,及时采取措施及时纠正;可以分清产生成本差异的主体,便于考核评价有关部门和员工的工作业绩;会计核算平时成本结转可按标准成本计算,简化了日常核算工作。

二、作业成本法的基本做法

（一）作业的含义及种类

作业成本中的"作业"，是指在一个组织内为了某一目的而进行的耗费资源的活动或事项，是作业成本计算系统中最小的成本归集单元。企业是一个为最终满足顾客需要而开展一系列作业的集合体，企业的生产经营过程可以划分为若干个作业单元，从产品设计、订单处理、材料采购储存、机器调试、加工制造出产品，再进行产品质量检验、包装、销售发运、收账、售后服务，这些过程中每个环节、每道工序、每项工作，都可以视为一项作业。

1. 按作业层次可分为单位作业、批次作业、品种作业、维持作业。

单位作业是指使单位产品受益的作业，如加工制造零部件、组装产品等。这类作业的成本与产品数量成正比例关系变化，如直接材料、直接人工、直接能源消耗等。

批次作业是指使一批产品受益的作业，如产品生产前准备工作、机器设备调试，材料成批采购、检验等活动。这类作业的成本与产品批次成正比例关系变化，如生产准备费用、材料采购费用等。

品种作业或称种类作业，是指使某种型号或种类产品的每个单位都受益的作业，如产品工艺设计活动、产品广告等。这类作业的成本与品种的多少成正比例关系变化，与产品的数量不成比例关系，如某种型号产品的开发设计费用、推销某种产品的广告费用等。

维持作业或称支持作业，是指为维持企业正常生产而使所有产品都受益的作业，如厂房维修、行政管理等活动。这类作业的成本与产品的数量、批次、种类不成比例关系，如厂房维护修理费、安全保卫费、行政办公费等。

将作业按层次分类便于按作业归集费用，尽量使作业成本及产品成本具有客观性、真实性、合理性。

2. 按作业产生的效应分为增值作业和非增值作业。

增值作业是指在增加客户认可的产品使用价值和价值过程中必不可少的活动或事项，如产品的设计、加工制造、包装，会使产品达到客户需求的性能、质量、功效。

非增值作业是指不会增加客户认可的产品使用价值和价值的活动或事项，如材料、在产品、产成品在企业内部运送和堆放、次品返工、废品清理，有些行政管理和服务活动等。

将作业分为增值作业和非增值作业，便于采用不同的方式方法有针对性地进行成本费用管理，一般来说，应尽量提高增值作业效率，减少非增值作业。

（二）作业成本法操作步骤与方法

按作业单元归集费用计算的成本即为作业成本。企业每完成一项作业活动，就要消耗一定的资源，即消耗一定的人力、物力、财力，同时通过一定量的产出转移到下一作业，如此逐一进行，直到最终形成产品并销售。作业成本法是按照"作业耗用资源，产品耗用作业"的思路逐步计算出产品成本，即先根据作业耗用的资源计算作业成本，再根据产品耗用的作业计算产品成本。

在作业成本法下，直接费用的确认和分配对象仍是产品，而间接费用的分配对象不再是产品，而是作业活动。归集成本费用时，先根据作业耗用的资源数量，将耗用资源的成本向作业项目分配，计算作业成本；然后再将各项作业的成本，依据产品耗用的作业数量向各产品分配，从而计算出产品成本。作业成本法费用分配的依据是费用发生的原因，作业是成本计算的核心和基本对象，产品成本是全部作业成本的总和，是实际耗用企业资源成本的终结。

作业成本法的实施一般包括以下步骤与方法：

1. 确认作业，设立相应的作业中心。确认作业是实施作业成本法的基础。确认作业，既要有利划分责任，又要方便适用。如果把作业分得过于细小，就会使财务部门的工作变得繁琐，得不偿失；如果把作业分得过于笼统，则不便明确责任，达不到管理目的。确认作业时，必须详细了解企业的运作流程，既要考虑组织层次关系，以便明确责任主体；又要考虑活动事项的性质用途，不能随意划分或归并。一般是在一个组织单位内部将相同性质用途的活动事项归为一项作业。确认的每项作业即为一个归集资源耗费的作业中心。

2. 确定资源动因，将耗费的资源价值归集到作业中心。资源动因是指引起作业成本变动的资源因素，体现着作业量与耗用资源量之间的因果关系，是分配资源价值的依据。一般来说，作业量越多耗费的资源量越多。如果某种资源是某项作业专属耗用的，就将所消耗的资源价值（成本）直接计入该作业中心。如果某种资源是不同作业共同耗用的，应选择合适的资源动因，将共同耗用的资源价值（成本）分配计入各作业中心。一般使用自然物理计量单位作为资源动因计量单位，如水资源可选择"消耗多少立方米"作为资源动因，计算向各作业中心分配水费；如设备资源可选择"设备功率和开动时间"作为资源动因，计算向各作业中心分配设备损耗方面费用。

3. 选择作业动因，将作业成本分配归计入各产品成本。作业动因是指引起产品成本变动的作业因素，体现着产品量与耗用作业量之间的因果关系，是分配作业成本的依据。一般来说，产品量越多，耗费的作业量越多。将作业成本合理地分配归计入各产品成本，是作业成本法的出发点和目的，所以应恰当地选择作业动因。一般选择作业活动的计算单位作为作业动因计量单位，如机器修理作业可以修理多少小时作为作业动因，产品生产调整准备作业可以调整次数或时间作为作业动因，产品质量检查作业可以检查次数或时间作为作业动因。

有了作业成本和作业动因，就可将作业成本向各产品分配。

（1）按实际作业及成本分配。即按各作业中心实际发生的成本和作业实际产出量计算分配。其计算公式是：

$$作业成本实际分配率 = \frac{本期实际发生的作业成本}{本期作业实际产出量}$$

某产品耗用某作业实际成本 = 该产品实际耗用某作业量 × 某作业成本实际分配率

（2）按计划作业及成本分配。即按各作业中心的计划成本和作业计划产出量计算分配。其计算公式是：

$$作业成本计划分配率 = \frac{本期计划作业成本}{本期作业计划产出量}$$

某产品耗用某作业计划成本 = 该产品计划耗用某作业量 × 某作业成本计划分配率

作业成本实际与计划的差异另设账户反映，与标准成本差异处理相同。

作业成本的归集与分配，是采用实际数或计划数，应与直接成本相一致。

4. 根据直接费用和作业成本分配情况，计算产品成本。作业成本法是为了较好地解决间接费用的归集和分配方法，所以直接材料和直接人工仍以产品为对象归集计算。当然产品生产加工制造也是作业。这样：

某产品耗用作业成本＝该产品耗用的各项作业成本之和

某产品本期成本＝本期直接材料成本＋本期直接人工成本＋本期耗用作业成本

如果产品在本期有完工产品和在产品，本期成本应在完工产品和在产品之间分配。

(三) 作业成本法的特征

作业成本法与传统的制造成本法相比，具有以下特征：

1. 作业是成本计算的核心和基本对象。作业成本法的指导思想是"作业耗用资源，产品耗用作业"，先计算作业耗用资源的成本，后计算产品耗用作业的成本，产品成本是全部作业的成本总和。作业成本法使成本计算深入到作业层次，使企业所有作业的耗费情况都得到恰当有效反映。传统的制造成本法的指导思想是"产品耗用资源"，只以产品为对象归集费用，计算产品成本。

2. 作业成本法强调使用动因，尽量按作业归集费用，按耗用作业量分配费用。作业成本法是将谁消耗资源，谁使用作业，就将费用归集到谁的头上。凡是能直接分清为某种、某批产品或某项活动消耗的资源、发生的费用，就直接计入某种、某批产品或某项活动的成本，尽量减少间接费用分配的不准确性。这样就使人们能够看到资源消耗和所从事工作之间的直接联系，有助于企业更明晰地分析作业的效用，有助于企业各级责任的划分与考核。

3. 作业成本法间接费用归集路径是"资源→作业→产品"。作业成本法是将不同性质用途的间接费用采用不同的依据标准分配，以原因归集分配费用，有利于提供客观真实准确的成本信息。传统的制造成本法间接费用归集路径是"资源→部门→产品"，一般将各项间接费用按一个依据标准分配，以部门归集分配费用，有可能使成本信息失真，不能较好地体现资源使用原因。

4. 作业成本法计算的产品成本基本是较为客观的完全成本。作业成本法通过对作业及作业成本的确认、计量，最终计算产品成本，把企业的一切为产品生产销售服务的费用（包括制造成本和期间费用）都作为产品消耗作业的成本同等地对待，拓宽了成本的计算范围（如销售、售后服务也是作业），使产品成本得到客观真实完全地反映。

(四) 采用作业成本法的理由与好处

作业成本法是为了便于成本费用管理而采用的一种成本计算方法，是成本计算和成本管理的有机结合。采用作业成本法的理由与好处是：

1. 作业成本法有利于成本动因分析。成本动因即为成本驱动因素，是导致成本发生的原因，包括资源动因和作业动因。要有效地进行成本管理，必须找出导致作业成本发生的原因，就要分析鉴别为什么要有这项作业，这项作业耗费了多少资源，是否必要、合理。例如：半成品的搬运储存作业，半成品为什么要搬运储存，是生产车间或车间功能布置不合理，还是生产计划安排调度不合理；搬运储存发生了多少费用，如果减少搬运储存作业对其他作业有何影响，是否合算。通过对作业及成本的分析，就可以明确根本原因，就可以采取相应措施改善作业，从而降低耗费。

2. 作业成本法有利于作业效用分析。作业效用是指作业所产生的价值或所起的作用。有效用的作业即为增值作业，又可分为高效作业和低效作业。按照成本效益原则，必须进行成本效用分析，就要分析鉴别哪些是增值（有效）作业，哪些是非增值（无效）作业；哪些是高效作业，哪些是低效作业。明确了作业效用及效用大小后，就为改善作业指明了方向。尽可能减少或消除非增值作业；选用效用较好的作业方案替代低效作业；在保证作业质量前提下，调整作业发生次数，缩短作业持续时间，从而降低资源耗费。例如：半成品的搬运储存作业属于非增值作业，能否调整车间与仓库距离，能否调整生产计划安排，从而减少半成品的搬运储存时间，降低作业成本。

3. 作业成本法有利于划分明确责任。作业成本法中的作业就是按组织单位和活动事项的性质用途划分的，作业的投入和产出与组织单位的行为有着密切联系，这就便于按作业投入和产出效果考核评价责任单位和个人。按作业成本法归集计算的作业成本和作业产出结果，不仅可以计算单位作业消耗、作业投入产出比等效益方面指标，而且还可计算反映作业次数、作业周期时间、作业有效率（次品废品率）等指标，从而评价作业组织单位的绩效，考核作业组织单位的责任履行情况。按作业成本法归集计算的产品成本，便于追溯作业成本，便于分析产品成本升降原因，划分产品成本升降的责任主体。

4. 作业成本法计算的产品成本可为有关决策提供客观依据。由于作业成本法所计算的产品成本基本是较为客观的完全成本，凡是与产品生产销售服务有关的费用都计算在内，包括企业生产经营过程中各个阶段环节发生的各种费用。这就可以为资源利用决策、产品定价决策、项目投资决策提供客观完善的信息。

但作业成本法不符合按制造成本和期间费用计算反映当期损益的规则，使当期存货成本相对较多。作业成本法一般适用于间接费用在产品成本中所占比重较大、产品品种繁多、产品生产工艺复杂多变、生产经营活动复杂的企业。

本章复习思考题

1. 企业为什么要进行成本费用管理？如何理解全面成本费用管理？
2. 企业为什么要编制成本费用计划？一般应编制哪几种成本费用计划？在编制时应注意什么问题？
3. 成本费用控制应做好哪些工作？
4. 如何制定各项成本标准？标准成本与实际成本差异的基本原因有哪些？
5. 为什么要实行作业成本法？作业成本法的实施一般包括哪些步骤？

本章练习计算题

计算题 8 – 1：熟悉成本费用计划的编制。

资料：某企业设有第一、第二、第三共三个基本生产车间，以及供电和修理两个辅助生产车间。第一车间生产丙产成品和丁半成品 A；第二车间生产丁半成品 B 和辛产成品（辛是计划年度新产品），第三车间将丁半成品 A 和 B 再加工后组装成丁产成品。辅助生产费用采用交互分配法，制造费用按各产品工时分配，半成品成本采用平行结转分步法。假定不考虑期初期末在产品差异。有关资料整理如下：

1. 计划年度基本生产各产品产量。丙产品 1600 件，丁产品 2000 件，辛产品 800 件。
2. 计划年度基本生产各产品单位消耗定额和计划单价如下：

项目		计量单位	单位消耗定额					计划单价（元）
			一车间		二车间		三车间	
			丙产品	丁A品	丁B品	辛产品	丁产品	
直接材料	C材料	kg	60	50				14
	D材料	kg	20	40		30		18
	E材料	m2			60	60		16
	辅助材料	元	50	60	40	50	300	
直接人工工资		工时	60	50	50	60	100	12

3. 可比产品上年实际单位成本如下（单位：元）：

项目	丙产品	丁产品			
		一车间	二车间	三车间	合计
直接材料	1342	1568	1050	320	2938
直接人工	880	733	742	1188	2663
制造费用	610	509	539	770	1818
合计	2832	2810	2331	2278	7419

4. 计划年度辅助生产产品、劳务供应量如下：

受益单位 供应单位	计量单位	辅助生产车间		基本生产车间			企业管理部门	合计
		供电	修理	一车间	二车间	三车间		
供电车间	千瓦时		3000	40000	36000	32000	12000	123000
修理车间	工时	400		5000	4500	4500	1000	15400

5. 计划年度制造费用、辅助生产费用和期间费用原始计划数额如下（单位：百元）：

项目	基本生产制造费用			辅助生产费用		期间费用		合计
	一车间	二车间	三车间	供电	修理	销售费用	管理费用	
消耗性材料	5800	4800	4000	1020	1700	1520	3160	22000
水费	1200	900	630	155	210	20	1200	4315
职工工资	1800	1600	1600	700	1500	2800	7500	17500
社会保险费	450	400	400	175	375	700	1875	4375
折旧费	6000	5000	5000	300	660	600	2000	19560
办公费	240	200	200	20	30	60	900	1650
差旅费						2000	2000	4000

暂不考虑财务费用。

要求：

1. 根据计划年度辅助生产产品、劳务供应量和辅助生产费用计划编制辅助生产费用计划分配表；

2. 根据计划年度各产品产量、单位工时定额和制造费用计划编制制造费用计划分配表;

3. 根据计划年度各产品单位消耗定额和制造费用分配表编制各车间各产品单位产品成本计划表,根据上年各产品实际单位成本计算各产品各项目计划成本升降情况,并编制按成本项目和车间反映的丁产品单位成本汇总计划表;

4. 根据计划年度各产品产量、单位成本和上年实际单位成本,编制按品种反映的全部商品产品总成本计划表和按成本项目反映的全部商品产品总成本计划表(总成本以百元为单位);

5. 根据计划年度各种成本费用计划,编制按支出原始形态或用途反映的生产经营耗费总额计划(以百元为单位)。

计算题 8-2:熟悉成本费用分析。

资料:某企业丙产品本年计划产量1600件,实际产量1560件,本年计划与实际单位成本资料如下(金额:元):

项目	本年计划单位成本			本年实际单位成本		
	单位用量	单价	金额	单位用量	单价	金额
直接材料:			1250			1264
C 材料	60 kg	14	840	56 kg	15	840
D 材料	20 kg	18	360	22 kg	17	374
辅助材料	50 元		50	50 元		50
直接人工	60 工时	15	900	58 工时	15.5	899
制造费用	60 工时	10	600	58 工时	11	638
合计			2750			2801

要求:

1. 分析计算丙产品单位成本及各成本项目费用本年实际比计划升降额和升降率;

2. 分析计算丙产品单位直接材料费用本年实际比计划变化的量差和价差数额;

3. 分析计算丙产品单位直接人工费用本年实际比计划变化各因素影响数额,及小时人工费用变化各因素影响数额;

4. 分析计算丙产品制造费用本年实际比计划变化的耗费差异、产量差异和效率差异。

计算题 8-3:进一步熟悉财务预算的编制程序与方法。

资料及要求:

1. 某企业销售部门预计在下年产品销售量如下:

产品	单位	一季度	二季度	三季度	四季度	合计
丙	件	360	400	420	420	1600
丁	件	500	500	500	500	2000
辛	件	100	180	240	240	760

预计丙产品每件售价为3750元,丁产品每件售价为10000元,辛产品每件售价为4250元。估计当季销售收入当季可收到现款70%,剩余部分在下个季度可收到现金。

据以编制销售预算，预计各季及年度的销售收入和现金收入（年初应收账款余额见本题第 10 项资产负债资料）。

2. 预计在下年各期末产品结存量如下：

产品	单位	上年末	一季末	二季末	三季末	四季末
丙	件	60	70	80	70	60
丁	件	100	100	100	100	100
辛	件		20	40	40	40

结合预计的产品销售量编制生产预算，预计各产品在各季及年度的生产量。

3. 下年材料耗用量及单价见计算题 8-1 中资料第 2 项和第 5 项。销售部门消耗材料与各季销售收入成比例变化。基本生产车间、辅助生产车间和管理部门一般消耗材料在各季均衡发生。

C、D、E 三种材料预算年初结存量依次分别为 11400kg、7850kg、8100m^2，各季末结存量按下季度需用量的 25% 计算，以第四季度初结存量作为预算年末结存量。辅助材料和一般消耗材料随用随购，不考虑期末结存量。

估计当季采购总额在当季支付现款 70%，余下 30% 需在下期支付。

结合预计的产品生产量编制材料采购支出预算，预计各季及年度的材料采购现金支出（年初应付账款余额见本题第 10 项资产负债资料。建议：将产品生产直接材料需用量按季度、用途及各种材料单位用量、耗用总量编制一个预算表，将各车间部门一般消耗材料需用量按季度编制一个预算表，然后结合期初、期末结存量编制材料采购支出预算表）。

4. 下年生产每件产品需用工时及小时工资见计算题 8-1 中资料第 2 项，或见计算题 8-1 编制的单位产品成本计划表，结合产品生产量编制直接人工预算，预计各产品各季及年度的人工总成本。

5. 下年制造费用、辅助生产费用和期间费用见计算题 8-1 中资料第 5 项，或见计算题 8-1 编制的生产经营耗费总额计划表，假定这些费用（不包括材料费和折旧费）在各季均衡发生，据以编制各车间部门及各季度的制造费用、辅助生产费用和期间费用现金支出预算。

6. 有关部门提出：在第一季度设备改造支付现金 50 万元，在第四季度购置安装设备支付现金 110 万元。各投资项目均在下个季度完工（施工时对产品生产无影响）。

7. 预计在第二季度分配上年股利支付现金 110 万元。企业要求现金余额经常保持在 40 万元至 50 万元之间。在预算年度不准备增加资本金；银行借款利率均为 8%；预期借款在期初取得，还款在期末支付，借还款以 10 万元为单位，只涉及短期借款（年初借款余额见本题第 10 项资产负债资料）。

结合上述资料及编制的相关预算，据以编制现金收支预算，预计各季及年度的现金收支数额（包括借款、还款、利息，所得税数额要结合预计损益表的营业利润计算）和现金余额。

8. 根据预计产品销售量、计划单位成本和上年实际单位成本，编制各产品各季及年度产品销售成本预算。销售成本采用先进先出法计算（假定年初结存产品在第一季度售出），产品计划单位成本见计算题 8-1 编制的单位成本计划表,产品上年实际单位成本见计算题 8-1 中资料第 3 项,或见计算题 8-1 编制的按品种反映的商品产品总成本计划表。

9. 销售税金及附加按销售收入的 6% 计算,所得税按利润的 20% 计算。结合上述编制的相关预算,据以编制预计损益表,预计各季及年度的销售收入、成本费用、税金及利润数额;结合预计资产负债表数据,预计年度的净资产净利率和资产报酬率。

10. 各项资产、负债、所有者权益年初余额如下(单位:万元):

货币资金 41.4　　　　应收账款 188　　　　存货 234.23　　　　其他流动资产 66.37

固定资产 1860　　　　在建工程 60　　　　其他长期资产 50

短期借款 300　　　　应付账款 75.8　　　　其他流动负债 124.2　　　　长期借款 500

实收资本 1000　　　　资本公积 150　　　　盈余公积 200　　　　未分配利润 150

预计年末在产品余额 105 万元,其他流动资产余额 67.69 万元,其他长期资产余额 50 万元。年末其他流动负债余额按"资产 = 负债 + 所有者权益"关系推算。

结合上述编制的相关预算,据以编制预计资产负债表,预计年末的各项资产、负债、所有者权益数额(建议:先按各种产品、材料的年初、年末结存量和上年实际单位成本、计划单位成本或单价编制存货余额预算表)。

(总金额以万元为单位,万元以后保留两位小数)

第九章 Chapter 9

筹资方式

学习目标：
- 明确各类型资本金制度的做法、特征及优缺点
- 明确各种筹资方式的适用条件、有关规定及优缺点
- 了解发行有价证券的相关规定
- 明确影响股票、债券价格变化的因素
- 了解有价证券的发行和销售方式
- 掌握负债的还本付息方式方法
- 明确取得银行借款的条件和有关保护性条款
- 掌握租金的构成及计算方法
- 掌握认股权证和可转换债券的价值计算方法

第一节 企业筹资概述

一、企业筹资的动机

企业筹资，是指企业根据其生产经营活动的需要，按照有关规定，运用一定的方式，从有关渠道取得一定数量资金的活动。企业筹资的根本目的是为了自身的生存和发展，在某一时期具体的筹资活动又要受到特定动机的驱使。企业筹集资金主要出于以下动机：

（一）创建企业

在现实经济生活中，资金是企业从事生产经营活动的前提条件。从事物质生产经营的企业，不仅要有货币资金，而且要有用于劳动手段、劳动对象方面的资金，即固定资产、存货方面占用的资金，这样才能形成现实的生产经营能力，从而开展生产经营活动。没有足够的资金，缺少应有物质条件和技术资料，要想在生产经营中创造物质财富，获得盈利，是相当困难的。所以，要创建一家企业，首先必须从有关方面筹集到一定数量的资金。

（二）设备技术更新

在科学技术日益发展、产品更新换代加快的年代里，企业必须不断地进行技术改造、更新设备、采用先进设备装备企业，从而提高劳动生产率、减少物质耗费、提高产品质量、增加产品数量。企业必须不断地采用新技术、研究开发新产品投入市场。企业要想在竞争中得

到发展，必须适时筹集资金，增加企业财力，满足提高装备水平和研究开发的需要。

（三）企业扩张

在企业有良好的发展前景、生产经营的商品供不应求的情况下，在企业为了增强经营能力、开拓新领域的情况下，就需要筹集资金以增置固定资产和增加流动资产，扩大经营规模。在企业为了获得对其他企业的控制权时，或使其他企业对本企业的经营提供便利时，就需要筹集资金再进行对外投资。企业为了扩大市场占有率，给顾客提供较宽松的支付货款条件，也必须有较雄厚的资金实力用以提供商业信用。

（四）调整资金来源结构

资金来源结构是指企业各种来源的资金所占比重。随着经营活动的不断变化，资金来源结构有可能不再合理，需要进行相应调整。有时为了降低资产负债率，控制财务风险，可通过筹资增加所有者权益，提高所有者权益在全部资金中所占比重，以增强企业资信实力。有时为了降低资金使用代价（成本），获取投资报酬高于负债利息的杠杆利益，可通过筹资增加负债，提高负债在全部资金中所占比重，使企业有更好的净资产收益率。还可以通过筹资活动来调整长期债务与短期债务的比例，以降低资金成本或减轻目前偿债压力。总之，通过筹资可以改变资金来源结构，优化资金来源结构。

在实务中，企业筹资动机有时不一定是唯一的，有时同时出于几种动机而进行筹资活动。

二、筹资渠道

在现实经济生活中，我国企业的资金来源渠道主要有以下几种：

（一）政府财政资金

政府财政部门为了保证政府职能的实现，通过税收等形式集中一部分国民收入，按照国民经济和社会发展计划的要求，再进行分配，其中一部分用于对企业的投资。政府为了加速国民经济发展，常以发行国库券的形式筹集资金，再分配给有关部门用于经济建设事业。政府财政资金主要用于发展国民经济急需的重点项目、基础性项目、公益性项目和支持不发达地区的经济发展，控制国民经济命脉。一般来说，政府财政资金是国有独资企业或国有控股企业资本金筹集的重要渠道。

（二）银行信贷资金

银行一般分为商业银行和政策性银行。商业银行主要为从事生产经营性活动的企业对经营性资金需要提供贷款；政策性银行主要为企业提供特定业务范围内的政策性长期贷款。商业银行信贷资金拥有居民储蓄、企事业单位存款等经常性的资金来源。一般来说，银行贷款可以适应企业不同用途、不同数量、不同时间的资金需要；有借有还，利息相对较低，对经营风险小、信用关系好的企业手续简便；但有些银行的贷款规模和使用方向要受到一些限制。

（三）非银行金融机构资金

非银行金融机构是指除银行以外的各种金融机构及金融中介机构，主要有投资公司、信托公司、租赁公司、保险公司、证券公司、企业集团的财务公司等。这些机构有的聚集社会资金向企业融资，有的承销证券为企业筹集资金，有的向企业提供委托代理、固定资产租赁、担保和中介等服务。这种筹资渠道的财力虽然比银行小，但有时能给企业筹资提供便利。

（四）其他企业资金

其他企业资金，是指除了本企业以外的其他法人单位可以向本企业融通的资金。企业在生产经营过程中由于购销活动的批量进行和季节性原因，有时会有部分闲置的资金，有的企业甚至可较长期地腾出部分资金。有闲置资金的企业可用于对外联营投资、租赁、购买债券或股票。有的企业在供销活动中可以提供商业信用。市场经济的开放性和竞争性，必然促使企业相互之间进行资金融通活动。这一渠道的资金，有利于促进企业之间的经济联系，开拓企业的经营业务。但这种资金来源的数量很有限，不是任何企业都能筹到。对于联营投资、商业信用等方式，只有同行业、有购销联系的，信用关系牢固、处于买方市场的企业才能采用。

（五）民间个人资金

民间个人资金，是指居民个人手中拥有的现金，包括城乡居民的经济收入和生活结余。随着社会经济的发展，城乡居民和个体经济收入总是在不断地增长，企业可采用发行股票、债券等方式对社会居民闲散资金筹集利用。这种资金来源的所有者在资金使用上基本上没有严格的限制，但筹资成本较高。这种资金来源弹性大，组织得好可以筹集到较多的资金，组织得不好则筹不足所需的资金。

（六）本企业提留资金

企业提留资金，是指企业按照有关规定，进行利润分配时留用的资金和计入成本费用从经营收入中提取的资金。利润分配留用的资金即为盈余公积金，这是企业的积累，是企业扩大生产经营规模所需资金最方便的来源。计入成本费用从经营收入中提取的资金，主要是固定资产折旧使资金从固定资产形态转化成货币形态，虽然不增加企业的资金总量，但由于固定资产的价值补偿和实物更新是分别进行的，在固定资产更新前增加了可以动用的货币资金。企业提留的资金，可以长期留用，无需偿还，也不需支付筹资费用，不必承担财务风险。但企业提留资金要受到一定的限制，如从收入中提取必须按规定的比例计算，从利润分配中提留要受到所有者现得投资报酬的影响。

（七）境外资金

境外资金，泛指在境外的企业和其他经济组织或者个人对中国境内企业的投资。这种资金来源多半是与产销、引进设备和技术相联系，因此，吸收外资，不仅可以补充企业经营所需资金的不足，而且有可能引进国外先进技术，还可能利用外商销售渠道扩大产品出口。有些公司也可以在境外发行有价证券。但利用外资的条件有可能较苛刻，筹资成本较高，并且外资借款与还款的数额以及产品出口的外汇收入，要受到汇率变动的影响。因此，采用负债形式利用外资的风险较大。

三、筹资的分类

（一）企业筹集资金按与所有者的关系分为自有资金和借入资金两类

自有资金，也称权益资金，指企业所有者投入的资金。包括所有者投入的资本金、资本公积和企业在经营期间形成的资本公积、盈余公积、未分配利润，通常称为企业的所有者权益，即企业的净资产。这种来源的资金企业可以长期使用无需偿还，是企业承担民事责任（偿还债务）的财力保证。

借入资金，也称债务资金，指企业债权人投入的资金。一般是指以还本付息为条件而筹集的资金。如银行借款、发行债券、融资租赁等，通常称为企业的负债。这种来源的资金企业不能永久性使用，如果比重过大，会增加企业的财务风险。

（二）企业筹集资金按可运用的期限分为短期资金和长期资金两类

短期资金，通常指可在一年内使用的资金，主要是为了解决在生产经营过程中短期周转的资金需要，或短期有偿还能力的长期资产投资。一般通过短期借款、商业信用等方式来筹集。

长期资金，一般指可在一年以上使用的资金，主要是用于长期周转的资金垫支，或扩大生产经营规模、购建固定资产、新产品开发的大量投资。一般通过直接吸收投资、发行股票、留存收益、长期借款、发行债券、融资租赁等方式来筹集。

（三）企业筹集资金按来源的范围分为内部资金和外部资金两类

内部资金，即为本企业提留的资金，包括从利润中留存的收益和计提固定资产折旧形成的现金来源。内部资金是企业所需资金最方便的来源，无需办理筹资手续，无需花费筹资费用，但其数量要受到有关政策规定的限制。

外部资金，指从企业外部筹集的资金，泛指除本企业提留资金以外的所有资金来源。企业所需资金应先由企业提留来解决，不足时向企业外部筹集资金。外部资金具有渠道多、方式灵活、资金供应量大等特点，但绝大多数情况下要花费筹资代价，有时手续较麻烦。

四、企业筹资管理的基本要求

企业筹集资金是企业资金运动的起点，直接决定着企业的生存和发展规模及速度。但筹资要受到政治、经济、社会各方面因素的制约，还要牵涉到各方面的利益，因此，应做好筹资管理工作。其基本要求是：

（一）周密研究资金投向，合理确定筹资的时间和数量

资金的投向或称资金的用途，它既决定着资金需要量的多少，又决定着投资的经济效益。筹资是为了投资（运用），因此，在筹资之前，首先就要明确筹资的用途，研究资金投向的经济效益。只有明确了有利的投资方向和筹资用途，才便于决定是否筹资，如何筹资。其次应根据企业的发展方向、规模、购产销计划以及现有的资金数量，投资建设项目周期性，经营活动连续性和季节性等特点，合理确定资金需求量、需求时间，从而确定筹资的数额、时间和方式。

（二）正确选择筹资的渠道和方式，力求降低筹资成本

企业筹资的渠道和方式有多种多样，不论何种渠道和方式，都要付出一定的代价即成本。不同来源资金的成本各不相同，而且取得资金难易的程度也不一样，因此，应选择最经济方便的资金来源。在实际经济生活中，各种渠道方式的资金都有各自的优缺点，有的资金供应比较稳定，但有附加条件；有的取得比较方便，但成本高；有的成本低，但很难取得；有的筹集大量资金有利，有的筹集少量资金有利；有的资金可占用的时间短，有的资金可占用的时间长等等。所以，应综合考察各种筹资渠道和筹资方式，研究各种资金来源的构成，求得资金来源的最优组合，以降低筹资的综合成本。

（三）合理安排自有资金比例，适度负债经营

在投资报酬率（资金息前利润率）高于借入资金利息率的条件下，自有资金比例越小，借入资金比例越大，自有资金利润率会越高。但由于企业的经营活动要受到很多因素的制约，就使企业的投资报酬率会发生波动，有时较高，有时较低，就有一定的经营风险。一般来说，负债比例越大，还本付息的风险越大，采用负债方式筹资越困难。所以，企业应把握

经营风险和筹资风险，适当安排自有资金与借入资金的比例，适度负债。

（四）拟订好筹资方案，认真签订和执行筹资合同

在筹资成本和投资效益研究可行的基础上，应拟订好筹资方案。筹资方案的内容主要包括筹资的用途、数额、方式、对象、时间、条件，以及偿还的期限、方式、报酬等，以便按方案具体实施。对筹资时间应选择有利的时机，既要与用资时间相衔接，又要看资金市场的供应能力。在筹资方案实施过程中，筹资者与出资者应按照法定手续认真签订合同、协议或制定章程，明确各方的责任和权利。此后，必须按照企业筹资章程、筹资方案和合同规定执行，恰当支付投资者报酬，按期偿还借款，维护企业信誉。

（五）遵守国家有关法规，维护各方合法权益

企业筹资活动影响着社会资金的流向和流量，涉及有关方面的经济权益，为此，企业必须遵守国家有关企业筹资的法律法规，实行公开、公平、公正的原则，履行约定的责任，维护有关方面的合法权益，避免非法筹资行为给企业本身及资金所有者造成损失和危害。

（六）灵活调度资金，尽量减少闲置资金数量

在社会需求和市场环境经常变化的情况下，企业的生产经营活动总是有起有伏的，资金的需求量总是在变动的，这就必然出现有时占用资金多、有时占用资金少的现象。就必须根据资金需求的时间和数量，灵活地向企业外部筹集资金，需用的时候借，不需用的时候还，以减少资金的占用时间和闲置资金数量，从而提高资金的使用效益。

第二节　直接吸收资本金

一、资本金制度

资本金，是企业所有者为企业从事生产经营活动及承担民事责任而投入的资金，是企业自有资金（所有者权益）的主要组成部分。资本金制度是国家围绕资本金的筹集管理及所有者的责权利等方面所作的法律规范，其内容主要涉及资本金数额、出资方式及比例、缴纳期限、验资确认、违约责任等方面的规定。企业在工商行政管理机关登记注册的资本金称为注册资本。资本金制度按照公司设立时章程中规定的资本金数额与注册资本的关系，可分为以下三种类型。

（一）实缴资本制

实缴资本制，是指公司设立时章程中规定的，并且符合国家法规的资本金数额，要求出资人（股东）在公司成立时必须一次全额缴足，经依法设立的验资机构验资并出具证明，凭以到工商行政管理机关注册登记，从而取得公司的合法地位。该制度要求公司设立时章程中规定的资本金数额、出资方式及比例必须符合国家法律规定，国家法律规定的设立公司必须筹集的最低资本金数额称为法定资本金，这是公司设立的基本条件。实缴资本制使公司实收资本与注册资本相等。公司注册登记后，由公司凭验资证明向出资人签发出资证明书，以此为依据确定出资人应享有的合法权益，界定其应承担的责任。

实缴资本制能够保证公司资本的真实性、可靠性，使公司从成立之日起就具有一定的自

有资金，为开展经营活动提供了一定的物质基础，使公司具有一定的财力保证承担经济责任，有利于维护社会经济秩序，便于防止公司设立中的欺诈和投机行为。但这种制度过于僵硬，人为地设置了企业准入"门槛"，增加了企业设立的难度和成本。

（二）认缴资本制

认缴资本制，是指公司设立时章程中规定的资本金数额，可在公司成立以后由出资人（股东）按照章程约定的出资时间一次或分次缴纳，工商行政管理机关按公司出资人认缴的出资总额（或发起人认购的股本总额）登记，就可取得公司的合法地位。在这种制度下，法律没有对最低资本金、出资方式、比例及期限作出规定，公司筹集资本金不需有关机构审批，不须验资机构验资。各出资人（发起人）应当认缴出资额、出资方式、出资期限等由其自主约定，并写入公司章程，但不得随意变更，并向登记机关备案。在出资人未缴足认缴的出资总额（认购的股本总额）之前，公司实收资本小于注册资本。有限责任公司的股东以其认缴的出资额为限对公司承担责任，股份有限公司的股东以其认购的股份为限对公司承担责任。公司应当将股东认缴出资额或者发起人认购股份、出资方式、出资期限、缴纳情况通过国家企业信用信息公示系统向社会公示，以便接受监督。

认缴资本制对公司成立没有资本"门槛"限制，不需要向登记机关提交验资报告（证明），降低了公司设立的条件和成本，有利于公司迅速成立，有利于创新型企业的成长。但可能在公司成立时实收资本很少或几乎没有资本金，会导致公司资信不足，不利于保护债权人利益。由于法规没有最低资本金的限制，公司资本收缴情况的真实性、合法性完全由出资人负责，不利于防止不良出资人的欺骗行为，有可能使企业持续期较短，发展不稳定。

（三）折中资本制

折中资本制，是介于实缴资本制和认缴资本制之间的一种资本金制度。该制度允许在公司设立时章程中规定的资本金总额不必在公司成立时一次全额缴足，但要求公司设立时章程中规定的资本金总额、首次出资的数额或比例、缴清资本金的最后期限，都要符合法律规定。经依法设立的验资机构验资并出具证明，凭以到工商行政管理机关注册登记，从而取得公司的合法地位。

折中资本制的特征是公司注册资本可以分期缴纳，在公司成立时无须全额缴足，但其数额和期限要受到法规约束，有法定资本金的规定。在折中资本制下，与实缴资本制相比，放宽了缴纳资本金的期限，降低了公司设立的难度。与认缴资本制相比，明确规定了资本金最低数额、缴纳期限、验资确认、注册及责任，使公司运作比较规范稳定，有利于维护社会经济秩序，有利于保护债权人利益。这种制度对自有资金欠缺的创新型企业成长仍有不利。

二、直接吸收资本金的有关规定

直接吸收资本金，是指不通过中介机构或股票市场，筹资者直接从投资者（出资人）手中接受资本金的行为。一般来说，除了采取募集方式而设立的股份有限公司外，其余公司均属于采用直接吸收投资方式而筹集资本金。有限责任公司筹集资本金的有关规定是：

（一）股东数量的规定

持有公司股份的投资者称为公司的股东。有限责任公司由50个以下股东出资设立。股东可以是自然人，也可以是法人。国家单独出资、由国务院或者地方人民政府授权本级人民政府国有资产监督管理机构履行出资人职责的有限责任公司称为国有独资公司。

（二）出资方式的规定

股东可以用货币出资，也可以用实物、知识产权、土地使用权等可以用货币估价并可以依法转让的非货币财产作价出资（但法律、行政法规规定不得作为出资的财产除外）。对作为出资的非货币财产应当评估作价，核实财产，不得高估或者低估作价。

（三）缴纳资本金的规定

有限责任公司的注册资本为在公司登记机关登记的全体股东认缴的出资额。股东应当按期足额缴纳公司章程中规定的各自所认缴的出资额。股东以货币出资的，应当将货币出资足额存入有限责任公司在银行开设的账户；以非货币财产出资的，应当依法办理其财产权的转移手续。股东不按规定缴纳出资的，除应当向公司足额缴纳外，还应当向已按期足额缴纳出资的股东承担违约责任。公司成立后，发现作为设立公司出资的非货币财产的实际价额显著低于公司章程所定价额的，应当由交付该出资的股东补足其差额。

（四）出资证明书的规定

有限责任公司成立后，应当向股东签发出资证明书，以此为依据确定投资者的合法权益，界定其应承担的责任。出资证明书应当载明：公司名称，公司成立日期，公司注册资本，股东的姓名或者名称、缴纳的出资额和出资日期，出资证明书的编号和核发日期。

有限责任公司应当置备股东名册，记载股东的姓名或者名称及住所，股东的出资额，出资证明书编号。公司应当将股东的姓名或者名称向公司登记机关登记；登记事项发生变更的，应当办理变更登记。

三、资产价值确定的基本方法

股东投入公司的各种资产，应认真、恰当地确认其数额。如果股东投入的是货币资产，就按实际收到的数额确认为投资额。如果股东是以实物、知识产权、土地使用权出资，应认真进行评估作价确认投资额。其方法一般有现行市价法、重置成本法和收益现值法。

（一）现行市价法

现行市价法，是指通过比较被评估资产与最近市场售出类似资产的异同，并将类似资产的市场价格进行调整，从而确定被评估资产价值的一种方法。通常将市场上存在的可与被评估资产类比的资产称为参照物。市场价格一般指单项生产要素的价格，可以是参照物的成交价，也可以是参照物的标价。其计算的基本模式是：

$$\frac{被评估资}{产\ 价\ 值} = \frac{参照物现实}{市\ 场\ 价\ 格} + \frac{被评估资产比参照物}{优异的价格差额} - \frac{参照物比被评估资产}{优异的价格差额}$$

如果在市场上能够找到与被评估资产完全相同的参照物，就可以把参照物的市场价格直接作为被评估资产的价值。这种方法直观而又简单。但是，在资产价值评估确定过程中，与被评估资产完全相同的资产是很难找到的，所以就要选择类似的资产作为参照物，以参照物的市场价格为基础，考虑有关因素差异作适当调整，从而确定被评估资产价值。与参照物的差异因素主要有：资产的新旧程度差异，所在地区或地段的条件差异，功能、性能差异，不同交易时间的物价水平差异。

按现行市价法考虑有关因素差异确定被评估资产价值，也可按下列模式计算：

$$\frac{被评估资}{产\ 价\ 值} = \frac{参照物成交}{时市场价格} \times \frac{现实价格指数}{参照物成交时价格指数} \times \frac{被评估资产成新率}{参照物成交时成新率}$$

$$\times \frac{被评估资产功能系数}{参照物功能系数}$$

或：被评估资产价值 = 参照物市场价格 × ∑（1 ± 某种因素调整系数）

由于必须具有参照物，所以这种方法主要适用于吸收实物资产投资额的确定。

（二）重置成本法

重置成本法，是指按资产现实完全重置成本（全价）减去应扣除的损耗价值或贬值来评估确定资产价值的方法。其计算的基本公式是：

$$被评估资产价值 = 重置成本 - 实体性损耗价值 - 功能性贬值$$

资产的重置成本，是指在现实条件下重新建造或购置一项全新状态的被评估资产所需的全部成本。可按资产成本构成的各种消耗量和现行市价逐项计算后加总求得。如果有相同功能的资产作参照物，可根据资产功能与成本之间的内在关系，按被评估资产功能与参照物功能的差异，来推算被评估资产重置成本。资产的功能可按生产能力、年产量来量化。其计算公式是：

$$被评估资产重置成本 = \frac{被评估资产生产能力}{参照资产生产能力} \times 参照资产重置成本$$

有些资产的生产能力大小与取得成本多少并不成严格的比例关系，这种情况可以参照资产的重置成本和生产能力为依据，按照被评估资产的生产能力和规模经济效益指数来估算被评估资产重置成本。其计算公式是：

$$被评估资产重置成本 = 参照资产重置成本 \times \left(\frac{被评估资产生产能力}{参照资产生产能力}\right)^{规模经济效益指数}$$

规模经济效益指数是个经验数据，一般在 0.4 ~ 1 之间，无统一规定。

资产的实体性损耗价值，是指资产由于使用和自然力作用对其物质实体损耗而减少的价值。对资产实体性损耗价值的估算，应考虑资产的经济使用年限和尚可使用年限来判断其成新率，再据以确定其损耗价值的数额。其计算公式是：

$$资产实体性损耗价值 = (重置成本 - 预计残值) \times (1 - 成新率)$$

如果残值较小可以忽略不计。

资产的功能性贬值，是指由于被评估资产的技术相对落后而造成的价值降低。这种贬值可能反映在生产产品时的各种耗费相对较高，形成超额营运成本。可按尚可使用年限内超额营运成本抵减所得税后的净额折成现值确定。其计算公式是：

$$资产功能性贬值 = \sum [各年超额营运成本 \times (1 - 所得税率) \times 各年复利现值系数]$$

由于这种方法要考虑重置成本、实体性损耗价值和功能性贬值，所以适用于吸收实物资产投资额的确定。

（三）收益现值法

收益现值法，是通过估算被评估资产的未来预期收益并折算成现值，从而确定资产价值的方法。这里所说的"收益"，是指一项特定的资产在使用过程中所带来的盈利额或现金净流量。这种方法主要是确定被评估资产的获利能力和选用适当的折现率，特别适用于吸收无形资产投资额的确定。其计算公式是：

$$被评估资产价值 = \sum_{t=1}^{n} \frac{R_t}{(1+i)^t}$$

式中：R_t——预计使用资产第 t 年收益；
　　　i——折现率；
　　　n——预计资产可使用年限。
土地使用权的评估作价，应依照法律、行政法规的规定办理。

四、直接吸收资本金的程序

企业准备吸收投资者直接投入资本金，一般应按以下程序进行：

1. 确定吸收资本金数量。直接吸收资本金，常常是企业开办时所使用的主要筹资方式。其数额的确定，首先应考虑企业在一定规模情况下正常经营活动的基本需要；其次应考虑借入资金的可能性，并注意资本金与负债的比例；此外应考虑投资者的投资能力。

2. 确定投资单位（人）。公司准备直接吸收资本金投资时，应在一定范围内选择合适的投资单位或投资人。在选择时应做好宣传和信息交流工作，使投资者了解企业目前和预期的经营情况及盈利能力，当然也要广泛了解有关投资者的财力、物力和意向，争取得到财力充足、条件相宜、愿意长期合作的投资者的投资。

3. 协商投资事项。投资者确定之后，公司应与投资各方进行具体的协商，确定出资的数额和方式、投资者享有的权利和义务、如何管理企业、如何分享利润和分担亏损等。

4. 签署投资协议。与投资有关的各事项协商好之后，应签署投资协议，以便明确和约束各方的权利和义务，使筹资活动具有规范性。有条件的应召开股东会议，制定或修改公司（企业）章程。

5. 收取出资额。收取出资额时企业应给予合法的凭证，非现金资产出资应办理财产权的转移手续。投资者未按协议约定的出资时间、出资方式、出资数额出资的，应承担违约的责任，如支付延迟出资的利息、赔偿经济损失。

五、直接吸收资本金的优缺点

直接吸收资本金会使企业资本金增加，可以提高企业自有资金的比例，提高企业的资信和举债能力；没有固定的还本付息负担，有利于降低财务风险。出资人直接向企业投资，将实物资产直接交给企业，有利于尽快形成生产经营能力；在筹资过程中发生的费用少，手续简便。

但直接吸收资本金只能向少数人筹资，不能广泛筹集闲置资金，筹资额有限；没有以证券为媒介，不便于产权交易；如果是非定向直接吸收资本金也容易分散公司控制权。出资人要参与净利润的分配，可能比负债方式筹资的资金成本高。

第三节　发行股票

一、股票的种类

（一）股票按股东享有的权利不同，分为普通股和优先股

普通股是相对于优先股而言的，是最基本的股票形式，是指股票投资者（股东）对股票发行公司具有管理表决权，股利不固定，股东权益没有特殊规定的标准型股票。普通股的股东有权参与公司管理，监督公司的生产经营活动，对公司账目和重要事项有质询权，在股东大会上有表决权。股东有分享公司盈利的权利，但普通股的股利不固定，随公司盈利多少而变动。当公司歇业解散时，普通股的股东有权享有按持有股份比例分配公司在清偿全部负债和优先股后的剩余财产权利，当然无剩余财产则不能分配。

优先股是指比普通股有优先分取股利和公司剩余财产权利的股票。优先股的股东可按股票发行时规定的股息率在普通股分配股利之前优先取得股息；当公司停业解散时，可在该公司债权人之后普通股东之前分配剩余财产。但优先股的股东一般不参与公司经营管理，不享有公司公积金权益，只有在某些特殊情况下有表决权。

优先股还可以根据公司允诺的优惠条件以及在股利分配上的优先程度，分成以下几种不同类型：

1. 累积优先股和非累积优先股。当公司当年可供分配股利的利润不足以支付按事先规定股利率计算的优先股利时，其未付或少付部分必须在以后年度分配普通股利之前予以补付的，这种优先股称为"累积优先股"。但是，在董事会尚未宣布以前年度未付或少付的优先股利可以补付时，所积欠的优先股利不是公司的一项负债。累积优先股有利于保护优先股股东的利益。如果规定任何一年的未付或少付的优先股利不累积到以后年度补付的优先股则称为"非累积优先股"。优先股为非累积时，公司当年有可供分配股利的利润只支付当年优先股股利和普通股股利。

2. 参加优先股和不参加优先股。如果规定优先股除了按事先约定的股利率分配股利外，还有与普通股共享分配剩余利润权利的，这种优先股称为"参加优先股"。即在普通股分得了与优先股事先约定股利率相同的股利后，所剩余可供分配股利的利润，优先股还可以参加再分配。按参加程度又分为无限制参加优先股和有限制参加优先股。无限制参加，即在有剩余利润时，优先股与普通股按相同比例分配。有限制参加，即在有剩余利润时，优先股只能按事先规定的最高限额参加分配。如果规定不能参加剩余利润分配的优先股，称为"不参加优先股"。

3. 可转换优先股和非转换优先股。如果规定优先股的持有者在未来一定时期内可凭以转换成普通股的，这种优先股称为"可转换优先股"。这只有在公司盈利较多，普通股股息看涨的情况下，优先股持有者才愿意转换成普通股。不允许将优先股转换为普通股的优先股则称为非转换优先股。

（二）股票按发行时是否记名分为记名股票和无记名股票

记名股票，是指在股票票面和公司置备的股东名册上记载股东名称及有关内容的股票。在发行这种股票时，要凭股票购买者的有关证件在股票上记载股东（购买者）的名称，并在公司置备的股东名册上记载股东的姓名或者名称及住所、持股份数、所持股票的编号、取得股票的日期等内容。记名股票转让时要办理过户手续，即要在股票和股东名册上更换股东名称，转让者要在股票上背书，否则无效。

无记名股票，是指不在股票票面上记载股东名称及不需登记股东名册的股票。股票发行公司只记载股份数量、股票编号、发行日期等内容。股东的权利完全依附在股票上，谁持有股票谁就享有发行股票公司的权利。这种股票转让方便，不需办理过户手续。

（三）按股票票面是否标明金额分为有面值股票和无面值股票

有面值股票，是指票面上标明股数和每股金额的股票。面值表示投资者（股东）投入的股本金额和股东承担公司责任的限额。

无面值股票，是指票面只标明股数而不标明金额的股票。它在任何时候都表示股东拥有公司净资产的份额（比例）。但在发行时，可以设定每股金额作为发行价格，因而无面值股票的发行价格可以根据有关因素自由确定。

（四）我国的股票按发行的对象和上市地区的不同分为 A 种股票、B 种股票、H 种股票、N 种股票

以人民币标明面额在大陆地区以人民币购买的股票称为 A 种股票。以人民币标明面额在大陆地区以外币认购和进行交易的股票称为 B 种股票。在香港上市以外币认购和进行交易的股票称为 H 种股票。在纽约上市以外币认购和进行交易的股票称为 N 种股票。H、N 种股票专供外国和我国香港、澳门、台湾地区的投资者买卖。

二、股票发行的基本规定

我国《公司法》《证券法》等法规对发行股票规定的基本内容是：

（一）股份有限公司设立的方式

股份有限公司的设立，可以采取发起设立或者募集设立的方式。发起设立是指由发起人认购公司应发行的全部股份而设立公司，公司注册资本为在登记机关登记的全体发起人认购的股本总额。募集设立是指由发起人认购公司应发行股份的一部分（不得少于公司总股份的 35%），其余股份向社会公开募集或者向特定对象募集而设立公司，公司注册资本为在登记机关登记的实收股本总额。设立股份有限公司，应当有 2 人以上 200 人以下为发起人，其中须有半数以上的发起人在中国境内有住所。

（二）发起人认缴股本的规定

股份有限公司采取发起设立方式设立的，发起人应当书面认足公司章程规定其认购的股份，并按照公司章程规定的出资方式和出资时间缴纳出资。发起人不按规定缴纳出资的，应当按照发起人协议承担违约责任。在发起人认购的股份缴足前，不得向他人募集股份。

发起人可以用货币出资，也可以用实物、知识产权、土地使用权等可以用货币估价并可以依法转让的非货币财产作价出资。以非货币财产出资的，应当依法办理其财产权的转移手续。对作为出资的非货币财产应当评估作价，核实财产，并折合为股份。

发起人持有的本公司股份，自公司成立之日起一年内不得转让。

（三）公开募集股份的规定

公司公开发行证券，必须报经国务院证券监督管理机构或者国务院授权的部门核准注册。发起人向社会公开募集股份，必须公告招股说明书，并制作认股书。招股说明书应当载明：发起人认购的股份数；每股的票面金额和发行价格；无记名股票的发行总数；募集资金的用途；认股人的权利、义务；本次募股的起止期限及逾期未募足时认股人可以撤回所认股份的说明。认股书应当载明招股说明书所列事项，由认股人填写认购股数、金额、住所并签名盖章，按照所认股数缴纳股款。

发起人向社会公开募集股份，应当由依法设立的证券公司承销，并与之签订承销协议；同时应当同银行签订代收股款的协议。代收股款的银行应当向缴纳股款的认股人出具收款单

据，并负有向有关部门出具收款证明的义务。

(四) 股票发行的基本条件

公司公开发行新股，一般应当符合的条件是：具备健全且运行良好的组织机构；具有持续盈利能力，财务状况良好；最近三年财务会计文件无虚假记载；发行人及其控股股东、实际控制人近几年无违反法规犯罪行为；经国务院批准的国务院证券监督管理机构规定的其他条件。公开发行股票所募集资金，必须按照招股说明书所列资金用途使用。

(五) 股票价格和票面的规定

股票的发行实行公平、公正的原则，同种类的每一股份应当具有同等权利。同次发行的同种类股票，每股的发行条件和价格应当相同。股票发行价格可以等于票面金额，也可以超过票面金额，但不得低于票面金额。

股票可采用纸面形式或者国务院证券监督管理机构规定的其他形式。股票票面应当载明：公司名称；公司登记成立日期；股票种类、票面金额及代表的股份数；股票的编号。股票由法定代表人签名，公司盖章。发起人的股票，应当标明发起人股票字样。

(六) 验资和逾期未募足股份的规定

发行股份的股款缴足后，必须经依法设立的验资机构验资并出具证明。发起人应当自股款缴足之日起30日内主持召开公司创立大会。

发行的股份超过招股说明书规定的截止期限尚未募足的，或者发行股份的股款缴足后，发起人在30日内未召开创立大会的，认股人可以按照所缴股款并加算银行同期存款利息，要求发起人返还。

(七) 股票上市的条件规定

公开发行的证券，应当在依法设立的证券交易所上市交易。发行人申请证券上市交易，应当符合证券交易所上市规则规定的上市条件。我国有关法规曾经规定，股份有限公司申请其股票上市，一般须具备的条件是：股票经国务院证券监督管理机构核准注册已公开发行；公司股本总额不少于人民币3000万元；公开发行的股份达到公司股份总数的25%以上；公司股本总额超过人民币4亿元的，公开发行股份的比例为10%以上；公司在最近三年无违反法规犯罪行为，财务会计报告无虚假记载。此外，上市公司必须按照法律、行政法规的规定，定期公布其财务状况和经营情况。

三、发行股票种类的选择和价格的确定

股票种类的选择主要是在普通股和优先股之间进行选择。在股份制公司刚成立时，以发行普通股为宜，其股息弹性也大，这时的购买人主要是公司的创建者。如果公司在生产经营过程中需要增加资本，则不宜向新的投资者发行普通股，因为增发普通股意味着原股东投资比例降低，地位削弱，将损害原股东利益。因此，增资时可发行优先股，或按原股东占股份的比例配发普通股。如果必须向新投资者增发普通股，其价格应高于股票面额或原发股票的认购价格。如果在经济波动剧烈，公司盈余欠稳定时，也不宜发行普通股，因投资者的收益风险大，将无人购买股票，难以筹集资金。在这种情况下可发行优先股，特别是发行累积优先股和参加优先股对投资者更有吸引力。如果筹资者便于明确股东及持股情况，可发行记名股票，便于对股权的分散情况经常心中有数。

股票发行价格，是股份公司发行股票时，将股票出售给购买者（投资者）的价格，是

投资者向股票发行公司购买每一股股票时所付的金额。股票的发行价格取决于发行公司的股票面额、盈利率、股东权益状况和市场其他方面投资收益率（如银行利率、国库券利率）等因素。股票面额越大，预期的盈利率越高，每股代表的净资产越多，其他方面的投资收益率越低，股票的发行价格越高；反之，价格越低。

股票的发行价格应根据不同条件选择不同的测算方法。

1. 现金流量贴现法。就是按永续年金现值计算模式测算。其计算公式是：

$$股票发行价格 = \frac{每股面值 \times 预计股利率}{银行或国库券利率}$$

这是假定股份公司能够无限期连续经营下去，并且每期的股利是相同的，就可以将每期应分发的股利考虑资金时间价值折成现值作为股票发行价格。这种算法首先要按照会计核算利润的方法预计未来若干年的每年净利润，以便预计股利率。这种算法主要适用于股份公司新成立时发行股票价格的测算。

2. 股利增长比例法。就是按原每股净资产和股利增长比例测算。其计算公式是：

$$股票发行价格 = \frac{已有股东权益总额}{原已发股数} \times \frac{预计增股后每股股利}{增股前每股实际股利}$$

股东权益不仅包括股本，而且还包括公积金和留存收益。公司已拥有的公积金和留存收益是原股东的权益，所以新股东应按原有每股实际代表的权益（净资产）额购买股票，才能取得与原来每股相同的权益。如果增股后每股获利高于公司增股前（创建时）每股获利水平，为了弥补原投资者的损失，可要求新投资者以高于原每股实际代表权益额的价格购买新股。因为新投资者可分得较多利润是以原股东投资创建公司为基础而形成的。增股前后的股利都应按多年平均数计算。

如果股份公司原已成立，但其原发股票未公开上市，为了扩大生产经营规模为增加资本而对新投资者发行股票，其股票发行价格可采用这种算法。

3. 可比公司法，或称市盈率法。就是按发行公司每股净利润和可比公司市盈率测算。其计算公式是：

$$股票发行价格 = \frac{发行公司每股净利润}{} \times \frac{可比公司每股市价}{可比公司每股净利润}$$

发行公司每股净利润，如果是在股份公司新成立时可按预计数计算；如果股份公司原已成立，本次为增加资本而对新投资者发行股票，可按发行前三年平均的每股净利润和发行当年摊薄后每股净利润加权平均数计算。当年摊薄后每股净利润，是指当年股票发行后，预计的净利润总额按股份总数计算的平均值。

市盈率可按同行业（可比公司）的平均数计算。这种方法实际是参照同行股票市价，再考虑每股净利差异调整确定。

4. 中间价法。就是参照本公司股票的市场价格，按略低于市场价格，但应高于股票面额作为发行价格。如果公司原发股票已公开上市，本次为了增加资本而非公开发行股票，其发行价格通常按照不低于定价基准日前 20 个交易日公司股票均价的 90% 定价。定价基准日可以是董事会决议公告日、股东大会决议公告日或发行期的首日。

公司发行新股，可以根据公司经营情况和财务状况，确定其作价方案。公司首次公开发行股票，可以通过向投资者询价的方式确定股票发行价格；也可以通过发行公司与主承销商

（证券公司）自主协商直接定价等其他合法可行的方式确定股票发行价格。采用询价方式定价的，股票价格或发行价格区间确定后，便对有效报价的投资者发行。

以等于股票面额的价格发行股票称为面额发行，以高于股票面额的价格发行股票称为溢价发行。溢价发行认购股票的股东，仍按票面金额享有权利和承担义务。一般不得以低于票面金额的价格发行股票。

四、股票发行程序、发行方式和销售方式

（一）股票发行程序

公司发行股票可以在公司成立时发行，也可以在以后增资发行。公司公开发行股票的基本程序是：

1. 公司作出发行股票的决议，公司成立时发行由发起人作出决议，增资发行由股东大会作出决议。
2. 进行文件材料准备，如制定公司章程，编写经营估算书和招股说明书，进行资产资信评估和财务报表审计，发起人认购股款的验资证明等。
3. 聘请具有保荐资格的机构担任保荐人。
4. 签订承销和代收股款的协议。
5. 提出发行股票申请，报国务院证券监督管理机构核准注册。
6. 核准注册后公告招股说明书，制作认股书。
7. 认股人填写认股书，并缴纳股款。
8. 股款募足并验资确认后，由发起人主持召开创立大会，对重大事项作出决议。公司成立后，向股东正式交付股票。

（二）股票发行方式

公司股票发行方式有公开间接发行和不公开直接发行两种。

公开间接发行，是指通过中介机构，公开向社会公众发行股票。股份有限公司采取募集设立方式向社会公开发行新股时，应当由依法设立的证券经营机构承销。这种做法的优点是：发行范围广，对象多，易足额筹集资本；股票变现性强，流通性好；可提高发行公司的知名度和扩大影响力。缺点是：手续烦琐，发行费用相对较多、成本高。

不公开直接发行，也称定向发行，是指不对外公开，只向少数特定的对象直接发行股票。因而不需要中介机构承销。股份有限公司采取发起设立方式或不向社会公开募集股份属于不公开直接发行。这种做法的优点是：股票发行数量、价格和时间弹性较大，发行费用相对较少、成本低。缺点是：发行范围小，股票变现性差。对于目前业绩欠佳、发展前景看好的公司应采用不公开直接发行方式发行股票。

（三）股票销售方式

发行股票的销售方式有自销和承销两类。

1. 自销方式，是发行公司直接向投资者（股票购买者）出售自己的股票方式。这种销售方式可由发行公司直接控制发行过程，实现发行意图，并可节省部分发行费用；但一般难以在短期内售完，筹资时间长，发行公司要承担全部发行风险。只有发行股票数量较少，公司信誉、知名度很高才采用这种方式。
2. 承销方式，是发行公司将股票的销售业务委托给证券公司代理发售。发行人向社会

公开发行的证券，一般采用这种方式。

（1）包销方式又可分为全额包销和余额包销两种。全额包销，指由证券公司按照商定的价格先购进发行人该次公开发行的全部股份，然后再按高一些的价格出售给社会上的认购者。余额包销，指由证券公司按照与发行人约定的条件，在发行期内向社会公众发售股票，到期若有未售出的股票由证券公司负责购进。这种销售方式发行人不承担发行风险，全额包销可使发行人及时获得所筹全部资本，余额包销的资金也可以在一定的期限内收到。但这种销售方式手续费较高；或以较低的价格出售给承销商，会损失部分溢价。

（2）代销是指证券公司只负责按发行人规定的条件代理发售股票，承销期结束时若有未售出的股票全部退还给发行人的承销方式。这种销售方式的股票发行风险全部由发行人承担，因此手续费较低。

五、配发股票

（一）配发股票的目的

配发股票，是指股份公司需增加资本金时，按原有股东所持股份的一定比例，以低于市价的某一特定价格配发新增股份的融资行为。原股东享有的，按其持股比例以低于市价的特定价格，优先认购新增发股票的权利称为配股权，实际是对原股东的优惠权。

这种做法的目的，一是为了维护老股东的权利，使老股东的持股比例不变，不改变老股东对公司的控制权和享有的各种权利；二是为了使老股东获得一定经济利益，以便在日后按市价交易或股价上涨时使老股东获得一定的收益；三是为了鼓励老股东认购新股，以增加股票发行量，从而筹集资本金。

（二）除权价格

配发股票的除权价格，应是配发股票后，该股票原市价中扣除了配股权价值的余额。配股权通常是在某一股权登记日前发布。在股权登记日之前购买了并持有该股票的股东享有配股权，即此时股票市场价格中含有配股权的价值。按低于市价的价格配发了股票后（股权登记日后），该股票的市价就不再含有配股权的价值，此时的市价通常称为除权价格。除权后股票的理论除权基准价格，可按该股票配股前市价和配股价格及总股数加权平均计算，其计算公式是：

$$配股除权价格 = \frac{配股前股票市值 + 配股价格 \times 配股数量}{配股前股数 + 配股数量}$$

将上式分子分母同除"配股前股数"：

$$配股除权价格 = \frac{配股前每股价格 + 配股价格 \times 股份变动比例}{1 + 股份变动比例}$$

如果所有股东都参与配股，此时股份变动比例（实际配售比例）等于拟配售比例。如果有些股东放弃配股权，不参与配股，按实际参与配股数计算。

除权价只是作为计算除权日股价涨跌幅度的一个基准参考价。如果除权后股票交易市价高于该除权基准价格，这种情形使得参与配股的股东财富较配股前有所增加，一般称之为"填权"。如果除权后股票交易市价低于该除权基准价格，这种情形使得参与配股的股东财富较配股前有所减少，一般称之为"贴权"。

(三) 配股权价值

配股权价值应该是配股价格低于配股除权（配股后）价格的差额，每份配股权价值表现为该股票配股后除权价低于配股前市价的差额。一般来说，老股东可以低于配股前股票市价的价格购买所配发的股票，即配股权执行价格低于配股前股票价格，因此配股权执行价格也低于按总股数平均的配股除权价格，此时配股权是实值期权，所以配股权具有价值。利用除权后股票的价值可以估计配股权价值，其计算公式是：

$$每份配股权价值 = \frac{配股后股票价格 - 配股价格}{购买一股新股所需的认股权数}$$

【例9-1】某公司采用配股的方式进行融资，3月1日为配股除权登记日，以公司上年12月31日总股本75万股为基数，拟每10股配2股。配股价格为配股说明书公布前20个交易日公司股票收盘价平均值每股6元的80%（即配股价格为每股4.8元）。

假定不考虑新募集资金后投资的净现值引起的企业价值变化，在所有股东均参与配股的情况下，则：

配发股票数量 = 750000 ÷ 10 × 2 = 150000（股）

$$配股后每股价格(除权参考价) = \frac{750000 \times 6 + 150000 \times 4.8}{750000 + 150000} = 5.8(元)$$

由于原有股东每拥有10份股票将得到2份配股权，故为得到1股新股需要5份配股权。所以：

每份配股权价值 = (5.8 - 4.8) ÷ 5 = 0.2(元)

六、发行股票筹资的优缺点

发行股票所筹集的资本可永久使用，无须偿还，有利于稳定公司经营活动。没有固定的利息负担，股利是否支付、支付多少依公司盈利情况和经营需要而定，可以降低公司财务风险。发行股票筹资增加了资本金可以降低资产负债率，可以增强公司的资信和举债能力。由于股利随公司盈利情况而定，而盈利又随物价而定，股利可以抵消通货膨胀的影响。在某些情况下，筹资使用限制较少。

但发行股票筹资可能会使筹资成本较高，因股东要求的报酬率可能高于负债利息率，并且股利是在税后净利润中支付。公开发行新股可能会有新股东加入，这样会分散公司的控制权。股票上市会带来较大的信息披露成本，容易暴露公司的商业秘密；股票上市还会增加公司被收购的风险。如果是增发股票就增加了市场流通的股票数量，可能会降低每股净资产和每股收益，从而引起股价下跌。

第四节 发行债券

一、债券的种类

(一) 债券按发行的保证条件分为抵押债券、第三者担保债券和信用债券

抵押债券，即以公司一定的自有资产为抵押而发行的债券。当债券发行者无力偿还债务

时，债券持有者有权要求变卖抵押资产清偿债务。

第三者担保债券，即由能够承担所发债券如期还本付息能力的独立法人作担保而发行的债券。当所担保的债券原发行公司不能如期偿付债务的本金和利息时，担保人应及时提供全部资金予以代偿。

信用债券，即无任何抵押或担保，完全靠公司的信用保证还本付息而发行的债券。

如果发行债券的公司已被社会有关部门评为信用优良公司，或本公司的信誉和经济效益在投资者的心目中印象较好，则可发行信用债券。如果投资者对公司很陌生，为了表示偿还债务的可靠性，则应发行抵押债券或担保债券。

（二）债券按发行时是否记名分为记名债券和无记名债券

记名债券，即在债券上和公司置备的债券存根簿上，记载债券持有者的名称及有关事项的债券。债券存根簿上主要记载：债券持有者的姓名或者名称及住所；债券持有者取得债券的日期及债券的编号；债券总额，债券的票面金额，债券的利率，还本付息的期限和方式；债券的发行日期。记名债券转让时要办理过户手续，持有人应在债券上背书，债券的发行公司应在债券存根簿上记载受让人的姓名或者名称及住所。

无记名债券，即不记载债券持有者名称的债券。发行时公司应当在债券存根簿上载明债券总额、利率、偿还期限和方式、发行日期及债券的编号。这种债券转让方便。

（三）债券按还本的期限可分为短期债券、中期债券和长期债券

短期债券，一般指还本期在 1 年以内的债券。

中期债券，一般指还本期在 1 年以上 5 年之内的债券。

长期债券，一般指还本期在 5 年以上的债券。

发行多长期限的债券，主要应考虑筹集资金的用途、利率水平、偿还的资金来源等因素。

（四）债券按发行契约是否允许转换为股票分为转换债券和不转换债券

转换债券，是指债券发行公司允许持券者在一定的条件下将持有的债券转换为公司股票的债券。但是否转换，何时转换，要由持券者根据发行公司的经营状况和股市行情来决定。这种债券只有股票上市的公司才能发行。

不转换债券，是指债券发行公司不允许将债券转换为股票的债券。

（五）债券按利率是否固定分为固定利率债券和浮动利率债券

固定利率债券，是指债券发行后无论在何种情况下，只能按发行时券面规定的利率计算支付利息的债券。

浮动利率债券，是指债券发行后在某些情况下，利率可以向上浮动一定幅度的债券。这种债券通常规定有最低的利率水平，然后根据情况确定利率上浮水平，这个上浮的利率有时称为保值补贴率。

（六）债券按券面形态分为印制式债券、凭证式债券和记账式债券

印制式债券，是一种具有标准格式的，在券面印有票面金额、偿还期限、利率水平、还本付息方式、发行者名称等要素的债券。这种债券不记名、不挂失、可上市流通。

凭证式债券，是投资者在购买时，发行者或代销者以填写收款凭证的形式而发行的债券。这种债券票面上一般印有债券要素的项目，购买者在购买时再具体填写金额、期限、利率等内容。这种债券可记名、挂失，从购买之日起计息，但不能上市流通。

记账式债券,是在电子计算机中按投资者设立账户记载买卖交易事项的债券。投资者进行记账式债券买卖,必须在证券交易所设立账户。由于记账式债券的发行和交易均无纸化,所以它在流通转让时非常容易、方便、安全。

二、债券发行的基本规定

我国《公司法》《证券法》等法规对发行债券规定的基本内容是:

(一) 发行公司债券应具备的条件

公司公开发行债券,应当报经国务院证券监督管理机构或者国务院授权的部门核准注册。公开发行公司债券一般应具备的条件是:具备健全且运行良好的组织机构;最近三年平均可分配利润足以支付公司债券一年的利息;国务院规定的其他条件(如:公司的净资产不低于一定数额或比例,累计债券余额,债券的利率水平,资金用途等方面的规定)。

公司不得再次公开发行债券的情形是:公司前一次发行的债券尚未募足的;对已公开发行的公司债券或者其他债务有违约或者延迟支付本息的事实,仍处于继续状态;违反证券法规定,改变公开发行公司债券所募资金的用途。

发行可转换为股票的债券,除应具备发行债券的条件外,还应当符合发行股票的条件。

(二) 公司债券募集办法中应当载明的内容

公司债券募集办法中应当载明内容是:公司名称;债券募集资金的用途;债券总额和债券的票面金额;债券利率的确定方式;还本付息的期限和方式;债券担保情况;债券的发行价格、发行的起止日期;公司净资产额;已发行的尚未到期的公司债券总额;公司债券的承销机构。

(三) 债券票面载明的内容

债券票面应当载明的内容是:公司名称;债券票面金额;利率及付息时间;偿还期限等事项,并由法人代表签名、公司盖章。转换债券还应当标明可转换公司债券字样。

(四) 债券上市交易的有关规定

公司债券在证券交易所上市交易的,应符合证券交易所的债券交易规则条件。我国证券交易所曾经规定,公司申请公司债券上市交易,一般应当具备的条件是:公司债券信用评级达到 AA 级及以上;最近一期末的净资产不低于 5 亿元人民币;近三个年度的年均可分配利润不少于债券一年利息的 1.5 倍。

公司债券上市交易后,如果公司有重大违法行为;公司情况发生重大变化不符合公司债券上市条件;发行公司债券所募集的资金不按照核准的用途使用;未按照公司债券募集办法履行义务;公司最近两年连续亏损,有这些情形之一的,由证券交易所决定暂停其公司债券上市交易。

三、债券还本付息方式设计

债券的利息何时支付,支付多少,何时还本,是发行债券应慎重考虑的重要问题。它不仅影响筹资成本,而且还影响能否筹到资金。因此,在准备发行债券时,必须认真地确定还本付息方式和票面利率水平。公司债券的还本付息方式主要有如下几种:

(一) 按单利计息,到期一次还本付息

债券按单利计息,到期一次还本付息,是债券发行者按债券面额、券面利率和期限采用

单利法计算债券应付利息，到期一次支付利息并按面额还本。这种还本付息方式主要适用于发行短期债券。如果发行者只是短期需要资金，并在短期内有还本付息能力，可采用这种还本付息方式发行短期债券筹集资金。如果采用这种还本付息方式发行中长期债券，应将券面利率定得比市场利率高一些，否则发行中长期债券较困难。

（二）按复利计息，到期一次还本付息

债券按复利计息，到期一次还本付息，是债券发行者按债券面额、券面利率和期限采用复利法计算债券应付利息，到期一次支付利息并按面额还本。这种还本付息方式主要适用于发行中期债券，其券面利率应与市场利率水平相当。如果发行者只是近几年需要资金，并在近几年有还本付息能力，可采用这种还本付息方式发行中期债券筹集资金。

（三）到期还本，还本期内分次付息

债券到期还本，还本期内分次付息，是债券发行者在债券存续期内分次按债券面额、券面利率计算支付利息，到期按面额还本。这种还本付息方式使债券投资者每间隔一定时期有一定利息收入，主要适用于发行中长期债券，其券面利率应与市场利率水平相当。对于较长期需用资金，短期无还本能力的公司，可采用这种还本付息方式发行中长期债券筹集资金。

（四）到期按债券面额一次还本付息

债券到期按面额一次还本付息，是债券发行者将债券面额按一定利率折成现值作为发行价格，债券面额就是到期的还本付息总额。这种债券通常称为贴现债券，其发行价格必然低于债券面额，其差额就是利息，到期时按债券面额一次付给债券投资者，包括既还本又付息。贴现债券只标明金额，不标明利率，便于根据市场利率来确定利息多少和发行价格。贴现债券具有灵活性和收益直观两个特点，但不宜发行长期债券。

四、债券发行价格

（一）债券发行价格的种类及产生的原因

债券发行价格，是债券发行者将债券出售给购买者（投资者）的价格，是投资者向债券发行者购买每一份债券时所付的金额。就一般道理而言，债券发行价格要受到债券面额（本金）和券面利率与市场实际利率差异的影响，所以就相应产生了以下几种发行价格：

1. 面额发行价格。是以债券的面额作为债券发行价格。债券的券面利率是债券发行者原来设想的已印在券面上的利率。一般情况下，债券发行后，债券发行者只能按照券面额、券面利率和计息期数计算支付利息，并于到期按面额还本。市场实际利率是指在资金市场上其他方面的投资可获得的报酬率，它是债券购买者要求得到的最低报酬水平。如果券面利率与市场实际利率恰好相等，债券便可按照券面额发行。

2. 溢价发行价格。是以高于债券面额的金额作为债券发行价格。当债券的券面利率高于市场实际利率时，由于债券的利息只能按券面额、券面利率计算支付，并于到期按面额还本，此时如果仍按面额发行，举债公司就要比市场利率多支付一些利息。为了避免高于市场实际利率的利息支出，付出不必要的高筹资成本，可采取提高债券发行价格的办法来解决，将以后多付的利息而预先收取补偿。债券的发行价格高于面额的部分称为债券的溢价，它是债券发行者以后比市场利率多付利息的事先扣除，是债券购买者为以后比市场利率多收得利息而预付的代价。

3. 折价发行价格。是以低于债券面额的金额作为债券发行价格。当债券的券面利率低于市场实际利率时，除非有特殊措施可按债券面额发行外，应按照低于券面的金额发行，否则将无人购买。因为债券利息只能按照券面额、券面利率计算支付，此时仍按面额发行，债券购买者将获得的利息收入低于在其他方面的投资报酬。债券的发行价格低于面额的差额称为债券的折价，它是发行者以后比市场利率少付利息的事先支付，是债券购买者以后比市场利率少得利息的事先补偿。

（二）债券发行价格计算方法

债券价格与债券面额是否有差异，如何变化，均取决于券面利率和市场实际利率水平。债券发行价格具体如何计算，又取决于支付利息的时间和次数，按单利或复利计息，相应就有几种计算方法。与第七章中债券投资价值估算方法基本相同。即：

M——债券面额（一般为本金，到期还本额）；
r——券面利率；
i——市场利率（投资者期望得到的报酬率）；
n——计息期数；
P——债券发行价格。

按单利计息到期一次还本付息债券发行价格 $P = \dfrac{M(1 + r \cdot n)}{(1 + i)^n}$

按复利计息到期一次还本付息债券发行价格 $P = \dfrac{M(1 + r)^n}{(1 + i)^n}$

到期还本，还本期内分次付息债券发行价格 $P = M \cdot r \cdot \dfrac{(1 + i)^n - 1}{i(1 + i)^n} + \dfrac{M}{(1 + i)^n}$

到期按债券面额一次还本付息（贴现）债券发行价格 $P = \dfrac{M}{(1 + i)^n}$

债券发售方式与股票相同。

五、发行债券筹资的优缺点

一般来说，发行债券比发行股票所筹资金的使用成本低一些，债券利率与股利率相同时，债券利息有所得税优惠；债券利率低于投资（资产）报酬率的部分归股东所有，会增加股东财富；发行债券筹资使股份总数不变，不会分散公司控制权。但债券有固定偿还期，必须按期还本并支付利息，会背上还本付息的负担；如果发行债券使公司的负债比例较高，会影响以后的负债筹资能力；发行债券也有一些限制性条件。

第五节 银行借款、租赁和商业信用

一、银行借款

银行借款，是企业向银行申请并通过签订借款合同而向银行借入的需要还本付息的款项。对于银行来说则称为贷款或放款。向银行申请借款是企业筹集资金的重要途径和方式。

(一) 银行借款的种类

银行贷款的种类较多，在不同时期设置了不同的贷款类别，对企业来说大致有以下类别：

1. 银行借款按用途可分为固定资金借款、流动资金借款、专项借款。

固定资金借款，是指企业新建、扩建、改建时为购置土地、机器设备及建造厂房、设施所需资金不足向银行申请取得的借款。

流动资金借款，是指用于流动资产方面的借款。如企业按当年生产经营目标确定的存货资金经常占用额，超过原有可作流动资金运用的来源数额，其不足部分向银行申请取得的借款；企业由于特殊的原因，临时占用的资金超过确定的流动资金经常占有额度而向银行申请取得的借款；销售单位（卖方）采用赊销方式销售商品，因购货单位（买方）延期付款而向银行申请取得的借款。

专项借款，是指企业有专门用途而向银行申请取得的借款。如企业进行设备更新、技术改造所需资金不足向银行申请取得的借款；企业进行科研、技术开发、新产品试制、科技成果推广应用、购买新技术等所需资金不足而向银行申请取得的借款。

2. 银行借款按偿还期的长短分为短期借款、中期借款和长期借款。

短期借款，是向银行借入的偿还期在 1 年以内的借款。这种借款主要是为了补充流动资金不足的需要。

中期借款，是向银行借入的偿还期在 1 年以上 5 年以内的借款。这种借款主要是为了满足固定资产投资和科技开发的需要。

长期借款，是向银行申请取得的偿还期在 5 年以上的借款。这种借款主要是为了满足重大项目的固定资产投资方面的需要。

3. 银行借款按保证条件分为信用借款、担保借款、抵押借款。

信用借款，是无需财产抵押和他人担保，凭借款人的信誉而取得的借款。

担保借款，是以第三者的信誉或财产作为还款保证而取得的借款。

抵押借款，是以借款人自己拥有的财产（主要是企业自有的不动产物品）作抵押而取得的借款。

4. 按借款的币种分为人民币借款和外币借款。

人民币借款，即取得借款的币种是人民币，将来还款也是人民币。

外币借款，即取得借款的币种是外币，将来还款也需要外币偿还。

(二) 银行贷款的条件

1. 银行贷款的基本条件。企业向银行申请借款应具备的基本条件是：必须是独立经营、独立核算、自负盈亏、具有法人资格的经济实体；经营方向和业务范围符合国家产业政策；借款用途属于银行信贷办法规定的范围，资金使用效益及企业经济效益良好；具有一定数量的自有资金和偿还贷款的能力；在银行开立账户，并办理结算；财务管理和经济核算制度健全。

2. 银行贷款的保护性条件。银行为了保证贷款的安全性，有时规定企业在使用贷款期间应遵守一些保护性条件。主要有：

（1）借款企业应定期向银行提交财务会计报表，以便银行随时了解掌握企业的经营情况、财务状况及贷款的使用情况。

(2) 不准以企业的任何资产作为其他承诺的担保或抵押，以避免或有负债的产生或防止企业资产流失。

(3) 限制其他方式的负债规模（如限制租赁固定资产、限制发行债券），以防企业负债比例过大，削弱偿债能力，造成还本付息困难。

(4) 限定企业向银行借款的最高额度，如果企业向银行借款超过限额，银行一般不予办理。

(5) 要求借款的企业在银行账户上经常有一定的存款余额（一般为10%~20%），通常称为补偿性余额，以降低贷款风险，减少贷款损失。对于借款企业来讲，银行存款账户经常有一定不能动用的余额提高了借款的实际利率。

(6) 银行认为财务风险较大的企业或信誉不具备优良的企业，要求企业通过财产抵押或担保才能取得借款。

(7) 有的借款要求专款专用，限制企业资金用途和大量现金流出，以保持合理的资产结构。

(8) 对银行承诺的在一定时期内可随时提供不超过某一最高限额的贷款，企业在限额内未借入使用的部分数额要支付承诺费。

(三) 银行借款利率及还本付息方法

1. 借款利率。国有或国有控股银行的借款利率是由国家中央银行制定的，它体现了经济规律和国家在不同时期经济政策的要求，在资金市场上具有引导和调节作用。

银行贷款利率有固定利率、浮动利率、优惠利率之分。

固定利率，即按照国家规定标准执行不得擅自变动的利率。是银行常规信贷活动的利率水平。它主要是根据社会平均资金利润率、银行成本和物价水平来确定。如在借款期内遇到国家政策调整利率，则按调整后利率执行。

浮动利率，是国家为了发挥利率的杠杆作用，允许银行以固定利率为基准，在一定幅度内上下浮动的利率。往往是根据贷款人的信誉，对借入资金的使用情况、风险大小、市场经济条件变化，来确定如何浮动。

优惠利率，是国家为了支持国民经济急需的产业和产品的发展，解决某些困难，促进消费，刺激经济增长，而实行的低利率。银行对信用关系好的企业实行向下浮动的利率，实际也是优惠利率。

2. 还本付息方法。银行借款还本付息方法通常有以下几种：

(1) 一次还本付息法。即利随本清法，是在借款到期时向银行既还本又支付本次借款全部利息的方法。这种方法一般适用于短期借款。

(2) 借款时付息一次还本法。即贴现法，是银行向企业发放贷款时，先从贷款额中扣除利息，待到期时借款企业偿还全部贷款的一种计息方法。即企业取得借款当时就支付利息，企业实际得到的可用借款额是借款额扣除利息后的余额。由于是先付息，所以这种方法的实际利率高于报价利率。短期借款有时采用这种方法。

【例9-2】企业从银行取得一年期借款60万元，年利率8%，银行要求企业在取得借款当时支付（扣除）利息。则：

先付年利息额 = 60 × 8% = 4.8（万元）

到期利息值 = 4.8 × (1 + 8%) = 5.184（万元）

实际年利率 = $\dfrac{51840}{600000-48000}$ = 9.39%

（3）分次付息一次还本法。是在借款期内分次定期向银行支付利息，到期一次偿还全部贷款本金的方法。由于每次付息间隔期、利率和占用本金相同，所以每次支付的利息相同。如果是在一个年度内分次付息，这种方法的实际利率要高于报价利率。

接例 9-2，银行要求企业每季末支付利息一次，到期一次还本。则：

每季利率 = 8% ÷ 4 = 2%

每季付息额 = 60 × 2% = 1.2（万元）

每季付息终值 = 1.2 × (F/A,2%,4) = 1.2 × 4.1216 = 4.9459（万元）

实际年利率 = 4.9459 ÷ 60 = 8.2432%

或：$i = \left(1+\dfrac{r}{m}\right)^m - 1 = \left(1+\dfrac{8\%}{4}\right)^4 - 1 = 8.2432\%$

（4）分次等额还本分次计息法。是指每次偿还相同的本金数，并按实际使用借款额计算支付当期利息的方法。由于分次偿还本金，每次利息则随着剩余本金的减少而逐期降低。

每次还本付息额 = $\dfrac{贷款本金总额}{偿还贷款次数} + \left(贷款本金总额 - \dfrac{已归还贷款本金累计额}{}\right) \times 周期利率$

接例 9-2，银行要求企业按季等额还本，并同时按实际使用借款额计算支付利息。则：

第一季末还本付息额 = 60 ÷ 4 + 60 × 8% ÷ 4 = 15 + 60 × 2% = 16.2（万元）

第二季末还本付息额 = 60 ÷ 4 + (60 - 15) × 2% = 15 + 45 × 2% = 15.9（万元）

第三季末还本付息额 = 60 ÷ 4 + (60 - 30) × 2% = 15 + 30 × 2% = 15.6（万元）

第四季末还本付息额 = 60 ÷ 4 + (60 - 45) × 2% = 15 + 15 × 2% = 15.3（万元）

（5）分次等额还本付息法。即年金法，是指每次偿还本金和支付利息的总数额相同的方法。这种方法各期偿还的本金数是逐期增加的，而各期支付的利息数是逐期减少的。如果是在每期末等额支付（还本付息），可按借款本金乘以普通年金现值系数的倒数（投资回收系数）计算每次还本付息数额。

接例 9-2，银行要求企业在每季末等额还本付息。则：

每季末还本付息额 = $600000 \times \dfrac{2\% \times (1+2\%)^4}{(1+2\%)^4 - 1}$ = 157575（元）

各期还本付息数额计算如表 9-1 所示。

表 9-1　　　　　　　　　　　还本付息计算表　　　　　　　　　　　　单位：元

时间	还本付息 ①	应计利息 ② = ④ × 2%	偿还本金 ③ = ① - ②	本金余额 ④
期初				600000
第一季末	157575	12000	145575	454425
第二季末	157575	9089	148486	305939
第三季末	157575	6119	151456	154483
第四季末	157575	3092	154483	0
合计	630300	30300	600000	

相同期限、相同利率水平的借款,贴现法实际负担的成本较高。分次偿还本金只能在借款期内每期有还款能力的条件下采用。

(四) 银行借款程序

企业向银行申请取得借款的大致程序是:

1. 提出借款申请书。企业向银行申请借款时应提出书面申请,在申请中应写明借款的用途、原因、金额和时间,还款期限和还款来源,对所需资金和还款来源应列出计算依据。同时应提交经注册会计师审核的上年度财务报告。对固定资产方面的投资应提交可行性研究报告和有关证明文件。

2. 审核同意后签订协议或合同。银行对企业的借款申请要进行认真地审核,根据企业的资信、财务状况、未来收益、借款用途是否得当和银行的资金能力决定借与不借,借多少,何时借,要求何时还,利率高低,要否担保、抵押等事项。审核同意后,企业与银行应共同签订借款协议或合同,需要担保、抵押应一并办理有关手续。借款合同的内容主要是规定双方的权利和义务,如借款的用途、数额、方式、时间,还款方式、时间,利率及利息支付方式,物资保证、财产抵押、担保情况,违约如何处理等。

3. 填写借据,取得借款。借款协议或合同签好后,还需填写借款借据才能正式取得借款。借据应在取得借款的当时按规定的要求填写。

4. 银行检查。借款取得之后的使用中,银行要到企业进行借款资金使用情况的检查,了解是否按照原申请的用途在使用,使用的效益如何,能否按期归还等情况。

5. 付息和还款。企业应按合同规定按期如数还本付息。未按期付息要计复利。如果企业不能按期归还借款,应在借款到期之前,向银行申请贷款展期,否则银行要加收利息或罚息,或处置抵押财产。但是否展期,由银行根据情况决定。

(五) 银行借款的优缺点

向银行借款筹资相对于发行股票、债券筹资方式来说,手续比较简单,融资速度快,只要银行审查同意就可取得。用时借,不用时还,数额可多可少,灵活方便。企业与银行直接融资,筹资过程中发生的费用少,且银行借款利率一般低于债券利率,银行借款成本较低。但银行借款有固定的利息负担和固定的还款期限;限制性条款较多,制约着企业资金使用。

二、融资租赁

租赁是出租者把某种物品让给承租者在一定时期内使用,承租者按合同规定分期向出租者付给租金的一种信用业务。由于租赁的物品可以在较长时间内使用,且价值较大,对于企业来说就是租赁固定资产。

(一) 租赁的种类

租赁按其时间长短不同,基本可分为经营性租赁和融资性租赁两类。

经营性租赁,也称为临时租赁,主要是企业之间为解决生产经营的临时需要而相互租赁固定资产。专门经营租赁业务的单位将设备反复出租给多个单位在短期内使用,也属于经营性租赁。经营租赁方式在一个承租单位的租期较短,有时可能短至一年以内。承租者的目的主要是为了使用资产,使用期结束,即租赁期满,租赁关系也随之结束,将所租资产退回出租单位。这样,资产(设备)技术落后和残值变现的风险由出租者承担。承租者按合同规定支付的租金直接列入当期的生产经营费用。该资产的修理,一般由出租者进行。出租者向一个承租者收取的租金不能完全补偿出租资产的成本。

融资性租赁,也称为财务租赁,是需要较长期使用某些设备或设施而又缺乏资金的企业,从经营租赁业务的单位租入使用,以融物的方式代替融资的一种租赁方式。相当于承租者先向出租者借得购买设备或设施的资金,待以后分期偿还。融资租赁方式在一个承租单位的租期较长,一般为租赁资产经济使用寿命的四分之三以上。承租者的目的主要是为了融通资金,以解决资金短缺的困难。由于承租者要长期使用此资产,所以拟租赁的资产一般是承租者自行选定的,出租者只负责按用户要求融资付款,租赁期间资产的修理也由承租者负责。这样,资产(设备)技术落后和残值变现的风险可能由承租者承担。承租者不能侵犯出租者所有权,不能出卖租赁资产;出租者不得无故剥夺承租者的使用权即一般不得中途解约,如有违约,必须赔偿由此给对方造成的损失。租赁期满,承租者有对资产是否继续使用的优先选择权,一般处理办法是:将所租资产退给出租单位;延长租期,继续租赁;作价购进所租资产。出租资产的成本一般可以从一个承租者收取的租金中得到完全补偿。

(二) 融资租赁的基本做法

传统的融资租赁有直接择新租赁、卖后租回和杠杆租赁几种做法。

直接择新租赁,是承租者与出租者签好租赁合同,由出租者向设备供应单位支付价款,并将设备租给承租者使用,承租者在租赁期内分次支付租金。承租者所需的设备一般由承租者到供应单位选定,并谈妥质量保证条件、价格、交货日期等有关事宜。根据已选定设备的质量、价格,经过承租者与出租者双方协商租金、租期、使用责任等有关事宜达成协议后,即可正式签订租赁合同,然后由出租者办理设备订购付款结算手续。租赁设备一般由供货单位直接发送给承租者,承租者在安装、调试完毕后,应向出租者出具"租赁设备验收清单",作为已收到租赁设备并验收合格的书面证明。

售后租回,是承租者先将自制或外购的机器设备出售给出租者,然后再以租赁方式租回使用的一种租赁方式。当企业需要使用原有的设备,又需要资金周转而无其他来源时,可采用这种租赁方式。这种做法可以把企业的固定资产变为货币资金使用,又不致于影响生产经营活动,而租金又可以分期支付。

杠杆租赁,是出租者准备购买价格昂贵的设备向承租者出租时,只需自筹该项设备价款的一部分(一般为20%~40%),其余(60%~80%)的资金,以该设备或出租权作抵押向金融机构借款,出租者以收取的租金向提供贷款的金融机构还贷。该设备的所有权归出租方,出租方可以获得高于借款成本以上的租赁收益。这样,出租方就能以少量的自有资金推动巨额的租赁业务,就如同杠杆原理一样,故称之为杠杆租赁。它是目前国际上比较流行的一种融资租赁方式。对于承租者来说,杠杆租赁与直接择新租赁没有什么区别。

(三) 租金构成和计算基本模式

租金是出租者用租赁方式让渡物品使用权而获得的收入,也是承租者使用租赁物品的费用支出。租金总额由三部分构成:一是所租设备设施的现值(本金),融资租赁时一般为出租者所付设备的购置成本。如果租期届满时设备退回给出租者,应在设备的购置成本中扣除将有残余价值(现值),其余额即为租赁本金。二是出租者提供融资应获得的利息,利率一般参照银行固定资金贷款利率水平由双方商定。三是租赁手续费即出租者提供劳务的报酬,一般按租赁设备现值（成本）的一定比例计算。

租金一般是按复利计息等额分次支付的，每支付一次都包含既还本又付息。计算每次等额应付租金，就是已知现值求年金的计算问题。

设：P——所租设备现值（本金）；

　　n——租赁期内支付租金次数；

　　i——利率（应与每次支付租金间隔期同步）；

　　A——每次应付租金。

如果是在每期末等额支付租金，其每次应付租金计算模式是：

$$A = P \cdot \frac{i(1+i)^n}{(1+i)^n - 1}$$

如果是在每期初等额支付租金，其每次应付租金计算模式是：

$$A = P \cdot \frac{i(1+i)^n}{(1+i)^n - 1} \cdot \frac{1}{1+i}$$

【例9-3】租赁一套设备，由出租者支付设备价款50万元，合同约定租期5年，期满时设备无偿归承租者所有，每季支付一次租金，年利率为10%。

该租赁业务在5年中要支付20次租金，每季利率应为2.5%（10%÷4）。

如果是每季末等额支付租金，则：

$$每季应付租金 = 500000 \times \frac{2.5\% \times (1+2.5\%)^{20}}{(1+2.5\%)^{20} - 1} = 32074(元)$$

如果是每季初等额支付租金，则：

$$每季应付租金 = 500000 \times \frac{2.5\% \times (1+2.5\%)^{20}}{(1+2.5\%)^{20} - 1} \times \frac{1}{1+2.5\%} = 31291(元)$$

租赁手续费可在租赁开始一次支付，也可并入设备现值作为本金分次支付。

（四）融资租赁筹资的优缺点

融资租赁已成为企业筹资的一种重要方式，与其他筹资方式相比，具有以下优点：

1. 可以起到100%的融资功效。承租企业不必一次支付所需资产的全部价款就可以取得该固定资产的使用权。特别是在急需某种设备而一时筹集现款较困难的情况下，可解企业燃眉之急。

2. 可以提供稳定的长期融资。支付租金的期限与所需资产的使用期限基本一致，并且租金的支付是被分散在资产全部租期之中。因此，融资租赁比其他负债方式的融资期限长，可以提供较为稳定的资金融通，减少了不确定性。

3. 支付租金的来源有保障。由于租金是分次支付的，就可以用租入资产在使用中所产生的收益来支付租金。

4. 租金中的利息可以获得所得税优惠。融资性租赁租金中的利息可以分期计入经营费用，与筹集自有（权益）资金的方式相比，可以获得所得税的优惠，可以获得节税利益。

5. 可以减少筹资的有关手续，节约交易成本。承租者只需与出租者签订租赁合同就可既融物又融资，不必像其他筹资方式先筹集货币资金然后再购物，可以节约有关环节的费用。

但租赁筹资所支付的租金费用，一般要比向银行借款后购买设备的费用高，使筹资成本较高；租赁只能租用固定资产，不能用于其他方面。

三、商业信用

商业信用,是指企业之间在商品交易中以延期付款或预收货款方式所形成的借贷关系,是购销双方相互提供的信用。商业信用是由商品交换中货与钱在空间上和时间上的分离而产生的,简单地说就是赊购预收,也称自然(自发)筹资。随着市场化经济的繁荣发展,商业信用已成为企业筹集短期资金的一种有效方式。

商业信用的具体方式主要有应付账款、应付票据、预收账款。

(一) 应付账款

应付账款是赊购所形成的欠对方的款项。赊购是购货单位在收到货物或接受劳务后卖方允许延期付款的一种商业信用方式。这种方式可以弥补企业暂时的资金短缺,对于出售商品的企业来说也易于推销商品。销货方为了促使购货方尽早付款,可能规定一定的付款条件,如现金折扣或提高售价,它是赊购商品这种商业信用的代价(成本)。

1. 应付账款信用条件。应付账款有付款期、现金折扣等信用条件。

(1) 免费信用。即没有任何经济代价的应付账款。

【例9-4】 购买材料一批,价款50万元,销货单位规定"2/10,n/60"。

该例表示购货单位如果在10天内付款,只需支付货款的98%即49万元,可以少支付货款的2%,得到销货单位现金折扣1万元,全部货款必须在60天内付清;如果购货单位要延期到10天之后付款,需要支付100%的货款即50万元,就得不到2%的折扣优惠。这个销货方规定的现金折扣期就是免费信用期。这个购货单位在免费信用期内得到的信用金额(全部货款扣除现金折扣的余额)就是免费信用额。

(2) 有代价信用。即需要付出经济代价才能获得的应付账款。在价款50万元和"2/10,n/60"条件下,如果放弃现金折扣,一般选择在第60天付款,就要比在10天内付款多支付货款1万元,这1万元就是49万元资金使用50天的经济代价。所以,有代价信用期限是赊购期扣除折扣期的天数,有代价信用额仍是全部货款扣除现金折扣的余额。

(3) 展期信用。即推迟在原定的付(还)款期以后付(还)款的应付账款。在价款50万元和"2/10,n/60"条件下,如果推迟到第75天付款,展期信用期为15天,展期信用额仍是全部货款扣除现金折扣的余额。

2. 应付账款经济代价。就是赊购延期付款放弃的现金折扣,相当于购货方占(借)用销货方资金而支付的利息,通常用相对数即利息率表示。计算公式是:

$$赊购利息率 = \frac{每次赊购额 \times 现金折扣率}{每次赊购额 \times (1-现金折扣率)} \times \frac{360}{信用期-折扣期}$$

按例9-4:

$$赊购利息率 = \frac{2\%}{1-2\%} \times \frac{360}{60-10} = 14.694\%$$

上面计算表明,赊购(放弃现金折扣)利息率与折扣比率大小、折扣期长短同方向变化,与信用期长短反方向变化,即折扣率越高、折扣期越长、信用期越短,赊购代价越大。

如果放弃现金折扣,推迟付款的时间越长,在不影响企业信誉及未来经营活动条件下,其代价便会越小。如上例推迟到第75天付款,其承担的利息率为:

$$赊购利息率 = \frac{2\%}{1-2\%} \times \frac{360}{75-10} = 11.303\%$$

3. 利用现金折扣的策略。从上面计算看出,现金折扣率不同、折扣期不同、信用期不同,其赊购利息率即现金折扣代价不同。如何作出选择?

(1) 现金折扣代价大于短期借款利率(可以借到),则借款支付货款,享受现金折扣。

(2) 现金折扣代价小于短期投资报酬率,则放弃现金折扣,将资金用于短期投资。

(3) 展延付款所降低的折扣代价大于展延付款带来信用损失,可展延付款。

(4) 两家以上的现金折扣代价,放弃折扣代价较小的,享受折扣代价较大的。

(二) 应付票据

应付票据是企业在商品交易中采用商业汇票结算方式而形成的应付款项。

商业汇票,是在延期付款的商品交易中所开具的,载明一定金额和承付期,购货单位或委托的银行承诺到期付款的一种债务凭证。商业汇票按承兑人的不同分为商业承兑汇票和银行承兑汇票两种。由付款单位承兑的汇票称为"商业承兑汇票"。由付款单位向开户银行申请,银行审查同意承兑的汇票称为"银行承兑汇票"。汇票经承兑后,承兑者负有到期无条件交付票款的责任,所以,应付票据是具有法律约束的延期付款票据。

商业汇票的承付期限由交易双方商定,最长不超过六个月。如属分期付款,应一次签发不同期限的汇票。在商业汇票承付期内,相当于购货单位从销货单位借到了一笔资金。

商业汇票可以带息,也可以不带息,由双方约定。带息票据的利率一般参照银行利率确定,但比银行借款限制条件少。应付票据到期必须偿还,若延期要支付罚金。

(三) 预收账款

预收账款,是销售单位向购货单位预先收取部分或全部货物的价款,延期到一定时间再发货的商品交易方式。相当于销货单位用商品作抵押,向购货单位先借得一笔资金,以后再用商品价款归还。购货单位对于紧俏商品愿意采取这种付款方式,以便按期取得货物。对于生产周期长,生产成本高的商品,经常要向订货者分次预收货款,以缓解销货单位资金不足的矛盾。

(四) 商业信用筹资的特点

1. 手续简便。商业信用融资是一种自然融资(自发性筹资),是在买卖商品中发生的,无需正式办理筹资手续,无需签订筹资方面的合同协议,也不需要国家有关部门审批,一般没有另外的附加限制性条件,比较容易取得。

2. 期限较短,金额有限。就单笔商业信用筹资来说,融资的期限较短,只能在短时间内使用,只有在购销活动中才能取得,其金额要受到货款数额的限制。但就整个企业而言,会经常有一定余额,形成短资长用。

3. 有的无代价负担,有的代价较高。如果没有现金折扣或使用不带息票据,则商业信用筹资就没有代价。有现金折扣时所付出的筹资代价较高。

第六节 认股权证和可转换债券

一、认股权证

(一) 认股权证的特征

认股权证,是由股份公司发行的,允许持有者在特定的时间内以事先约定的价格购买发行公司一定数量股票的选择权凭证。认股权证可以单独发行,也可以在发行债券或优先股筹资时为了促销而附带发行。

认股权证是一种金融衍生工具,相对于其他金融衍生工具而言,认股权证具有以下属性:

1. 认股权证只是一种可以购买股票的权利证明。认股权证本身不是股票,而是一种认购股票的期权,认股权证持有者将有权利购买股票。发行认股权证是基于标的某种股票基础上的,单一的认股权证持有者不能视为公司的股东,不能享受股东权益,也无权影响公司现行的政策,只是有成为公司股东的潜在可能。

2. 认股权证有一定时效性。认股权证持有者只有在规定的日期内享有购买股票的权利,若过期,其购买股票的权利则自动消失。

3. 认股权证规定了购买新股的行权价(约定价格)。其持有者在购买新股时,只能按事先约定的价格购买,既不是市场价格,也不是适时定价。

4. 认股权证本身也具有价值。其价值就是事先约定的购买新股的价格低于行使购买权时公司股票市场价格的差额。如果认股权证约定的购买新股的价格高于行使购买权时公司股票市场价格,认股权证则没有价值。

(二) 认股权证的用途

公司发行认股权证的主要用途是:

1. 为了避免原有股东每股收益和股价被稀释。公司准备发行新股时,给原有股东配发一定数量的认股权证,使其可以按优惠价格购买新股,这样原有股东股份比例可以保持不变,就可以维护原有股东的权益。如果原有股东不准备购买新股,也可以将认股权证出售,以弥补新股发行后权益被稀释的损失。

2. 为了奖励公司有贡献的人员。公司给有贡献的人员赠发认股权证,使其具有按优惠价格购买新股的权力,成为公司股东,这有利于公司人员积极努力为公司服务,提升公司价值。

3. 便于筹资方式的运用。单独发售认股权证可以为发行公司筹得一笔现金,也有利于将来发售股票。附带发行的认股权证是吸引投资者购买公司证券的一种促销手段,可以增强其依附证券的发行效率。如认股权证依附于债券同时发行,可以促进债券发售,甚至可以吸引投资者购买票面利率低于市场利率的长期债券。

(三) 认股权证的价值

认股权证的价值有理论价值和实际价值之分。

认股权证的理论价值是指认股权证的内含价值。认股权证是一种权利凭证,它的价值需要考虑多种因素而确定,从道理上讲,它应是行使购买权时公司股票价值(或市价)高于约定价格(行权价)差额的现值。即:

$$\text{认股权证理论价值(现值)} = \text{每份认股权证可认购股数} \times \left(\text{购买股票时股票价格} - \text{约定股票价格} \right) \times (P/F, i, n)$$

认股权证的实际价值是指认股权证的实际交易价格。在认股权证与债券捆绑发行的情况下(发行债券时附送认股权证),认股权证实际价值(初始价值)就是债券面额大于债券现值的差额。即:

$$\text{认股权证实际价值} = (\text{债券面额} - \text{债券现值}) \div \text{附送认股权证份数}$$

债券现值（价值）是按票面利率计算的利息和债券面额（到期还本额）都按市场利率折成现值之和。

如果在市场利率等于债券票面利率情况下，债券面额等于债券现值，此种情况下认股权证实际价值为0。如果在市场利率高于债券票面利率情况下，债券现值要小于债券面额，此种情况下债券仍按面额发行，两者差额就是1张债券所附认股权证的实际价值。再用1张债券所附认股权证的实际价值除以所附认股权证份数，就是每份认股权证实际价值。

投资者如何决定买不买附送认股权证的债券，要看认股权证的理论价值是否大于实际价值，理论价值大于实际价值值得购买（投资），小于不值得购买。

【例9-5】某公司拟发行附送认股权证的债券，债券面额和发行价均为1000元，期限5年，票面年利率8%，按年付息。由于债券市场利率为10%，约定投资者购买1张债券可获得5份认股权证，在债券到期时每份认股权证可认购10股普通股，认股价格为每股20元。预计该公司股票5年后市价为23元。计算说明发行附认股权证债券是否可行。

每份认股权证理论价值（现值）= $10 \times (23-20) \times (P/F,10\%,5)$
$$= 30 \times 0.6209 = 18.627（元）$$

债券按市场利率计算的现值 = $1000 \times 8\% \times (P/A,10\%,5) + 1000 \times (P/F,10\%,5)$
$$= 80 \times 3.7908 + 1000 \times 0.6209 = 924.16（元）$$

每份认股权证实际价值 = $(1000 - 924.16) \div 5 = 15.168（元）$

认股权证实际价值也可按比市场利率少付利息的现值计算。按例9-5资料：

投资者购买附认股权证债券每年减少的利息收入 = $1000 \times (10\% - 8\%) = 20（元）$

5年减少利息收入的现值 = $20 \times (P/A,10\%,5) = 20 \times 3.7908 = 75.82（元）$

每份认股权证实际价值 = $75.82 \div 5 = 15.164$（元）

经计算，认股权证的理论价值18.627元大于实际（初始）价值15.168元，投资者值得投资（购买），可以发行附认股权证债券。

（四）认股权证筹资优缺点

采用认股权证筹资的优点是：单独发售认股权证可以为发行公司筹得一笔现金，可以增强发行公司的资本实力和营运能力。与债券捆绑发行的认股权证，可以吸引投资者，促使债券顺利发行，并有可能降低债券利率，从而降低筹资成本。

采用认股权证筹资的缺点是：行使认股权具有不确定性，如果发行公司未来发展前景不乐观，经济效益不是良好，认股权证持有者可能不行使认股权。投资者行权购买股票后会稀释每股普通股的价值和收益，老股东没有购买新股使老股东的利益有一定损失。

二、可转换债券

（一）可转换债券的性质

可转换债券，是指筹资者在发行债券时规定，允许债券持有者在未来一定时期内按约定条件转换成筹资（发行）公司普通股票的债券。

利用可转换债券筹资，发行公司赋予可转换债券持有者可将其转换成该公司股票的权利。发行公司在可转换债券转换之前需要定期向债券持有者支付利息。如果可转换债券持有者在规定期限内未转换成股票，发行公司仍按债券性质约定偿付本息，这种情形的可转换债券与普通债券相类似，属于债务筹资属性。如果可转换债券持有者在规定期限内转换成了股票，发行公司应将负债转成股东权益，这种情形属于股权筹资属性。所以，从筹资公司的角度看，发行可转换债券具有负债与股权筹资的双重属性，属于一种混合性证券。

(二) 可转换债券的要素

可转换债券是一种附有选择权的债券，除具有普通债券的面额、期限、利率、付息方式要素外，还具有一些特殊要素，这些要素是由发行公司在发行可转换债券时约定。

1. 标的股票。可转换债券即为可转换成股票的债券，所以，可转换债券的标的物是股票。但是否转换，主要取决于投资者的意愿。由此可见，可转换债券对股票的可转换性，实际是一种股票期权。

2. 转换比例。是债券持有者通过转换可获得的普通股份数，即1张一定面额的债券可转换成多少股份。

3. 转换价格。就是将债券转换成每1份股票的价格，即转换发生时为取得每1普通股所支付的价款。这种价款往往按债券面额和转换比例计算，所以，债券面额、转换比例、转换价格三者有着必然联系。

转换价格 = 债券面额 ÷ 转换比例

转换比例 = 债券面额 ÷ 转换价格

转换价格通常要比发行可转换债券时公司股票市价高一些。

4. 转换期。是指可转换债券可转换成股票的起始日至结束日的期间。可转换债券一般在债券发行一定时期（年限）之后才允许转换成股票，但必须在债券到期之前。这样可转换债券的转换期一般要短于债券的存续期。转换期由公司根据可转换公司债券存续期限及公司财务状况约定。超过了转换期后的可转换债券，不再具有转换权，自动成为不可转换债券即普通债券。

5. 赎回条款。是可转换债券发行公司关于在债券到期日之前提前赎回债券的规定。公司通常在发行可转换债券时附加赎回条款。赎回条款包括下列内容：

（1）不可赎回期。是可转换债券从发行开始，不能被发行公司赎回的那段时间。不是每种可转换债券都设有不可赎回期。

（2）赎回期。是可转换债券的发行公司可以赎回债券的期间。赎回期安排在不可赎回期之后，不可赎回期结束之后，即进入可转换债券的赎回期。

（3）赎回价格。是事先规定的发行公司在一定期间内（赎回期）从投资者手中购回可转换债券的出价。赎回价格一般高于债券面额（因债券未到期就赎回），两者之差为赎回溢价。赎回溢价随债券到期临近而减少。

（4）赎回条件。是对可转换债券发行公司赎回债券的情况要求，即在何种情况下可以赎回债券。赎回条件分为无条件赎回和有条件赎回。

无条件赎回是在赎回期内发行公司可随时按照赎回价格赎回债券。

有条件赎回是对赎回债券有一定条件限制，只有在满足了这些条件之后才能由发行公司赎回债券。

发行公司在赎回债券之前，要向债券持有者发出通知，要求他们在将债券转换为股票与卖给发行公司（赎回）之间作出选择。可见，设置赎回条款是为了促使债券持有者转换成股份，因此又被称为"加速条款"；同时也能使发行公司避免市场利率下降后，继续向债券持有者按较高的债券票面利率支付利息所带来的损失。

当发行公司准备履行赎回条款时，可转换债券投资者（持有者）有三种选择：一是按转换价格将债券转换成普通股；二是按赎回价格将债券卖给发行公司取得现金；三是按市场价格将债券转让卖出取得现金。如何选择？要分别计算有关价值作出决策，一般选择价值高者。

6. 回售条款。是在可转换债券发行公司的股票市价达到某种恶劣程度时（公司股票市价在一定时期内连续低于转换价格的一定幅度），债券持有者有权按约定的价格将可转换债券卖给发行公司的有关规定，具体包括回售时间、回售价格等内容。设置回售条款是为了保护债券投资者的利益，使他们能够避免遭受过大的投资损失，从而降低投资风险。因此，合理的回售条款，可以使投资者具有安全感，有利于吸引投资者。

7. 强制性转换条款。是在某些条件具备之后，债券持有者必须将可转换债券转换为股票，无权要求偿还债券本金的规定。设置强制性转换条款，是为了保证可转换债券顺利地转换成股票，实现发行公司扩大股权筹资的目的。如设置阶梯形转换价格，在可转换债券的转换期内，随着时间的推移逐渐提高转换价格，逐渐降低转换比例，以促使投资者尽早转换。

（三）可转换债券的价值

要确定可转换债券是否转换为股票，何时转换为股票，投资者就要对普通债券的价值与标的股票的价值进行对比分析，看哪个价值高，转换时得到的报酬率与市场投资报酬率是否相当。

【例9-6】某公司拟发行可转换为普通股票的债券筹资，债券面额1000元，期限7年，票面年利率8%，按年付息，市场利率为10%，仍按面额发行。同时约定，该债券在7年到期时可转换为公司股票，转换比例为1∶50。预计该公司股票7年后市价为40元。计算说明发行可转换债券是否可行。

可转换债券的非转换价值（债券每年利息和债券面额即本金按市场利率折成现值）为：

非转换价值 $= 1000 \times 8\% \times (P/A, 10\%, 7) + 1000 \times (P/F, 10\%, 7)$
$= 80 \times 4.8684 + 1000 \times 0.5132 = 902.672(元)$

可转换债券的转换价值（转换为标的股票的现值）计算模式：

转换价值(标的股票现值) = 转换时标的股票市价 × 转换比例 × $(P/F, i, n)$

转换价值 $= 40 \times 50 \div (1 + 10\%)^7 = 2000 \div 1.9487 = 1026.253(元)$

经计算，转换价值（标的股票现值）高于非转换价值（债券现值），也高于债券面额，投资者的投资报酬率高于市场利率，投资者应该可以购买，该可转换债券可以发行。

如果可转换债券约定在债券存续期限内中间转换，并规定有赎回价，应计算出三个价值相比较。一是债券现值（可转换债券的非转换价值）；二是标的股票现值（将标的股票转换时市价按市场利率折成现值）；三是赎回价和赎回前利息的现值（将债券赎回价和赎回前前几年债券发行者已付即投资者已收利息按市场利率折成现值）。三者相比，选择高者。

接例9-6，如果约定可转换债券的不可赎回期为5年，5年后赎回价为1060元，预计该公司股票5年后市价为33元。

可转换债券现值（非转换价值）计算同上，价值为902.672元。

标的股票现值(转换价值) $= 33 \times 50 \times (P/F, 10\%, 5) = 1650 \times 0.6209 = 1024.485$（元）

可转换债券赎回价和前5年利息现值 $= 80 \times (P/A, 10\%, 5) + 1060 \times (P/F, 10\%, 5)$
$= 80 \times 3.7908 + 1060 \times 0.6209 = 961.418$（元）

经计算，转换价值（标的股票现值）1024.48 元，高于非转换价值（债券现值）902.67 元和赎回价值 961.42 元，也高于债券面额，投资者的投资报酬率高于市场利率；赎回价值 961.42 元高于债券现值 902.67 元，投资者应该可以购买，该可转换债券可以发行。

可转换债券投资者在 5 年后是否转换为股票，要看当时该公司股票市价是否达到或高于 33 元。如果股票市价未达到 33 元，可转换债券赎回价值为 961.42 元（相当于保底价值），投资者将债券卖给发行公司得到的报酬率高于 8%，其损失比票面利率与市场利率的差距要小，即比票面利率的损失要小。

（四）可转换债券筹资的优缺点

发行可转换债券筹资的优点是：

1. 筹资成本较低。可转换债券的利率比普通债券的利率低，因为投资者有可能分享公司未来有较好发展前景带来的收益。在可转换债券转换成股票时，公司无须另外支付筹资费用，节约了股票筹资成本。

2. 便于筹集资金。在发行新股的时机、价格不理想时，可先发行可转换债券吸引投资者，以便筹集资金，以后通过转换实现以较高价格的股权筹资。

3. 有利于稳定股票价格和减少对每股收益的稀释。因为将来转换成股票的价格比债券发行时的股票价格高，就使将来换成股票的数量比现在发行股票的数量少，相对降低了原股东的股权稀释比例。

4. 可减少筹资中的利益冲突。发行可转换债券的限制性约束较少，债券持有者是发行公司的潜在股东，与公司的利益有着密切的关系，因而冲突较少。

发行可转换债券筹资的缺点是：

1. 股价上扬风险。转换成股票的价格事先已约定，如果转换时公司股票价格大幅上涨，会降低公司股权筹资额。

2. 财务风险。如果转换时公司业绩不佳，股票价格没有达到转股所需要价格水平，债券持有者就不会转换，公司只能继续承担还本付息负担，加大了公司财务风险。

3. 丧失低息优势。债券转换成股票之后，公司就丧失了债券税后利息比股票股利低的优势，要承担较高的股权资金成本，会使公司综合资金成本上升。

本章复习思考题

1. 企业筹资管理应做好哪些工作？
2. 各种类型的资本金制度有何要求、特征？有何优缺点？
3. 有价证券的各种发行和销售方式各有何优缺点？
4. 公司为什么要向老股东配发股票？怎样计算配股权价值？
5. 各种还本付息方式的债券在何种情况采用？
6. 传统的经营性租赁与融资性租赁有何区别？租金包括哪几部分？租金怎样计算？
7. 认股权证有何特征？为什么要发行认股权证？
8. 投资者将如何做出可转换债券是否转换的选择？
9. 各种筹资方式各有哪些优缺点？

本章练习计算题

计算题 9 – 1：熟悉累积优先股息的计算。

资料与要求：某公司原已发行在外的普通股 500 万股，优先股 100 万股，每股面额都是 1 元，优先股年股息率 6%。由于公司经营效益不佳，20×5 年未分配股利，20×6 年优先股分配股利 4%。20×7 年经营效益较好，有可分配股利 26 万元。据此分别计算下列各种条件的 20×7 年优先股应分股利总额和普通股应分股利总额及每股应分股利。

1. 如果优先股是非累积优先股；
2. 如果优先股是累积优先股。

计算题 9 – 2：熟悉参加优先股息的计算。

资料与要求：某公司原已发行在外的普通股 500 万股，优先股 100 万股，每股面额都是 1 元，规定优先股年股息率 6%。本年实现可供分配股利的利润 54 万元。据此分别计算下列各种条件的本年优先股和普通股每股分利。

1. 如果优先股是不参加优先股；
2. 如果优先股是无限制参加优先股；
3. 如果优先股是有限制参加优先股，事先规定的优先股利率最高为 8%；
4. 如果优先股是有限制参加优先股，事先规定的优先股利率最高为 8%，本年实现可供分配股利的利润为 42 万元；
5. 如果优先股是不参加优先股，本年实现可供分配股利的利润为 5 万元。

计算题 9 – 3：熟悉债券发行价格的计算。

资料与要求：某企业准备发行 4 年期债券，该债券面额为 1000 元，年利率为 7%；发行时市场其他方面投资报酬率为 8%。根据下列条件试分别计算该债券的发行价格。

1. 如果该债券是按单利计息，到期一次还本付息；
2. 如果该债券是按复利计息，到期一次还本付息；
3. 如果该债券是每年付息一次，到期还本；
4. 如果该债券是每半年付息一次，到期还本；
5. 如果该债券是贴现债券（券面没有利率，债券面额等于到期本息总额）。

计算题 9 – 4：熟悉银行贷款实际年利率的计算。

资料：某公司准备向银行申请一年期贷款 50 万元，银行报价（挂牌）年利率 7%，银行提出以下几种还本付息方式：

1. 到期一次还本，每季支付利息 0.875 万元；
2. 发放贷款当时扣除利息 3.4 万元，实际付给公司 46.6 万元；
3. 每季还本付息额为 13.2 万元；
4. 银行要求公司在银行存款的经常性余额为 5 万元，到期一次还本，每季支付利息 0.8 万元。

要求：如果只以实际年利率为标准，不考虑其他因素，计算说明应采用哪种还本付息方式。

计算题 9-5：熟悉银行贷款实际年利率的计算。

资料：2021 年 1 月，互联网上报道，"还贷 7 年多 117 万本金竟然一分都没还！"说的是，某地的蒲先生，2013 年 10 月份，在某银行办理了一笔 117 万元的商业房贷，当时合同约定贷款期限为 20 年，年利率 4.2% 左右，按照等额本息的方式还款，每个月的还本付息额为 8092.95 元。蒲先生每月都足额将须还款金额存入了银行。

可在七年之后，蒲先生在查看自己的征信报告时突然发现，自己还了七年多的房贷，本金竟然还是 117 万元，一分都没减少。蒲先生赶紧询问了银行的客服经理，得到的答复是：他的这笔房贷，采用的是先息后本还款方式，先支付利息（银行每月扣收利息 5609.26 元），到期一次性归还本金 117 万元。显然，这是银行擅自改变了还本付息方式，属于违约行为。

要求：根据资料计算：
1. 银行改为先息后本还款方式比原合同等额本息还款方式多还付的金额是多少？
2. 银行改为先息后本还款方式后，名义年利率、实际年利率是多少？
3. 原合同真实的名义年利率、实际年利率是多少？

计算题 9-6：熟悉认股权证价值的计算。

资料：某公司拟发行附送认股权证的债券，债券面额和发行价均为 1000 元，期限 6 年，票面年利率 7%，按年付息。由于债券市场利率为 9%，约定投资者购买 1 张债券可获得 10 份认股权证，在债券到期时每份认股权证可认购 5 股普通股，认股价格为每股 20 元。预计该公司股票 6 年后市价为 23 元。

要求：计算认股权证理论价值和实际价值，从投资者的角度说明该债券及附送的认股权证是否值得购买。

计算题 9-7：熟悉可转换债券价值的计算。

资料与要求：某公司拟发行可转换为普通股票的债券筹资，债券面额 1000 元，期限 6 年，票面年利率 7%，按年付息，市场利率为 9%，仍按面额发行，约定该债券转换比例为 1:50。该公司股票目前每股市价 23.86 元，预计公司净利润每年递增 5%。

1. 如果约定该债券在 6 年到期时转换，计算说明发行可转换债券是否可行。
2. 如果约定可转换债券的不可赎回期 4 年（债券发行满 4 年时可转换为公司股票），4 年后赎回价为 1030 元，计算说明发行可转换债券是否可行。

第十章 Chapter 10

资金成本和资金来源结构

学习目标：

- □ 明确资金成本的性质和意义，掌握资金成本的计算方法
- □ 明确经营杠杆、财务杠杆产生的原因，掌握杠杆系数的计算方法，并明确杠杆系数说明的问题
- □ 掌握复合杠杆系数说明的问题及运用策略
- □ 明确确定最佳资金来源结构需考虑的因素
- □ 掌握确定最佳资金来源结构的方法
- □ 了解有关资本结构理论的主要观点

■ 第一节 资金成本

一、资金成本的性质和意义

资金成本，是指企业取得和使用资金而付出的经济代价，包括资金筹集费用和资金占用费用。在资金筹集（取得）过程中支付的费用称为资金筹集费用，如发行股票、债券支付的资信评估费、广告费、证券印刷费、代理发行手续费，向有关单位借款、租赁而支付的手续费、担保费，签订合同的印花税等。在资金使（占）用过程中支付的费用称为资金占用费用，如股票的股利、负债的利息。

（一）资金成本的性质

资金成本是资金的使用者向资金的所有者和中介人支付的费用。资金成本是由于资金使用权和所有权相分离而形成的一个经济范畴，是资金的使用者向资金的所有者和中介人支付的费用，是资金所有者让渡资金使用权和中介人提供服务的报酬。资金也具有其使用价值，即能保证生产经营活动的顺利进行，能与其他生产要素相结合使资金使用者获得高于资金耗费额或投资额以上的收益。企业作为资金使用者通过筹资活动，取得了资金的使用价值，就要把资金投入生产经营活动后获得收益的一部分作为使用资金的报酬支付给资金所有者和中介人。

资金成本体现了一种利益分配关系。资金成本同产品成本一样，都是为进行经营活动所必需的耗费，最终要通过收益来补偿。但是，产品成本的价值补偿是对产品自身耗费的补

偿，并且补偿之后又回到生产经营过程中。而资金成本的补偿是对提供资金使用权的补偿，虽然是从企业收益中扣除，但要支付给资金所有者和中介人，一旦支付就退出了企业经营过程，体现了一种利益分配关系。

资金成本与资金时间价值既有联系又有区别。资金时间价值是资金成本形成的基础，没有资金时间价值范畴就不需要考虑测算资金成本，并且两者是同方向变化，即资金时间价值越大，资金成本也越高。但两者在数量上是不一致的，资金时间价值是站在社会的角度上，以资金市场上的利息率水平表示的；资金成本是站在本企业的立场上，按将要减少企业的利润额来测算的，它的高低要受到企业管理水平的影响。

（二）资金成本的意义

资金成本主要用于筹资方案的可行性研究，它是选择资金来源，拟订筹资方案的主要依据。不同渠道和不同方式取得的资金，其成本水平往往是不相同的。企业资金来源构成发生了变化，其资金的平均成本水平也会发生变动。因此，在选择资金来源，拟订筹资方案时，就必须分析各种资金来源成本的高低，力争以最少的资金耗费最方便地取得企业所需要的资金，使企业的平均资金成本最小化。

资金成本也可用于投资项目的可行性研究，是评价投资项目预期收益的最低经济界限。任何投资项目，如果预期的投资报酬率（未扣除资金成本的利润）超过资金成本率，则认为是有利可图，这项方案在经济上是可行的。如果预期的投资报酬率低于资金成本率，则企业用投资项目新增利润还不够支付资金成本，就不能进行该项投资。所以，通常将资金成本率视为一个投资项目必须获得的最低报酬率或必要报酬率，视为一个投资项目的取舍率，是企业用以确定投资项目是否可行的重要经济标准。

资金成本也是评价企业经营业绩的依据。资金成本率是投资人要求的报酬率，是企业为取得资金使用权应当付出的代价。投资人总是希望企业的资金（产）实际收益率高于资金成本率。如果企业的资金实际收益率高于资金成本率，说明企业经营有利，业绩良好，会吸引新投资者来投资，企业再筹资容易。如果企业的资金实际收益率低于资金成本率，说明企业经营不利，业绩不佳，企业再筹资可能困难。因此，企业资金成本率是判断企业经营好坏的标尺。

二、资金成本计算的基本规则

（一）应采用相对数计算

资金成本是用以表示筹资代价大小的指标。由于在不同条件下筹集资金的数额和支付费用的数额不同，就不便于对各种筹资渠道、方式的代价进行比较评价。为了便于比较评价，应计算筹资发生的费用占筹资额的比率即资金成本率这一相对数指标，表示筹集每百元资金花了多少代价，也就是应计算单位资金成本。

（二）资金筹集费用应从筹资额中扣除

按一般道理来说，资金成本率，是指企业为取得一定时期所使用的资金应支付的费用（包括资金筹集费用和资金占用费用）占筹资总额的比率。由于资金筹集费用是在取得资金过程中一次性支付的，同资金占用期的长短一般无直接联系，它不是随着资金占用期的延长而成正比例增加，它与筹资额的多少一般成正比例关系，可以将它从筹资总额中扣除，其余额就是筹集的可实际使用的资金数额。

(三) 资金占用费用应按年度计算

企业筹到的资金可使用的时间有长有短，同一数额的资金因使用时间不同，其付出的资金占用费数额是不相同的。为了便于比较筹资代价，就要有一个统一的时间单位。由于社会经济生活中的多数指标和会计分期是以年度为时间段落的，所以资金成本的计算也应以年度为时间段落。这样，就应将不是年度的资金占用费换算成年度数额，或将不是实际的年利率换算成年度实际利率。

正因为资金成本率通常是按年计算的，在筹到的资金使用期在一年以上的情况下，如果把资金筹集费用作为分子，就要按资金的使用期计算资金筹集费用的时间价值，显然计算较繁琐，故将资金筹集费用先从筹资总额中扣除后再计算资金成本率就较为简便。

(四) 资金占用费用应按抵税后的数额计算

各种筹资方式的资金占用费用在会计核算时列支的途径不一定是相同的，股利是在所得税后的利润中分配；负债利息是在所得税前的有关费用中列支，有所得税优惠，具有抵税作用。为了便于比较，资金占用费应按照将要减少企业所得税后利润数额测算，即在所得税前列支的资金占用费用（利息）应乘以（1－所得税率），计算税后成本率。

按照上述规则，资金成本率计算的基本模式是：

$$资金成本率 = \frac{年度税前资金占用费 \times (1 - 所得税率)}{筹集资金总额 - 资金筹集费用} \times 100\%$$

$$= \frac{年度税后资金占用费}{筹到的可实际使用的资金} \times 100\%$$

尚需说明的是：

一是计算资金成本的资金筹集费用可按税后计算，也可按税前计算。资金筹集费用在多数情况下是在所得税前的有关费用中列支的，可以抵减部分所得税，理应将资金成本的资金筹集费用按税后数额计算。这样，资金成本率计算的基本模式是：

$$资金成本率 = \frac{年度税前资金占用费 \times (1 - 所得税率)}{筹集资金总额 - 税前资金筹集费用 \times (1 - 所得税率)} \times 100\%$$

但一般情况下资金筹集费用相对于资金占用费用来说数额较少，将资金筹集费用按税后数额计算与按税前数额计算两者的资金成本率差异不大。为了计算简便，本书各种筹资方式来源的资金成本率计算中不考虑资金筹集费用对所得税的影响。

二是财务管理所计算的资金成本是预计数。计算资金成本的目的是为了比较筹资代价的大小，为筹资决策提供依据。因此，一般只是在拟订筹资方案时才需计算资金成本，是对近期将要发生的筹资代价进行预计测算，并不是对过去实际发生的资金成本进行专门的核算。当然，过去实际发生的资金筹集费用和资金占用费用可以作为预计资金成本的参考依据。

三是计算资金成本时要考虑投资者的利益要求。资金成本是站在筹资者的角度计算的，但筹资者的资金占用费用是投资者的报酬，所以，筹资者在预计测算资金占用费用时要考虑投资者的利益要求。

三、各种筹资方式来源资金成本的计算

(一) 银行借款成本率

企业从银行取得借款要按合同规定的利率计算向银行支付利息，利息是银行借款的资金

占用费用。会计准则规定企业借款应付的利息一般列作财务费用,计入当期损益。收入一定,费用增加,利润就会减少。由于所得税是按利润额的一定比例计算的,因此,银行借款支付的利息不会全部减少企业的税后利润,要部分地减少上交所得税,这样银行借款的资金占用费应按借款利息扣除抵减所得税后的余额计算。有的借款在取得时还要支付手续费、担保费等资金筹集费用。资金筹集费用占筹资总额的一定比例称为筹资费率。其成本率计算公式是:

$$银行借款成本率 = \frac{借款额 \times 借款年利率 \times (1-所得税率)}{借款额 - 借款筹资费用} \times 100\%$$

$$= \frac{借款年利率 \times (1-所得税率)}{1-借款筹资费率} \times 100\%$$

【例 10-1】某企业向银行申请取得 3 年期借款 200 万元,年利率 8%,商定到期一次还本,发生资金筹集费用 5000 元,该企业所得税率为 25%。

如果该借款是每年付息一次(借款期满一年付息一次),则:

$$银行借款成本率 = \frac{200 \times 8\% \times (1-25\%)}{200-0.5} \times 100\% = 6.015\%$$

如果该借款是按年复利计息,到期一次还本付息,其成本率的计算与上式相同。因为,分次付息实际起到了一次按复利计息的效果,一次按复利计息与分次付息的效果是相同的。

如果该借款是每季末支付利息一次,由于资金成本率是按年计算的,按季付息应考虑付息到年末的时间价值。可将每季应付利息额折算成年末终值后再计算借款成本率,也可以先将季度报价(名义)利率换算成年度实际利率后再计算借款成本率。按例 10-1 资料:

$$借款年度实际利率 i = \left(1+\frac{8\%}{4}\right)^4 - 1 = 8.243\%$$

$$借款成本率 = \frac{200 \times 8.243\% \times (1-25\%)}{200-0.5} \times 100\% = 6.2\%$$

(二) 企业债券成本率

企业债券发行后要按票面规定的利率计算向债券持有者支付利息,利息是企业债券的资金占用费用。会计准则规定企业支付的债券利息一般列入财务费用,计入当期损益。这样,债券利息不会全部减少企业所得税后的利润额,要部分地减少上交所得税,应按抵减所得税后的利息额计算。发行债券时要支付资信评估费、证券印刷费、广告费、代理发行的手续费等资金筹集费用(债券发行费用)。其成本率计算公式是:

$$债券成本率 = \frac{债券面额 \times 债券年利率 \times (1-所得税率)}{债券发行价 \times (1-筹资费率)} \times 100\%$$

$$= \frac{债券年利息 \times (1-所得税率)}{债券发行价 - 债券发行费用} \times 100\%$$

【例 10-2】某企业债券面额为 500 元,5 年期,券面年利率 9%,发行价为 480 元,发行费用为发行价的 0.8%,企业所得税率为 25%。

如果该债券是每年付息一次(发行后满一年付息一次),则:

$$债券成本率 = \frac{500 \times 9\% \times (1-25\%)}{480 \times (1-0.8\%)} \times 100\% = 7.088\%$$

如果该债券是按年复利计息,到期一次还本付息,其成本率的计算与上式相同。

如果该债券是按半年或按季付息，由于资金成本率是按年计算的，应将半年或季度报价（名义）利率换算成年度实际利率后再计算成本率。

如果该债券是按单利计息，到期一次还本付息，按照资金时间价值的原理，到期还本付息总额是终值，发行价是现值，应将按单利计算的本利和按复利法换算成发行价的实际年利率，再按实际年利率计算资金成本率。

接例10-2，债券是按单利计息，到期一次还本付息，测算债券按发行价付息的实际年利率i的模式是：

$$480 \times (1+i)^5 = 500 \times (1+9\% \times 5)$$

实际年利率 $i = 8.5974\%$

债券成本率 $= \dfrac{480 \times 8.5974\% \times (1-25\%)}{480 \times (1-0.8\%)} \times 100\% = 6.5\%$

如果是贴现债券，债券面额是到期一次还本付息总额（终值），发行价是现值，应将面额按复利法换算成发行价的实际年利率，再按实际年利率计算资金成本率。

【例10-3】 某企业的债券面额为1000元，3年期的贴现发行价为775元，发行费用为发行价的0.8%，企业所得税率为25%。测算债券按发行价付息的实际年利率i的模式是：

$$1000 = 775 \times (1+i)^3 \quad 或：775 = 1000 \div (1+i)^3$$

实际年利率 $i = 8.8677\%$

债券成本率 $= \dfrac{8.8677\% \times (1-25\%)}{1-0.8\%} \times 100\% = 6.704\%$

（三）融资租赁成本率

企业采用融资租赁方式筹集资金要按期支付租金，在支付的租金中包含着既还本又付息，租金中的利息即为融资租赁的资金占用费用。由于融资租赁固定资产的租金最终要转移到生产经营费用中，所以租金中的利息也部分地减少上交所得税额。租赁资产使用往往要在租赁开始一次性支付一定的手续费（在租金之外），这是融资租赁的资金筹集费用。其成本率计算公式是：

$$融资租赁成本率 = \dfrac{租赁年利率 \times (1-所得税率)}{1-租赁筹资费率} \times 100\%$$

【例10-4】 租赁设备一套，设备市场价值50万元，租期5年，合同约定每季末支付租金3.25万元，租入时另付手续费8000元，企业所得税率为25%。

按照资金时间价值的原理，租赁开始筹到的资金即设备市场价值是现值，每次支付的租金是年金，就可以按照年金现值计算公式推导求实际利率，然后再计算租赁成本率。

测算租赁期为20（5×4）个季度的季利率i的模式是：

$$50 = 3.25 \times \dfrac{(1+i)^{20}-1}{i(1+i)^{20}}$$

即期数为20的年金现值系数 $= 50 \div 3.25 = 15.3846$

当 $i = 2\%$ 时：$(P/A, 2\%, 20) = 16.3514$

当 $i = 3\%$ 时：$(P/A, 3\%, 20) = 14.8775$

租赁季利率 $i = 2\% + \dfrac{16.3514 - 15.3846}{16.3514 - 14.8775} \times (3\% - 2\%) = 2.6559\%$

租赁实际年利率 $= (1 + 2.6559\%)^4 - 1 = 11.0544\%$

$$融资租赁成本率 = \frac{11.0544\% \times (1-25\%)}{1-(0.8 \div 50)} \times 100\% = 8.4256\%$$

(四) 赊购成本率

赊购商品延期付款，从表面上看没有成本负担，但供货单位可以提高产品售价将赊购期占用资金的成本转嫁给购买单位。有的销货单位规定购买者在购买时或之后很短时间内付给现款可以给予现金折扣，由于延期付款而未得到的现金折扣即比在折扣期多支付的款项，实际构成了赊购占用销货单位资金的成本。而购货单位实际得到的信用金额是全部货款扣除现金折扣的余额，应该负担赊购成本（现金折扣）的信用期限是赊购期扣除折扣期的天数。由于赊购只是短期筹资的一种方式，所以，要把每次赊购成本乘以"年赊购次数"换算成年度成本，以便与其他筹资方式的成本相比较。就某一销货单位来说赊购一般不具有连续性，所以在年度内的次数不按复利计算。企业购货的成本要全部进入生产经营成本，或将现金折扣列作财务费用，所以赊购延期付款未得到的现金折扣即多支付的款项也会部分抵减上交所得税。其成本率计算公式是：

$$赊购成本率 = \frac{每次赊购额 \times 折扣率 \times 年赊购次数 \times (1-所得税率)}{每次赊购额 \times (1-折扣率)} \times 100\%$$

【例 10-5】 供货单位规定的付款条件是 2/10，n/60，企业所得税率为 25%，则：

$$赊购成本率 = \frac{2\% \times \frac{360}{60-10} \times (1-25\%)}{1-2\%} \times 100\% = 11.02\%$$

(五) 实收资本成本率

企业采用直接吸收资本方式筹集资本金，要按照合约或章程向企业所有者分配净利润，这是实收资本的资金占用费用。由于筹资后向所有者分配利润的数额要视企业经济效益和积累情况而定，所以分配给所有者的利润额只能根据有关情况估计。由于向所有者分配的利润是税后净利润，所以分配支付利润没有抵税利益。企业在直接吸收资本金过程中可能要发生资产评估费、手续费等资金筹集费用。其成本率计算公式是：

$$实收资本成本率 = \frac{估计每年分给所有者的利润}{实收资本总额 - 资金筹集费用} \times 100\%$$

(六) 股票成本率

股票成本率或称股权资本成本率。公司发行股票要支付资信评估费、股票印刷费、广告费、代理发行的手续费、验资费等资金筹集费用（股票发行费用）；还要在税后利润中按期分配支付股利等资金占用费用。由于向股东支付的股利是税后净利润的分配，所以分配支付股利没有抵税利益。由于分配支付股利不像负债利息那样固定并受法规保护，即事先不知道以后实际能否支付股利、支付多少股利，所以只能根据不同情况估计股利来计算股票成本率。

1. 每年股利固定不变计算方法。公司优先股一般是事先规定有股利率，其股利可按事先规定的股利率计算；普通股也可能采用固定股利政策。这种情况下每年支付的股利数额基本相同，即每年股利固定不变。其成本率计算公式是：

$$股票成本率 = \frac{股票面额 \times 年股利率}{股票发行价 \times (1-筹资费率)} \times 100\%$$
$$= \frac{预计年股利额}{股票发行价 - 股票发行费用} \times 100\%$$

【例10-6】某公司的股票面额为10元,发行价为15元,预计年股利率为10.8%,发行费用占发行价的比率为1%。则:

$$该股票成本率 = \frac{10 \times 10.8\%}{15 \times (1-1\%)} \times 100\% = 7.273\%$$

2. 每年股利固定增长计算方法。根据每年股利固定增长的股票价值估算模式和收益率估算模式,股票成本率计算公式是:

$$股票成本率 = \frac{上年股利 \times (1+股利增长率)}{股票发行价 \times (1-筹资费率)} + 股利增长率$$

$$股票成本率 = \frac{第一年股利}{股票发行价 - 股票发行费用} + 股利增长率$$

如果没有股票发行价可按目前每股市价计算。

【例10-7】某公司股票每股发行价(目前市价)为15元,发行费用占发行价的比率为1%,预计第一年每股分派股利1.2元,以后每年股利增长4%。则:

$$该股票成本率 = \frac{1.2}{15 \times (1-1\%)} + 4\% = 12.081\%$$

使用股利固定增长模式计算股票成本率,主要问题是估计股利每年平均增长率,可参照过去(历史)实际平均增长率和公司发展趋势估计确定。

3. 股票风险β系数计算方法。就是按照无风险报酬和该股票的市场风险程度计算股票投资者必要报酬率,将股票投资者必要报酬率作为股票成本率。即:

$$\begin{pmatrix}股票成本率\\(投资人必要报酬率)\end{pmatrix} = \begin{pmatrix}无风险\\报酬率\end{pmatrix} + \begin{pmatrix}股票\\的β\end{pmatrix} \times \begin{pmatrix}市场平均\\报酬率\end{pmatrix} - \begin{pmatrix}无风险\\报酬率\end{pmatrix}$$

这种计算方法直接用股票投资人必要报酬率作为股票成本率,忽略了资金筹集费用,所以计算的成本率偏低。可将计算出的股票投资人必要报酬率除以"(1-筹资费率)"进行调整。

该模式的关键是要确定无风险报酬率、市场平均报酬率、股票的β系数三个参数。

4. 债券收益风险溢价计算方法。按债券收益(报酬)风险溢价计算股票成本率,是根据风险与收益相均衡的原则,在参照现实的债券收益率基础上,加上股票风险高于债券风险的收益率,作为股票成本率。一般而言,股票投资的风险要高于债券投资的风险。因为股利数额不固定,取决于公司将来的经营状况和财务状况;并且股利分配在债务利息之后,只有足额支付了债务利息后,有净利润才可以分配股利。所以,投资者会要求股票投资收益率高于债券投资收益率。即:

$$股票成本率 = 债券税后收益率 + 股票风险高于债券风险的收益率$$

(七)留用利润成本率

企业是所有者的企业,所以,企业的税后净利润应全部归企业所有者所有。在实际工作中,企业的税后净利润,一般是一部分以股利的形式分给股东作为投入资本的报酬,一部分留给企业用于生产经营活动。留给企业的部分净利润,相当于所有者(股东)给企业追加了投资,也应再获得投资报酬,所以,它应与普通股票一样获得股利。因此,企业留用利润成本率可参照股票成本率计算,但不须考虑资金筹集费用。

留用利润成本率的计算是从机会成本的角度上考虑的,实际没有单独支付留用利润的报酬。留用利润的成本既然是所有者追加投资的报酬,实际包含在分发的股利之中,所以有时并不需要单独计算留用利润成本率。

四、综合资金成本的计算

综合资金成本，即各种方式来源资金成本的加权平均数。企业采用不同的方式，分别从各种渠道取得资金，其资金成本率是各不相同的。由于种种条件的制约，企业不可能只采用一种方式从某种资金成本较低的来源筹集资金。相反，企业采用多种方式从多种来源取得资金，以形成各种方式来源资金的组合可能更为有利，不仅可以分散债权人和错开还债时间，而且还有可能降低筹资成本。

在多种方式多种来源取得资金的情况下，就应计算综合资金成本率。其计算公式是：

$$综合资金成本率 = \Sigma \left(\frac{某种来源}{资金成本率} \times \frac{某种来源的资金}{资金来源总额} \right)$$

【例10-8】某企业初步拟订了两个筹资方案，计算综合资金成本率如表10-1所示。

表10-1　　　　　　　　　　　筹资方案成本比较表

资金来源项目	资金成本率(%)	甲方案			乙方案		
		筹资额(万元)	比重(%)	综合资金成本率(%)	筹资额(万元)	比重(%)	综合资金成本率(%)
自有资金	9	160	64	5.76	130	52	4.68
银行借款	6	50	20	1.2	70	28	1.68
企业债券	7	30	12	0.84	40	16	1.12
赊　购	10	10	4	0.4	10	4	0.4
合　计		250	100	8.2	250	100	7.88

从表10-1中的计算结果看出，乙方案的综合资金成本率要低于甲方案的综合资金成本率，因此，在不需要考虑其他因素时，应采用乙方案筹集资金。

由此来看，计算综合资金成本，便于安排各种方式来源资金的比例。

按照上述计算方法，在不考虑资金筹集费用时，综合资金成本率也可按下列公式计算：

$$综合资金成本率 = \frac{\Sigma(某种负债 \times 利息率) \times (1-所得税率) + 股东权益 \times 股利率}{负债 + 股东权益}$$

$$综合资金成本率 = \frac{\Sigma(某种负债 \times 利息率) \times (1-所得税率)}{负债 + 股东权益} + \frac{股东权益 \times 股利率}{负债 + 股东权益}$$

$$= \Sigma(某种负债比重 \times 利息率) \times (1-所得税率) + 权益比重 \times 股利率$$

$$= 资产负债率 \times 负债平均利息率 \times (1-所得税率) + 资产权益率 \times 股利率$$

将上式除以"(1-平均筹资费率)"就是考虑了资金筹集费用的综合资金成本率。

五、边际资金成本

边际资金成本，是指资金每增加一个单位而增加的成本。一般来说，企业不可能总是以某一固定的资金成本水平来筹措无限的资金，当其筹集的资金超过一定限度时，资金成本水平就会提高（增加）。企业在追加筹资时，需要知道筹资额在什么数额上便会引起资金成本水平怎样变化，因此，边际资金成本是在追加筹资额时所使用的成本概念，它是按加权平均法计算的。

【例10-9】某企业准备新增筹资额，拟订的资金来源结构为：长期借款占20%，长期债券占30%，普通股占50%。估计各种资金成本情况可筹集到的资金数额如表10-2所示。

表10-2　　　　　　　　　　筹资额和资金成本变化情况

资金来源	资金来源结构	资金成本	新筹资额
长期借款	20%	5% 6% 7%	8万元以内 8万～16万元 16万元以上
长期债券	30%	8% 9% 10%	18万元以内 18万～30万元 30万元以上
普通股	50%	11% 12% 13%	30万以内 30万～60万元 60万元以上

表10-2中含义是，采用借款筹资方式，如果花5%的筹资代价，最多可以借到8万元资金，或者说，如果借款在8万元之内，借款成本可能是5%；如果花6%的筹资代价，可以借到8万～16万元资金，或者说，如果借款在8万～16万元，借款成本可能是6%；如果花7%的筹资代价，可以借到16万元以上的资金，或者说，如果借款在16万元以上，借款成本可能是7%。其余依次类推。

（一）计算筹资突破点

筹资突破点也称筹资总额分界点，是指在保持现有资金来源结构和某种资金成本水平的条件下，可以筹到的资金总额。因为花费一定的资金成本只能筹集到一定数量的资金，超过这一限度多筹集资金就要多花费资金成本。所以，就把在某种资金成本水平的条件下，可以筹到的资金总额称为筹资突破点。在筹资突破点范围内筹资，原来的资金成本不会改变，一旦筹资额超过筹资突破点，其资金成本就会增加。筹资突破点的计算公式为：

$$筹资突破点 = \frac{可用某一特定成本率筹集到某种资金最大数额}{该种资金在资金结构中所占的比重}$$

若花费5%的筹资代价，取得长期借款的筹资限额为8万元，其筹资突破点为40万元（8÷20%）。即长期借款成本率为5%时，保持目前的资金来源结构，企业采用各种筹资方式可筹到资金40万元。

若花费6%的筹资代价，取得长期借款的筹资限额为16万元，其筹资突破点为80万元（16÷20%）。即长期借款成本率为6%时，保持目前的资金来源结构，企业采用各种筹资方式可筹到资金80万元。

若花费8%的筹资代价，发行长期债券的筹资限额为18万元，其筹资突破点为60万元（18÷30%）。即长期债券成本率为8%时，保持目前的资金来源结构，企业采用各种筹资方式可筹到资金60万元。

根据例10-9，计算的筹资突破点列表如表10-3所示。

表 10-3　　　　　　　　　　　　　筹资突破点

资金来源	资金来源结构	资金成本	新筹资额	筹资突破点
长期借款	20%	5% 6% 7%	8 万元以内 8 万~16 万元 16 万元以上	40 万元 80 万元
长期债券	30%	8% 9% 10%	18 万元以内 18 万~30 万元 30 万元以上	60 万元 100 万元
普通股	50%	11% 12% 13%	30 万以内 30 万~60 万元 60 万元以上	60 万元 120 万元

通过表 10-3 计算可看出，计算筹资突破点（筹资总额分界点）的前提（假定）条件是：一是资金供应量有限（具有稀缺性）；二是资金成本水平一定；三是资金来源结构不变。因此，在资金供应量有限的条件下，企业想筹措更多的资金时，其资金成本率必然会上升。通常把取得 1 元新资金的成本称为"边际资金成本"。

（二）计算边际资金成本

根据上一步计算出的筹资突破点，可以得到 6 组筹资总额范围：(1) 40 万元以内；(2) 40 万~60 万元；(3) 60 万~80 万元；(4) 80 万~100 万元；(5) 100 万~120 万元；(6) 120 万元以上。对以上 6 组筹资总额范围分别计算加权平均资金成本，即可得到各种筹资总额范围的边际资金成本。如表 10-4 所示。

表 10-4 中资金成本是根据应筹资金数额对照表 10-2 确定的。如筹资总额在 40 万~60 万元之间时，借款筹资 12 万元以内的成本率为 6%，债券筹资 18 万元以内的成本率为 8%，股票筹资 30 万元以内的成本率为 11%。

表 10-4　　　　　　　　　　　　筹资总额范围边际资金成本

筹资总额范围	资金来源	资金来源结构	应筹资金 （万元）	资金成本	加权平均资金成本
40 万元以内	长期借款 长期债券 普通股	20% 30% 50%	40×20% = 8 40×30% = 12 40×50% = 20 40	5% 8% 11%	5%×20% = 1% 8%×30% = 2.4% 11%×50% = 5.5% 8.9%
40 万~60 万元	长期借款 长期债券 普通股	20% 30% 50%	60×20% = 12 60×30% = 18 60×50% = 30 60	6% 8% 11%	6%×20% = 1.2% 8%×30% = 2.4% 11%×50% = 5.5% 9.1%
60 万~80 万元	长期借款 长期债券 普通股	20% 30% 50%	80×20% = 16 80×30% = 24 80×50% = 40 80	6% 9% 12%	6%×20% = 1.2% 9%×30% = 2.7% 12%×50% = 6% 9.9%

续表

筹资总额范围	资金来源	资金来源结构	应筹资金（万元）	资金成本	加权平均资金成本
80万~100万元	长期借款 长期债券 普通股	20% 30% 50%	100×20%=20 100×30%=30 100×50%=50 100	7% 9% 12%	7%×20%=1.4% 9%×30%=2.7% 12%×50%=6% 10.1%
100万~120万元	长期借款 长期债券 普通股	20% 30% 50%	120×20%=24 120×30%=36 120×50%=60 120	7% 10% 12%	7%×20%=1.4% 10%×30%=3% 12%×50%=6% 10.4%
120万元以上	长期借款 长期债券 普通股	20% 30% 50%	120×20%=24 120×30%=36 120×50%=60 120	7% 10% 13%	7%×20%=1.4% 10%×30%=3% 13%×50%=6.5% 10.9%

从以上计算看出，随着筹资规模增大，筹资平均成本也在提高。计算边际资金成本的目的，就是为了知道筹资额在什么数额上便会引起资金成本变化，在某种筹资范围内其平均成本水平多高，便于与投资效益相比较，决定筹资规模。

第二节 经营杠杆和财务杠杆

一、经营杠杆

（一）经营杠杆的含义和计量

财务管理中的杠杆效应，是由于有一部分固定性成本费用的存在，当业务量发生较小的变化时，对利润会产生较大的影响。经营杠杆的产生是由于有一部分固定成本的存在而引起的，在其他条件不变的情况下，当业务量（产销量）增加固定成本总额不变时，息前利润增长的幅度会大于业务量增长的幅度；当业务量（产销量）减少固定成本总额不变时，息前利润减少的幅度会大于业务量减少的幅度。

【例10-10】某企业有关销售额、成本的资料及息前利润计算如表10-5所示。

表10-5　　　　　　　　　销售量、利润变动率计算表　　　　　　　　　金额单位：万元

	销售量（件）	单价	销售额	单位变动成本	变动成本总额	边际贡献	固定成本总额	息前利润
基期	200	7.5	1500	5	1000	500	300	200
本期	240	7.5	1800	5	1200	600	300	300
差异 变动率	40 20%		300 20%		200 20%	100 20%		100 50%

息前利润是指未扣除负债利息的利润,即成本中不含利息费用。

由表10-5看出,固定成本不变(同时单价和单位变动成本不变),息前利润变动的幅度总是会大于产销量(销售收入)变动的幅度,这就是经营杠杆作用的表现。经营杠杆是指固定成本一定时,产销量(业务量)变动对息前利润产生的影响。在有固定成本的情况下,由于产销量变动而引起息前利润变动幅度与产销量变动幅度的倍数关系,称为经营杠杆系数,表示经营杠杆发生作用的程度。其计算公式是:

$$经营杠杆系数 = \frac{息前利润变动率}{产销量变动率}$$

$$息前利润变动率 = \frac{本期息前利润 - 基期息前利润}{基期息前利润} \times 100\% = \frac{息前利润增加数}{基期息前利润} \times 100\%$$

$$产销量变动率 = \frac{本期产销量 - 基期产销量}{基期产销量} \times 100\% = \frac{产销量增加数}{基期产销量} \times 100\%$$

按表10-5资料计算:经营杠杆系数 $= \frac{50\%}{20\%} = 2.5$

经营杠杆系数的大小,表示息前利润增减倍数的多少。上述计算的经营杠杆系数为2.5,表示在其他条件不变的情况下,销售量(销售收入)每增加1倍(或10%),息前利润将增加2.5倍(或25%)。

因为:息前利润 = 产销量 × (单价 - 单位变动成本) - 固定成本

由于固定成本不变和不包含利息费用,产销量增加而增加的边际贡献就是产销量增加而增加的息前利润。

所以:产销量增加而增加的息前利润 = 增加的产销量 × (单价 - 单位变动成本)

$$经营杠杆系数 = \frac{\dfrac{增加的产销量 \times (单价 - 单位变动成本)}{基期产销量 \times (单价 - 单位变动成本) - 固定成本}}{\dfrac{增加的产销量}{基期产销量}}$$

$$经营杠杆系数 = \frac{基期产销量 \times (单价 - 单位变动成本)}{基期产销量 \times (单价 - 单位变动成本) - 固定成本}$$

即: $$经营杠杆系数 = \frac{基期边际贡献}{基期息前利润}$$

经营杠杆系数计算公式通常简写为:

$$经营杠杆系数 = \frac{边际贡献}{息前利润}$$

按表10-5基期(变动前)资料计算:经营杠杆系数 $= \frac{500}{200} = 2.5$

这个按基期(变动前)金额计算的经营杠杆系数,藉以说明经营杠杆在下期发生作用的程度,称为下期经营杠杆。上述按两个变动率计算的经营杠杆系数,藉以说明经营杠杆在变动当期发生作用的程度,称为本期经营杠杆。

(二)经营杠杆与经营风险

通过上述计算可以看出,经营杠杆系数越大,息前利润变动的幅度越大。如果相关因素向不利的方面变化,息前利润下降的幅度就越大,企业的经营风险就越大。一般来说,固定成本越多,经营杠杆系数越大,经营风险也越大。所以经营杠杆系数也在一定程度上反映了经营风险的大小。

【例 10-11】 某企业提出了两个经营方案，估计销售量的概率、成本及息前利润计算如表 10-6 所示。

表 10-6　　　　　　　　　　　息前利润计算表　　　　　　　　　　金额单位：万元

方案	概率	销售量（件）	单价	销售额	单位变动成本	变动成本总额	边际贡献	固定成本	息前利润
A	好：0.3	240	7.5	1800	5	1200	600	300	300
	中：0.5	200	7.5	1500	5	1000	500	300	200
	差：0.2	160	7.5	1200	5	800	400	300	100
B	好：0.3	240	7.5	1800	4.5	1080	720	400	320
	中：0.5	200	7.5	1500	4.5	900	600	400	200
	差：0.2	160	7.5	1200	4.5	720	480	400	80

注：表中假定 B 方案比 A 方案的技术装备水平要高一些，因此，B 方案的固定成本相对多些，变动成本相对少些。

表 10-6 中概率的含义是，经营状况较好的可能性为 30%，中等的可能性为 50%，较差的可能性为 20%；在经营状况较好的情况下可销售 240 件产品，A 方案可实现息前利润 300 万元，B 方案可实现息前利润 320 元。其余依次类推。在这种情况下，经营杠杆系数要按加权平均的边际贡献和息前利润计算。

根据表 10-6 资料，则：

A 方案加权平均边际贡献 = 600 × 0.3 + 500 × 0.5 + 400 × 0.2 = 510（万元）
B 方案加权平均边际贡献 = 720 × 0.3 + 600 × 0.5 + 480 × 0.2 = 612（万元）
A 方案加权平均息前利润 = 300 × 0.3 + 200 × 0.5 + 100 × 0.2 = 210（万元）
B 方案加权平均息前利润 = 320 × 0.3 + 200 × 0.5 + 80 × 0.2 = 212（万元）
A 方案可能经营杠杆系数 = 510 ÷ 210 = 2.429
B 方案可能经营杠杆系数 = 612 ÷ 212 = 2.887

衡量个体之间风险的大小一般是计算出标准离差和标准离差率。由于经营杠杆是指产销量变动对息前利润产生的作用，所以，衡量经营风险的标准离差应按息前利润计算。各方案标准离差 δ 计算为：

A 方案 $\delta = \sqrt{(300-210)^2 \times 0.3 + (200-210)^2 \times 0.5 + (100-210)^2 \times 0.2} = 70$

B 方案 $\delta = \sqrt{(320-212)^2 \times 0.3 + (200-212)^2 \times 0.5 + (80-212)^2 \times 0.2} = 84$

由此看出，B 方案的固定成本比 A 方案多，固定成本所占比重相对大一些，B 方案的经营杠杆系数比 A 方案大，B 方案的标准离差（若有必要可计算出标准离差率）比 A 方案大，说明 B 方案的经营风险比 A 方案大。也可认为，固定成本较多、变动成本较少的项目，其经营风险要大一些。

计算经营杠杆系数的意义，一是为了知道业务量变动对息前利润的影响程度；二是便于明确经营风险的大小，以便调整控制经营活动，规避经营风险。

二、财务杠杆

(一) 财务杠杆的含义和计量

财务杠杆的产生是由于有一部分固定性的利息费用而引起的。借款筹资要支付利息，并要相应地减少利润。由于利息费用不随息前利润的增减变动而变动，因此，息前利润变动，会引起经营利润（或称息后利润 = 息前利润 – 利息费用）有更大幅度的变动。或者说，由于借入资金利息率不随资金息前利润率（资产报酬率）的增减变动而变动，因此，在资金来源数额、结构和借入资金利息率一定的条件下，当息前利润增加引起资金息前利润率增长时，自有资金利润率会有更大幅度的增长；当息前利润减少引起资金息前利润率下降时，自有资金利润率会有更大幅度的下降。

【例 10 – 12】某企业有关资金、利息、利润的资料及自有资金利润率计算如表 10 – 7 所示。

表 10 – 7　利润变动率计算表　金额单位：万元

	自有资金	借入资金	资金总额	息前利润	资金息前利润率	负债利率	负债利息	经营利润	自有资金利润率
基期	800	800	1600	200	12.5%	9.375%	75	125	15.625%
本期	800	800	1600	230	14.375%	9.375%	75	155	19.375%
差异变动率				30 15%	1.875% 15%			30 24%	3.75% 24%

由表 10 – 7 看出，负债利息不变，经营利润变动率会大于息前利润率变动率；负债利息率不变，自有资金利润率的变动率会大于资金息前利润率的变动率，这就是财务杠杆作用的表现。财务杠杆是指负债利息一定时，息前利润变动对自有资金利润率产生的影响。在有负债利息的情况下，由于息前利润的变动而引起的自有资金利润率变动的幅度，与资金息前利润率变动幅度的倍数关系，称为财务杠杆系数，表示财务杠杆发生作用的程度。其计算公式是：

$$财务杠杆系数 = \frac{自有资金利润率的变动率}{资金息前利润率的变动率} = \frac{经营利润变动率}{息前利润变动率}$$

$$自有资金利润率变动率 = \frac{本期自有资金利润率 - 基期自有资金利润率}{基期自有资金利润率} \times 100\% = \frac{自有资金利润率增加数}{基期自有资金利润率} \times 100\%$$

$$经营利润变动率 = \frac{经营利润增加数}{基期经营利润} \times 100\%$$

$$资金息前利润率变动率 = \frac{本期资金息前利润率 - 基期资金息前利润率}{基期资金息前利润率} \times 100\% = \frac{资金息前利润率增加数}{基期资金息前利润率} \times 100\%$$

$$息前利润变动率 = \frac{息前利润增加数}{基期息前利润} \times 100\%$$

按表 10 – 7 资料计算：财务杠杆系数 = $\frac{24\%}{15\%}$ = 1.6

如果是股份公司，经营利润除以股份数即为每股利润，所以，自有资金利润率变动率就是每股利润变动率。

财务杠杆系数的大小，表示自有资金利润率（每股利润）增减倍数的多少。上述计算财务杠杆系数为1.6，表示在其他条件不变的情况下，资金息前利润率增加或减少1倍（或10%）时，自有资金利润率（每股利润）会增加或减少1.6倍（或16%）。

因为：$$财务杠杆系数 = \frac{经营利润变动率}{息前利润变动率}$$

$$= \frac{经营利润增加数}{基期经营利润} \div \frac{息前利润增加数}{基期息前利润}$$

由于负债利息不随产销量或息前利润的变化而变化，是固定数额，所以，产销量增加使息前利润增加数就是经营利润增加数。所以财务杠杆系数计算公式就可写为：

$$财务杠杆系数 = \frac{息前利润增加数}{基期经营利润} \div \frac{息前利润增加数}{基期息前利润} = \frac{基期息前利润}{基期经营利润}$$

在资金来源数额、结构和负债利息率一定（不变）时，财务杠杆系数计算公式通常简写为：

$$财务杠杆系数 = \frac{息前利润}{经营利润} = \frac{息前利润}{息前利润 - 利息费用}$$

这个按基期（变动前）金额计算的财务杠杆系数，藉以说明财务杠杆在下期发生作用的程度，称为下期财务杠杆。上述按两个变动率计算的财务杠杆系数，藉以说明财务杠杆在变动当期发生作用的程度，称为本期财务杠杆。

（二）财务杠杆与财务风险

通过上面财务杠杆的计算可看出，财务杠杆系数越大，自有资金利润率（经营利润）变动的幅度越大。如果相关因素向不利的方面变化，自有资金利润率（经营利润）下降的幅度就越大，企业还本付息和再向外部筹资的难度就越大，企业的财务风险也就越大。一般来说，借入资金所占比重越大，财务杠杆系数越大，财务风险也就越大。

【例10-13】 某企业正在考虑两个筹资方案，估计经营利润、负债利率和发生的概率及自有资金利润率计算如表10-8所示。

表10-8　　　　　　　　　　自有资金利润率计算表　　　　　　　　　　金额单位：万元

方案	概率	自有资金	借入资金	息前利润	负债利率（%）	负债利息	经营利润	自有资金利润率（%）
A	好：0.3	960	640	300	8	51.2	248.8	25.9
	中：0.5	960	640	200	9	57.6	142.4	14.8
	差：0.2	960	640	100	11	70.4	29.6	3.1
B	好：0.3	640	960	320	10	96	224	35
	中：0.5	640	960	200	12	115.2	84.8	13.25
	差：0.2	640	960	80	14.4	138.24	-58.24	-9.1

注：假定经济状况越差，借入资金占的比重越大，借款利息率越高。

表10-8中有关资料的含义是，使用1600万元（960+640）资金，A方案在经济情况较好的情况下可获息前利润300万元，在中等情况下可获息前利润200万元，在较差情况下

可获息前利润 100 万元；若借款 640 万元，在经济情况较好的情况下需支付 8% 的利息，在中等情况下需支付 9% 的利息，在较差情况下需支付 11% 的利息。其余依次类推。在这种情况下，财务杠杆系数要按加权平均的息前利润和经营利润计算。

根据表 10-8 中资料，则：

A 方案加权平均息前利润 = 300 × 0.3 + 200 × 0.5 + 100 × 0.2 = 210（万元）
B 方案加权平均息前利润 = 320 × 0.3 + 200 × 0.5 + 80 × 0.2 = 212（万元）
A 方案加权平均经营利润 = 248.8 × 0.3 + 142.4 × 0.5 + 29.6 × 0.2 = 151.76（万元）
B 方案加权平均经营利润 = 224 × 0.3 + 84.8 × 0.5 − 58.24 × 0.2 = 97.952（万元）
A 方案可能财务杠杆系数 = 210 ÷ 151.76 = 1.384
B 方案可能财务杠杆系数 = 212 ÷ 97.952 = 2.164

由于财务杠杆是指负债筹资对自有资金利润率而产生的影响，所以，衡量财务风险的标准离差应按自有资金利润率计算。各方案加权平均自有资金利润率为：

A 方案加权平均自有资金利润率 = 25.9 × 0.3 + 14.8 × 0.5 + 3.1 × 0.2 = 15.8%
B 方案加权平均自有资金利润率 = 35 × 0.3 + 13.25 × 0.5 − 9.1 × 0.2 = 15.3%

各方案标准离差 δ 为：

A 方案 $\delta = \sqrt{(25.9-15.8)^2 \times 0.3 + (14.8-15.8)^2 \times 0.5 + (3.1-15.8)^2 \times 0.2}$
$= 7.96\%$

B 方案 $\delta = \sqrt{(35-15.3)^2 \times 0.3 + (13.25-15.3)^2 \times 0.5 + (-9.1-15.3)^2 \times 0.2}$
$= 15.414\%$

从以上计算看出，A 方案借入资金比重较低，财务杠杆系数相比较小，标准离差（若有必要可计算出标准离差率）也较小，意味着财务风险较小。B 方案借入资金比重较高，财务杠杆系数相比较大，标准离差也较大，意味着财务风险较大。由此认为，在财务杠杆系数较小，资金息前利润率较高（至少高于借款利率）时，则可增加负债筹资；在财务杠杆系数较大，资金息前利润率较低时，则不宜用负债的方式筹资。

计算财务杠杆系数的意义，一是为了知道资金息前利润率变动对自有资金利润率（每股利润）的影响程度；二是便于明确财务风险的大小，从而明确在何种情况下利用负债方式筹集资金，便于调整和控制筹资活动，控制和防范财务风险。

三、复合杠杆

从以上叙述可知，由于存在固定成本，就会产生经营杠杆，产销量（业务量）有所变动时会使息前利润有较大的变动；由于借款要支付固定性利息，就会产生财务杠杆，息前利润有所变动时会使自有资金利润率（每股利润）有较大的变动。如果两种杠杆共同起作用，那么产销量（额）稍有变动，就会使自有资金利润率产生更大的变动。通常将这两种杠杆的连锁作用称为复合杠杆。

由于复合杠杆是经营杠杆和财务杠杆共同作用的结果，所以复合杠杆系数就是经营杠杆系数与财务杠杆系数的乘积。即：

$$复合杠杆系数 = 经营杠杆系数 \times 财务杠杆系数$$

因此，复合杠杆系数按变动率计算公式是：

$$复合杠杆系数 = \frac{息前利润变动率}{产销量变动率} \times \frac{经营利润变动率}{息前利润变动率} = \frac{经营利润变动率}{产销量变动率}$$

因此，复合杠杆系数按基期（变动前）的数据计算公式是：

$$复合杠杆系数 = \frac{边际贡献}{息前利润} \times \frac{息前利润}{经营利润} = \frac{边际贡献}{经营利润}$$

$$= \frac{产销量 \times (单价 - 单位变动成本)}{产销量 \times (单价 - 单位变动成本) - 固定资本 - 利息费用}$$

假定已计算出经营杠杆系数为 2.4 和财务杠杆系数为 1.5，则：

复合杠杆系数 = 2.4 × 1.5 = 3.6

复合杠杆系数为 3.6，表示企业的产销量增加或减少 10%，在固定成本和利息费用不变的情况下，将使自有资金利润率（每股利润）增加或减少 36%。

从以上叙述可知，计算复合杠杆系数，就可以估计出产销量（业务量）变动对自有资金利润率（每股利润）影响的程度。复合杠杆系数越大，自有资金利润率的波动幅度越大，如果相关因素向不利的方面变化，自有资金利润率下降的幅度就越大，企业的风险也越大；反之，复合杠杆系数越小，企业的风险也越小。就可以利用经营杠杆与财务杠杆之间的相互关系，进行经营杠杆和财务杠杆的组合，以求降低复合杠杆系数，降低企业的风险。比如，经营杠杆系数较高的企业，应在较低的程度上运用财务杠杆；经营杠杆系数较低的企业，可在较高的程度上运用财务杠杆。

计算复合杠杆系数的意义，一是为了知道产销量变动对自有资金利润率（每股利润）的影响程度；二是便于明确企业风险的大小，以便明确如何进行经营杠杆和财务杠杆的组合，从而降低企业风险。

第三节 资金来源结构

一、资金来源结构的意义和影响因素

资金来源结构，即资金来源构成，是指采用各种方式从各种渠道筹集的资金占全部资金来源的比重。企业最基本的资金来源结构是自有资金（所有者权益）与借入资金（负债）各在资金来源总额中占的比重。一般来说，采用多种方式从多种渠道筹集资金，使企业的财务风险较小、综合资金成本率相对较低的资金来源构成，就是最佳资金来源结构。

（一）合理安排企业资金来源结构的意义

1. 有利于降低财务风险（负债还本付息难度）。安排资金来源结构，不仅要从自有资金和借入资金方面组合，还要从筹资方式、渠道方面组合，还要从长期资金、短期资金方面组合。这样就可以分散债权人，在不同时间分别偿还债务，以避免集中还本付息给企业财务造成的困难。这样有一部分是自有资金，就不会背上必须还本付息的负担。

2. 有利于降低资金成本。采用不同方式分别从不同渠道取得资金，其代价即资金成本率是各不相同的。债务利息率通常低于股利率，并且债务利息在所得税前扣除，负债资金成本率明显低于自有资金成本率，这样就可以选择较低成本的资金来安排资金来源结构，从而

使全部资金来源的综合成本相对较低。

3. 有利于提高企业的价值。企业价值受很多因素的影响，其中资本与负债的比例、自有资金利润率是影响企业价值的直接的重要的因素。在财务杠杆的作用下，自有资金比例过高，自有资金利润率可能降低。合理安排自有资金与负债的比例，有可能提高自有资金利润率。自有资金与负债的比例适当，自有资金利润率水平适当，就会使企业的财务风险较小，在社会上的声誉提高，从而提高企业的价值。

（二）确定资金来源结构需考虑的因素

最佳的资金来源结构是相对而言的，有评价的基本依据，但没有绝对固定的标准。所以在确定资金来源结构时，既要进行定量分析，又要进行定性分析，认真考虑影响资金来源结构的因素，根据各种相关因素来确定出尽量合理的资金来源结构。确定资金来源结构需要考虑的基本因素有：

1. 企业盈利能力。如果企业的产（商）品销售价格相对较高、成本相对较低、盈利能力较强，随着销售增加企业的利润会随之增加，内部积累也会增加，可以增强企业的资信能力，就可以适当增加负债筹资的数额。

2. 资产流动性。如果企业的产（商）品市场需求旺盛，销售前景看好，货款回收的速度快，产生现金流量能力强，即资产变现能力强，变为现金的时间短，周转速度快，就可以举债融资，并且可以短期融资，以降低资金成本。

3. 筹资用途。如果筹资是作临时周转之用，补充流动产方面的资金需要，可采用短期融资方式；如果筹资是用于基本建设，大规模添置固定资产，并且周期较长，应采用长期融资方式，宜筹集资本金。

4. 行业其他企业的资金来源结构状况。如果某个企业的资金来源结构与行业平均水平相当，或在平均水平上下较小的幅度内波动，表明企业的财务风险与行业相当，这样容易得到投资大众的认可，可较容易地筹到资金。如果某个企业的资产负债率比行业平均水平高，意味着该企业的财务风险较大，则不宜再举债融资。

5. 投资者对待风险的态度。谨慎的投资者要求报酬稳定，能在较短期收回投资，向这类投资者不宜筹集长期资金。当然，如果企业的信用声誉良好，报酬较高，则可以吸引投资者，可以举借长期债务。如果投资者愿意冒风险并希望获得较高收益，可以发售股票筹资。

6. 企业所有者对控制权的要求。向过多的投资者筹集过多的资本金会分散企业的控制权。如果企业原有的所有者拥有绝对控制权，不愿让企业的控制权旁落他人，则不宜过多地向新投资者筹集资本金，应适当增加留存收益或举借债务。

7. 利率水平变动趋势。如果负债的利率水平目前较低，将来有可能上升，目前则宜采用负债方式筹资，并且可设置较长的期限。如果负债利率水平将来有可能下降，目前宜采用短期负债方式筹资，以便将来可以较低利率水平再筹资。

8. 利息抵税作用。负债利息一般是在所得税前列支，所得税率越高，利息抵税作用越大，筹资者实际负担的筹资成本越小，宜采用负债方式筹资。如果所得税率很低，利息抵税作用很微小，或负债利息不能在所得税前列支，没有抵税作用，宜采用筹集自有资金方式。

总之，应根据相关因素综合考虑确定资金来源结构。

二、确定最佳资金来源结构的方法

(一) 预计资金成本比较法

企业筹资的可能性主要取决于自身经营状况和资金市场状况。企业自身经营状况好和社会信誉好,资金市场上的资金供应量较多和经济政策较稳定,可以较低的资金成本或较容易地筹到资金;反之,筹资则较困难。在确定最佳资金来源结构时,可根据资金市场状况和企业自身经营状况,预计出各种筹资方式几种不同资金成本情况下的可望筹资额,进行结构组合研究,选择资金总成本最低的资金来源结构。其步骤和方法是:

1. 根据资金市场状况估计出资者要求的报酬和各种状态下的可望筹资额。资金市场状况可根据资金供应量和经济环境分为好、中、差几种情况,用概率表示各种情况可能性的大小。

【例10-14】某企业估计未来资金市场的出资者要求报酬(利息率、股息率)和可望筹资额如表10-9所示。

表10-9　　　　　　　　某企业筹资额估计表　　　　　　　　金额:万元

可望筹资额 资金市场状况	利息率、股息率 (%)	银行借款		发行债券		发行优先股	
		A_1	A_2	B_1	B_2	C_1	C_2
		6.9	7.6	7.8	8.5	9.7	10.5
较好:概率0.3		55	60	60	70	50	60
中等:概率0.5		45	50	50	60	40	50
较差:概率0.2		30	35	40	50	20	30

表10-9中资料表示,资金市场状况较好的可能性为30%,中等的可能性为50%,较差的可能性为20%。在资金市场较好的状态下,银行借款利息率为6.9%时可筹到资金55万元,银行借款利息率为7.6%时可筹到资金60万元;债券利息率为7.8%时可筹到资金60万元,债券利息率为8.5%时可筹到资金70万元。其余依次类推。

2. 估计各种筹资方式的资金筹集费用,分别计算每种情况的资金成本率。

接例10-14,估计银行借款手续费率为0.5%,债券发行费率为1%,优先股发行费率为1.5%。企业所得税率25%。假定债券和优先股的发行价与面额相等。

银行借款 A_1 成本率 = 6.9% × (1 - 25%) ÷ (1 - 0.5%) = 5.2%

发行债券 B_1 成本率 = 7.8% × (1 - 25%) ÷ (1 - 1%) = 5.91%

发行优先股 C_1 成本率 = 9.7% ÷ (1 - 1.5%) = 9.85%

其余情况下的计算结果如表10-10所示。

3. 根据资金市场的概率,分别计算每一种资金成本率情况下的平均可望筹资额。

银行借款成本率为5.2%时(A_1)可望筹资额 = 55 × 0.3 + 45 × 0.5 + 30 × 0.2
$$= 45(万元)$$

债券成本率为5.91%时(B_1)可望筹资额 = 60 × 0.3 + 50 × 0.5 + 40 × 0.2 = 51(万元)

其余情况下的计算结果如表10-10所示。

4. 计算每种成本率情况下的资金成本,根据平均可望筹资额乘以资金成本率计算。

银行借款成本率为5.2%时（A_1）成本 = 45 × 5.2% = 2.34（万元）
债券成本率为5.91%时（B_1）成本 = 51 × 5.91% = 3.014（万元）
其余情况下的计算结果如表10-10所示。

表10-10　　　　　　　　　某企业筹资额和资金成本测算表　　　　　　　　　金额：万元

资金成本率（%）　　可望筹资额　资金市场状况	银行借款		发行债券		发行优先股	
	A_1 5.2	A_2 5.73	B_1 5.91	B_2 6.44	C_1 9.85	C_2 10.66
较好：概率0.3	55	60	60	70	50	60
中等：概率0.5	45	50	50	60	40	50
较差：概率0.2	30	35	40	50	20	30
平均可望筹资额	45	50	51	61	39	49
资金成本	2.34	2.865	3.014	3.928	3.842	5.223

5. 进行筹资结构组合，根据需要筹资额选择最佳结构方案。

组合结构	筹资额（万元）	资金成本（万元）
$A_1 + B_1 + C_1$	45 + 51 + 39 = 135	2.34 + 3.014 + 3.842 = 9.196
$A_2 + B_1 + C_1$	50 + 51 + 39 = 140	2.865 + 3.014 + 3.842 = 9.721
$A_1 + B_2 + C_1$	45 + 61 + 39 = 145	2.34 + 3.928 + 3.842 = 10.11
$A_2 + B_2 + C_1$	50 + 61 + 39 = 150	2.865 + 3.928 + 3.842 = 10.635
$A_1 + B_1 + C_2$	45 + 51 + 49 = 145	2.34 + 3.014 + 5.223 = 10.577
$A_2 + B_1 + C_2$	50 + 51 + 49 = 150	2.865 + 3.014 + 5.223 = 11.102
$A_1 + B_2 + C_2$	45 + 61 + 49 = 155	2.34 + 3.928 + 5.223 = 11.491
$A_2 + B_2 + C_2$	50 + 61 + 49 = 160	2.865 + 3.928 + 5.223 = 12.016

如果企业拟筹资150万元，就有两种方案可供选择，即 $A_2 + B_2 + C_1$、$A_2 + B_1 + C_2$，其中 $A_2 + B_2 + C_1$ 组合方案的资金成本较低，理应选择此方案。

按照预计资金成本比较法确定资金来源结构，是基于筹资额越多其成本率可能越高的考虑，基本符合经济市场化运行规则。但有时并不一定是筹资额越多其成本率越高。这种方法是否可行，主要取决于对资金市场判断和各种条件下可望筹资额的估计是否恰当。如判断估计恰当，则方法可行。

（二）自有资金利润率分析法

从财务杠杆的原理可知，资金来源结构对自有资金利润率（每股利润）有着重要的影响。一般认为，能提高自有资金利润率的资金来源结构是合理的，反之则认为不够合理。因此，就可以按照资金来源结构与自有资金利润率之间的关系，通过计算自有资金利润率（每股利润）无差别点，来分析确定合理的资金来源结构。

【例10-15】某企业原有资本金（自有资金）600万元，借入资金400万元，借款年利率8%。由于扩大业务需追加筹资200万元，如果采用增加借款方式解决，估计年利率为9%（负债比重越大，还本付息风险越大，债权人要求的报酬率越高）；也可以采用增加资本金的方式筹集。

如果采用增加借款方式筹资，不同息前利润的自有资金利润率计算如表10-11所示。

表10-11　　　　　　　　　借款筹资自有资金利润率测算表

息前利润（万元）	68	92	104	128	152
借入资金（万元）	600	600	600	600	600
自有资金（万元）	600	600	600	600	600
全部资金（产）报酬率（%）	5.667	7.667	8.667	10.667	12.667
原借款利息（8%，万元）	32	32	32	32	32
新借款利息（9%，万元）	18	18	18	18	18
（息后）经营利润（万元）	18	42	54	78	102
自有资金利润率（%）	3	7	9	13	17

如果采用增加资本金方式筹资，不同息前利润的自有资金利润率计算如表10-12所示。

表10-12　　　　　　　　　资本金筹资自有资金利润率测算表

息前利润（万元）	68	92	104	128	152
借入资金（万元）	400	400	400	400	400
自有资金（万元）	800	800	800	800	800
全部资金（产）报酬率（%）	5.667	7.667	8.667	10.667	12.667
原借款利息（8%，万元）	32	32	32	32	32
（息后）经营利润（万元）	36	60	72	96	120
自有资金利润率（%）	4.5	7.5	9	12	15

从表10-11、表10-12中的条件计算可看出，当息前利润为104万元时，采用增加负债方式筹资和采用增加资本金方式筹资两种情况下的自有资金利润率是相等的，无差别，无论采用哪一种筹资方式都行。

通常将自有资金利润率（每股利润）不受筹资方式（资金来源结构）影响的息前利润点，称为自有资金利润率无差别点，也称筹资无差别点。这样就可计算自有资金利润率无差别点来选择资金来源结构。其计算方法推导如下：

因为：$\dfrac{\text{自有资金利润率}}{(\text{每股利润})} = \dfrac{\text{息前利润} - \text{利息费用}}{\text{自有资金}(\text{股数})}$

令：甲方案自有资金利润率（每股利润）= 乙方案自有资金利润率（每股利润）

所以：$\dfrac{\text{无差别点息前利润}^{\text{甲方案}} - \text{利息费用}}{\text{甲方案自有资金}(\text{股数})} = \dfrac{\text{无差别点息前利润}^{\text{乙方案}} - \text{利息费用}}{\text{乙方案自有资金}(\text{股数})}$

根据上式代入例10-15有关数字就可推算出无差别点息前利润额。

设 EBIT 为无差别点息前利润，计算为：

$$\dfrac{\text{EBIT} - (400 \times 8\% + 200 \times 9\%)}{600} = \dfrac{\text{EBIT} - 400 \times 8\%}{600 + 200}$$

EBIT = 104（万元）

由于利润是根据销售额和成本计算的，所以就可将上式因素细分，计算出无差别点的销售额。

设：S——销售额；
V——变动成本占销售额的比率（变动成本率）；
F——固定成本总额（不含利息）；
I——借入资金利息额；
K——自有资金（权益资金）。

则：$\dfrac{S(1-V)-F-I_1}{K_1}=\dfrac{S(1-V)-F-I_2}{K_2}$

接例 10-15，如果企业的固定成本（不含利息）为 56 万元，变动成本占销售额 68%，则无差别点销售额为：

$$\dfrac{S(1-68\%)-56-(400\times8\%+200\times9\%)}{600}=\dfrac{S(1-68\%)-56-400\times8\%}{600+200}$$

S = 500（万元）

由于：销售收入 - 变动成本 - 固定成本 = 息前利润

所以：$S\cdot(1-68\%)-56=104$（无差别点息前利润）

S = 500（万元）

从表 10-11、表 10-12 中的条件计算还可以看出，当息前利润高于无差别点（104 万元）时，采用增加负债方式筹资较为有利，可以增加自有资金利润率；当息前利润低于无差别点时，不宜采用增加负债方式筹资，因投资于经营活动获得的收益达不到负债利息率水平，会使自有资金利润率较大幅度降低，应采用增加自有资金方式筹资。所以，这种方法可以分析判断在何种情况下可利用何种方式筹集资金，来安排调整资金来源结构。

上述筹资无差别点分析法，对选择筹资方式、确定资金来源结构有一定的指导作用。但这种方法只考虑了资金来源结构对自有资金利润率（每股利润）的影响，没有考虑风险因素。因为，负债比例加大自有资金利润率提高的同时，企业还本付息的风险也在加大，投资者的风险也在加大，企业在社会上的信誉有可能下降。利用负债方式筹资，既有可以提高所有者投资报酬的好处，也有加大风险的坏处。因此，这种方法考虑的因素不全面。

（三）企业价值分析法

企业价值，是指企业整体在市场上的公认价值，从归属来看包括企业的债权人提供的资金和所有者（股东）投入资本后的公认价值。即企业的价值等于负债价值与资本（股票）价值之和。两者在资金来源总额中占的比例就是最基本的资金来源结构。

企业价值 = 负债价值 + 资本（股票）价值

企业负债价值一般为会计账面上的负债数额。因为负债要受到法规的保护与约束（必须按期还本付息），受市场环境因素影响较小，其价值变动的可能性小，所以可按账面数确定。

企业资本价值（股票价值）取决于企业的资本盈利水平和风险。在企业的风险不变情况下，企业的资本利润率（每股利润）提高，企业在社会上的声誉就会提高，企业在市场上的公认价值（股票价值）就会提高。如果企业的资本利润率（每股利润）不变，企业的风险加大，企业在市场上的公认价值就会下降。如果企业的资本利润率提高，随之企业的风险加大，在资本利润率提高不足以补偿风险加大所需要的报酬时，企业在市场上的公认价值仍会下降。所以，最佳资金来源结构应当是在企业的风险较小情况下，可以使企业的总价值得到提高，并且使综合资金成本率较低的资金来源构成。

资金来源结构的企业价值分析法，就是在考虑企业的财务风险前提下，以企业总价值较大，综合资金成本率较低来确定最佳资金来源结构的方法。

按照上述道理，资本的价值可通过下式推算：

因为：股价（资本）净利率 = $\dfrac{(息前利润 - 利息费用) \times (1 - 所得税率)}{股票发行价(市价)}$

假定企业可以无限期经营下去，企业的经营利润每年固定不变，股价（资本）净利率就是股票投资者期望得到的必要报酬率，也就是企业获取股权资本的成本率，股票发行价（市价）就是资本的市场价值，即企业的资本价值，就可以按永续年金现值模式计算。

所以：资本价值 = $\dfrac{(息前利润 - 利息费用) \times (1 - 所得税率)}{资本净利率}$

因为要安排（确定）将来时期的资金来源结构，所以，对将来时期的资本净利率只能估计。估计时应考虑风险因素。根据投资报酬包括无风险报酬和风险报酬两部分，及风险越大投资报酬应该越高的道理，含有风险的资本净利率（报酬率）计算模式为：

资本净利（报酬）率 = 无风险报酬率 + β·(市场平均报酬率 - 无风险报酬率)

β 表示本企业风险相对于整个市场风险的程度。企业期望得到的风险报酬与市场平均的风险报酬相当，则 β 为 1；企业期望得到的风险报酬高于市场平均的风险报酬，则 β 大于 1。

综合资金成本率即加权平均的资金成本率，计算公式为：

平均资金成本率 = $\dfrac{负债}{利息率} \times \left(1 - \dfrac{所得}{税率}\right) \times \dfrac{负债价值}{企业价值} + \dfrac{资本金}{成本率} \times \dfrac{资本价值}{企业价值}$

【例 10 - 16】 某企业准备筹资 1000 万元，预计使用后每年可获得息前利润 180 万元，所得税率为 25%。据调查，目前市场平均报酬率为 13%，无风险报酬率为 8%。负债的价值可按负债资金数额确定。借款利率、该企业资本 β 值，并以此计算的资本报酬率、企业价值及平均资金成本如表 10 - 13 所示。

表 10 - 13　　　　　　　企业价值及平均资金成本计算表

负债价值（万元）	负债利率（%）	市场平均报酬率（%）	无风险报酬率（%）	资本β值	资本报酬率（%）	负债利息（万元）	资本价值（万元）	企业价值（万元）	平均资金成本（%）
0	—	13	8	1.1	13.5	—	1000	1000	13.5
100	6.6	13	8	1.2	14	6.6	929	1029	13.12
200	7.2	13	8	1.3	14.5	14.4	857	1057	12.78
300	8	13	8	1.4	15	24	780	1080	12.5
400	9	13	8	1.5	15.5	36	697	1097	12.31
500	11	13	8	1.7	16.5	55	568	1068	12.64
600	13	13	8	1.9	17.5	78	437	1037	13.02

注：(1) 假定企业负债比重越大，还本付息的压力（难度）越大，企业财务风险就越大，债权人承担的风险就越大，债权人为了对承担风险的补偿，要求得到的报酬（利息）率就越高。

(2) 企业负债比重增大时，财务风险也增大，因为债权人比所有者有优先求偿权，企业所有者承担的风险也越大，所有者为了对承担风险的补偿，期望得到的投资报酬也越高，所以资本的 β 系数越高。

(3) 资本报酬率就是所有者要求分得的股利率，也是筹资企业的资本（股票）成本率。

表 10-13 中负债价值为 200 万元时，有关数值计算过程是：

资本报酬率 = 8% + 1.3 × (13% - 8%) = 14.5%

负债利息 = 200 × 7.2% = 14.4

资本价值 = (180 - 14.4) × (1 - 25%) ÷ 14.5% = 857

企业价值 = 200 + 857 = 1057

$$平均资金成本率 = \frac{7.2\% \times (1-25\%) \times 200}{1057} + \frac{14.5\% \times 857}{1057} = 12.78\%$$

其余数值计算方法同上。

从表 10-13 的计算数值可以看出，在没有负债的情况下，企业的价值基本就是资本的市场价值（1000）。当企业的负债逐渐增加，负债比例逐渐增大时，企业的价值逐渐上升，综合平均资金成本率逐渐下降。在负债数额达到 400 万元时，企业的价值最大，综合平均资金成本率也最低。负债超过 400 万元后，企业的价值逐渐下降，综合平均资金成本逐渐上升。因此，企业负债在 400 万元时的资金来源结构是最佳的资金来源结构。

按照企业价值分析法确定资金来源结构，考虑的因素较多，从理论上说具有较多的合理成分，但在实际操作时需假设的条件较多（每年利润不变、永续经营、风险程度 β、负债利率），不便实际运用。

第四节 资本结构理论

资本结构理论或称资金来源结构理论，是关于资金来源结构、综合资金成本与公司（企业）价值三者之间关系的理论（观点）。资本结构通常是指长期债务资金和资本金各占的比例。综合资金成本是指各种方式来源资金加权平均的成本率。公司价值即为公司的市场价值，是指企业实际拥有的资产所代表的价值，即使用资产在未来可获取现金净流量的现值。

从资本结构理论的发展来看，主要有早期资本结构理论、MM 资本结构理论和新的资本结构理论。

一、早期资本结构理论

早期资本结构理论主要有三种观点：

（一）净收益观点

净收益观点认为，只要负债资金成本率（简称负债成本率）低于所有者权益资金成本率（简称权益成本率），负债比例越大，公司综合平均资金成本率（简称综合成本率）就越低，公司的净收益即净资产就越多，公司的价值就越大。

这种观点成立的前提（假设）条件是：(1) 资金市场高度完善，无论采用何种筹资方式都可以筹到资金。(2) 公司无所得税，即不考虑负债利息的抵税作用。(3) 负债利息率低于公司资产收益（报酬）率。(4) 负债成本率低于权益成本率，因负债有优先清偿权。(5) 负债成本率和权益成本率都是固定不变的，在各种负债比例下是相同的，不受财务杠杆的影响。即无论负债比例高低，负债利息率和分给所有者的资本报酬（股利）率不变。

因此，公司的负债比例越大，公司的综合成本率就越低，公司的净收益即净资产就越多，公司的价值就越大。当负债比例为100%时，公司的综合成本率最低，公司的价值最大。所以，资本结构（负债比例大小）与公司价值相关。

这种观点的缺陷是，只考虑了财务杠杆利益，忽略了财务风险。如果企业的负债比例过大，还本付息的风险就会增大，债权人要求得到的投资报酬（利息）率就会提高，所有者要求得到的投资报酬（股利）率也可能会提高，公司的综合成本率就会上升，公司的价值反而会下降。

（二）营业收益观点

营业收益观点认为，无论负债占多大比例，公司综合资金成本率不变，资本结构（负债比例大小）与公司价值无关，决定公司价值的因素是营业收益。

这种观点成立的前提（假设）条件是：（1）负债成本率与公司负债比例大小无关，无论公司负债比例多大，负债成本率是固定的。（2）权益成本率与公司负债比例大小成正比例变化。因为，公司的负债比例越大，还本付息压力（难度）越大，公司的财务风险就越大，由于负债有优先清偿权，就使所有者承担的风险越大，所有者要求得到的投资报酬率会提高，权益成本率会提高。公司的负债比例较小，公司的财务风险就较小，所有者承担的风险也较小，所有者要求得到的投资报酬率会较低，权益成本率就较低。因此，公司的综合成本率不会随负债比例提高而降低，而是维持不变，即财务杠杆利益被权益资金成本上升抵消了。所以，资本结构与公司价值无关，决定公司价值的真正因素是营业收益。营业收益越多，综合成本率不变，公司净收益即净资产就越多，公司的价值就越大。

这种观点的缺陷是，未考虑负债比例增大对负债成本率的影响，公司的负债比例发生变化后，负债成本率和综合成本率不可能是一个不变的常数。按照这种观点推论，公司不存在最佳资本结构问题，即无论负债比例多大，综合成本率不变。

（三）传统折中观点

传统折中观点是一种介于净收益观点和营业收益观点之间的观点。这种观点认为，增加负债对提高企业价值是有利的，但债务规模必须适度；如果债务规模过度，债务成本和权益成本均会上升，从而使公司的综合成本率上升，公司价值下降。

这种观点成立的依据是：公司利用财务杠杆，负债比例增大，所有者权益比例缩小，在一定程度（比例）内，权益成本率上升幅度较小，不会完全抵消因债务成本低（比资产报酬率低）而增加债务所获得的好处（杠杆利益），因此，会使公司的综合成本率下降，公司价值会上升。但是，公司债务增加到一定程度，权益成本率上升幅度会增大，公司价值会下降。所以，在综合成本率从下降变为上升的转折点，就是公司综合成本率的最低点，这时的负债与权益资金的比例就是公司最佳的资本结构。

二、MM 资本结构理论

MM 资本结构理论是美国的莫迪利亚尼和米勒（Modigliani 和 Miller，简称 MM）两位财务学者提出的学说。1958 年，莫迪利亚尼和米勒两位教授合作发表了"资本成本、公司价值与投资理论"一文。该文深入探讨了公司资本结构与公司价值的关系，创立了 MM 资本结构理论，并开创了现代资本结构理论的研究。

(一) MM 资本结构理论的早期观点

MM 资本结构理论的早期观点，可称为无所得税观点、无关论，其观点可以简要地归纳为，在符合该理论的假设下，公司价值与资本结构无关。公司价值取决于实际资产，而非各类债务和所有者权益的市场价值。这个结论包括两个重要命题：

命题一，公司价值取决于公司资产的预期收益。无论公司有无负债，公司价值等于所有资产的预期收益额按适合该公司风险等级的必要报酬率予以折现。用公式表示为：

$$公司价值 = \sum_{t=1}^{n} \frac{资产 \times (1 + 预期收益率)^t}{(1 + 含有风险的必要报酬率)^t}$$

从公式中看出，公司的资产越多，预期收益率越高，折现率越低，公司的价值就越大。

该观点成立的前提（假设）条件是：(1) 资金市场高度完善，信息对称，每位投资者完全理性；(2) 投资者对所有公司未来收益与风险的预期相同；(3) 借款无风险，负债利率与债务数量多少无关，即无论负债比例大小负债利率不变；(4) 无所得税、无证券交易成本、无证券发行费用，公司无论采用何种融资方式不改变投资产生的收益数量；(5) 公司可以无限期经营下去，每年都有收益，并且每年收益额（或资产报酬率）相同；(6) 公司的经营风险的大小由息前利润的标准离差来衡量，以此决定公司风险的等级。

根据上述该观点的前提（假设）条件，可以得出以下结论：

第一，公司价值不会受资本结构的影响，与资本结构（负债比例大小）无关，只与公司资产有关，公司的资产越多，公司的价值就越大。

第二，在负债利息无所得税优惠和债务成本率等于权益成本率条件下，有债务公司的综合资金成本率等同于与它风险等级相同但无债务公司的权益资金成本率；有债务公司的价值等同于与它风险等级相同但无债务公司的价值。由于公司每年收益额相同并永续经营，公司价值计算模式为：

$$公司价值 = \frac{预期收益额}{有债公司综合资金成本率} = \frac{预期收益额}{无债公司权益资金成本率}$$

第三，公司的综合资金成本率与资本结构（负债比例大小）无关，公司的综合资金成本率或权益资金成本率只受公司营业风险的影响，没有财务风险的影响。营业风险越大，债权人和所有者要求得到的投资报酬率越高，综合平均资金成本率越高，公司价值越小。

命题二，利用财务杠杆（有债务）的公司，其权益成本率随负债筹资额（负债比例）的增加而提高，权益成本率等于无债务公司的权益成本率加上风险报酬。

有债务的公司，因为负债有优先求偿权，债务还本付息的风险由所有者承担，所以公司的负债比例增大时，所有者承担的风险也增大，所有者要求得到的投资报酬率会提高，权益成本率就提高。

无债务公司的权益成本率就是无负债（财务）风险的资金成本率。有债务公司的风险报酬是对有债务公司财务风险的补偿。风险报酬多少由无债务公司的权益成本率与债务成本率之差及权益负债率决定。

$$\text{有债公司权益成本率} = \text{无债公司权益成本率} + \frac{\text{有债公司债务价值}}{\text{有债公司权益价值}} \times \left(\text{无债公司权益成本率} - \text{税前债务成本率} \right) \quad (1)$$

在负债利息无所得税优惠（公司无所得税）条件下，公司的综合资金成本率为：

$$\text{综合资金成本率} = \frac{\text{债务价值}}{\text{权益价值} + \text{债务价值}} \times \text{债务成本率} + \frac{\text{权益价值}}{\text{权益价值} + \text{债务价值}} \times \text{权益成本率} \quad (2)$$

上述（1）式可由（2）式推出。

设：D 为债务价值，E 为权益价值，K_d 为债务资金（税前）成本率，K_e 为权益资金成本率，K_w 为综合资金成本率。上述（2）式可表示为：

$$K_w = \frac{D}{E+D} \cdot K_d + \frac{E}{E+D} \cdot K_e$$

即：$K_w \cdot (E + D) = D \cdot K_d + E \cdot K_e$

$K_w \cdot E + K_w \cdot D = D \cdot K_d + E \cdot K_e$

$K_e = K_w + \frac{D}{E} \cdot (K_w - K_d)$ 即为（1）式

无债务公司的权益资金成本率就是无债务公司的综合资金成本率。

此种情况的负债成本率低于权益成本率。但较低的负债成本率给公司带来的财务杠杆利益会被权益成本率的上升而抵消，最后使有债务公司的综合资金成本率等于无债务公司的综合资金成本率（权益资金成本率），公司的资产和公司的价值不会随债务比例的上升而增加，所以公司价值与资本结构无关。这个命题与上述营业收益观点相同。

在现实生活中，早期的 MM 资本结构理论有的假设是不能成立的，它所推导出的结论并不完全符合现实情况，只能作为资本结构研究的起点。

（二）MM 资本结构理论的修正观点

MM 资本结构理论的修正观点可称为有所得税观点、相关论，实际是节税利益与财务危机成本权衡观点。莫迪利亚尼和米勒于 1963 年合作发表了另一篇论文"公司所得税与资本成本：一项修正"。该文取消了公司无所得税的假设，认为若考虑公司所得税的因素，公司价值会随财务杠杆系数的提高而增加，从而得出公司资本结构与公司价值相关的结论。

修正的 MM 资本结构理论主要指出了两点：

1. 债务利息可形成节税利益。当公司举债后，债务利息可计入财务费用，其他因素不变，费用增加，利润减少，交所得税也减少，形成节税利益，由此可以增加公司的净收益，从而提高公司的价值。随着公司债务比例提高，公司的综合资金成本率会降低，公司的价值也会提高。因此，有债务公司的价值等于有相同风险但无债务公司的价值加上债务的节税利益。

【例 10-17】某公司拥有资产 400 万元，年获得息前利润 80 万元，假定债务利息率为 10%，权益成本率为 14%，所得税率为 30%，在不同负债比例下资产价值计算如表 10-14 所示。

表 10-14　　　　　　　　不同负债比例资产价值计算表　　　　　　　金额单位：万元

负债比例	负债利率	负债利息（成本）	息后利润	税后利润	权益成本率	权益成本	平均成本率	留存收益	总资产价值
0	10%	0	80	56	14%	56	14%	0	400
50%	10%	20	60	42	14%	28	10.5%	14	414
75%	10%	30	50	35	14%	14	8.75%	21	421

注：此种情况下的平均成本率为税后成本率。

表 10-14 中，在负债比例为 50% 即负债为 200 万元（资产 400×50%）时，要支付债务利息 20 万元（负债 200×10%），这 20 万元利息计入财务费用后要少交所得税 6 万元

（20×30%），这6万元就是负债200万元形成的节税利益，负债的税后成本只有14万元（7%）。由于负债利率比股东报酬率低4%（14%－10%），就使公司的留存收益增加了8万元（负债200×4%），这8万元就是负债200万元形成的杠杆利益。节税利益与杠杆利益两者共使留存收益增加14万元。

表10－14中，在负债比例为75%即负债为300万元（资产400×75%）时，形成节税利益9万元（300×10%×30%），形成杠杆利益12万元［300×（14%－10%）］，节税利益与杠杆利益两者共使留存收益增加21万元。

假定财务杠杆利益随着负债比例（财务风险）增大使股东要求的报酬提高而抵消，即没有杠杆利益。接例10－17，假定负债比例越大，权益成本率也越大，无杠杆利益的资产价值计算如表10－15所示。

表10－15　　　　　　　　无杠杆利益资产价值计算表　　　　　　金额单位：万元

负债比例	负债利率	负债利息（成本）	息后利润	税后利润	权益成本率	权益成本	平均成本率	留存收益	总资产价值
0	10%	0	80	56	14%	56	14%	0	400
50%	10%	20	60	42	18%	36	12.5%	6	406
75%	10%	30	50	35	26%	26	11.75%	9	409

若考虑资金时间价值，当债务利息为永续年金形式时（n→∞），有债务公司的价值等于有相同风险但无债务公司的价值加上债务节税利益的现值，用公式表示为：

$$\text{有债公司的价值} = \text{无债公司的价值} + \frac{\text{债务价值} \times \text{债务利率} \times \text{所得税率}}{\text{折现率}}$$

当债务利率与折现率相等时，两者可约掉，上式可写为：

$$\text{有债公司的价值} = \text{无债公司的价值} + \text{债务价值} \times \text{所得税率}$$

按表10－15在负债比例为50%时，有债公司的价值为460万元（400＋400×50%×30%），就是无债公司的价值400万元加节税利益的永续年金现值60万元（6÷10%）。

在负债利息有所得税优惠（公司有所得税）条件下，公司的综合资金成本率为：

$$\text{综合资金成本率} = \frac{\text{债务价值}}{\text{权益价值} + \text{债务价值}} \times \text{债务利息率} \times \left(1 - \text{所得税率}\right) + \frac{\text{权益价值}}{\text{权益价值} + \text{债务价值}} \times \text{权益成本率}$$

$$\text{综合资金成本率} = \frac{\text{债务价值} \times (1 - \text{所得税率})}{\text{权益价值} + \text{债务价值}} \times \text{债务利息率} + \frac{\text{权益价值}}{\text{权益价值} + \text{债务价值}} \times \text{权益成本率}$$

由于（1－所得税率）＜1，使有负债公司的综合资金成本率小于无负债公司的综合资金成本率（权益成本率）。

按照修正的MM资本结构理论，公司资本结构与公司价值不是无关，而是大大相关，并且公司债务比例与公司价值成正相关关系。有债公司债务比例与节税利益的关系如图10－1所示。

2. 负债比例提高后可能发生财务危机成本。财务危机是指公司对债权人的承诺（还本付息）不能兑现，或有困难地兑现。财务危机在某些情况下会导致公司破产。随着公司债务比例提高，公司还本付息的财务风险会上升，公司陷于财务危机甚至破产的可能性也就加大，由此会增加公司的额外成本，可称为财务危机成本。

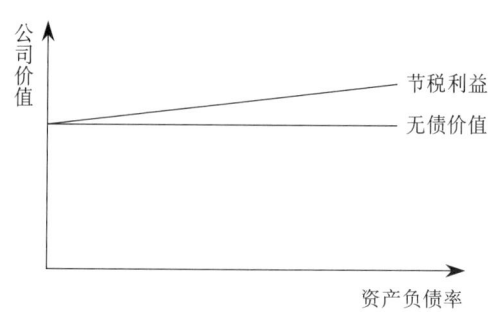

图 10 - 1　债务比例与节税利益关系图

根据公司发生破产的可能性，财务危机成本可分为有破产成本的财务危机成本和无破产成本的财务危机成本。

当公司的债务面值总额大于公司的资产市场价值（资不抵债）时，公司面临破产，这时的财务危机成本就是有破产成本的财务危机成本。公司的破产成本有直接破产成本和间接破产成本两种。直接破产成本包括支付律师、注册会计师和资产评估师等方面的费用。这些费用在清偿债务之前支付，相当要由债权人承担（在支付后资不抵债时就是债权人承担）。因此，债权人很有可能要求得到含有破产风险的报酬（利息）率，又会增加公司的债务成本。间接破产成本包括公司破产清算损失以及公司破产后重组而增加的管理成本。公司的破产成本增加了公司的额外成本，会减少公司的资产，从而会降低公司的价值。

当公司发生财务危机但还不至于破产时，这时的财务危机成本就是无破产成本的财务危机成本。表现为：经理为缓解燃眉之急的还本付息困难，而采取推迟机器大修、降价拍买资产而使企业蒙受损失，客户和供应商不再提供信用而使企业蒙受损失，被迫接受保全他人利益的交易条款而使企业蒙受损失。投资者的警觉与谨慎导致企业的融资成本增加，如债权人要求更高的风险报酬，从而使公司收益下降，资产减少；如股东为了维护其利益要求多分利从而使公司资产减少。因公司的财务危机成本增加了，资产减少了，就会使公司的价值降低。

财务危机成本对公司价值的影响如图 10 - 2 所示。

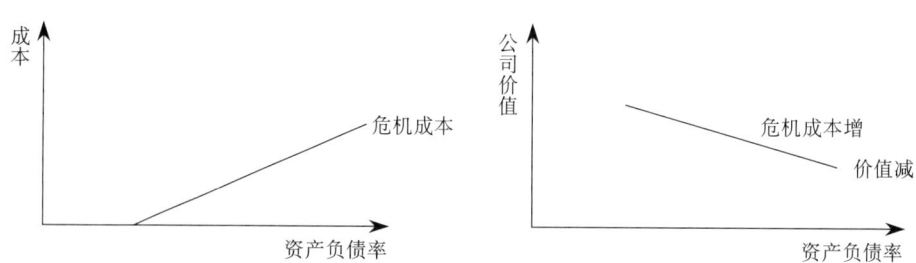

图 10 - 2　财务危机成本对公司价值影响图

以上叙述可知，增加负债可得到节税利益，但负债比例达到一定程度可能发生财务危机成本。因此，公司的最佳资本结构应当是节税利益和财务危机成本两者平衡点对应的负债比例。所以该理论称为权衡理论。资本结构权衡理论的内容如图 10 - 3 所示。

在负债利息有所得税优惠（公司有所得税）条件下，有债务公司价值的表达式为：

　　有债公司的价值 = 无债公司的价值 + 利息抵税（现值）- 财务危机成本（现值）

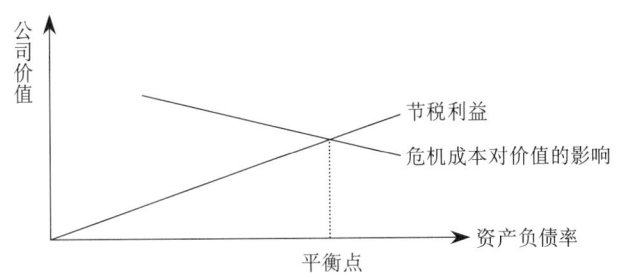

图 10-3 资本结构权衡理论内容图

三、新的资本结构理论

20 世纪 70 年代后又出现一些新的资本结构理论，主要有代理成本理论、信号传递理论和优选顺序理论。

（一）代理成本理论

代理成本理论是经过研究代理成本与资本结构的关系而形成的。这种理论通过分析指出，公司债务的违约风险是财务杠杆系数的增函数，即财务杠杆系数越大，偿还债务的风险越大，债权人的监督成本（资信调查、信息管理、催收费用）随之提高，债权人为了保护自身利益会要求更高的利率。公司支付的利息越多，公司的净利润越少，股东权益越少，这种代理成本最终由举债公司的股东承担。公司资本结构中负债比例过高，会导致股东权益价值降低。根据代理成本理论，债务资本适度的资本结构会增加股东权益价值。

（二）信号传递理论

信号传递理论认为，公司可以通过调整资本结构来传递有关获利能力和风险方面的信息，以及如何看待公司股票市场的信息。

按照资本结构信号传递理论，投资者对公司发展前景不看好（悲观），只愿以较低的价格购买公司股票，公司价值被低估，这时公司如果发行股票只能筹到较少的资金，公司应采用举借债务的方式筹资，增加债务资金；反之，投资者对公司发展前景看好（乐观），愿以较高的价格购买公司股票，公司价值被高估，这时公司应采用增加股东权益的方式筹资，增加权益资本，公司发行股票份数一定可筹到较多的资金。当然，公司的筹资方式选择并非完全如此，如公司有时可能并不希望通过筹资行为告知公众公司价值被高估的信息，而是模仿低估价值的公司去增加债务资金。

（三）优选顺序理论

资本结构的优选顺序理论也称为啄序理论，该理论认为，公司存在融资需求，需要筹资时，首先采用内部筹资，如留存收益；如果留存收益的资金不能满足项目资金需求，需要外部筹资时，优先选用债务筹资；当债务筹资仍不能满足资金需求时，再选择外部股权筹资。即需要融资时，先内源融资后外源融资；需要外源融资时，先债务融资后股权融资。因为公司的债务比率或资本结构起着传递公司获利能力、风险等方面信息的作用，留存收益不会传递任何对公司不利的信息；先债务融资后股权融资的筹资顺序也不会传递对公司股价产生不利的信息。一般认为，企业经营情况良好，获利能力强，为了维护股东利益才举借债务。

按照优选顺序理论，不存在明显的目标资本结构，因为留存收益和增发新股均属股权筹资,但留存收益最先选用,增发新股最后选用。获利能力较强的公司之所以安排较低的债务比率,并不是由于已确定目标债务比率,而是由于不需要外部筹资;获利能力较差的公司是由于没有足够的留存收益,而且在外部筹资选择中债务筹资为首选。

本章复习思考题

1. 为什么要计算资金成本?计算资金成本应遵循哪些规则?
2. 经营杠杆产生的原因是什么?其系数说明什么问题?与经营风险有何关系?
3. 财务杠杆产生的原因是什么?其系数说明什么问题?与财务风险有何关系?
4. 如何正确运用财务杠杆和复合杠杆?
5. 确定最佳资金来源结构要考虑哪些因素?
6. 试对确定最佳资金来源结构各方法进行评价。
7. 早期资本结构理论各种派别的主要观点是什么?并评价其优缺点。
8. MM资本结构理论的主要观点是什么?并评价其优缺点。

本章练习计算题

计算题 10-1:熟悉资金成本的计算。

资料:

1. 银行流动资金贷款按季付息的利率为1.8%,合同印花税及有关手续费为贷款额的0.6%。
2. 某企业的四年期债券面额为1000元,券面年利率为8%,按年付息,发行价为970元,平均每张面额为1000元的债券发行费用8元。
3. 如果上述四年期债券是按单利计息,到期一次还本付息。
4. 某企业的债券面额为500元,三年期贴现发行价为382元,发行费用为发行价的0.5%。
5. 租赁设备一套,该设备市场价值20万元,租期4年,每季末支付租金1.62万元,租入时另付手续费0.6万元。
6. 供货单位规定的付款条件是2.2/10,n/60。
7. 某企业发行股票的面额为5元,预计年股息率为10%,每年基本相同,发行价为7元,筹资费用为发行价的1%。
8. 某公司股票近几年每年都在分派股利,20×2年分派股利1.15元,20×7年分派股利1.4元,目前(20×8年)每股市价为17元。(不考虑资金筹集费用)
9. 某企业的权益乘数为1.7857,平均负债利息率为8%,预计股利率为10%,平均筹资费率为1.2%。

要求:该企业的所得税率为25%,根据上述资料计算各种筹资方式(条件)的资金成本率。(百分点后一般保留3位小数)

计算题 10-2:熟悉杠杆系数的计算。

资料与要求：

1. 某公司本年销售收入2000万元，边际贡献率为40%，固定成本总额480万元，负债利息120万元；预计下年销售收入增长15%；或预计下年销售收入降低10%。试分别计算（金额单位：万元，系数均保留3位小数）：

(1) 本年、销售增长、销售降低三种情况的边际贡献、息前利润、经营利润；

(2) 本年、销售增长、销售降低三种情况的下期经营杠杆系数和财务杠杆系数；

(3) 销售增长、销售降低两种情况的本期经营杠杆系数和财务杠杆系数。

2. 某公司本年销售收入1000万元，变动成本率为70%，固定成本总额200万元，总资产500万元，资产负债率为40%，负债年利率8%，所得税率30%。试计算权益（净资产）净利率、经营杠杆系数、财务杠杆系数和复合杠杆系数。

3. 某公司资金（资产）总额2000万元，借入资金（负债）与自有资金（股东权益）各占50%，借入资金年利率10%，所得税率30%，普通股50万股，本年息前利润300万元。

(1) 试计算财务杠杆系数、已获利息倍数（利润利息保障倍数）和普通股每股净利；

(2) 如果下年息前利润增长20%，普通股每股净利又是多少？

4. 某公司去年销售收入100万元，变动成本率为60%，所得税率30%，普通股7万股，每股净利0.8元。公司要求今年每股净利增长50%，今年销售收入应增长多少？

5. 经计算复合杠杆系数为4，财务杠杆为系数1.6，边际贡献为500万元，试计算息前利润、固定成本、经营利润、利息费用、已获利息倍数（保留2位小数）。

6. 某公司的变动成本率为65%，固定成本为420万元（不包括利息费用），利息费用为60万元（当期利息全部列作费用），财务杠杆为系数1.4，试计算已获利息倍数、息前利润、经营利润、边际贡献、营业收入、经营杠杆系数。

计算题10-3：通过计算预计资金成本选择最佳资金来源结构。

资料：某企业估计未来资金市场出资者要求的报酬和各种状态下的可望筹资额如下表：

某企业筹资额估计表 单位：万元

资金市场状况 \ 可望筹资额	利息率、股利率(%)	银行借款		发行债券		发行优先股	
		A_1	A_2	B_1	B_2	C_1	C_2
		7.2	8	8.4	9	9.9	10.9
较好：概率0.4		70	80	65	75	90	100
中等：概率0.4		55	65	55	65	70	80
较差：概率0.2		40	50	40	50	60	70

银行借款资金筹集费用忽略不计，债券发行费率0.78%，优先股发行费率1%，企业所得税率25%。假定债券和优先股的发行价与面额相等。

要求：如果企业拟筹资200万元，应选择何种组合结构（资金成本率在百分点后保留两位小数，资金成本额在万元后保留三位小数）。

计算题 10-4：熟悉筹资无差别点的计算。

资料：某企业原有资本金 1000 万元，借入资金 500 万元，借款年利率 8%。由于扩大业务需要追加投资 300 万元，如果采用借款方式解决，估计年利率为 9%；也可以采用增加资本金的方式筹集。估计追加投资后，企业的全部资金息前利润率（资产报酬率）可达到 15%。

要求：
1. 试计算筹资无差别点的息前利润额；
2. 试分别计算增加借款、增加资本后的自有资金（资本金）利润率；
3. 试分别计算增加借款、增加资本后的财务杠杆系数；
4. 试分别计算增加借款、增加资本后的已获利息倍数（保留 3 位小数）。

计算题 10-5：通过计算企业价值选择最佳资金来源结构。

资料：

1. 某企业准备筹资 1000 万元，预计使用后每年可获得息前利润 180 万元，企业所得税率为 25%，据调查目前的借款利率和资本 β 如下：

借款额（万元）	0	100	200	300	400	500	600
借款利率（%）		7	8	9	10	12	14
资本 β	1.1	1.2	1.3	1.4	1.5	1.7	2.0

2. 市场平均投资报酬率为 13%，无风险报酬率为 9%。

要求：试计算各种情况下的资本价值、企业价值、平均资金成本率，借以提出最佳资金来源结构。

第十一章 Chapter 11

利润分配管理

学习目标：

- ☐ 明确利润分配顺序及股利支付程序
- ☐ 掌握各种支付股利方式的做法及特点
- ☐ 了解股利政策理论各种观点确立的依据及要点
- ☐ 明确影响公司利润分配的因素
- ☐ 掌握各种利润分配政策的优缺点及适用条件
- ☐ 了解股票分割与回购的动机与作用及特点

第一节 利润分配一般做法

一、利润分配顺序

企业的利润计量有利润总额和净利润两个指标，利润总额减去应交所得税即为企业的净利润。由于纳税是企业必须履行的义务，必须按照税法规定计算交纳，要受到法规约束，所以，企业的利润分配主要是指对净利润的分配。

按照有关规定，企业交纳所得税后的净利润，应按以下顺序进行分配：

1. 弥补以前年度亏损。按照我国法规，企业发生的年度亏损，可以用下一年起延续五年内的所得税前利润弥补；五年内用税前利润未弥补完的亏损，应由以后年度的税后利润弥补；也可以用以前年度计提的盈余公积金弥补。用盈余公积金弥补亏损时，须经股东大会批准。

公司没有以前年度亏损，则没有这一步的分配。

将本年净利润（或亏损）与年初未分配利润（或亏损）合并，就可计算出可供分配的利润。如果可供分配的利润为负数，即亏损，则不能进行后续项目的分配；如果可供分配的利润为正数，即本年累计有可供分配的利润，才能进行后续项目的分配。

2. 提取法定盈余公积金。现行制度规定，公司当年实现的净利润，扣除年初累计亏损后，即为公司提取法定盈余公积金的基数；公司不存在年初累计亏损时，本年税后净利润即为公司提取法定盈余公积金的基数。法定盈余公积金按10%计提，主要用于弥补公司的亏损、扩大公司生产经营规模或者转为增加公司资本。但转增资本后，公司留存的法定盈余公积金不得少于转增前公司注册资本的25%。法定盈余公积金累计额达到公司注册资本的50%以上时可以不再提取。

3. 分配优先股的股利。如果公司有已发行的优先股，在本年有可供分配利润的情况下，并提取了法定盈余公积金之后，应按事先规定的优先股利率计算向优先股的股东分配股利。

判断能否分配优先股利，看有没有本年实现的可供分配净利润，不包括年初的未分配利润。判断能分多少优先股利，看本年实现的可供分配净利润在提取法定盈余公积金之后，剩余利润能否满足应分配的优先股利。如果本年剩余利润小于应分配优先股利，则优先股利只能分一部分。

公司没有已发行的优先股，则没有这一步的分配。

4. 提取任意盈余公积金。公司从税后利润中提取法定盈余公积金和分配优先股的股利后，经股东会或者股东大会决议，还可以从税后利润中提取任意盈余公积金。任意盈余公积金一般是在当年可分配利润较多时，为了控制普通股利支付水平，在分配普通股利之前提取作为公司的留存收益，其用途与法定盈余公积金基本相同。当可分配利润较少或不愿意提取任意盈余公积金时，则没有这一步的分配。

5. 向所有者（普通股东）分配利润。公司当年的净利润扣除上述项目后，再加上以前年度的未分配利润，即为公司当年可向所有者（普通股东）分配的利润。有限责任公司一般按照股东实缴的出资比例分配红利，全体股东另有约定除外。股份有限公司一般按照普通股东认购持有的股份比例分配股利，但股份有限公司章程规定不按持股比例分配的除外。公司持有的本公司股份不得分配利润。

公司当年可向所有者（普通股东）分配的利润，经董事会决议，可以全部分配完毕，也可以分配部分，剩余部分作为企业的未分配利润，可以结转下年度再行分配，以便以丰补歉。

公司股东会或董事会违反上述利润分配顺序，在抵补亏损和提取法定盈余公积金之前向股东分配利润的，必须将违反规定发放的利润退还公司。

二、股利支付程序

股份公司向股东支付股利，一般要经历以下过程：

上市公司的股利分配，应先由公司董事会根据公司盈利水平和股利政策制定股利分配方案；随后提交股东大会审议，经股东大会决议通过之后才能生效；然后由公司董事会对外发布股利分配公告。上市公司的现金分红一般是按年度进行，也可以进行中期现金分红。

将股利分配方案对外公告，就是股利分配信息披露。现行制度规定，上市公司在年度报告、半年度报告中要分别披露利润分配预案，在报告期实施的利润分配方案执行情况，前三年现金分红的数额与净利润的比率，未分红的原因及资金留存公司的用途。

在股利支付过程中要经过以下几个重要日期：

1. 股利宣告日。指公司董事会将股东大会通过的本年度股利分配方案情况及股利发放方法予以公告的日期。股利分配公告一般在股权登记前3个工作日发布。公告中将明确宣布股利分配的年度、范围（对象）、形式、现金股利金额、股票股利数量，以及股权登记日、除息日和股利支付日等内容事项。在股利宣告日，公司会计应将准备分派的股利数额从未分配利润项目转作应付股利项目。

2. 股权登记日。指有权领取本期股利的股东资格登记截止的日期。由于股票可以在股市上自由买卖交易，因此公司的股东是经常在变动的，为了明确具体的股利发放对象，公司必须明确规定股权登记日。凡在股权登记日这一天登记在公司股东名册上的股东（即在此日及之前持有或买入股票的股东），才有权分享本期股利；而在此日之后才取得股权的股东，即使在股利发放日之前买到股票，也无权分享这次分派的股利，其股利仍归原股东享有。

我国部分上市公司在进行利润分配时，除了分派现金股利外，还伴随着送股或转增股，这种送股或转增股仍以股权登记日为界。

3. 股票除息日。也称除权日，指从股价中除去股利的日期，即领取股利的权利与股票相互分离的日期。上市公司的股票，在股利宣告日后至股利分派之前（股权登记日）其股价中包含着本次应分股利，因此称为含息股；公司分派股利时（股权登记日之后），意味着公司股价中不再含有本次应分股利，这时的股价已除去股利。股票除息一般在股权登记日的下一个交易日，股票除息的这一天通常称为除息日。在除息日前，股利权从属于股票，持有股票就享有领取本次股利的权利；从除息日开始，股利权与股票相分离，新购入股票的股东不能领取本次分派的股利。因此，除息日对股票市价有明显的影响，股票在除息日后的交易价格，要低于在除息日前的交易价格，因为在除息日前的交易价格中包含这次应得的股利收入。

4. 股利发放（支付）日。是指正式向股东发放股利的日期。在这一天，一般做法是，自然人股东应分得的股利，通过证券交易所电子计算机系统记入各位股东的资金账户；法人股东和有限售条件的流通股股东应分得的股利由公司直接发放，凭有关证件手续到公司直接领取。

例如：某公司发布某年度红利分配实施公告如下：

公　　告

本公司及董事会全体成员保证信息披露的内容真实、准确和完整，没有虚假记载、误导性陈述或者重大遗漏。

一、通过分配方案的股东大会届次和日期

20×5 年 4 月 26 日，××股份有限公司召开的 20×4 年度股东大会审议通过了《公司 20×4 年度利润分配预案》，股东大会决议公告刊登于 20×5 年 4 月 27 日的《上海证券报》《证券时报》和上海证券交易所网站上。

二、利润分配方案

（一）经××会计师事务所审计，公司 20×4 年度实现利润总额××元，应交纳企业所得税××元，实现净利润为××元。根据《公司法》及《公司章程》的规定，按 10% 提取法定盈余公积金××元，公司年初未分配利润为××元，截至 20×4 年 12 月 31 日，公司可供分配的利润为××元。

20×4 年度利润分配预案拟按公司现总股本××股，按每 10 股派发现金红利人民币 3.56 元（含税），共计人民币××元向全体股东分配。分配后，剩余未分配利润留待以后年度分配。

（二）分派范围（对象）：截至 20×5 年 5 月 15 日下午上海证券交易所交易结束后在中国证券登记结算有限责任公司上海分公司登记在册的本公司全体股东。

（三）20×4 年度现金红利发放日：20×5 年 5 月 19 日。

三、分配实施办法

（一）本次现金红利的派发，无限售条件流通股的红利委托中登上海分公司通过其资金清算系统向股权登记日登记在册并在上海证券交易所各会员办理了指定交易的股东派发。已办理指定交易的投资者可于红利发放日在其指定的证券营业部领取现金红利，未办理指定交易的股东红利暂由中登上海分公司保管，待办理指定交易后再进行派发。

（二）公司股东××有限公司、××国有资产经营有限公司和有限售条件的流通股股东××公司的现金红利由公司直接发放，凭以下手续到公司直接领取：

1. 受托人身份证及身份证复印件；
2. 股东单位营业执照复印件（加盖公章）；
3. 授权委托书（见附件）；
4. 股东代码卡复印件。

四、咨询办法

联系电话：（略）
联系地址：（略）
邮政编码：（略）

五、备查文件

公司20×4年度股东大会决议及公告。

××股份有限公司
20×5年5月10日

本例中，20×5年5月10日为该公司股利宣告日，20×5年5月15日为该公司股权登记日，20×5年5月16日为该公司股票除息日，20×5年5月19日为该公司股利发放日。

我国财政部、国家税务总局、证监会在2015年9月7日《关于上市公司股息红利差别化个人所得税政策有关问题的通知》中规定，个人从公开发行和转让市场取得的上市公司股票，其所得的股息红利按20%的税率计征个人所得税。个人持股期限超过1年的其股息红利所得暂免征收个人所得税，持股期限在1个月以内的其股息红利所得全额计入应纳税所得额，持股期限在1个月以上至1年的其股息红利所得暂减按50%计入应纳税所得额。上市公司派发股息红利时，上市公司暂不扣缴个人所得税；待个人转让股票时，证券登记结算公司根据其持股期限计算应纳税额，由证券公司等股份托管机构从个人资金账户中扣收并划付证券登记结算公司，证券登记结算公司应于次月5个工作日内划付上市公司，上市公司在收到税款当月的法定申报期内向主管税务机关申报交纳。

三、支付股利的方式

股份制企业分派支付股利一般有现金股利、股票股利、实物股利和负债股利几种方式。

（一）现金股利

现金股利，是公司将股东（所有者）应分得的股利用现金支付给股东，通常称为分红或红利。现金股利是最常见的、最容易被股东接受的股利支付方式。

分发现金股利，引起公司的现金资产和所有者权益同时等量减少，使股东财富从公司转移到股东手中。一般来说除息日后的股价下跌数就是现金股利数，所以分发现金股利股东拥有的财富总额不变；但可使股东得到最现实的投资报酬，股东财富的安全系数增加，从名义上拥有公司财富（股东权益）变为实际具有使用权财富。分发现金股利，还可能使社会公众认为公司的现金支付能力强，有利于提高公司形象。由于分发现金股利要用现金支付给股东，导致公司的现金流出，增加了公司的现金支付压力。因此，采用现金股利方式公司必须有充足的现金。

现金分红作为上市公司股利分配重要方式，也是所有者（股东）实现投资回报的有效方式，对于培育资本市场长期投资理念，增强资本市场的吸引力和活力具有重要作用。因此，上市公司应当在章程中明确现金分红政策，利润分配政策应当保持连续性和稳定性。

（二）股票股利

股票股利，是股份公司将股东应分得的股利采用增发股票的方式分派给股东。相当于公司将股利用现金付给了股东，股东又用等额现金购买了该公司的股票。

股票股利的会计处理，一种做法是：按该股票面额作为发放股利金额，减少未分配利润，并列作股本。我国公司会计一般采用这种处理方法。

【例11-1】某公司原已发行普通股500万股，每股面额1元，本年实现可供分配的净利润300万元（以前年度未分配利润为0），决定按每10股派发2股股票股利并发放现金股利1.4元（含税）。盈余公积金按10%计提。该公司派发股票股利和现金股利前后的有关账户余额如表11-1所示。

表11-1　　　　　　　　　　利润分配前后股东权益表　　　　　　　　　　单位：万元

利润分配前		利润分配后	
普通股本（500万股）	500	普通股本（600万股）	600
资本公积	100	资本公积	100
盈余公积	100	盈余公积	130
本年实现净利润	300	未分配利润	100
股东权益合计	1000	股东权益合计	930

表11-1的计算方法为：

提盈余公积 = 300 × 10% = 30（万元）

配发股票数量 = 500 ÷ 10 × 2 = 100（万股）

派发股票股利金额 = 100（万股）× 1（面额）= 100（万元）　（增加股本数额）

发放现金股利金额 = 500 ÷ 10 × 1.4 = 70（万元）　（减少现金资产数额）

共发股利金额 = 100 + 70 = 170（万元）　（减少未分配利润数额）

年末未分配利润 = 300 - 30 - 170 = 100（万元）

股票股利会计处理的另一种做法是：以派发前的股票市价为基础，按该股票市价作为发放股利金额，减少未分配利润，按面额列作股本，将市价超过面额以上的部分列作资本公积。美国等西方国家公司派发股票股利，某些情况下可能采用这种会计处理方法。

【例11-2】某公司原已发行普通股500万股，每股面额1元，本年实现可供分配的净利润400万元（以前年度未分配利润为0），决定按每10股派送1股的方式发放股利，该股票的公平市价为6.6元。盈余公积金按10%计提。该公司派发股票股利前后的有关账户余额如表 11-2 所示。

表 11-2　　　　　　　　　　利润分配前后股东权益表　　　　　　　　　　单位：万元

利润分配前		利润分配后	
普通股本（500 万股）	500	普通股本（550 万股）	550
资本公积	200	资本公积	480
盈余公积	100	盈余公积	140
本年实现净利润	400	未分配利润	30
股东权益合计	1200	股东权益合计	1200

表 11-2 的计算方法为：

提盈余公积 = $400 \times 10\% = 40$（万元）

配发股票数量 = $500 \div 10 \times 1 = 50$（万股）

发放股票股利金额 = 50（万股）$\times 6.6$（市价）= 330（万元）（减少未分配利润数额）

增加股本金额 = 50×1（面额）= 50（万元）

增加资本公积金额 = $50 \times (6.6 - 1) = 280$（万元）

年末未分配利润 = $400 - 40 - 330 = 30$（万元）

从以上举例计算可看出，发放股票股利，公司资产和所有者权益总额不变，只引起所有者权益各项目的结构发生变化，从未分配利润转入股本（溢价部分转入资本公积）。但是，会使市场上流通的股票数量增加，每股净资产减少，在以后盈利总额不变的情况下，会引起每股收益（净利）和每股市价下降。由于股票股利是按股东原持有该公司的股份比例派发的，所以，分派股票股利后，各股东所持股份比例不变，即各股东对公司的控制影响力不变，各股东所持股票的市场价值总额也不会变化。

按例 11-2 证明股票股利的特点计算为：

分配前每股净资产 = $1200 \div 500 = 2.4$（元）

分配前市净率 = $6.6 \div 2.4 = 2.75$

分配后每股净资产 = $1200 \div 550 = 2.18182$（元）

分配后每股净资产 = $2.4 \div (1 + 10\%) = 2.18182$（元）

分配后每股市价 = $2.18182 \times 2.75 = 6$（元）

分配后每股市价 = $6.6 \div (1 + 10\%) = 6$（元）

分配前股东所持股票市场价值 = $500 \times 6.6 = 3300$（万元）

分配后股东所持股票市场价值 = $550 \times 6 = 3300$（万元）（与分配前相同）

采用增发股票的方式分派股利，对于公司来说，可避免现金流出，可用保留下来的现金增强资产的流动性，增强现金支付能力。无需支付股票发行费用，可节约筹资成本。公司分派股票股利，可能是公司继续发展的需要，公司有较好的投资项目，将现金留下来用于项目投资，从而扩大经营规模、范围、领域，这有利于公司的发展，会提高投资者对公司的信心，在一定程度上会稳定股票价格。对于股东来说，持有的股票数量增加了，在需要现金时可将股票出售变为现金，有时还可获得股价上涨的好处。公司分派股票股利，也有可能被投资大众认为是公司现金周转困难所采取的措施，从而降低投资者对公司的信心，加剧股价下跌。所以，采用股票股利方式应慎重考虑，一般是正处于成长发展中的公司常采用这种方式。

（三）实物股利

实物股利，或称财产股利，是股份公司将股东应分得的股利用实物资产或公司拥有其他企业的有价证券分发给股东。相当于股东分得现金股利后，又用等额现金购买了该公司的实物。实物资产一般为公司的产品（商品）。

用实物分发股利，公司的实物资产和所有者权益同时等量减少。实物股利可以方便地将公司实物资产处置变现，但股东将分得实物资产或有价证券在日后变现时其价值具有一定的不确定性，这对自然人股东来说不太容易接受。所以，实物股利形式是在公司现金支付能力不足及向法人股东分派股利时采用。

（四）负债股利

负债股利，是股份公司将股东应分得的股利用签发应付票据或发行公司债券的形式分派给股东。以负债方式分派股利，就是将公司股东权益转化为公司负债，公司资产总额不变。负债股利方式实际是公司将现金股利延期支付，可以缓解公司近期现金支付压力。但在负债到期时既要还本，又要按约定的利率支付利息，增加了利息负担。如果公司短期资金周转困难可采用负债股利方式。

第二节 股利政策的基本理论

股利政策是关于公司是否发放股利、发放多少股利、以何方式发放股利、何时发放股利等方面的方针和策略。即规定在公司实现的税后净利润中，多少以股利的形式分给股东，多少留在公司作为积累。西方财务管理学者观点较多，按照对股票价格（公司价值）有无影响分为股利相关论和股利无关论，按照时间顺序可分为传统股利政策理论和现代股利政策理论。

一、传统股利理论

从1961年美国的莫迪利亚尼（Modigliani）和米勒（Miller）对股利理论的开创性研究起，西方财务学者在一段时期围绕着"股利是否影响公司的市场价值"这个论题展开激烈的争论，基本形成了三个主要学派："一鸟在手"理论、MM理论、税差理论。

（一）"一鸟在手"理论

"一鸟在手"理论源于西方谚语"双鸟在林不如一鸟在手"。其基本观点是，在股利收入与股票价格上涨产生的资本利得（股票买卖价差收入）收益之间，投资者更偏好当期股利收入。因为公司分派股利（一般指现金股利）对股东来说是现实的有把握的收益，公司将利润不分给股东，留在公司用于再投资，将给股东带来的股票交易资本利得或更多股利有风险。公司有盈利不分或少分股利，会使公司净资产（股东权益总额）增加，用于经营活动会使公司将来的净利润增加。就一般道理来说，公司净利润和净资产增加，会使公司股票价格上涨。但代表公司价值的股票价格，在将来是否会上涨、上涨幅度有多大、是否会下跌具有较大的不确定性;将来股价上涨产生的资本利得,或将来可分得更多股利,与现实的股利收入相比风险更大,不如股利收入现实可靠。因此,投资者更愿意购买能支付较高股利的公司股票,这样,股利政策必然会对股票价格产生积极的影响。

这种理论观点的结论有两点:

第一,股票价格与股利支付率成正比。公司发放较多股利可刺激投资者购买该公司股票的热情,从而提高公司股票价格,使公司的市场价值增大。

第二,权益资本成本与股利支付率成反比。按照风险与报酬相均衡的原则,当公司股利支付率提高,分派较多股利时,股东承担的风险越小,股东要求的风险报酬就越少,即公司权益资本报酬率就越低,权益资本成本也相应越低。

根据永续年金现值计算模式计算公司价值公式是:

$$公司价值 = 股利总额 \div 权益资本成本率$$

从上式中可看出,股利越多,权益资本成本越低,公司价值越大;反之,股利支付率下降,股东收益的风险加大,投资者(股东)不仅要求获得与市场水平相同的投资报酬,而且还要求公司为他们承担的风险支付报酬,所要求的权益资本报酬率越高,权益资本成本上升,公司价值会下降。因此,公司在制定股利政策时,必须采取高股利支付率政策,才能使公司价值最大化。

这种理论观点的缺陷是,期望投资者(股东)在收到股利后再购买公司新发行的股票,不一定能实现。混淆了投资决策和股利决策对股票价格的影响,从长远来看,股票价格主要受企业经营活动效益和风险的影响。

(二) MM 理论

MM 理论是由美国财务专家莫迪利亚尼(Modigliani)和米勒(Miller)于 1961 年在他们的著名论文《股利政策、增长和股票价值》中首先提出的。其基本观点是,公司的股票价格完全由公司投资方案和获利能力所决定,并非取决于公司的股利政策,股利政策只不过是公司的一种融资策略。认为代表公司价值的股票市价,应该与股票现值和当期应分股利相等。公司分配股利(现金)后,会引起公司净资产减少,每股代表的净资产减少,从而会引起股价下跌,股价下跌的数额就是当期分配股利的数额。如果公司实现的净利润不分股利,留在公司使用,会增加公司的净资产,会使公司每股代表的净资产增加,会使公司股价提高,股东会得到股价提高的资本利得。股价提高的资本利得与应分得的股利,两者只是性质不同,数额相等。

这种理论观点的结论有两点:

第一,公司的股票价格与其股利政策无关。在公司有较好投资机会、盈利增加的情况下,公司的股票价格也会上涨。如果股利分配较多,留用利润较少,股东获得现金后会寻求新的投资机会,而效益好风险小的公司股票仍可吸引较多的投资者,股票价格仍会上涨。所以,股票价格与公司股利政策无关,只与公司经营活动效益和风险有关。

第二,公司的权益资本成本与股利政策无关,只与股票价格有关。公司股票价格越高,投资者(股东)要求分配的股利越少,权益资本成本就越低。因此,股利支付是可有可无的事,公司无需花费大量时间去思考股东无所谓的股利政策问题。

这种理论观点的缺陷是,该理论的前提条件过于脱离实际,以致使其结论与现实情况不相吻合。第一,必须有一个完善地、强效率的资本市场。假定公司的信息对任何人都是平等知晓的,不存在信息不对称,所有投资者都是理智的,这是不可能做到的。第二,不存在个人和公司所得税,即资本利得与股利收入之间没有所得税差异。第三,公司在任何时候任何投资项目的收益和风险是相同的,都有较好收益并是低风险的,这在现实生活中是不存在的。

(三) 税差效应理论

税差效应理论是布伦南(Brennan)在1970年最先提出的。其基本观点是,当股利收入所得税高于资本利得税,存在税收差异时,投资者(股东)往往偏好资本利得。世界上有一部分国家规定,投资者(股东)收到现金股利交纳的所得税比出售股票所获资本利得交纳的所得税高。这是出于保护和鼓励资本市场投资的目的,采用股利收益的税率高于资本利得的税率制度,致使股东偏好资本利得而不希望派发现金股利。

由于现金股利交纳的所得税比资本利得交纳的所得税高,所以,发放现金股利实质上损害了投资者(股东)的利益,多留利润少发现金股利会使投资者的财富价值增加。纳税不仅在数量上存在差异,而且在时间上也有差异,股利的纳税是在收到现金股利时交纳的,资本利得的纳税只有在股票真正卖出时才交纳,这实际推迟了或降低了投资者的税负,称为"递延优势"。并且,资本利得的所得税在特定情况下可以免交,如将已升值的股票赠送给慈善事业。因此,不分或少分股利,利润留存后,会使公司每股代表的净资产增加,会使公司股票价格上升,增加公司的市场价值,从而使股东财富最大化。基于税收差异的考虑,当资本利得税与股票交易成本之和小于股利所得税时,大多数投资者会选择公司留存利润而不是分发股利。

这种理论观点的结论有两点:

第一,股票价格与股利支付率成反比。股利支付率越高,股票价格会越低。因为公司分的股利较多,除了每股代表的净资产减少外,交纳的税也较多,股东收益(财富)就较少。

第二,权益资本成本与股利支付率成正比。因为,股利支付率较高,公司不仅要支付较多的股利,还会使每股代表的净资产减少,会使股票价格降低,就使单位权益资本负担的成本高。因此,公司在制定股利政策时,必须采取低股利支付率政策,才能使企业价值最大化。

这个理论的前提条件是,资本利得所得税率低于股利所得税率。否则,该理论不成立。

上述"一鸟在手"理论认为高股利会增加公司的市场价值,税差效应理论认为低股利会增加公司的市场价值,MM理论认为股利高低与公司的市场价值无关。前两者可称为股利相关论,后者可称为股利无关论。

二、现代股利理论

从20世纪70年代末80年代初开始,西方财务的理论界和实务界为股利理论研究做了大量的工作,在对传统学派的观点批评与继承的基础上,提出了很多合理的解释,形成了现代学派。以下简要介绍现代学派的剩余股利理论、顾客效应理论、信号理论和代理成本理论。

(一) 剩余股利理论

剩余股利理论的基本观点是,公司实现的净利润在满足投资需要后,将剩余部分用于发放股利。这种理论观点的理由是:

第一，公司未来投资报酬率的高低决定着公司现在分配股利的多少。如果公司有许多有利的投资机会，即公司投资机会的预期报酬率大于投资者（股东）要求的报酬率，则不应该分配现金股利，而应该采取保留盈余（留存利润）的形式来满足投资机会所需要的资金。如果保留盈余仍不能满足投资需要，再从外部筹集资金。如果公司没有有利的投资机会，即公司投资机会的预期报酬率等于或小于投资者要求的报酬率，或者净利润超过了被采纳的投资方案的资金需要量，公司则应将其剩余利润以现金股利的形式分配给股东。显然，剩余股利理论认为股东不会计较股利与资本利得的差别，关键看公司投资报酬率是否较高。

第二，留存利润是公司最方便最经济的资金来源（筹资方式）。公司在为了满足投资机会对资本（自有资金）的需要时，如果采取发行新股方式筹资必然要发生发行费用（筹资费用），如资产评估费、审计验资费、宣传广告费、代理发行手续费等；而留存利润筹资方式不会发生这些费用，并且不需办理有关手续。因此，在公司有较好投资机会需要增加资本（所有者权益）时，应首先选择内部融资即留用利润，这样可以节约筹资费用。只有当内部资金（净利润）不能满足投资对资本需要时，才考虑发行新股。在公司净利润满足投资对资本需要后，如果有剩余利润，则支付股利，如果没有剩余利润，就不支付股利，以尽量降低筹资费用。

正因为如此，用剩余股利理论可以解释为什么迅速成长的公司几乎不发放股利（有较好投资机会，节约筹资费用），而成熟的发展比较平缓的公司倾向实施高股利政策。

这种理论观点的结论是，如果公司投资机会的预期报酬率高于投资者（股东）要求的必要报酬率，则不应分配现金股利，而将利润用于投资，以谋求更多的盈利；反之，如果公司投资机会的预期报酬率低于投资者要求的必要报酬率，则应将净利润以股利形式分配给股东。

（二）顾客效应理论

顾客效应理论基本观点是，公司股利政策应对投资者（顾客）购买公司股票具有吸引力。

顾客效应理论是税差效应理论的进一步扩展，其理由是，在经济生活中，个人所得税是按照个人收入级差计算的，收入越多税率越高，收入越少税率越低。包括股利收入在内的个人收入较多的投资者，边际税率较高，交的所得税较多，就使这些投资者追求资本利得，从而喜欢股利支付率较低的股票，希望少分现金股利或不分现金股利，使公司有更多的留存收益进行再投资，从而增加公司收益，增加公司净资产，提高所持股票价格，通过获得资本利得适当避税。个人收入较少的投资者，边际税率较低或享有税收优惠，倾向有较多的而且稳定的股利收入，以便用于个人生活，因而喜欢股利支付率较高的股票。这就是所谓的"股利顾客效应"。

正因不同投资者有不同的偏好，所以公司的任何股利政策都不可能满足所有投资者的股利要求。因此，公司不必考虑投资者的具体意愿，而应根据自身特点制定出一套既能适应公司需要又能吸引一部分投资者前来购买股票的股利政策。

这种理论观点的结论有两点：第一，公司股利政策并不重要，除非市场难以满足特定投资者对某种股利的需求。满足不了，则失去吸引力。第二，公司不要频繁改变其股利政策，以利于稳定一部分投资者。

（三）信号理论

信号理论基本观点是，股利政策（支付股利现金多少）起着传播公司信息的作用。

这种理论观点的理由是，在非完全资本市场中，当公司管理者与投资者存在信息不对称（信息知晓程度不同）的情况下，管理者会利用股利政策来传递有关公司未来前景的信息，使股东及潜在的投资者依据股利多少对公司经营状况与发展前景作出判断。一般来说，股利提高意味着公司盈利能力增强，公司有较好的发展前景；股利下降意味着公司经营状况变坏，前景不乐观。如果某一公司突然改变长期以来比较稳定的股利政策，投资者会认为公司的财务状况或盈余情况有较大变动，那么，投资者就会买入或抛售该股票，从而推动该股票价格上涨或下跌。所以，股利政策实际起着给投资者传播公司盈余状况、资金状况等财务方面的信息，从而对股票价格有影响，股利政策与股票价格是相关的。

当然，也有些投资者对公司股利政策有不同的看法。认为高额股利可能意味着公司目前没有新的前景很好的投资项目，不必留存利润积累资本进行投资，公司发展将趋于缓慢，有些投资者可能抛售该股票，引起股票价格下降。认为低额股利或不分股利可能意味着公司目前有新的前景很好的投资项目，需要留存利润积累资本进行投资，公司发展前景看好，有些投资者可能买入该股票，引起股票价格上升。

正因为不同的投资者对公司股利政策有不同的看法，这就要求管理者具有良好的理财能力，制定出恰当的股利政策，为公司树立良好的形象。

这种理论观点的结论有两点：第一，公司股利政策要稳定，不宜大幅度波动。第二，股利支付率升比降要好，分派股利多比少要好，一般不要大幅度降低。

（四）代理成本理论

代理成本理论基本观点是，股利（现金）的支付能够有效地降低代理成本。

代理成本是指为正确处理股东与经理之间、股东与债权人之间的代理关系所发生的费用。在现代企业中，绝大多数股东不直接参与公司日常管理，经理受顾于股东，股东与经理是权益所有者与资产经营者之间的委托代理责任关系，股东的目标与经理目标存在一定差异，经理可能为了个人利益不追求公司最佳收益，追求享受及高额消费。股东为了使经理行为有利于股东利益，就要实行监督与激励机制，就必然要发生相应的监督成本和激励成本，如审计费，获取公司信息、提出管理措施花费的代价，奖励代价等。股东与债权人是资金使用者与资金所有者之间的授权代理法律关系，债权人处于公司之外，为了防备债务人过渡负债、经营不利而承担风险与损失，给债务人提出一定的限制性条款，并要求接受有关方面的监督，就使债务人要支付相关费用，如资产评估费、审计验资费、较高利息等。所以，代理成本就是为谋求股东、经理和债权人之间利益关系维系均衡而发生的耗费。这种代理成本发生要减少公司利润，最终由股东承担。

这种理论观点的理由是：

第一，支付股利减少了公司现金数量，就减少了经理人员对自由现金流量的支配权，使其失去了可用于谋取自身利益及高额消费的资金来源，促使经理人员合理节约使用资金。

第二，大量发放现金股利会使公司留存收益和现金减少，公司为了满足投资需要就要从外部融资，而从外部融资就要接受更多更严格的监督和审查，这实际上帮助了老股东控制了经理人员。所以，支付股利成为一种间接约束经理人员的监管机制。尽管外部融资的代价不菲，现金股利有可能要征收重税，但大大降低了股东的监督成本，可以增加股东的利益。

这种理论观点的结论是，公司应采用高股利政策，向股东分发较多现金股利，以便降低代理成本。

第三节 利润分配政策的制定

企业的净利润分配基本是在所有者（股东）和企业之间进行，所以，利润分配管理实际上是确定所有者（股东）现得多少和企业现留多少。利润分配是财务活动的一个重要环节，是财务管理的一项重要工作，它不仅要涉及企业、所有者几方面的利益，关系到所有者的目前利益和长远利益，关系到企业的发展能力，而且影响企业的筹资和投资决策，以及股票市场价格，必须慎重对待。

一、影响利润分配的因素

制定利润分配政策、确定利润分配方案要受较多因素的影响，归纳起来，大致有以下几个方面：

（一）法律因素

为了保护债权人和所有者的利益，防止企业管理层滥用手中权力，国家的有关法规如《公司法》《证券法》对企业的利润分配有一定的硬性限制。主要体现在以下几个方面：

1. 资本保全约束。就是要求企业分配给所有者（股东）的利润（股利），不得来源于原投资额（资本），只能来源于企业当期实现的净利润或以前年度的未分配利润，使所有者投入企业的资本保持其数额不变，不得随便减少。也就是说，企业分配给所有者的利润不得超过当期和以前年度的未分配利润。

这种约束的目的是为了保证企业有完整的产权基础，防止企业随意减少资本金数额，并由此保护债权人的利益。因为资本金是企业从事经营活动的物资基础，是偿还债务的保证，一经注册，不得随便减少。将企业资本金以分配股利形式退回给所有者，是抽逃资本的行为。如果没有这项约束，经营困难处于财务危机的企业，有可能将其财产借分配股利之时分给所有者，从而减少资本，损害债权人的利益。

2. 企业积累约束。就是要求企业进行利润分配时必须按净利润的一定比例提取盈余公积金，以便增加企业的积累，不能将净利润全部分给所有者。我国目前规定，公司税后净利润必须先提取法定盈余公积金，还可提取任意盈余公积金，只有当提取的法定盈余公积金达到注册资本的50%时可不再提取。提取盈余公积金后的剩余利润才可以用于分派股利。

这种规定的目的是为了制约企业支付股利的随意性，便于提高所有者权益在资金来源中的比重，有利于增强企业的资信能力和抵御风险能力。

3. 净利润累计约束。就是要求企业账面累计的未分配净利润为正数时才能进行股利分配。如有以前年度亏损，只有用当期利润弥补后有余额才能进行分配。这种约束充分体现了股利分配的"有利则分、无利不分"原则，体现了资本投资风险。这种规定也有利于保护债权人的利益。

4. 偿债能力约束。就是如果一个企业的现有资产已经无力偿付债务，或支付股利会导致失去偿债能力，则不能支付股利。这种规定是为了维护经营活动支付能力和保护债权人利益。

5. 超额累计利润约束。就是要求企业的留存利润不得超过法律认可的水平，企业留存利润一旦超过法律认可的水平，将被加征额外税款。因为，有一部分国家规定，股票投资者收到分得股利交纳的所得税要高于出售股票所获得的资本利得税。因此，一些公司可以不分或少分股利，通过留存积累利润，使公司股东权益增加，从而使公司股价上涨，以此方式来帮助股东避税。目前一部分国家规定公司不得超额累积利润，目的是防止逃税。我国法律目前对此尚未作出规定。

所以，企业在进行利润分配时必须按照有关法规进行，不得违反，使利润分配活动具有合法性。

（二）股东因素

股东出于对自身利益的考虑，对公司的利润分配往往提出一些意见。主要是：

1. 控制权考虑。控制权是指企业所有者凭借在企业资本（股东在公司股份）中所占比重而享有的对企业重要事项的表决权。如果公司发放较多的股利，就会导致公司留用利润减少，公司股东权益减少，意味着公司将来可能要靠发行新股筹资来扩大经营规模，靠发行新股筹资增强公司资信能力。而发行新股会增加股东数量，会稀释公司的控制权，这是公司原具有控制权的股东所不愿意看到的局面。原具有控制权的股东在拿不出更多的资金购买新股以满足公司对资本需要和维持控制权的情况下，他们宁肯不分配股利，使公司有较多的积累，而反对募集新股，以便维持自己已具有的控制权，防止控制权旁落他人。

2. 避税考虑。由于股东获得的股利收入交纳的个人所得税要高于股票交易的资本利得税，所以一些股利收入较多的股东往往反对公司发放较多的股利，使公司有较多的保留盈余，较多的股东权益，从而使股价上涨，以便从股价上涨后的股票转让中获利并少交所得税或不交所得税。再则，股利收入所得税是在分配股利时交纳，资本利得税是在实际出售股票时交纳，有利润不分配，资本利得税要迟于股利收入所得税。按照资金时间价值原理，资本利得税价值要小于股利收入所得税价值，这实际降低了股东税负，所以一些股利收入较多的股东出于避税考虑，往往愿意少分股利，以便从股价上涨中获得好处。

3. 稳定收入考虑。一些其他收入较少，依靠定期的股利收入来维持生活的股东，他们要求公司每年支付稳定的股利，每年得到稳定的股利收入，以便有计划地安排支出，往往反对公司留存较多的利润。因为他们本来总收入较少，并不关心税负的多少。

4. 再投资机会考虑。如果公司在下期（不久将来）有较好的投资机会（项目），会获得较好的收益，该公司的股东可能会同意目前少分或不分股利，将利润留存公司用于再投资，以便将来获取更多的收益，以后可分得较多股利，或从股价上涨中获利。如果股东认为在该公司之外有更好的投资机会，则会要求公司多分股利，用于其他方面投资。

5. 规避风险考虑。有些股东认为，通过增加留存利润用于再投资带来的新收益，或使股价上涨而获得资本利得，具有很大的不确定性，是有风险的，而目前所得到的股利是确定的，即使是现在得到的股利较少，也比将来较多的不确定性的资本利得要好。因此，这些股东往往要求公司发放较多的股利。

股份公司的净利润不论怎样分配，都归股东所有，所以，公司在进行利润分配时必须考虑大部分股东的要求，兼顾各方利益。

(三) 公司（企业）自身因素

公司出于持续经营并不断发展的考虑，在制订利润分配方案时往往要考虑以下因素：

1. 盈利稳定程度。如果公司对未来盈利的把握性较小，预计未来各年之间盈利不稳定，起伏波动幅度较大，时盈时亏，则不能多分派股利，以便以丰补歉，一般采用低股利政策，减少财务风险。如果公司对未来盈利的把握性较大，在未来的盈利相对较稳定，则可相对多分派股利。

2. 未来投资机会。公司净利润一定，股利分得越多，公司净资产和现金存量就越少，所以，利润分配直接关系到公司的积累和资金需求量。当公司在未来有良好的投资机会，且投资收益率大于股东所期望的收益率时，往往会少发放股利，将大部分利润留在企业用于再投资。如果企业面临的投资机会较差，会倾向于向股东支付较多的股利，使留用利润较少，以免造成资金的闲置。正因为如此，一些处于成长过程的企业，往往对利润是少分多留，多采用低股利政策；而处于经营收缩阶段的企业，往往对利润是多分少留，多采用高股利政策。

3. 支付能力状况。公司的支付能力在一定程度上体现着经营实力，关系到公司的信誉和经营活动能否正常进行。公司支付能力越强，公司在经济活动中的信誉就越好，经营活动就可顺利进行，不会发生现金、存货短缺损失。保持较强的支付能力需要有较多的现金和较好质量的流动资产。如果较多地发放现金股利，会减少公司的现金持有量，使公司的经营支付能力降低。所以，如果公司支付能力强，则可用现金发放股利；如果公司支付能力弱，则不宜用现金发放股利。

4. 举债难易程度。如果公司举债筹资较容易，能够及时筹措到经营活动所需要的现金，则可以用现金分发较多的股利，保留较少的利润；如果公司举债筹资较困难，则不能用现金分发较多的股利，宜保留较多的利润和现金，以增强公司的经营实力即支付能力。

5. 筹资成本。公司筹集资金的渠道和方式有多种，每种渠道和方式的代价不相同，有高有低。留用利润是企业最方便、最经济的一种筹资方式。如果资金市场上的筹资代价较高，采取多留利润的策略无疑是一种较好的筹资方式；不仅如此，还可提高公司权益资金所占比重，改善资金来源结构，增强公司的偿债能力，从而也有利降低举债难度。如果资金市场上的供应量充足，筹资代价较低，可少留利润多发股利。

6. 资本债务结构。如果公司的资产负债率或权益乘数较高，近期不准备发行新股，不增加筹集资本金，则应少分股利，多留利润，增加积累，以提高所有者权益在资产总额中占的比重，达到较为合理的资金来源结构，增强偿债能力。如果公司的资产负债率较低，偿债能力强，则可多分股利，少留积累。

由此看出，公司利润分配应正确处理目前利益和长远利益的关系，处理好公司与股东的关系，向股东分利和公司积累都要适当考虑。

(四) 其他因素

影响公司利润分配的因素除了上述几个方面外，还有以下两个因素：

1. 债务契约限制。公司的债务契约，特别是涉及较长时期的债务，往往有限制公司用现金支付股利的条款，以保护债权人的利益。这种限制常常包括：

（1）未来的股利只能用借款协议签订以后新获得的利润来发放，即不能用过去的留存收益来发放；

(2) 营运资金低于一定数额或比例时不得发放股利;

(3) 流动比率和利息保障倍数低于一定水平时不得发放股利。

公司为了较方便地采用负债方式筹集资金,就要遵守与债权人签订的有关限制性条款,从而影响着股利支付比率及股利分配数额。

2. 通货膨胀。通货膨胀的后果会使货币购买力下降,会使公司在经营过程中耗费的实物资产,因没有足够的货币资金购置让其复原(恢复生产经营能力),这将影响企业的经营能力。如计提的固定资产折旧额,可能不能满足重置固定资产的资金需要。在这种情况下,企业往往要多留一些利润,来弥补由于货币购买力下降而造成的资金缺口。因此,在通货膨胀时期公司应采取偏紧的股利分配政策。

所以,公司在进行利润分配时还要考虑有关的社会经济因素,保证公司能够健康顺利发展。

二、利润分配政策的选择

利润分配政策的选择实际上是在所有者(股东)现得多少和企业现留多少之间进行选择。由于支付股利和留存利润两者是互为消涨的关系,所以利润分配政策的核心是如何制定股利分配政策。股利分配政策也称为股利政策,包括股利支付率、股利支付方式、每股股利、股利支付时间的确定。股份制企业经常采用的股利政策主要有以下几种:

(一) 剩余股利政策

剩余股利政策,是在公司确定利润分配方案时,首先考虑将净利润用于满足投资项目对权益性资金的需要,然后将剩余利润用于发放股利(现金),没有剩余利润就不发放股利。其理论依据是股利无关论,即股利政策不会对股票价格产生影响,公司有较好的投资机会时,可以少分配甚至不分配股利,而留给企业用于再投资,从而增加企业收益,可使股价上升。

剩余股利政策主要考虑的因素是未来投资机会和筹资成本。当公司面临良好的投资机会时,在目标资金来源结构的约束下,最大限度地用留存利润来满足投资项目对权益性资金的需要,减少外部筹资数额,从而降低筹资成本。所以,采用剩余股利政策的根本目的是为了保持理想的资金来源结构,使综合平均资金成本较低。

剩余股利政策的操作步骤是:

(1) 根据选定的最佳投资方案,确定投资所需要的资金数额;

(2) 确定公司目标资金来源结构,即权益资金和债务资金各占总资金的比率,使在此结构下的综合资金成本最低;

(3) 确定为达到目标资金来源结构需要增加的所有者权益数额;

(4) 最大限度地用可分配的净利润满足投资项目所需的权益资金数额;

(5) 投资项目所需权益资金满足后若有剩余利润再向所有者分配。

【例 11-3】某公司原已发行普通股 2000 万股,上年实现净利润 500 万元,分派现金股利 300 万元;本年增发股票 200 万股,实现净利润 610 万元。预计在下年项目投资需支出 650 万元,公司一贯要求所有者权益与负债的比例基本保持 3:2。

按剩余股利政策计算本年每股实分股利为:

所需权益资金 $= 650 \times \dfrac{3}{3+2} = 390$(万元)　　(留用利润,包括提留盈余公积金)

实分股利总额 = 610 - 390 = 220（万元）

每股实分股利 = 220 ÷ (2000 + 200) = 0.1（元）

接例 11 - 3，项目投资所需 650 万元资金，从利润中留存 390 万元，另外 260 万元通过负债筹集，在一定时期（特定时点）基本保持目标为 3∶2 的资金来源结构。

剩余股利政策可以最方便、最经济地取得投资项目所需的权益性资金，能够降低筹资成本。并且利润分配后仍然有较多利润留存，可以提高权益资金所占比重，能够优化资金来源结构，使资金来源结构达到最佳状态。这种政策使所有者权益占资产总额比重较大，企业资信能力较强，从而有利于采用负债的方式再筹资，使投资项目所需资金的保证系数大。

由于投资机会和经营收益每年都有变化，剩余股利政策会导致公司各期的股利忽高忽低，有投资项目需要大量资金和经营收益较少时股利较少或不分股利，无投资项目和经营收益较多时股利较多，有可能被误认为公司经营不稳定，不利于树立公司良好形象，可能导致公司股票市价下跌。这种政策只考虑了公司和所有者的长远利益，忽视了所有者的目前利益，不利于吸引追求稳定收入的股东投资。

在公司处于创业阶段，投资项目效益良好、风险很小的情况下，可以采用剩余股利政策。

（二）固定股利政策

固定股利政策，是将每年每股发放的股利（现金）固定在某一数额上，并在较长时期内不变，只有当公司预期未来盈利有显著的、不可逆转的增长时才提高股利发放额。其理论依据是股利相关论，即股利政策会对股票价格产生影响，长期稳定的发放股利是向投资者传递公司经营状况良好的信息，有利于稳定股票价格。所以，采用固定股利政策的主要目的是为了稳定各年股利，避免出现由于经营不善使股利大起大落。

接例 11 - 3，按上年每股股利固定发放本年股利为：

上年每股股利 = 300 ÷ 2000 = 0.15（元）　　　（即本年每股股利）

本年发放股利总额 = 2200 × 0.15 = 330（万元）

本年留用利润 = 610 - 330 = 280（万元）

采用固定股利政策，可以起到向市场传递公司正常经营、经营业绩比较稳定这样信息的作用，有利于树立公司良好的形象，增强投资者对公司的信心，稳定公司股票价格。如果公司的实际盈利水平在降低，仍按固定数额分派股利，可使投资者认为公司在未来的经营状况是会好转的，公司经营风险小。这种政策会受到哪些依赖股利收入生活的股东欢迎，有利于他们安排现金收支计划。

但是，固定股利政策使股利分配额与公司当期盈利状况相脱节，股利分配水平不能反映公司盈利水平。未考虑公司的现金支付能力和内部积累资金的需要，当公司盈利较少时，仍按原固定数额支付股利，容易造成现金短缺，使公司财务状况恶化。

因此，在公司经营规模和盈利水平比较稳定时期可采用固定股利政策。

（三）固定股利支付率股利政策

固定股利支付率股利政策，是确定一个股利占净利润的比率，长期按此比率支付股利的政策。这种政策观点认为，只有维持固定的股利支付率，才算真正公平对待每一位股东，真正体现投资风险与投资收益对等的关系。他们信守的格言是"公司赚 2 元钱，1 元分给股东，1 元留存公司"。这样，各年股利随公司经营好坏而经常变动。

接例 11 - 3，按上年股利支付率计算本年每股股利为：

上年股利支付率 = 300 ÷ 500 = 60%

本年发放股利总额 = 610 × 60% = 366（万元）

本年每股股利 = 366 ÷ 2200 = 0.166（元）

固定股利支付率股利政策能使股利分配额与公司盈利状况稳固地联系在一起，体现了利多多分、利少少分、无利不分这一股利分配的基本原则，真正体现了风险与收益对等的关系，使股东能真实地了解公司经营业绩，并且不会给公司造成财务负担。

由于公司的盈利水平在各年间是经常在变动的，就使每年的股利也经常变动，盈利多的年份分的股利较多，盈利少的年份分的股利较少，使股利频繁变动，并且忽高忽低，会给市场上传递公司经营不稳定的不良信息，会使股票价格经常波动，对公司在市场上的形象不利。有的人认为这种股利政策不可能使公司的价值达到最大，所以反对这种股利政策。

（四）低正常股利加额外股利政策

低正常股利加额外股利政策，就是公司在一般的情况下，每年按一个较低的固定数额向股东支付正常股利；当公司可用于分配的利润较多时，再根据实际情况向股东增发一定数额的股利。但额外股利并不常有。这种股利政策的目的是为了较好地兼顾公司和股东各年利益。

接例 11 - 3，假定公司采用每年每股 0.1 元加额外股利政策，额外股利为净利润超过 500 万元部分的 70%，计算本年每股股利为：

本年额外股利 = (610 - 500) × 70% = 77（万元）

本年每股股利 = 77 ÷ 2200 + 0.1 = 0.135（元）

本年发放股利总额 = 2200 × 0.135 = 297（万元）

低正常股利加额外股利政策可使股东每年（公司严重亏损除外）都有一定的股利（现金）收入，有利于吸引依靠股利收入生活的股东投资，并在公司经营状况良好的情况下，股利会有所提高，可以稳定和增强股东对公司的信心，有利于稳定和提高公司的股票价格。在公司盈利较少时，可以只支付较低的正常股利，不会给公司造成较大的财务压力；在公司投资需要较多资金时，也可以只支付较低的正常股利，便于公司积累资金，优化资金来源结构，扩大经营规模。

在公司的净利润和现金流量不够稳定时或处于成长期，采用低正常股利加额外股利政策对公司和股东都有利，可以说是一种较好的股利政策选择。

第四节 股票分割与回购

一、股票分割

（一）股票分割的特征

股票分割是将面额较高的股票交换成面额较低的股票。如将原来的 1 股股票交换成 2 股股票。股票分割后，使发行在外的股票数量增加，每股面额降低，每股盈利、每股代表的净资产下降；但股东权益总额、权益各项目金额及其相互间的比例不变，公司价值、股东财富也不会改变。

【例 11-4】某公司原已发行普通股 500 万股,每股面额 10 元,考虑有关因素,决定将 1 股换成 2 股的比例进行股票分割,该公司股票分割前后的股东权益数额如表 11-3 所示。

表 11-3　　　　　　　　　　股票分割前后股东权益表　　　　　　　　　　单位：万元

股票分割前		股票分割后	
股本（500 万股 × 面额 10 元）	5000	股本（1000 万股 × 面额 5 元）	5000
资本公积	1200	资本公积	1200
盈余公积	1300	盈余公积	1300
未分配利润	1500	未分配利润	1500
股东权益合计	9000	股东权益合计	9000

从例 11-4 中看出,股票按 1:2 分割后,使发行在外的股票数量由分割前的 500 万股增加到 1000 万股,每股面额由分割前的 10 元降低到 5 元,每股盈利由分割前的 3 元（1500÷500）降低到 1.5 元（1500÷1000）,每股代表的净资产由分割前的 18 元（9000÷500）降低到 9 元（9000÷1000）。如果市盈率不变,每股市价也因此会下降。但股东权益总额、权益各项目金额及其相互间的比例不变,所以公司价值、股东财富也不会改变。

（二）股票分割的动机与作用

1. 便于股票流通,吸引更多投资者。有些公司的股票市价较高,有些投资者的资金有限,不愿意购买市价较高的股票,就使高价股票的流通受到影响,交易不太活跃。通过股票分割来增加流通的股票数量就可以降低每股市价,可能导致购买该股票的人数增加,从而吸引更多的投资者。

2. 有利于树立公司良好形象。股票分割往往是因为股价过高而采取的措施,容易给投资者传递公司经营业绩在快速增长、股价会不断上涨的信息,会给人们产生一种公司持续发展前景良好的印象。可能会使投资者认为公司股票分割后每股股利下降的幅度会小于股票分割的幅度,股东可获得较多的现金股利。

3. 有可能相对提高股票价格。正因为股票分割有利于树立公司良好形象,所以,股票分割后每股市价下降的幅度有可能小于股票分割的幅度,这就相对提高了股票价格,从而增加股东财富。

按照上述道理,股票分割只有在公司处于快速成长时期,公司盈利水平远高于行业平均水平,公司股价暴涨且预期难以下降时采用。

股票分割与股票股利都可以使公司价值、股东财富不变,起到增加股票数量、降低股票市价的作用。但发放股票股利会引起股东权益各项目金额及其比例发生变化,可以更方便地筹集资本金,将可分股利转为资本。

二、股票回购

（一）股票回购的动机与作用

股票回购是股份公司出资购回本公司发行在外的股票,将其作为库藏股或另有用途。其动机与作用体现在以下几个方面：

1. 向市场传递股价被低估的信号,促使股价上涨。由于外部投资者与公司管理者分别对公司信息知晓程度不相同，当股票交易市场处于低潮时，公司的股价有可能被低估。如果公司管理者认为本公司的股票市价被严重低估，就可以采取股票回购的方式向市场传递公司股票价值应是高于股票市价的信号，从而使股价上涨。事实上，公司股票回购后，公司在市场上流通的股票数量减少，公司净资产和收益总额不变时，每股净资产和每股收益会增加，股票市价会上涨。

2. 减少股东税负，增加股东投资报酬。股票回购常被看作对股东的一种特殊回报方式。股票回购会使股价上涨，股东就可从股价上涨中获得股票买卖差价的资本利得。在资本利得税率和交易成本低于股利所得税率情况下，如果公司以股票回购的方式代替发放现金股利（高价回购股票，不分现金股利），这样就会减少股东税负，增加股东收益。

3. 减少公司自由现金流量，降低代理成本。如果公司的自由现金流量较多，现金有富裕，可以通过股票回购的方式将现金分配给股东。这种做法可能使股东认为公司管理者没有将资金浪费在无效的投资活动中，避免了资金闲置。由于公司的自由现金流量通过股票回购而减少，就有利于降低代理成本。

4. 降低公司被收购风险，维护原有股东控制权。其他公司为了获取对本公司的控制权，可能会恶意大量收购本公司的股票，以致原有股东的控制权被削弱或丧失。公司可通过股票回购方式减少流通在外的股票数量，提高股票市价，就有利于预防或抵制被恶意收购，降低公司被收购的风险，维护原有股东对公司的控制权。

5. 调节资金来源结构，发挥财务杠杆作用。在公司的资产权益率较高、资产负债率较低的情况下，如果公司经营状况良好，可通过股票回购的方式来降低资产权益率，提高资产负债率，从而改变资金来源结构，降低综合平均资金成本率，提高股东投资报酬率。如果以增加负债的方式筹资来回购本公司股票，更能快速提高资产负债率，降低资产权益率。

6. 其他有关用途，避免发行新股。如果公司需要用股份奖励员工，用股份交换被收购或被兼并公司股票，用股份交换公司原发行的可转换为股票的债券，在不准备发行新股时，可采用股票回购方式来满足这些方面的需要，以避免发行新股而稀释每股收益和控制权。

（二）股票回购方式

股票回购可选用的方式有以下几种：

1. 公开市场回购。是指公司在证券市场上按照股票市场价格随机购回本公司的股票。这种方式在回购股票数量很少时，对股票市价可能没有影响或影响很小；在回购股票数量较多时，容易导致股票价格上涨。特别是在潜在投资者有恶意收购行为时，与其竞争回购更容易导致股票价格上涨。所以，这种方式的回购成本高。当然，回购股票还要发生交易成本。

2. 要约回购。是指公司公开向股东发出回购股票的要约，来实现回购股票的动机与目标。要约回购通常要规定回购股票的数量、价格、期限，给所有持有本公司股票的股东均等机会，要约价格一般要高于当时市场价格。在限定的期限内，股东可自愿决定是否将持有的股票按要约价格出售给公司。在限定的期限内，当股东愿意出售的股票数量多于公司计划回购的股票数量，公司可决定回购部分或全部股票；当股东愿意出售的股票数量少于公司计划回购的股票数量，公司可决定取消回购计划或延长期限。这种方式会使回购成本较高。

3. 协议回购。是指公司与特定股东通过协商签订协议，直接向特定股东购回所持有的部分或全部股票。特定股东通常是指对公司具有影响力的少数股东。协议价格一般会低于当时市场价格,尤其是在股东要求公司收购其所持股票时。协议回购方式,公司必须公开披露回购股票的目的、数量、时间等信息,并保证回购价格公平,以避免公司有意向特定股东输送利益,损害其他股东利益。这种方式不仅回购股价可能低一些,而且是在场外进行,会使回购成本相对较低。

本章复习思考题

1. 利润分配通常经过哪些顺序?
2. 现金股利与股票股利各有何特点及优缺点?
3. 股利相关论与无关论的理由是什么?怎样相关与无关?
4. 分别说明股利的剩余理论、顾客效应理论、信号理论、代理成本理论成立的理由和得出的结论。
5. 影响公司利润分配的因素有哪些?
6. 各种利润分配政策是怎样确定出股利分配数额,有何优缺点?
7. 为什么要进行股票分割?有何特点?
8. 为什么要进行股票回购?如何回购?

本章练习计算题

计算题 11-1:熟悉利润分配基本做法。

资料与要求:某公司原已发行普通股本 500 万元;优先股本 400 万元,年股利率 8%。法定盈余公积金按 10% 计提。

1. 本年实现净利润 90 万元,本年初有未分配利润 10 万元,股东会决定普通股利率按 10% 分配。如果优先股是不参加优先股,计算可供分配利润、应提法定盈余公积金、可分优先股利、应分普通股利、年末未分配利润。

2. 本年实现净利润 70 万元,本年初未分配利润为 -10 万元。如果优先股是非累积优先股,计算可供分配利润、应提法定盈余公积金、可分优先股利、可分普通股利。

3. 本年实现净利润 30 万元,上年末有未分配利润 10 万元。计算可供分配利润、应提法定盈余公积金、可分优先股利、可分普通股利。

4. 本年实现净利润 30 万元,上年末未分配利润为 -10 万元。计算可供分配利润、应提法定盈余公积金、可分优先股利、可分普通股利。

5. 本年发生亏损 20 万元,上年末有未分配利润 30 万元。计算可供分配利润、可提法定盈余公积金、可分优先股利。

计算题 11-2:熟悉利润分配的计算。

资料:某公司在年终利润分配前的股东权益各项金额为:股本 1000 万元(1000 万股,每股 1 元),资本公积 300 万元,盈余公积 700 万元,上年未分配利润 2000 万元,本年度税后利润 5000 万元,合计 9000 万元。利润分配前的每股市价 36 元。

该公司决定:本年按规定比例 15% 提取盈余公积,按每 10 股派发 1 股股票股利并发放现金股利2元。

要求：
1. 在按股票面额计算股票股利金额的情况下，计算股票股利、现金股利金额和利润分配后的流通股数、股本、资本公积、盈余公积、未分配利润、股东权益、预计每股市价。
2. 在按股票市价计算股票股利金额的情况下，计算股票股利、现金股利金额和利润分配后的流通股数、股本、资本公积、盈余公积、未分配利润、股东权益、预计每股市价。

计算题11-3： 熟悉利润分配政策。

资料： 某公司已发行普通股2000万股，去年实现净利润600万元，分派现金股利300万元；今年增发股票500万股，实现净利润780万元。公司预计在下年需固定资产投资支出800万元，认为所有者权益与负债的比例为55:45较合适。

要求：
1. 若公司采用剩余股利政策，计算今年每股实分股利和需要从外部增加的借款数额；
2. 若公司按上年每股股利固定发放今年股利，计算今年每股实分股利和留用利润数额；
3. 若公司按上年股利支付率发放今年股利，计算今年每股股利和留用利润数额；
4. 假定公司采用每年每股0.15元加额外股利政策，额外股利为每股净利润超过0.3元以上的部分，计算今年每股股利和留用利润数额。

附录 FULU

资金时间价值系数表

复利终值系数表（F/P, i, n）

期数	1%	2%	3%	4%	5%	6%	7%	8%	9%	10%
1	1.0100	1.0200	1.0300	1.0400	1.0500	1.0600	1.0700	1.0800	1.0900	1.1000
2	1.0201	1.0404	1.0609	1.0816	1.1025	1.1236	1.1449	1.1664	1.1881	1.2100
3	1.0303	1.0612	1.0927	1.1249	1.1576	1.1910	1.2250	1.2597	1.2950	1.3310
4	1.0406	1.0824	1.1255	1.1699	1.2155	1.2625	1.3108	1.3605	1.4116	1.4641
5	1.0510	1.1041	1.1593	1.2167	1.2763	1.3382	1.4026	1.4693	1.5386	1.6105
6	1.0615	1.1262	1.1941	1.2653	1.3401	1.4185	1.5007	1.5809	1.6771	1.7716
7	1.0721	1.1487	1.2299	1.3159	1.4071	1.5036	1.6058	1.7738	1.8280	1.9487
8	1.0829	1.1717	1.2668	1.3686	1.4775	1.5938	1.7182	1.8509	1.9926	2.1436
9	1.0937	1.1951	1.3048	1.4233	1.5513	1.6895	1.8385	1.9990	2.1719	2.3579
10	1.1046	1.2190	1.3439	1.4802	1.6289	1.7908	1.9672	2.1589	2.3674	2.5937
11	1.1157	1.2434	1.3842	1.5395	1.7103	1.8983	2.1049	2.3316	2.5804	2.8531
12	1.1268	1.2682	1.4258	1.6010	1.7959	2.0122	2.2522	2.5182	2.8127	3.1384
13	1.1381	1.2936	1.4685	1.6651	1.8856	2.1329	2.4098	2.7196	3.0658	3.4523
14	1.1495	1.3195	1.5126	1.7317	1.9799	2.2609	2.5785	2.9372	3.3417	3.7975
15	1.1610	1.3459	1.5580	1.8009	2.0789	2.3966	2.7590	3.1722	3.6425	4.1772
16	1.1726	1.3728	1.6047	1.8730	2.1829	2.5404	2.9522	3.4259	3.9703	4.5950
17	1.1843	1.4002	1.6528	1.9479	2.2920	2.6928	3.1588	3.7000	4.3276	5.0545
18	1.1961	1.4282	1.7024	2.0258	2.4066	2.8543	3.3799	3.9960	4.7171	5.5599
19	1.2081	1.4568	1.7535	2.1068	2.5270	3.0256	3.6165	4.3157	5.1417	6.1159
20	1.2202	1.4859	1.8061	2.1911	2.6533	3.2071	3.8697	4.6610	5.6044	6.7275
21	1.2324	1.5157	1.8603	2.2788	2.7860	3.3996	4.1406	5.0338	6.1088	7.4002
22	1.2447	1.5460	1.9161	2.3699	2.9253	3.6035	4.4304	5.4365	6.6586	8.1403
23	1.2572	1.5769	1.9736	2.4647	3.0715	3.8197	4.7405	5.8715	7.2579	8.2543
24	1.2697	1.6084	2.0328	2.5633	3.2251	4.0489	5.0724	6.3412	7.9111	9.8497
25	1.2824	1.6406	2.0938	2.6658	3.3864	4.2919	5.4274	6.8485	8.6231	10.8347
26	1.2953	1.6734	2.1566	2.7725	3.5557	4.5494	5.8074	7.3964	9.3992	11.9182
27	1.3082	1.7069	2.2213	2.8834	3.7335	4.8223	6.2139	7.9881	10.2451	13.1100
28	1.3213	1.7410	2.2879	2.9987	3.9201	5.1117	6.6488	8.6271	11.1671	14.4210
29	1.3345	1.7758	2.3566	3.1187	4.1161	5.4184	7.1143	9.3173	12.1723	15.8631
30	1.3478	1.8114	2.4273	3.2434	4.3219	5.7435	7.6123	10.0627	13.2677	17.4494

复利终值系数表（F/P，i，n）

期数	11%	12%	13%	14%	15%	16%	17%	18%	19%	20%
1	1.1100	1.1200	1.1300	1.1400	1.1500	1.1600	1.1700	1.1800	1.1900	1.2000
2	1.2321	1.2544	1.2769	1.2996	1.3225	1.3456	1.3689	1.3924	1.4161	1.4400
3	1.3676	1.4049	1.4429	1.4815	1.5209	1.5609	1.6016	1.6430	1.6852	1.7280
4	1.5181	1.5735	1.6305	1.6890	1.7490	1.8106	1.8739	1.9388	2.0053	2.0736
5	1.6851	1.7623	1.8424	1.9254	2.0114	2.1003	2.1924	2.2878	2.3864	2.4883
6	1.8704	1.9738	2.0820	2.1950	2.3131	2.4364	2.5652	2.6996	2.8398	2.9860
7	2.0762	2.2107	2.3526	2.5023	2.6600	2.8262	3.0012	3.1855	3.3793	3.5832
8	2.3045	2.4760	2.6584	2.8526	3.0590	3.2784	3.5115	3.7589	4.0214	4.2998
9	2.5580	2.7731	3.0040	3.2519	3.5179	3.8030	4.1084	4.4355	4.7854	5.1598
10	2.8394	3.1058	3.3946	3.7072	4.0456	4.4114	4.8068	5.2338	5.6947	6.1917
11	3.1518	3.4785	3.8359	4.2262	4.6524	5.1173	5.6240	6.1759	6.7767	7.4301
12	3.4985	3.8960	4.3345	4.8179	5.3503	5.9360	6.5801	7.2876	8.0642	8.9161
13	3.8833	4.3635	4.8980	5.4924	6.1528	6.8858	7.6987	8.5994	9.5964	10.6993
14	4.3104	4.8871	5.5348	6.2613	7.0757	7.9875	9.0075	10.1472	11.4198	12.8392
15	4.7846	5.4736	6.2543	7.1379	8.1371	9.2655	10.5387	11.9737	13.5895	15.4070
16	5.3109	6.1304	7.0673	8.1372	9.3576	10.7480	12.3303	14.1290	16.1715	18.4884
17	5.8951	6.8660	7.9861	9.2765	10.7613	12.4677	14.4265	16.6722	19.2441	22.1861
18	6.5436	7.6900	9.0243	10.5752	12.3755	14.4625	16.8790	19.6733	22.9005	26.6233
19	7.2633	8.6128	10.1974	12.0557	14.2318	16.7765	19.7484	23.2144	27.2516	31.9480
20	8.0623	9.6463	11.5231	13.7435	16.3665	19.4608	23.1056	27.3930	32.4294	38.3376
21	8.9492	10.8038	13.0211	15.6676	18.8215	22.5745	27.0336	32.3238	38.5910	46.0051
22	9.9336	12.1003	14.7138	17.8610	21.6447	26.1864	31.6293	38.1421	45.9233	55.2061
23	11.0263	13.5523	16.6266	20.3616	24.8915	30.3762	37.0062	45.0076	54.6487	66.2474
24	12.2392	15.1786	18.7881	23.2122	28.6252	35.2364	43.2973	53.1090	65.0320	79.4968
25	13.5855	17.0001	21.2305	26.4619	32.9190	40.8742	50.6578	62.6686	77.3881	95.3962
26	15.0799	19.0401	23.9905	30.1666	37.8568	47.4141	59.2697	73.9490	92.0918	114.475
27	16.7387	21.3249	27.1093	34.3899	43.5353	55.0004	69.3455	87.2598	109.589	137.371
28	18.5799	23.8839	30.6335	39.2045	50.0656	63.8004	81.1342	102.967	130.411	164.845
29	20.6237	26.7499	34.6158	44.6931	57.5755	74.0085	94.9271	121.501	155.189	197.814
30	22.8923	29.9599	39.1159	50.9502	66.2118	85.8499	111.065	143.371	184.675	237.376

复利终值系数表（F/P, i, n）

期数	21%	22%	23%	24%	25%	26%	27%	28%	29%	30%
1	1.2100	1.2200	1.2300	1.2400	1.2500	1.2600	1.2700	1.2800	1.2900	1.3000
2	1.4641	1.4884	1.5129	1.5376	1.5625	1.5876	1.6129	1.6384	1.6641	1.6900
3	1.7716	1.8158	1.8609	1.9066	1.9531	2.0004	2.0484	2.0972	2.1467	2.1970
4	2.1436	2.2153	2.2889	2.3642	2.4414	2.5205	2.6014	2.6844	2.7692	2.8561
5	2.5937	2.7027	2.8153	2.9316	3.0518	3.1758	3.3038	3.4360	3.5723	3.7129
6	3.1384	3.2973	3.4628	3.6352	3.8147	4.0015	4.1959	4.3980	4.6083	4.8268
7	3.7975	4.0227	4.2593	4.5077	4.7684	5.0419	5.3288	5.6295	5.9447	6.2749
8	4.5950	4.9077	5.2389	5.5895	5.9605	6.3528	6.7675	7.2058	7.6686	8.1573
9	5.5599	5.9874	6.4439	6.9310	7.4506	8.0045	8.5948	9.2234	9.8925	10.6045
10	6.7275	7.3046	7.9259	8.5944	9.3132	10.0857	10.9153	11.8059	12.7614	13.7858
11	8.1403	8.9117	9.7489	10.6571	11.6415	12.7080	13.8625	15.1116	16.4622	17.9216
12	9.8497	10.8722	11.9912	13.2148	14.5519	16.0120	17.6053	19.3428	21.2362	23.2981
13	11.9182	13.2641	14.7491	16.3863	18.1899	20.1752	22.3588	24.7588	27.3947	30.2875
14	14.4210	16.1822	18.1414	20.3191	22.7374	25.4207	28.3957	31.6913	35.3391	39.7338
15	17.4494	19.7423	22.3140	25.1956	28.4217	32.0301	36.0625	40.5648	45.5875	51.1859
16	21.1138	24.0856	27.4462	31.2426	35.5271	40.3579	45.7994	51.9230	58.8079	66.5417
17	25.5477	29.3844	33.7588	38.7408	44.4089	50.8510	58.1652	66.4614	75.8621	86.5042
18	30.9127	35.8490	41.5233	48.0386	55.5112	64.0722	73.8698	85.0706	97.8622	112.455
19	37.4043	43.7358	51.0737	59.5679	69.3889	80.7310	93.8147	108.890	126.242	146.192
20	45.2593	53.3576	62.8206	73.8641	86.7362	101.721	119.145	139.380	162.852	190.050
21	54.7637	65.0963	77.2694	91.5915	108.420	128.169	151.314	178.406	210.080	247.065
22	66.2641	79.4175	95.0413	113.574	135.525	161.492	192.168	228.360	271.003	321.184
23	80.1795	96.8894	116.901	140.831	169.407	203.480	244.054	292.300	349.594	417.539
24	97.0172	118.205	143.788	174.631	211.758	256.385	309.948	374.144	450.976	542.801
25	117.391	144.210	176.859	216.542	264.698	323.045	393.634	478.905	581.759	705.641
26	142.043	175.936	217.537	268.512	330.872	407.037	499.916	612.998	750.469	917.333
27	171.872	214.642	267.570	332.955	413.590	512.867	634.893	784.638	968.104	1192.53
28	207.965	261.864	329.112	412.864	516.988	646.212	806.314	1004.34	1248.85	1550.29
29	251.638	319.474	404.807	511.952	646.235	814.228	1024.02	1285.55	1611.02	2015.38
30	304.482	389.758	497.913	634.820	807.794	1025.93	1300.50	1645.50	2078.22	2620.00

复利现值系数表（P/F，i，n）

期数	1%	2%	3%	4%	5%	6%	7%	8%	9%	10%
1	0.9901	0.9804	0.9709	0.9615	0.9524	0.9434	0.9346	0.9259	0.9174	0.9091
2	0.9803	0.9612	0.9426	0.9246	0.9070	0.8900	0.8734	0.8573	0.8417	0.8264
3	0.9706	0.9423	0.9151	0.8890	0.8638	0.8396	0.8163	0.7938	0.7722	0.7513
4	0.9610	0.9238	0.8885	0.8548	0.8227	0.7921	0.7629	0.7350	0.7084	0.6830
5	0.9515	0.9057	0.8626	0.8219	0.7835	0.7473	0.7130	0.6806	0.6499	0.6209
6	0.9420	0.8880	0.8375	0.7903	0.7462	0.7050	0.6663	0.6302	0.5963	0.5645
7	0.9327	0.8706	0.8131	0.7599	0.7107	0.6651	0.6227	0.5835	0.5470	0.5132
8	0.9235	0.8535	0.7894	0.7307	0.6768	0.6274	0.5820	0.5403	0.5019	0.4665
9	0.9143	0.8368	0.7664	0.7026	0.6446	0.5919	0.5439	0.5002	0.4604	0.4241
10	0.9053	0.8203	0.7441	0.6756	0.6139	0.5584	0.5083	0.4632	0.4224	0.3855
11	0.8963	0.8043	0.7224	0.6496	0.5847	0.5268	0.4751	0.4289	0.3875	0.3505
12	0.8874	0.7885	0.7014	0.6246	0.5568	0.4970	0.4440	0.3971	0.3555	0.3186
13	0.8787	0.7730	0.6810	0.6006	0.5303	0.4688	0.4150	0.3677	0.3262	0.2897
14	0.8700	0.7579	0.6611	0.5775	0.5051	0.4423	0.3878	0.3405	0.2992	0.2633
15	0.8613	0.7430	0.6419	0.5553	0.4810	0.4173	0.3624	0.3152	0.2745	0.2394
16	0.8528	0.7284	0.6232	0.5339	0.4581	0.3936	0.3387	0.2919	0.2519	0.2176
17	0.8444	0.7142	0.6050	0.5134	0.4363	0.3714	0.3166	0.2703	0.2311	0.1978
18	0.8360	0.7002	0.5874	0.4936	0.4155	0.3503	0.2959	0.2502	0.2120	0.1799
19	0.8277	0.6864	0.5703	0.4746	0.3957	0.3305	0.2765	0.2317	0.1945	0.1635
20	0.8195	0.6730	0.5537	0.4564	0.3769	0.3118	0.2584	0.2145	0.1784	0.1486
21	0.8114	0.6598	0.5375	0.4388	0.3589	0.2942	0.2415	0.1987	0.1637	0.1351
22	0.8034	0.6468	0.5219	0.4220	0.3418	0.2775	0.2257	0.1839	0.1502	0.1228
23	0.7954	0.6342	0.5067	0.4057	0.3256	0.2618	0.2109	0.1703	0.1378	0.1117
24	0.7876	0.6217	0.4919	0.3901	0.3101	0.2470	0.1971	0.1577	0.1264	0.1015
25	0.7798	0.6095	0.4776	0.3751	0.2953	0.2330	0.1842	0.1460	0.1160	0.0923
26	0.7720	0.5976	0.4637	0.3607	0.2812	0.2198	0.1722	0.1352	0.1064	0.0839
27	0.7644	0.5859	0.4502	0.3468	0.2678	0.2074	0.1609	0.1252	0.0976	0.0763
28	0.7568	0.5744	0.4371	0.3335	0.2551	0.1956	0.1504	0.1159	0.0895	0.0693
29	0.7493	0.5631	0.4243	0.3207	0.2429	0.1846	0.1406	0.1073	0.0822	0.0630
30	0.7419	0.5521	0.4120	0.3083	0.2314	0.1741	0.1314	0.0994	0.0754	0.0573

复利现值系数表（P/F, i, n）

期数	11%	12%	13%	14%	15%	16%	17%	18%	19%	20%
1	0.9009	0.8929	0.8850	0.8772	0.8696	0.8621	0.8547	0.8475	0.8403	0.8333
2	0.8116	0.7972	0.7831	0.7695	0.7561	0.7432	0.7305	0.7182	0.7062	0.6944
3	0.7312	0.7118	0.6931	0.6750	0.6575	0.6407	0.6244	0.6086	0.5934	0.5787
4	0.6587	0.6355	0.6133	0.5921	0.5718	0.5523	0.5337	0.5158	0.4987	0.4823
5	0.5935	0.5674	0.5428	0.5194	0.4972	0.4761	0.4561	0.4371	0.4190	0.4019
6	0.5346	0.5066	0.4803	0.4556	0.4323	0.4104	0.3898	0.3704	0.3521	0.3349
7	0.4817	0.4523	0.4251	0.3996	0.3759	0.3538	0.3332	0.3139	0.2959	0.2791
8	0.4339	0.4039	0.3762	0.3506	0.3269	0.3050	0.2848	0.2660	0.2487	0.2326
9	0.3909	0.3606	0.3329	0.3075	0.2843	0.2630	0.2434	0.2255	0.2090	0.1938
10	0.3522	0.3220	0.2946	0.2697	0.2472	0.2267	0.2080	0.1911	0.1756	0.1615
11	0.3173	0.2875	0.2607	0.2366	0.2149	0.1954	0.1778	0.1619	0.1476	0.1346
12	0.2858	0.2567	0.2307	0.2076	0.1869	0.1685	0.1520	0.1372	0.1240	0.1122
13	0.2575	0.2292	0.2042	0.1821	0.1625	0.1452	0.1299	0.1163	0.1042	0.0935
14	0.2320	0.2046	0.1807	0.1597	0.1413	0.1252	0.1110	0.0985	0.0876	0.0779
15	0.2090	0.1827	0.1599	0.1401	0.1229	0.1079	0.0949	0.0835	0.0736	0.0649
16	0.1883	0.1631	0.1415	0.1229	0.1069	0.0930	0.0811	0.0708	0.0618	0.0541
17	0.1696	0.1456	0.1252	0.1078	0.0929	0.0802	0.0693	0.0600	0.0520	0.0451
18	0.1528	0.1300	0.1108	0.0946	0.0808	0.0691	0.0592	0.0508	0.0437	0.0376
19	0.1377	0.1161	0.0981	0.0829	0.0703	0.0596	0.0506	0.0431	0.0367	0.0313
20	0.1240	0.1037	0.0868	0.0728	0.0611	0.0514	0.0433	0.0365	0.0308	0.0261
21	0.1117	0.0926	0.0768	0.0638	0.0531	0.0443	0.0370	0.0309	0.0259	0.0217
22	0.1007	0.0826	0.0680	0.0560	0.0462	0.0382	0.0316	0.0262	0.0218	0.0181
23	0.0907	0.0738	0.0601	0.0491	0.0402	0.0329	0.0270	0.0222	0.0183	0.0151
24	0.0817	0.0659	0.0532	0.0431	0.0349	0.0284	0.0231	0.0188	0.0154	0.0126
25	0.0736	0.0588	0.0471	0.0378	0.0304	0.0245	0.0197	0.0160	0.0129	0.0105
26	0.0663	0.0525	0.0417	0.0331	0.0264	0.0211	0.0169	0.0135	0.0109	0.0087
27	0.0597	0.0469	0.0369	0.0291	0.0230	0.0182	0.0144	0.0115	0.0091	0.0073
28	0.0538	0.0419	0.0326	0.0255	0.0200	0.0157	0.0123	0.0097	0.0077	0.0061
29	0.0485	0.0374	0.0289	0.0224	0.0174	0.0135	0.0105	0.0082	0.0064	0.0051
30	0.0437	0.0334	0.0256	0.0196	0.0151	0.0116	0.0090	0.0070	0.0054	0.0042

复利现值系数表（P/F, i, n）

期数	21%	22%	23%	24%	25%	26%	27%	28%	29%	30%
1	0.8264	0.8197	0.8130	0.8065	0.8000	0.7937	0.7874	0.7813	0.7752	0.7692
2	0.6830	0.6719	0.6610	0.6504	0.6400	0.6299	0.6200	0.6104	0.6009	0.5917
3	0.5645	0.5507	0.5374	0.5245	0.5120	0.4999	0.4882	0.4768	0.4658	0.4552
4	0.4665	0.4514	0.4369	0.4230	0.4096	0.3968	0.3844	0.3725	0.3611	0.3501
5	0.3855	0.3700	0.3552	0.3411	0.3277	0.3149	0.3027	0.2910	0.2799	0.2693
6	0.3186	0.3033	0.2888	0.2751	0.2621	0.2499	0.2383	0.2274	0.2170	0.2072
7	0.2633	0.2486	0.2348	0.2218	0.2097	0.1983	0.1877	0.1776	0.1682	0.1594
8	0.2176	0.2038	0.1909	0.1789	0.1678	0.1574	0.1478	0.1388	0.1304	0.1226
9	0.1799	0.1670	0.1552	0.1443	0.1342	0.1249	0.1164	0.1084	0.1011	0.0943
10	0.1486	0.1369	0.1262	0.1164	0.1074	0.0992	0.0916	0.0847	0.0784	0.0725
11	0.1228	0.1122	0.1026	0.0938	0.0859	0.0787	0.0721	0.0662	0.0607	0.0558
12	0.1015	0.0920	0.0834	0.0757	0.0687	0.0625	0.0568	0.0517	0.0471	0.0429
13	0.0839	0.0754	0.0678	0.0610	0.0550	0.0496	0.0447	0.0404	0.0365	0.0330
14	0.0693	0.0618	0.0551	0.0492	0.0440	0.0393	0.0352	0.0316	0.0283	0.0254
15	0.0573	0.0507	0.0448	0.0397	0.0352	0.0312	0.0277	0.0247	0.0219	0.0195
16	0.0474	0.0415	0.0364	0.0320	0.0281	0.0248	0.0218	0.0193	0.0170	0.0150
17	0.0391	0.0340	0.0296	0.0258	0.0225	0.0197	0.0172	0.0150	0.0132	0.0116
18	0.0323	0.0279	0.0241	0.0208	0.0180	0.0156	0.0135	0.0118	0.0102	0.0089
19	0.0267	0.0229	0.0196	0.0168	0.0144	0.0124	0.0107	0.0092	0.0079	0.0068
20	0.0221	0.0187	0.0159	0.0135	0.0115	0.0098	0.0084	0.0072	0.0061	0.0053
21	0.0183	0.0154	0.0129	0.0109	0.0092	0.0078	0.0066	0.0056	0.0048	0.0041
22	0.0151	0.0126	0.0105	0.0088	0.0074	0.0062	0.0052	0.0044	0.0037	0.0031
23	0.0125	0.0103	0.0086	0.0071	0.0059	0.0049	0.0041	0.0034	0.0029	0.0024
24	0.0103	0.0085	0.0070	0.0057	0.0047	0.0039	0.0032	0.0027	0.0022	0.0018
25	0.0085	0.0069	0.0057	0.0046	0.0038	0.0031	0.0025	0.0021	0.0017	0.0014
26	0.0070	0.0057	0.0046	0.0037	0.0030	0.0025	0.0020	0.0016	0.0013	0.0011
27	0.0058	0.0047	0.0037	0.0030	0.0024	0.0019	0.0016	0.0013	0.0010	0.0008
28	0.0048	0.0038	0.0030	0.0024	0.0019	0.0016	0.0012	0.0010	0.0008	0.0006
29	0.0040	0.0031	0.0025	0.0020	0.0015	0.0012	0.0010	0.0008	0.0006	0.0005
30	0.0033	0.0026	0.0020	0.0016	0.0012	0.0010	0.0008	0.0006	0.0005	0.0004

普通年金终值系数表（F/A，i，n）

期数	1%	2%	3%	4%	5%	6%	7%	8%	9%	10%
1	1.0000	1.0000	1.0000	1.0000	1.0000	1.0000	1.0000	1.0000	1.0000	1.0000
2	2.0100	2.0200	2.0300	2.0400	2.0500	2.0600	2.0700	2.0800	2.0900	2.1000
3	3.0301	3.0604	3.0909	3.1216	3.1525	3.1836	3.2149	3.2464	3.2781	3.3100
4	4.0604	4.1216	4.1836	4.2465	4.3101	4.3746	4.4399	4.5061	4.5731	4.6410
5	5.1010	5.2040	5.3091	5.4163	5.5256	5.6371	5.7507	5.8666	5.9847	6.1051
6	6.1520	6.3081	6.4684	6.6330	6.8019	6.9753	7.1533	7.3359	7.5233	7.7156
7	7.2135	7.4347	7.6625	7.8983	8.1420	8.3938	8.6540	8.9228	9.2004	9.4872
8	8.2857	8.5830	8.8923	9.2142	9.5491	9.8975	10.2598	10.6366	11.0285	11.4359
9	9.3685	9.7546	10.1591	10.5828	11.0266	11.4913	11.9780	12.4876	13.0210	13.5795
10	10.4622	10.9497	11.4639	12.0061	12.5779	13.1808	13.8164	14.4866	15.1929	15.9374
11	11.5668	12.1687	12.8078	13.4864	14.2068	14.9716	15.7836	16.6455	17.5603	18.5312
12	12.6825	13.4121	14.1920	15.0258	15.9171	16.8699	17.8885	18.9771	20.1407	21.3843
13	13.8093	14.6803	15.6178	16.6268	17.7130	18.8821	20.1406	21.4953	22.9534	24.5227
14	14.9474	15.9739	17.0863	18.2919	19.5986	21.0151	22.5505	24.2149	26.0192	27.9750
15	16.0969	17.2934	18.5989	20.0236	21.5786	23.2760	25.1290	27.1521	29.3609	31.7725
16	17.2579	18.6393	20.1569	21.8245	23.6575	25.6725	27.8881	30.3243	33.0034	35.9497
17	18.4304	20.0121	21.7616	23.6975	25.8404	28.2129	30.8402	33.7502	36.9737	40.5447
18	19.6147	21.4123	23.4144	25.6454	28.1324	30.9057	33.9990	37.4502	41.3013	45.5992
19	20.8109	22.8406	25.1169	27.6712	30.5390	33.7600	37.3790	41.4463	46.0185	51.1591
20	22.0190	24.2974	26.8704	29.7781	33.0660	36.7856	40.9955	45.7620	51.1601	57.2750
21	23.2392	25.7833	28.6765	31.9692	35.7193	39.9927	44.8652	50.4229	56.7645	64.0025
22	24.4716	27.2990	30.5368	34.2480	38.5052	43.3923	49.0057	55.4568	62.8733	71.4027
23	25.7163	28.8450	32.4529	36.6179	41.4305	46.9958	53.4361	60.8933	69.5319	79.5430
24	26.9735	30.4219	34.4265	39.0826	44.5020	50.8156	58.1767	66.7648	76.7898	88.4973
25	28.2432	32.0303	36.4593	41.6459	47.7271	54.8645	63.2490	73.1059	84.7009	98.3471
26	29.5256	33.6709	38.5530	44.3117	51.1135	59.1564	68.6765	79.9544	93.3240	109.182
27	30.8209	35.3443	40.7096	47.0842	54.6691	63.7058	74.4838	87.3508	102.723	121.100
28	32.1291	37.0512	42.9309	49.9676	58.4026	68.5281	80.6977	95.3388	112.968	134.210
29	33.4504	38.7922	45.2189	52.9663	62.3227	73.6398	87.3465	103.966	124.135	148.631
30	34.7849	40.5681	47.5754	56.0849	66.4388	79.0582	94.4608	113.283	136.308	164.494

普通年金终值系数表（F/A，i，n）

期数	11%	12%	13%	14%	15%	16%	17%	18%	19%	20%
1	1.0000	1.0000	1.0000	1.0000	1.0000	1.0000	1.0000	1.0000	1.0000	1.0000
2	2.1100	2.1200	2.1300	2.1400	2.1500	2.1600	2.1700	2.1800	2.1900	2.2000
3	3.3421	3.3744	3.4069	3.4396	3.4725	3.5056	3.5389	3.5724	3.6061	3.6400
4	4.7097	4.7793	4.8698	4.9211	4.9934	5.0665	5.1405	5.2154	5.2913	5.3680
5	6.2278	6.3528	6.4803	6.6101	6.7424	6.8771	7.0144	7.1542	7.2966	7.4416
6	7.9129	8.1152	8.3227	8.5355	8.7537	8.9775	9.2068	9.4420	9.6830	9.9299
7	9.7833	10.0890	10.4047	10.7305	11.0668	11.4139	11.7720	12.1415	12.5227	12.9159
8	11.8594	12.2997	12.7573	13.2328	13.7268	14.2401	14.7733	15.3270	15.9020	16.4991
9	14.1640	14.7757	15.4157	16.0853	16.7858	17.5185	18.2847	19.0859	19.9234	20.7989
10	16.7220	17.5487	18.4197	19.3373	20.3037	21.3215	22.3931	23.5213	24.7089	25.9587
11	19.5614	20.6546	21.8143	23.0445	24.3493	25.7329	27.1999	28.7551	30.4035	32.1504
12	22.7132	24.1331	25.6502	27.2707	29.0017	30.8502	32.8239	34.9311	37.1802	39.5805
13	26.2116	28.0291	29.9847	32.0887	34.3519	36.7862	39.4040	42.2187	45.2445	48.4966
14	30.0949	32.3926	34.8827	37.5811	40.5047	43.6720	47.1027	50.8180	54.8409	59.1959
15	34.4054	37.2797	40.4175	43.8424	47.5804	51.6595	56.1101	60.9653	66.2607	72.0351
16	39.1899	42.7533	46.6717	50.9804	55.7175	60.9250	66.6488	72.9390	79.8502	87.4421
17	44.5008	48.8837	53.7391	59.1176	65.0751	71.6730	78.9792	87.0680	96.0218	105.931
18	50.3959	55.7497	61.7251	68.3941	75.8364	84.1407	93.4056	103.740	115.266	128.117
19	56.9395	63.4397	70.7494	78.9692	88.2118	98.6032	110.285	123.414	138.166	154.740
20	64.2028	72.0524	80.9468	91.0249	102.444	115.380	130.033	146.628	165.418	186.688
21	72.2651	81.6987	92.4699	104.768	118.810	134.841	153.139	174.021	197.847	225.026
22	81.2143	92.5026	105.491	120.436	137.632	157.415	180.172	206.345	236.439	271.031
23	91.1479	104.603	120.205	138.297	159.276	183.601	211.801	244.487	282.362	326.237
24	102.174	118.155	136.831	158.659	184.168	213.978	248.808	289.494	337.011	392.484
25	114.413	133.334	155.620	181.871	212.739	249.214	292.105	342.603	402.043	471.981
26	127.999	150.334	176.850	208.333	245.712	290.088	342.763	405.272	479.431	567.377
27	143.079	169.374	200.841	238.499	283.569	337.502	402.032	479.221	571.522	681.853
28	159.817	190.699	227.950	272.889	327.104	392.503	471.378	566.481	681.112	819.223
29	178.397	214.583	258.583	312.094	377.170	456.303	552.512	669.448	811.523	984.068
30	199.021	241.333	293.199	356.787	434.745	530.312	647.439	790.948	966.712	1181.88

普通年金终值系数表 (F/A, i, n)

期数	21%	22%	23%	24%	25%	26%	27%	28%	29%	30%
1	1.0000	1.0000	1.0000	1.0000	1.0000	1.0000	1.0000	1.0000	1.0000	1.0000
2	2.2100	2.2200	2.2300	2.2400	2.2500	2.2600	2.2700	2.2800	2.2900	2.3000
3	3.6741	3.7084	3.7429	3.7776	3.8125	3.8476	3.8829	3.9184	3.9541	3.9900
4	5.4457	5.5242	5.6038	5.6842	5.7656	5.8480	5.9313	6.0156	6.1008	6.1870
5	7.5892	7.7396	7.8926	8.0484	8.2070	8.3684	8.5327	8.6999	8.8700	9.0431
6	10.1830	10.4423	10.7079	10.9801	11.2588	11.5442	11.8366	12.1359	12.4423	12.7560
7	13.3214	13.7396	14.1708	14.6153	15.0735	15.5458	16.0324	16.5339	17.0506	17.5828
8	17.1189	17.7623	18.4300	19.1229	19.8419	20.5876	21.3612	22.1634	22.9953	23.8577
9	21.7139	22.6700	23.6690	24.7125	25.8023	26.9404	28.1287	29.3692	30.6639	32.0150
10	27.2738	28.6574	30.1128	31.6434	33.2529	34.9449	36.7235	38.5926	40.5564	42.6195
11	34.0013	35.9620	38.0388	40.2379	42.5661	45.0306	47.6388	50.3985	53.3178	56.4053
12	42.1416	44.8737	47.7877	50.8950	54.2077	57.7386	61.5013	65.5100	69.7800	74.3270
13	51.9913	55.7459	59.7788	64.1097	68.7596	73.7506	79.1066	84.8529	91.0161	97.6250
14	63.9095	69.0100	74.5280	80.4961	86.9495	93.9258	101.465	109.612	118.411	127.913
15	78.3305	85.1922	92.6694	100.815	109.687	119.347	129.861	141.303	153.750	167.286
16	95.7799	104.935	114.983	126.011	138.109	151.377	165.924	181.868	199.337	218.472
17	116.894	129.020	142.430	157.253	173.636	191.735	211.723	233.791	258.145	285.014
18	142.441	158.405	176.188	195.994	218.045	242.585	269.888	300.252	334.007	371.518
19	173.354	194.254	217.712	244.033	273.556	306.658	343.758	385.323	431.870	483.973
20	210.758	237.989	268.785	303.601	342.945	387.389	437.573	494.213	558.112	630.165
21	256.018	291.347	331.606	377.465	429.681	489.110	556.717	633.593	720.964	820.215
22	310.781	356.443	408.875	469.056	538.101	617.278	708.031	811.999	931.044	1067.28
23	377.045	435.861	503.917	582.630	673.626	778.771	900.199	1040.36	1202.05	1388.46
24	457.225	532.750	620.817	723.461	843.033	982.251	1144.25	1332.66	1551.64	1806.00
25	554.242	650.955	764.605	898.092	1054.79	1238.64	1454.20	1706.80	2002.62	2348.80
26	671.633	795.165	941.465	1114.63	1319.49	1561.68	1847.84	2185.71	2584.37	3054.44
27	813.676	971.102	1159.00	1383.15	1650.36	1968.72	2347.75	2798.71	3334.84	3971.78
28	985.548	1185.74	1426.57	1716.10	2063.95	2481.59	2982.64	3583.34	4302.95	5164.31
29	1193.51	1447.61	1755.68	2128.96	2580.94	3127.80	3788.96	4587.68	5551.80	6714.60
30	1445.15	1767.08	2160.49	2640.92	3227.17	3942.03	4812.98	5873.23	7162.82	8729.99

普通年金现值系数表（P/A，i，n）

期数	1%	2%	3%	4%	5%	6%	7%	8%	9%	10%
1	0.9901	0.9804	0.9709	0.9615	0.9524	0.9434	0.9346	0.9259	0.9174	0.9091
2	1.9704	1.9146	1.9135	1.8861	1.8594	1.8834	1.8080	1.7833	1.7591	1.7355
3	2.9410	2.8839	2.8286	2.7751	2.7232	2.6730	2.6243	2.5771	2.5313	2.4869
4	3.9020	3.8077	3.7171	3.6299	3.5460	3.4651	3.3872	3.3121	3.2397	3.1699
5	4.8534	4.7135	4.5797	4.4518	4.3295	4.2124	4.1002	3.9927	3.8897	3.7908
6	5.7955	5.6104	5.4172	5.2421	5.0757	4.9173	4.7665	4.6229	4.4859	4.3553
7	6.7282	6.4720	6.2303	6.0021	5.7864	5.5824	5.3893	5.2064	5.0330	4.8684
8	7.6517	7.3255	7.0197	6.7327	6.4632	6.2098	5.9713	5.7466	5.5348	5.3349
9	8.5660	8.1622	7.7861	7.4353	7.1078	6.8017	6.5152	6.2469	5.9952	5.7590
10	9.4713	8.9826	8.5302	8.1109	7.7217	7.3601	7.0236	6.7101	6.4177	6.1446
11	10.3676	9.7868	9.2526	8.7605	8.3064	7.8869	7.4987	7.1390	6.8052	6.4951
12	11.2551	10.5753	9.9540	9.3851	8.8633	8.3838	7.9427	7.5361	7.1607	6.8137
13	12.1337	11.3484	10.6350	9.9856	9.3936	8.8527	8.3577	7.9038	7.4869	7.1034
14	13.0037	12.1062	11.2961	10.5631	9.8986	9.2950	8.7455	8.2442	7.7862	7.3667
15	13.8651	12.8493	11.9379	11.1184	10.3797	9.7122	9.1079	8.5595	8.0607	7.6061
16	14.7179	13.5777	12.5611	11.6523	10.8378	10.1059	9.4466	8.8514	8.3126	7.8237
17	15.5623	14.2919	13.1661	12.1657	11.2741	10.4773	9.7632	9.1216	8.5436	8.0216
18	16.3983	14.9920	13.7535	12.6593	11.6896	10.8276	10.0591	9.3719	8.7556	8.2014
19	17.2260	15.6785	14.3238	13.1339	12.0853	11.1581	10.3356	9.6036	8.9501	8.3649
20	18.0456	16.3514	14.8775	13.5903	12.4622	11.4699	10.5940	9.8181	9.1285	8.5136
21	18.8570	17.0112	15.4150	14.0292	12.8212	11.7641	10.8355	10.0168	9.2922	8.6487
22	19.6604	17.6580	15.9369	14.4511	13.1360	12.0416	11.0612	10.2007	9.4424	8.7715
23	20.4558	18.2922	16.4436	14.8568	13.4886	12.3034	11.2722	10.3711	9.5802	8.8832
24	21.2434	18.9139	16.9355	15.2470	13.7986	12.5504	11.4693	10.5288	9.7066	8.9847
25	22.0232	19.5235	17.4131	15.6221	14.0939	12.7834	11.6536	10.6748	9.8226	9.0770
26	22.7952	20.1210	17.8768	15.9828	14.3752	13.0032	11.8258	10.8100	9.9290	9.1609
27	23.5596	20.7069	18.3270	16.3296	14.6430	13.2105	11.9867	10.9352	10.0266	9.2372
28	24.3164	21.2813	18.7641	16.6631	14.8981	13.4062	12.1371	11.0511	10.1161	9.3066
29	25.0658	21.8444	19.1885	16.9837	15.1411	13.5907	12.2777	11.1584	10.1983	9.3696
30	25.8077	22.3965	19.6004	17.2920	15.3725	13.7648	12.4090	11.2578	10.2737	9.4269

普通年金现值系数表（P/A，i，n）

期数	11%	12%	13%	14%	15%	16%	17%	18%	19%	20%
1	0.9009	0.8929	0.8850	0.8772	0.8696	0.8621	0.8547	0.8475	0.8403	0.8333
2	1.7125	1.6901	1.6681	1.6467	1.6257	1.6052	1.5852	1.5656	1.5465	1.5278
3	2.4437	2.4018	2.3612	2.3216	2.2832	2.2459	2.2096	2.1743	2.1399	2.1065
4	3.1024	3.0373	2.9745	2.9137	2.8550	2.7982	2.7432	2.6901	2.6386	2.5887
5	3.6959	3.6048	3.5172	3.4331	3.3522	3.2743	3.1993	3.1272	3.0576	2.9906
6	4.2305	4.1114	3.9975	3.8887	3.7845	3.6847	3.5892	3.4976	3.4098	3.3255
7	4.7122	4.5638	4.4226	4.2883	4.1604	4.0386	3.9224	3.8115	3.7057	3.6046
8	5.1461	4.9676	4.7988	4.6389	4.4873	4.3436	4.2072	4.0776	3.9544	3.8372
9	5.5370	5.3282	5.1317	4.9464	4.7716	4.6065	4.4506	4.3030	4.1633	4.0310
10	5.8892	5.6502	5.4262	5.2161	5.0188	4.8332	4.6586	4.4941	4.3389	4.1925
11	6.2065	5.9377	5.6869	5.4527	5.2337	5.0286	4.8364	4.6560	4.4865	4.3271
12	6.4924	6.1944	5.9176	5.6603	5.4206	5.1971	4.9884	4.7932	4.6105	4.4392
13	6.7499	6.4235	6.1218	5.8424	5.5831	5.3423	5.1183	4.9095	4.7147	4.5327
14	6.9819	6.6282	6.3025	6.0021	5.7245	5.4675	5.2293	5.0081	4.8023	4.6106
15	7.1909	6.8109	6.4624	6.1422	5.8474	5.5755	5.3242	5.0916	4.8759	4.6755
16	7.3792	6.9740	6.6039	6.2651	5.9542	5.6685	5.4053	5.1624	4.9377	4.7296
17	7.5488	7.1196	6.7291	6.3729	6.0472	5.7487	5.4746	5.2223	4.9897	4.7746
18	7.7016	7.2497	6.8399	6.4674	6.1280	5.8178	5.5339	5.2732	5.0333	4.8122
19	7.8393	7.3658	6.9380	6.5504	6.1982	5.8775	5.5845	5.3162	5.0700	4.8435
20	7.9633	7.4694	7.0248	6.6231	6.2593	5.9288	5.6278	5.3527	5.1009	4.8696
21	8.0751	7.5620	7.1016	6.6870	6.3125	5.9731	5.6648	5.3837	5.1268	4.8913
22	8.1757	7.6446	7.1695	6.7429	6.3587	6.0113	5.6964	5.4099	5.1486	4.9094
23	8.2664	7.7184	7.2297	6.7921	6.3988	6.0442	5.7234	5.4321	5.1668	4.9245
24	8.3481	7.7843	7.2829	6.8351	6.4338	6.0726	5.7465	5.4509	5.1822	4.9371
25	8.4217	7.8431	7.3300	6.8729	6.4641	6.0971	5.7662	5.4669	5.1951	4.9476
26	8.4881	7.8957	7.3717	6.9061	6.4906	6.1182	5.7831	5.4804	5.2060	4.9563
27	8.5478	7.9426	7.4086	6.9352	6.5135	6.1364	5.7975	5.4919	5.2151	4.9636
28	8.6016	7.9844	7.4412	6.9607	6.5335	6.1520	5.8099	5.5016	5.2228	4.9697
29	8.6501	8.0218	7.4701	6.9830	6.5509	6.1656	5.8204	5.5098	5.2292	4.9747
30	8.6938	8.0552	7.4957	7.0027	6.5660	6.1772	5.8294	5.5168	5.2347	4.9789

普通年金现值系数表（P/A，i，n）

期数	21%	22%	23%	24%	25%	26%	27%	28%	29%	30%
1	0.8264	0.8197	0.8130	0.8065	0.8000	0.7937	0.7874	0.7813	0.7752	0.7692
2	1.5095	1.4915	1.4740	1.4568	1.4400	1.4235	1.4074	1.3916	1.3761	1.3609
3	2.0739	2.0422	2.0114	1.9813	1.9520	1.9234	1.8956	1.8684	1.8420	1.8161
4	2.5404	2.4936	2.4483	2.4043	2.3616	2.3202	2.2800	2.2410	2.2031	2.1662
5	2.9260	2.8636	2.8035	2.7454	2.6893	2.6351	2.5827	2.5320	2.4830	2.4356
6	3.2446	3.1669	3.0923	3.0205	2.9514	2.8850	2.8210	2.7954	2.7000	2.6427
7	3.5079	3.4155	3.3270	3.2423	3.1611	3.0833	3.0087	2.9370	2.8682	2.8021
8	3.7256	3.6193	3.5179	3.4212	3.3289	3.2407	3.1564	3.0758	2.9986	2.9247
9	3.9054	3.7863	3.6731	3.5655	3.4631	3.3657	3.2728	3.1842	3.0997	3.0190
10	4.0541	3.9232	3.7993	3.6819	3.5705	3.4648	3.3644	3.2689	3.1781	3.0915
11	4.1769	4.0354	3.9018	3.7757	3.6564	3.5435	3.4365	3.3351	3.2388	3.1473
12	4.2784	4.1274	3.9852	3.8514	3.7251	3.6059	3.4933	3.3868	3.2859	3.1903
13	4.3624	4.2028	4.0530	3.9124	3.7801	3.6555	3.5381	3.4272	3.3224	3.2233
14	4.4317	4.2646	4.1082	3.9616	3.8241	3.6949	3.5733	3.4587	3.3507	3.2487
15	4.4890	4.3152	4.1530	4.0013	3.8593	3.7261	3.6010	3.4834	3.3726	3.2682
16	4.5364	4.3567	4.1894	4.0333	3.8874	3.7509	3.6228	3.5026	3.3896	3.2832
17	4.5755	4.3908	4.2190	4.0591	3.9099	3.7705	3.6400	3.5177	3.4028	3.2948
18	4.6079	4.4187	4.2431	4.0799	3.9279	3.7861	3.6536	3.5294	3.4130	3.3037
19	4.6346	4.4415	4.2627	4.0967	3.9424	3.7985	3.6642	3.5386	3.4210	3.3105
20	4.6567	4.4603	4.2786	4.1103	3.9539	3.8083	3.6726	3.5458	3.4271	3.3158
21	4.6750	4.4756	4.2916	4.1212	3.9631	3.8161	3.6792	3.5514	3.4319	3.3198
22	4.6900	4.4882	4.3021	4.1300	3.9705	3.8223	3.6844	3.5558	3.4356	3.3230
23	4.7025	4.4985	4.3106	4.1371	3.9764	3.8273	3.6885	3.5592	3.4384	3.3254
24	4.7128	4.5070	4.3176	4.1428	3.9811	3.8312	3.6918	3.5619	3.4406	3.3272
25	4.7213	4.5139	4.3232	4.1474	3.9849	3.8342	3.6943	3.5640	3.4423	3.3286
26	4.7284	4.5196	4.3278	4.1511	3.9879	3.8367	3.6963	3.5656	3.4437	3.3297
27	4.7342	4.5243	4.3316	4.1542	3.9903	3.8387	3.6979	3.5669	3.4447	3.3305
28	4.7390	4.5281	4.3346	4.1566	3.9923	3.8402	3.6991	3.5679	3.4455	3.3312
29	4.7430	4.5312	4.3371	4.1585	3.9938	3.8414	3.7001	3.5687	3.4461	3.3317
30	4.7463	4.5338	4.3391	4.1601	3.9950	3.8424	3.7009	3.5693	3.4466	3.3321

主要参考文献

1. 中国注册会计师协会：《财务成本管理》，中国财政经济出版社2012、2019年版。
2. 财政部会计资格评价中心：《财务管理》，经济科学出版社2019年版。
3. 财政部会计资格评价中心：《财务管理》，中国财政经济出版社2013年版。
4. 杨淑娥、胡元木：《财务管理研究》，经济科学出版社2002年版。
5. 荆新、王化成、刘俊彦：《财务管理学》第七版，中国人民大学出版社2015年版。
6. 刘淑莲：《财务管理》第三版，东北财经大学出版社2013年版。
7. 陈四清、包晓岚：《财务管理学》，南京大学出版社2011年版。
8. 张春颖：《财务管理学》，中国铁道出版社2011年版。
9. 赵德武：《财务管理》，高等教育出版社2003年版。
10. 荆新、周风：《公司财务》第二版，中央广播电视大学出版社2006年版。
11. ［英］蒂姆·奥吉尔，约翰·拉格曼，露辛达·斯派塞著，宋云玲、纪新伟、杨丽君译：《资本成本》，经济管理出版社2005年版。
12. ［美］詹姆斯·C·范霍恩，小约翰·M·瓦霍维奇著，郭浩、徐琳译：《现代企业财务管理》第十版，经济科学出版社1999年版。
13. 金圣才：《财务管理学考研真题与典型题详解》，中国石化出版社2004年版。
14. 陈炳辉：《企业财务管理》第二版，中国金融出版社2000年版。
15. 陈琦伟：《公司金融》，中国金融出版社2000年版。
16. 王庆成、郭复初：《财务管理学》，高等教育出版社2000年版。
17. 赵旺贤：《工业企业财务管理》，经济管理出版社1992年版。
18. 马琳：《成本会计学》，中国市场出版社2012年版。
19. 《中华人民共和国公司法》2018年10月修订。
20. 《中华人民共和国证券法》2019年12月修订。